教师招聘考试
历年真题解析及押题试卷
公共基础知识

山香教师招聘考试命题研究中心　主编

扫码免费领取：
①精选20套教育理论历年真题（带答案解析）
②山香独家内部讲义
③考试资讯第一时间获悉，从容准备，不错失每一次机会
④备考交流群，山香专业老师互动答疑，打卡督促学习

免费领取方式：
①扫码关注公众号
②回复备考省份

目 录

真题试卷

2021 年河南省信阳市直事业单位招聘考试公共基础知识真题试卷（一） ………………………… 1

2021 年山东省德州市德城区教师招聘考试公共基础知识真题试卷（二） ………………………… 9

2021 年山西省省直事业单位招聘考试（下午场）综合知识真题试卷（三） ……………… 15

2021 年河北省石家庄市直教师招聘考试公共基础知识真题试卷（四） ………………………… 31

2020 年河南省信阳市直事业单位招聘考试公共基础知识真题试卷（五） ………………… 49

2020 年山东省济南市联考教师招聘考试公共基础知识真题试卷（六） ………………………… 61

2020 年山西省大同市直教师招聘考试综合知识真题试卷（七） ………………………………… 65

2019 年贵州省直事业单位教师岗公共基础知识真题试卷（精编）（八） …………………… 71

2019 年辽宁省大连市瓦房店市教师招聘考试公共基础知识真题试卷（九） ……………… 85

押题试卷

教师招聘考试公共基础知识押题试卷（十） ……………………………………………………… 89

难易度：适中　试卷亮点：试卷考查的知识点分布均匀，有利于全面复习备考

教师招聘考试公共基础知识押题试卷（十一） ………………………………………………… 99

难易度：偏易　试卷亮点：试卷设置以基础知识为主，注重考查识记能力

教师招聘考试公共基础知识押题试卷（十二） ………………………………………………… 109

难易度：适中　试卷亮点：试卷覆盖真题常考知识点，预测命题方向

教师招聘考试公共基础知识押题试卷（十三） ………………………………………………… 119

难易度：适中　试卷亮点：试卷考查的知识点分布均匀，试题设置灵活

教师招聘考试公共基础知识押题试卷（十四） ………………………………………………… 127

难易度：偏难　试卷亮点：题型丰富，试题设置灵活，综合性强

教师招聘考试公共基础知识押题试卷（十五） ………………………………………………… 139

难易度：偏难　试卷亮点：试题设置灵活，综合性强，预测命题方向

参考答案及解析单独成册

真题试卷

2021 年河南省信阳市直事业单位招聘考试真题试卷(一)

公共基础知识

(本套试卷共 90 小题,已收录 83 小题)

本套试卷共 83 小题,包括单项选择题(53 小题),多项选择题(20 小题),判断题(10 小题)。

一、单项选择题(请在每道题列出的四个选项中选择一个符合题目要求的选项,将答案用 2B 铅笔填涂在答题卡上,错选、多选均不得分。本大题共 53 小题,每小题 1.1 分,共 58.3 分)

1. 2021 年 5 月 6 日,李克强主持召开国务院常务会议,指出(　　)事关国家安全和发展大局,是推进农业农村现代化的首要任务。

A. 提高粮食产量　　B. 保障粮食安全　　C. 粮食种类多样化　　D. 科学种植粮食

2. 2021 年 5 月 26 日,李克强主持召开国务院常务会议,指出(　　)是关系每个家庭的最大公共产品,是政府的基本职责。

A. 灵活就业　　B. 产业创新　　C. 政策扶持　　D. 义务教育

3. 2021 年 5 月 29 日,长征七号遥三运载火箭在海南文昌航天发射场顺利升空,搭载的是(　　)货运飞船,飞船将与“天和”核心舱进行交会对接、推进剂补加和组合体飞行。

A. 嫦娥二号　　B. 天舟二号　　C. 天宫二号　　D. 风云二号

4. 2021 年政府工作报告指出,在 2020 年,面对历史罕见的冲击,我国围绕市场主体的急需制定和实施宏观政策,稳住了经济基本盘,明确提出(　　)底线任务。

A. 六稳　　B. 六保　　C. 五稳　　D. 五保

5. 第一个百年奋斗目标是(　　)(常考)

A. 全面实现温饱　　B. 基本建成小康社会

C. 全面建成小康社会　　D. 建成社会主义现代化强国

6. 解决发展中“卡脖子”问题,关键在于(　　)

A. 创新　　B. 共享　　C. 变革　　D. 科技

7. 2021 年 3 月 7 日,习近平总书记在参加十三届全国人大四次会议青海代表团审议时强调,(　　)是“十四五”乃至更长时期我国经济社会发展的主题,关系我国社会主义现代化建设全局。

A. 高速度　　B. 高效率　　C. 可持续　　D. 高质量发展

8. 民惟邦本,本固邦宁。十九大报告以新的高度强调了坚持(　　)

A. 全面深化改革　　B. 以人民为中心　　C. 全面依法治国　　D. 全面从严治党

32. 我国个人所得税的起征点已调整为每月 5000 元。对此,下列相关说法不正确的是(　　)

A. 税收是收入再分配的一种方式　　B. 起征点调高有利于调节贫富差距

C. 该项政策有利于刺激消费　　D. 该项政策有利于增加政府财政收入

33. 同样的土地既可以种粮食,也可以种棉花,但如果棉花的价格上涨而粮食的价格等因素没有发生变化,正常情况下会导致(　　)

A. 粮食的供给增加　　B. 粮食的供给减少

C. 粮食的需求增加　　D. 粮食的需求减少

34. 当中央银行降低存款准备金率时,金融机构可用于贷款的资金(　　),社会的贷款总量和货币供应量(　　)

A. 增加;增加　　B. 减少;增加　　C. 增加;减少　　D. 减少;减少

35. 市场调节以价格为基本信号,但价格的变动只有在供求出现矛盾时才会发生,因此没有预先调节的功能,这表明市场调节具有(　　)

A. 微观性　　B. 滞后性　　C. 自发性　　D. 预见性

36. 小亮以货到付款的方式在某平台买了一台国产电脑,原价为 4999 元,通过使用满减优惠券最终支付了 4399 元。货币在这里所履行的职能分别是(　　)(易错)

A. 贮藏手段和支付手段　　B. 贮藏手段和流通手段

C. 价值尺度和支付手段　　D. 价值尺度和流通手段

37. 智能手机一改传统手机的键盘操作,大都采用触屏操作。其中,智能手机电容屏的工作原理是:当用户触摸电容屏时,由于人体电场,用户的手指和工作面形成一个(　　),因为工作面上接有(　　),于是手指吸收走一个很小的电流,这个电流分别从屏的四个角上的电极中流出,且理论上流经四个电极的电流与手指头到四角的距离成比例,控制器通过对四个电流比例的精密计算,得出触摸点的位置。

A. 耦合电容;高频信号　　B. 去耦电容;低频信号

C. 谐振电路;高频信号　　D. 旁路电容;低频信号

38. 被誉为“中国天眼”的 500 米口径球面射电望远镜(FAST)是国家重大科技基础设施,是观天巨目、国之重器。“中国天眼”位于(　　)

A. 四川省　　B. 甘肃省　　C. 贵州省　　D. 海南省

39. 秦岭—淮河一线是中国地理区分北方地区和南方地区的地理分界线,也是我国南北植被景观分界线,且有“生于淮南则为橘,生于淮北则为枳”之说。淮北的植被类型为(　　)

A. 温带针叶林　　B. 温带落叶阔叶林

C. 亚热带常绿阔叶林　　D. 热带常绿阔叶林

40. 森林作为陆地生态系统的主体,是陆地生态系统中最大的碳库。森林植被通过光合作用可吸收固定大气中的(　　)

A. 一氧化碳　　B. 二氧化碳　　C. 二氧化硫　　D. 三氧化硫

41. 唐代诗人(　　)两次前往边塞,所以写了很多描写边塞风光的诗句,比较有名的有《白雪歌送武

判官归京》中的“忽如一夜春风来，千树万树梨花开”。

A. 岑参　　B. 高适　　C. 陆游　　D. 王维

42. (　　)的《兰亭集序》为历代书法家所推崇，被称作“天下第一行书”。

A. 颜真卿　　B. 黄庭坚　　C. 王羲之　　D. 欧阳询

43. 鸦片战争以后，清朝统治者无能，日渐衰败，中国饱受西方侵凌，有识之士为了救亡图存，提出了诸多救国设想。其中，建立“新中国”的设想由维新运动领袖(　　)提出。

A. 康有为　　B. 魏源　　C. 康广仁　　D. 谭嗣同

44. 某革命旧址的讲解员在介绍时说道：“他们趟越滔滔急流，征服皑皑雪山，穿越茫茫草地，突破层层封锁，终于……”这最可能描述的事件是(　　)

A. 八七会议　　B. 红军长征　　C. 秋收起义　　D. 井冈山会师

45. 消费者有权检举、控告侵害消费者权益的行为和国家机关及其工作人员在保护消费者权益工作中的违法失职行为，有权对保护消费者权益工作提出批评、建议，说明消费者具有(　　)

A. 安全权　　B. 知悉真情权　　C. 自主选择权　　D. 监督权

46. 放大镜生火是利用(　　)对光的聚焦原理。(易混)

A. 凸面镜　　B. 平面镜　　C. 凹透镜　　D. 凸透镜

47. 在新冠肺炎疫情攻坚战中，不畏风险奋战在防控一线的勇士们、同志们是英雄，克服困难奋斗在经济社会发展各条战线的人民群众也是英雄。这说明(　　)

A. 英雄需要崇尚，需要爱护，也需要褒奖　　B. 伟大出自平凡，平凡造就伟大

C. 英雄就要不怕艰难困苦，不怕流血牺牲　　D. 打赢疫情防控的人民战争，需要全国性动员

48. 小李是一名事业单位工作人员，由于工作原因受到警告处分，则在作出处分决定的当年，他的年度考核不能确定为(　　)

A. 优秀等次　　B. 合格等次　　C. 基本合格等次　　D. 不合格等次

49. 下列事业单位聘用合同中不符合相关规定的是(　　)(常考)

A. 张先生考进某地第一实验小学，并签订了 3 年的聘用合同

B. 小王在某事业单位连续工作满 5 年，该单位应当与其订立聘用至退休的合同，约定试用期为 12 个月

C. 小王研究生毕业后与某省人民医院签订了 4 年的劳动合同，约定试用期为 12 个月

D. 小陈 1 年内累计旷工超过 30 个工作日，其所属事业单位可以解除聘用合同

50. 与公开招聘工作人员不同，事业单位内部竞聘工作人员无须进行的一个工作环节是(　　)

A. 制定方案　　B. 审查相关人员资格　　C. 体检　　D. 公示拟聘人员名单

51. 要确保事业单位改革始终沿着正确的政治方向推进，确保党的领导得到全面贯彻，就必须发挥党总揽全局、协调各方的领导(　　)，以党的政治优势引领和推进改革。

A. 主体作用　　B. 推动作用　　C. 核心作用　　D. 主导作用

52. 全额拨款事业单位也称为全供事业单位，也就是全额预算管理的事业单位。下列不属于全额拨款事业单位的是(　　)

A. 医院　　B. 科研单位　　C. 卫生防疫单位　　D. 公办中学

72. 加快推进事业单位改革是适应我国社会主要矛盾变化、推动公益事业平衡充分发展的迫切需要。通过改革解决好公益事业(　　)的问题,可以更好满足人民群众日益增长的美好生活需要。

A. 布局结构不合理　　B. 质量效率不高　　C. 资源配置不均衡　　D. 政治权力过低

73. 事业单位工作人员奖励工作,应当服务经济社会发展,符合事业单位特点,体现时代性、导向性、实效性,丰富奖励形式,发挥奖励的正向激励作用。奖励工作要遵循的原则包括(　　)

A. 坚持德才兼备,以德为先

B. 坚持事业为上、突出业绩贡献

C. 坚持精神奖励与物质奖励相结合、以物质奖励为主

D. 坚持定期奖励与及时奖励相结合、以定期奖励为主

三、判断题(请判断所给的命题正确与否,正确的请在答题卡的相应位置上涂"A",错误的涂"B"。本大题共 10 小题,每小题 0.8 分,共 8 分)

74. 2021 年 3 月,《中华人民共和国国民经济和社会发展第十四个五年规划和 2035 年远景目标纲要》对外公布。文中明确,"十四五"时期,要推进以煤代电,因地制宜开发利用地热能。(　　)

75. 认识是无止境的,探索和把握规律也没有止境,对于社会发展规律,我们已经认识到的只是其中的一部分,还有很多规律需要我们进一步探索和把握。(　　)

76. 坚持法治为了人民,在全面依法治国中更好满足人民对美好生活的向往,一个重要着力点就是把人民对公平正义的期盼落实到依法保障人民权益上。(　　)

77. 平等不是绝对的,行政行为也不可能绝对地、无条件地对相对人一律平等。(　　)

78. 函一般用于相隶属机关之间商洽工作、询问和答复问题、请求批准和答复审批事项。(常考)(　　)

79. 行政效益是对行政结果的质量规定,主要看行政活动对社会的有益影响的大小和给社会带来福利的多少。(　　)

80. 当电池供电时,其正极端为阳极,负极端为阴极。(　　)

81. 赤壁之战是中国历史上以少胜多、以弱胜强的著名战役之一,发生在隋唐时期。(　　)

82. 古代的"衿"字指代学识高的男性,正如《短歌行》中的"青青子衿,悠悠我心"。(　　)

83. 事业单位人员岗位变动后,从变动的第二天起执行新聘岗位的工资标准。(　　)

2021年山东省德州市德城区教师招聘考试真题试卷(二)

公共基础知识

(时间:30分钟　满分:27分)

本套试卷共35小题,包括单项选择题(25小题),多项选择题(10小题)。

一、单项选择题(请在每道题列出的四个选项中选择一个符合题目要求的选项,将答案用2B铅笔填涂在答题卡上,错选、多选均不得分。本题共25小题,每小题0.6分,共15分)

1. 2021年7月,国家主席习近平应邀在北京以视频方式出席亚太经合组织领导人非正式会议并发表讲话。习近平强调,中国已经开启全面建设社会主义现代化国家新征程。我们将立足新发展阶段、贯彻新发展理念、构建新发展格局,建设更高水平开放型经济新体制,创造更具吸引力的营商环境,推进高质量共建(　　),同世界和亚太各国实现更高水平的互利共赢。

A.“亚太共同体”　　B.“一带一路”

C.“欧亚大陆桥”　　D.“海上丝绸之路”

2. 为切实解决群众医保报销申请材料与手续繁杂等问题,国家医疗保障局印发了《关于优化医保领域便民服务的意见》,明确2022年底前,加快推动医保服务标准化、规范化、便利化建设,推行医保服务事项(　　)改革,高频医保服务事项实现“跨省通办”,切实提高医保服务水平。

A.“一证通行”　　B.“最多跑一次”

C.“现接现办”　　D.“最多问一次”

3. 2021年7月20日,由中国中车承担研制、具有完全自主知识产权的我国时速600公里高速磁浮交通系统在山东(　　)成功下线,这是世界首套设计时速达600公里的高速磁浮交通系统,标志着我国掌握了高速磁浮成套技术和工程化能力。

A.济南　　B.烟台　　C.青岛　　D.威海

4. 新时代党的组织路线是:全面贯彻习近平新时代中国特色社会主义思想,以(　　)为重点,着力培养忠诚、干净、担当的高素质干部,着力集聚爱国奉献的各方面优秀人才,坚持德才兼备、以德为先、任人唯贤,为坚持和加强党的全面领导、坚持和发展中国特色社会主义提供坚强组织保证。

A.组织体系建设　　B.加强领导力　　C.团结群众　　D.推动改革发展

18. 下列历史场景中,不符合史实的是(　　)

A. 秦孝公任命商鞅进行变法

B. 昆阳大战,王莽大军战败

C. 天授元年,武则天宣布改唐为周

D. 顺治帝在南书房内处理政务

19. 天空呈现蔚蓝色是光的(　　)现象作用的结果。

A. 散射　　B. 反射　　C. 衍射　　D. 折射

20. 新能源的发展能有效改善环境,是环境保护中必不可少的一部分。下列做法中最有利于环境保护的是(　　)

A. 开发太阳能取代煤、天然气等能源

B. 用天然气代替煤和石油

C. 用核能代替水力发电

D. 废电池和其他废品一起填埋

21. 强烈地震时,在家中的人可在较(　　)的家具,如床、桌下面,或躲在跨度小、刚度强的小开间的室内暂避,如厨房,卫生间等处。

A. 柔软　　B. 坚实　　C. 较薄　　D. 脆弱

22. 下列关于中国地理环境的相关说法中错误的是(　　)(常考)

A. 中国地势东低西高,呈阶梯状分布

B. 有世界屋脊之称的高原,是青藏高原

C. 中国最北的近海是渤海

D. "三山五岳"中的五岳分别是泰山、华山、衡山、嵩山和太行山

23. 山东省56个民族齐全,主体民族为(　　),少数民族人口72.59万人。

A. 汉族　　B. 满族　　C. 回族　　D. 苗族

24. 山东是全国四大海盐产地之一,丰富的地下(　　)为山东盐业、盐化工业的发展提供了得天独厚的条件。

A. 湖水资源　　B. 淡水资源　　C. 海水资源　　D. 卤水资源

25. 下列有关公告的说法,不正确的是(　　)

A. 一律用红头文件的方式进行传播

B. 是行政公文的主要文种之一

C. 一般向外宣布的都是重大事项

D. 发文的权力被限制在高层行政机关以及其职能部门的范围内

二、多项选择题(请在每道题列出的四个选项中选择两个或两个以上符合题目要求的选项,将答案用 2B 铅笔填涂在答题卡上,错选、多选、漏选均不得分。本题共 10 小题,每小题 1.2 分,共 12 分)

26. 国家主席习近平于 2021 年 7 月 9 日主持召开中央全面深化改革委员会第二十次会议,习近平在主持会议时强调,加快构建新发展格局,是我们把握未来发展主动权的战略举措,是为了在各种可以预见和难以预见的惊涛骇浪中增强我们的(　　),是一场需要保持顽强斗志和战略定力的攻坚战、持久战,要自觉把本地区本部门工作纳入构建新发展格局中统筹考虑和谋划,以更加坚定的思想自觉、精准务实的举措、真抓实干的劲头,推动构建新发展格局取得扎扎实实成效。

A. 生存力　　B. 竞争力　　C. 发展力　　D. 持续力

27. 2021 年 7 月 14 日,国务院新闻办公室发表《新疆各民族平等权利的保障》白皮书。白皮书介绍,70 多年来,中国共产党和中国政府始终坚持“以人民为中心”的人权理念,始终把(　　)作为首要的基本人权,把人权的普遍性原则与中国实际相结合,不断丰富和发展治疆方略,坚持依法治疆、团结稳疆、文化润疆、富民兴疆、长期建疆,坚持以保障和改善民生为重点,大力发展各项事业,共享改革发展成果,切实保障各族人民平等参与、平等发展权利,新疆人权事业不断得到新的发展和进步。

A. 居住权　　B. 生存权　　C. 发展权　　D. 迁徙权

28. 我国社会主义民主是维护人民根本利益的最广泛、最真实、最管用的民主,下面选项中正确体现了社会主义民主的管用性的有(　　)(易混)

A. 在身为进城务工人员的全国人大代表参会期间,国家为其发放误工补贴和差旅费

B. 人民享有政治、经济、文化等多方面的广泛的民主权利

C. 我国制度体系可以有效防止出现人民形式上有权,实际上无权的现象

D. 我国建立健全了人民当家作主的制度体系,保障了人民权益

29. 我国经济运行面临的突出矛盾和问题,虽然有周期性、总量性因素,但根源是重大结构性失衡,主要表现为(　　)

A. 虚拟经济结构性供需失衡

B. 金融和实体经济的失衡

C. 房地产和实体经济的失衡

D. 实体经济结构性供需失衡

30. 以下措施中,有利于治理通货膨胀的有(　　)

A. 实行宽松的货币政策

B. 增加商品的有效供给、调整经济结构

C. 社会的进步离不开英雄人物的推动　　D. 意识对事物的发展具有能动的反作用

6. 我国经济由高速增长阶段转向高质量发展阶段,对区域协调发展提出了新要求,其中包括(　　)

①尊重客观规律　②发挥比较优势　③完善空间治理　④优化产业结构　⑤保障民生底线

A. ①②③④　　B. ②③④⑤　　C. ①③④⑤　　D. ①②③⑤

7. 2017 年,习近平总书记在提出一系列新理念、新思想、新战略时强调,“坚持适应我国经济发展主要矛盾变化完善宏观调控”。现阶段我国经济发展的主要矛盾主要表现为(　　)

A. 结构性问题

B. 政府与市场的关系矛盾

C. 供给结构不能适应需求结构变化的矛盾

D. 人民日益增长的美好生活需要与发展不平衡不充分之间的矛盾

8. 为庆祝中国共产党成立 100 周年,中共中央决定组织开展(　　)群众性主题宣传教育活动,面向广大群众开展党史主题宣传教育。

A.“永远跟党走”　　B.“党旗下的誓言”

C.“辉煌的历程”　　D.“不忘初心,牢记使命”

9. 阿里巴巴集团涉嫌垄断的行为近期被立案调查,其意义在于(　　)

①进一步强化国家机器　②保护消费者合法权益

③让互联网行业在法治轨道上走得更好　④体现推动高质量发展的内在要求

A. ①②③　　B. ①②④　　C. ①③④　　D. ②③④

10. 2021 年 4 月,国务院新闻办发布的《人类减贫的中国实践》白皮书介绍,经过 8 年持续奋斗,现行标准下(　　)农村贫困人口全部脱贫。

A. 8990 万　　B. 9780 万　　C. 9899 万　　D. 1 亿

11. 2020 年 12 月召开的中央农村工作会议指出,脱贫攻坚目标任务完成后,对摆脱贫困的县,从脱贫之日起设立过渡期,过渡期为(　　)

A. 1 年　　B. 3 年　　C. 5 年　　D. 7 年

12. 古田会议的中心思想是(　　)(常考)

A. 武装斗争是中国革命的主要形式　　B. 在农村根据地开展更广泛的土地革命

C. 用无产阶级思想进行军队和党的建设　　D. 中国共产党必须服从共产国际的领导

13. 20 世纪 80 年代前期,邓小平说:“三十几年的经验是,关起门来搞建设是不行的,发展不起来。”为改变材料所述问题,我国所采取的对策是(　　)

A. 加入世界贸易组织　　B. 建立经济特区

C. 开门整党整风　　D. 实施“863”计划

14. 改革开放与社会主义现代化的关系是(　　)

A. 改革开放决定了社会主义现代化的方向　　B. 社会主义现代化是改革开放的前提

C. 改革开放是社会主义现代化建设的动力　　D. 改革开放是社会主义现代化的目的

15. 江泽民同志在十四届五中全会闭幕式上发表重要讲话，阐述了社会主义现代化建设中的十二个重大关系，其中最主要的是要处理好(　　)的关系。

A. 人口、资源和环境　　B. 第一、第二与第三产业

C. 改革、发展与稳定　　D. 党、政府与人民群众

16. 胡锦涛同志在庆祝建党 90 周年大会上的讲话中指出，90 年来，我们党团结带领人民书写了人类发展史上的壮丽史诗，集中体现为完成和推进了三件大事。下列不属于这“三件大事”的是(　　)

A. 推翻了封建统治，使民主共和观念深入人心

B. 完成了新民主主义革命，实现了民族独立、人民解放

C. 完成了社会主义革命，确立了社会主义基本制度

D. 开创、坚持、发展了中国特色社会主义

17. 有一首歌唱道：“我们的未来，在希望的田野上，人们在明媚的阳光下生活，生活在人们的劳动中变样……”歌词热情讴歌了(　　)给农村带来的新变化。

A. 土地革命　　B. 人民公社化运动

C. 打土豪、分田地　　D. 家庭联产承包责任制

18. 2021 年 3 月 5 日，李克强总理在政府工作报告中，对 2021 年主要预期目标作了详细的说明，下列说法错误的是(　　)

A. 国内生产总值增长 8% 以上　　B. 城镇新增就业 1100 万人以上

C. 城镇调查失业率 5.5% 左右　　D. 居民消费价格涨幅 3% 左右

19. 2020 年 12 月，国际奥委会召开会议，同意 2024 年巴黎奥运会增设霹雳舞、滑板、攀岩、冲浪四个大项，其中有三项已经是东京奥运会的正式比赛项目，另外一项则将首次进入奥运会，该项目是(　　)

A. 霹雳舞　　B. 滑板　　C. 攀岩　　D. 冲浪

20. 2020 年 11 月 4 日，习近平主席在第三届中国国际进口博览会开幕式上的主旨演讲中，倡导国际社会共同扩大对外开放，并就此提出三个“致力于”推进的目标，下列不属于此的是(　　)

A. 致力于推进合作共赢的共同开放　　B. 致力于推进合作共担的共同开放

C. 致力于推进合作共治的共同开放　　D. 致力于推进合作共享的共同开放

21. 2020 年 11 月 12 日，清华大学教授李文辉获得了巴鲁克布隆伯格奖。这是迄今为止我国科学家首次获此殊荣。该奖是全球(　　)研究和治疗领域最高奖。

A. 乙肝　　B. 癌症　　C. 糖尿病　　D. 阿尔兹海默症

22. 2020 年 12 月召开的山西省委经济工作会议指出，正是在习近平总书记的亲切关怀、英明领导下，省委团结带领全省人民交出了“三份优秀答卷”。这些答卷不包括(　　)

A. 夺取山西“战疫”重大战略成果

B. 实现转型发展入轨并呈现强劲态势

C. 完成经济结构优化调整，实现经济长期向好发展

C. 红十字会应该向总裁贾某追偿剩余的口罩

D. 如果捐赠行为已经影响到A公司的正常经营,赠与行为可以撤回

37. 下列选项中无法享有选举权的人是(　　)(常考)

A. 正在等候取保候审的周某　　B. 患有间歇性精神病的秦某

C. 具有突出贡献的外籍华人齐某　　D. 正在受到拘留处分的小偷张某

38. 知名艺人甲在录制综艺节目时突发疾病去世。某演出公司策划演唱会时,在海报醒目位置使用该艺人的姓名吸引粉丝买票,造成不良影响,该艺人的近亲属胡某认为演出公司侵犯了其亲属的姓名权,将演出公司诉至法院要求赔偿。关于本案,以下说法不正确的是(　　)

A. 自然人的姓名权随自然人死亡而终止

B. 死者的部分人格权仍受到法律保护

C. 死者的姓名权受到侵害的,配偶、子女、父母可以主张权利

D. 死者的姓名权受到侵害的,其近亲属可以主张权利

39. 小王十八岁生日宴上,其祖父将祖传的两把太师椅赠与小王,但约定小王不得将太师椅转让给他人,否则将收回椅子。以下说法正确的是(　　)

A. 祖孙二人的协议无效,小王不能取得太师椅的所有权

B. 祖孙二人的协议无效,小王能够取得太师椅的所有权

C. 祖孙二人的协议是附期限的合同,小王不能取得太师椅的所有权

D. 祖孙二人的协议是附条件的合同,小王能够取得太师椅的所有权

根据材料回答40、41题。

在便利店打工的大学生小王下夜班时,突遇路口一男子准备强行将某女子推入车内,女子虽用力挣扎但难以逃脱。小王认为该女子有危险遂冲上前去,将该男子打成轻伤。事后查明该女子系间歇性精神病患者,男子为其家人,当晚正准备将发病出走的女子带回家看管。

40. 小王的行为属于(　　)

A. 正当防卫　　B. 事前防卫　　C. 防卫过当　　D. 假想防卫

41. 该女子见家人被打,遂开始殴打小王,小王不明就里措手不及,被该女子抓住脸,构成轻伤,关于该女子的行为以下说法错误的是(　　)

A. 因为该女子为精神病人,所以不负刑事责任

B. 如果该女子在精神正常时犯罪,应负刑事责任

C. 尚未完全丧失辨认自己行为能力的精神病人犯罪,应当负刑事责任

D. 该女子在不能辨认自己行为时犯罪且经法定程序鉴定确认的,不负刑事责任

42. 下列情形中不属于婚姻无效情形的是(　　)(常考)

A. 甲在未结束婚姻关系时再次结婚　　B. 乙未到法定婚龄

C. 丙有禁止结婚的法定疾病　　D. 丁有禁止结婚的亲属关系

43. 下列纠纷中属于劳动争议的是(　　)(易混)

A. 个体银匠扎西与学徒小丁之间的纠纷

B. 钱女士与家政服务小时工刘某之间的纠纷

C. 职工胡某因工伤赔偿数额与单位之间的纠纷

D. 即将退休的职工老王因公有住房转让与单位之间的纠纷

44. 下列情形中不属于行政处罚的是(　　)

A. 市场监管局吊销某个体工商户的营业执照

B. 某市政府管理部门制定该市排水排污管理办法

C. 某市生态环保局责令某污染企业停产停业

D. 公安局对在网吧寻衅滋事的胡某处以行政拘留

45. 以下请求中适用诉讼时效的是(　　)

A. 年迈的李父向儿子主张支付赡养费

B. 张某请求法院撤销与某公司的销售合同

C. 李某请求确认其 8 岁的儿子购买游戏机的合同无效

D. 家住二楼的赵某请求一楼的邻居搬走堵在楼梯口的杂物

46. 因出售质量不合格的电动车造成多起火灾事故,金某被数位消费者起诉,但金某在应诉答辩后突然杳无音讯。对此,法院应当如何处理(　　)

A. 中止诉讼　　B. 延期审理　　C. 终结诉讼　　D. 缺席判决

47. 根据我国《刑事诉讼法》,由于当事人申请而需要对办案人员作出调整,以下关于回避的说法不正确的是(　　)

A. 对侦查人员的回避作出决定前,侦查人员必须停止对案件的侦查

B. 对驳回申请回避的决定,当事人及其法定代表人可申请复议一次

C. 公安机关负责人的回避,由同级人民检察院检查委员会决定

D. 检察长的回避,由同级人民检察院检查委员会决定

48. 以下关于缓刑的说法正确的是(　　)(易错)

A. 被判处两年有期徒刑的田某犯罪情节较轻,应当宣告缓刑

B. 76 周岁的老许被判处拘役后有悔罪表现,应当宣告缓刑

C. 怀孕的马某因没有再犯罪的危险,可以宣告缓刑

D. 不满 18 周岁的小徐有悔罪表现,可以宣告缓刑

49. 关于继承权,以下说法正确的是(　　)

A. 甲虐待其母情节严重,因未追究其刑事责任,可继承其母财产

B. 乙故意杀害其祖父未遂,作为唯一的继承人,可以继承其祖父财产

C. 丙故意虐待丧失工作能力的父亲,在取得其父原谅后可继承其父财产

D. 丁欲毒杀其母时被其父及时发现,未被追究刑事责任,丁丧失继承权

65. ××省人民政府办公厅政府信息与政务公开办公室对全省政府网站进行抽查，并对部分网站的办事服务功能进行了专项检查。现针对检查结果要发文，宜采用的文种是(　　)(常考)

A. 决定　　B. 通报　　C. 意见　　D. 报告

66. 下列公文标题中文种使用正确的是(　　)

A. ××市人民政府疫情防控办公室安全生产工作会议纪要

B. ××省人民政府关于废止部分行政规范性文件的通告

C. ××市人民政府关于推进养老服务发展的实施办法

D. ××省人民政府安全生产委员会办公室关于开展2021年全省“安全生产月”活动的公报

根据下列给定材料，结合公文写作相关知识。回答67～70题。

×政函〔2021〕51号

____

各市人民政府，省直各有关部门，各有关单位：

为持续推进我省创新驱动、科教兴省、人才强省战略实施。根据《××省科学技术奖励办法》及其实施细则的规定，经形式审查，评审、公示、考察和省科学技术奖励委员会审定，确定了2020年度省科学技术奖励项目(企业)。省政府……对促进我省科学技术进步和经济社会发展作出突出贡献的科学技术人员和组织给予奖励……

全省科学技术工作者要向获奖者学习，坚持新发展理念，大力弘扬科学家精神，坚定不移走自主创新道路，继续发扬追求真理、团结协作、勇攀高峰的科学精神，紧紧围绕全省经济社会发展的重大科技需求，着力(　　)前沿课题，着力(　　)关键核心技术，着力(　　)对外科技合作，着力(　　)科技成果转移转化，为我省创新驱动高质量转型发展作出新的更大贡献。

××省人民政府

2021年3月10日

67. 文中横线处应填入的标题是(　　)

A. ××省人民政府关于2020年度××省科学技术奖励的决议

B. ××省人民政府关于2020年度××省科学技术奖励的决定

C. ××省人民政府关于2020年度××省科学技术奖励的通知

D. ××省人民政府关于2020年度××省科学技术奖励的命令

68. 根据文意，文中括号处应填入的词语依次是(　　)

A. 打造　强化　联合　推动　　B. 问鼎　制定　深化　拉动

C. 打造　突破　进行　驱动　　D. 问鼎　突破　强化　推动

69. 下列关于材料所使用的公文文种的作用说法不正确的是(　　)

A. 可起到行政约束的作用

B. 用于对重要事项作出决策部署

C. 可以用来处理带有一定商洽性的公务

D. 既可表彰奖励先进也可批评惩处落后

70. 若要在该公文中附上一份科学技术奖获奖项目(企业)目录名单,则应该(　　)

A. 在成文日期之后罗列　　B. 在正文中恰当的位置罗列

C. 在正文之后以附件的形式附上　　D. 在正文之后以附注的形式附上

71. 以下毛泽东的诗句中,诗词与事件对应不正确的是(　　)

A. 赣水苍茫闽山碧,横扫千军如卷席—第二次反围剿

B. 更喜岷山千里雪,三军过后尽开颜—长征

C. 钟山风雨起苍黄,百万雄师过大江—渡江战役

D. 为有牺牲多壮志,敢教日月换新天—朝鲜战争

72. 下列描写战争的诗句,其反映的内容可以在《史记》中找到踪迹的是(　　)

A. 出师未捷身先死,长使英雄泪满襟　　B. 三十功名尘与土,八千里路云和月

C. 醉卧沙场君莫笑,古来征战几人回　　D. 但使龙城飞将在,不教胡马度阴山

73. 下列影视作品的中心内容,按照剧中历史事件的发生顺序排序,正确的是(　　)

①《百团大战》　②《甲午战争》　③《渡江战役》　④《觉醒年代》

A. ①②③④　　B. ②①③④　　C. ②④①③　　D. ④②①③

74. 造纸术是中国的四大发明之一,在唐代传到了欧洲,这是经由以下哪个国家传播的(　　)

A. 交趾国　　B. 阿拉伯帝国　　C. 高句丽　　D. 孔雀王国

75. 1917 年,十月革命一声炮响给我们送来了马克思列宁主义,以下关于十月革命的说法不正确的是(　　)

A. 推翻了罗曼诺夫王朝的统治

B. 建立了世界上第一个社会主义国家

C. 是马克思主义理论与俄国具体国情的结合

D. 为广大亚非拉国家带来了先进的社会革命理论

76. 中国明清时代出现了文学艺术创作的高峰。以下作品中,其内容揭露和抨击了社会的黑暗面,带有批判现实主义色彩的是(　　)

A.《菜根谭》　　B.《随园诗话》　　C.《镜花缘》　　D.《儒林外史》

77. 19 世纪中后期一直到一战前后,英国处于维多利亚时代,以下作品的内容反映了维多利亚时代英国社会生活的是(　　)

A.《福尔摩斯探案集》　　B.《少年维特之烦恼》

C.《老人与海》　　D.《十日谈》

78. 下列关于温度的相关说法有误的是(　　)

A. 火山熔岩在冷却时的凝固是由里向外进行的

D. 以卵击石——物体所受的压强超过限度则可能被损坏

95. “玉不琢,不成器”,玉石在没有研磨之前,其表面凹凸不平,光发生的是漫反射。玉石在研磨以后,其表面看起来光滑有光泽,这时光发生的是(　　)

A. 折射　　B. 镜面反射　　C. 衍射　　D. 光的色散

96. 空气污染会损害人体健康,影响作物生长,破坏生态平衡。计入空气质量评价的主要污染物为可吸入颗粒物、细颗粒物、二氧化硫、二氧化碳、臭氧和一氧化氮等。以下对细颗粒物的描述正确的是(　　)(易混)

A. 细颗粒物又称 PM_{10}　　B. 在空气中悬浮时间短

C. 直径小,面积大,活性强　　D. 在空气中浓度越低,代表空气污染越严重

97. 蛋白质是生命的物质基础,没有蛋白质就没有生命。在某些特殊情况下,人体所需能源物质供能不足时,将依靠组织蛋白质分解产生氨基酸来获得能量,以维持必要的生理功能。下列关于蛋白质的表述错误的是(　　)

A. 蛋白质主要由碳、氢、氧、氮及硫组成

B. 蛋白质是人体氮的唯一来源,碳水化合物和脂肪不能代替

C. 蛋白质的生理功能包括构成身体组织和调节生理功能

D. 蛋类含蛋白质 11% 至 14%,是优质蛋白质的重要来源

98. 杂交育种是一种重要的育种手段。杂交优势是指两个遗传组成不同的亲本之间杂交产生的后代在某些方面表现出比亲本更优越的现象,下列不属于杂交优势的现象为(　　)

A. 抗逆性提高　　B. 基因数量增多

C. 生活力增强　　D. 产量和品质提高

99. 微生物分为有害微生物和有益微生物。有害微生物广泛存在于物体表面的空气和水中,比如,牛奶中含有可引起结核和伤寒的微生物。通常通过以下哪种方法杀灭牛奶中的微生物(　　)(常考)

A. 高压灭菌法　　B. 常压灭菌法　　C. 盐渣法　　D. 巴氏消毒法

100. 鲁院长善于管理,不是什么决策都自己作,而是将确定的工作委托给他的下级,让他们有一定的判断和独立处理工作的范围,同时也承担一部分责任。这在管理上属于(　　)

A. 分权管理　　B. 集权管理　　C. 平衡管理　　D. 绩效管理

101. 关于科技常识,下列说法错误的是(　　)

A. 光纤的传输基于光的折射原理

B. 按照网络的传输介质可以把计算机网络分为有线网和无线网

C. 交换机采用的交换方式有直通交换方式、存储转发方式、碎片丢弃方式

D. 带宽通常用来表示网络的通信线路所能传达数据的能力

102. 关于国防知识,以下表述错误的是(　　)

A. 2020 年我国全民国防教育日的主题是“奋进新时代、聚力强军梦”

B. 我国《国防法》规定，我国实行积极防御，坚持全民国防

C. 毛泽东提出的著名十大军事原则，其核心是集中优势兵力打歼灭战

D. 被称为“战争之神”和“开路先锋”的兵种分别为空降兵和导弹兵

103. 关于天文学常识，以下说法错误的是(　　)

A. 太阳耀斑发生在光球层

B. 彗星有“电离尾”和“尘埃尾”

C. 金星上火山活动极频繁

D. 太阳风可使地球北极出现北极光

104. 以下关于经济常识的表述，错误的是(　　)

A. 市场机制主要包括供求机制、价格机制和竞争机制

B. 厂房、机器折旧、管理人员工资费用等属于固定成本

C. 股份有限公司的股票可自由转让或退股

D. 定价过高往往会导致消费者的需求不足

105. 我国是畜牧业大国，畜牧业可分为牧区畜牧业和农耕区畜牧业，牧区畜牧业与农耕区畜牧业的分界线大致为(　　)

A. 漠河—腾冲线

B. 秦岭—淮河线

C. 青藏高原边缘线

D. 400 毫米年等降水量线

二、多项选择题(每题的备选项中，有两个或两个以上符合题意，请将其前面的代码填涂在答题卡相应位置。错选不得分；少选，每选对一项得 0.4 分。本大题共 10 小题，每小题 1.6 分，共 16 分。)

106. 以下各项行为中，属于民事法律行为默示形式的有(　　)

A. 继承人在继承开始后不作接受或放弃继承的表示

B. 出租车司机在行人招手示意后即将车停靠路边等候行人上车

C. 承租人在租赁期满后继续支付租金，出租人也予以接受

D. 要约声明“如果受要约人 15 天内不作出否认表示即视为同意”，15 天后受要约人未作出否认表示

107. 下列公文中可以不加发文机关署名的有(　　)

A. 议案　　B. 纪要　　C. 决议　　D. 命令(令)

108. 下列关于公文文种的分类判断正确的有(　　)

A.《中国和美国联合公报》是一则外交公报

B.《国务院关于加强食品安全工作的决定》是一则部署性决定

C.《××市教育局关于 2020 年工作情况的报告》是一则综合报告

D.《关于西北地区开发××旅游区的可行性论证意见》是一则建议性意见

109. 下列与运动相关的说法正确的有(　　)

A. 运动强度较小的训练，一般是以自身感觉舒服的方式呼吸

7. 按照国家税务总局关于进一步简便优化部分纳税人个人所得税预扣预缴方法的公告,自2021年1月1日起,在纳税人累计收入不超过(   )万元的月份,暂不预扣预缴个人所得税。

A. 2　　B. 6　　C. 10　　D. 20

8. 2020年回归祖国的第100件流失文物——已经漂泊海外近一个世纪的(   ),亮相春晚舞台,与全国人民共迎新春、欢庆团圆。

A. 历代帝王图　　B. 昭陵六骏

C. 皇帝礼佛图　　D. 天龙山石窟第8窟北壁主尊佛首

9. 近期,世界卫生组织国际癌症研究机构(IARC)发布了2020年全球最新癌症负担数据,在癌症分布类型上,2020年全球(   )新发病例高达226万例,首次超过肺癌220万例,成为“全球第一大癌”。

A. 乳腺癌　　B. 肝癌　　C. 宫颈癌　　D. 胰腺癌

10. 国家主席习近平在博鳌亚洲论坛2021年年会开幕式上指出,本届年会是在特殊背景下召开的,年会以(   )为主题,恰逢其时,具有重要现实意义。

A. “应对世界变局,携手共创未来”

B. “共同命运、共同行动、共同发展”

C. “开放创新的亚洲,繁荣发展的世界”

D. “世界大变局:共襄全球治理盛举,合奏‘一带一路’强音”

11. 新冠疫情出现以来,淘宝、天猫、京东为人们网上购物提供了平台,支付宝、微信为人们移动支付提供了便捷。这些线上交易活动体现了货币的(   )职能。(常考)

A. 贮藏手段　　B. 支付手段　　C. 价值尺度　　D. 流通手段

12. 近几年来,平板电脑的销量持续下跌,逐渐被大屏手机所替代。这是因为(   )

A. 功用提升的商品一定供不应求

B. 商品的功用会影响消费者选购

C. 功用不同的商品可以相互替代

D. 商品的功用会因替代品的出现而变化

13. “十三五”期间,我国经济发展进入新常态——速度换挡、结构优化、动力转换,大力推动经济进入创新驱动、内生增长的发展轨道,这样做有利于(   )

A. 推动高质量发展　　B. 坚持开放发展

C. 加快经济增长　　D. 完善基本经济制度

14. 全面小康,重在“全面”,难在“全面”。这个“全面”,既要城市繁荣,也不要让农村凋敝;既要东部率先,也要西部开发、中部崛起、东北振兴;既要物质丰裕,也要精神丰富。这表明国家坚持(   )

A. 协调发展　　B. 绿色发展　　C. 创新发展　　D. 开放发展

15. 菜鸟联手中通、圆通、申通等快递企业在上海发起“回箱计划”,首批铺设1000个绿色回收箱,助力

上海快递网点绿色回收全覆盖,培养市民快递包装分类回收、循环利用的习惯。表明这些企业(　　)

A. 勇于承担社会责任　　B. 面向市场组织生产

C. 坚持社会效益至上　　D. 诚信经营树立形象

16. 垃圾分类在我国已提倡多年,但客观上推进效果并不理想。国家积极推进城镇生活垃圾处理收费方式改革,对居民用户实行垃圾计量收费和差别化收费(分类投放垃圾的,适当降低收费标准)。这一举措属于国家宏观调控的(　　)

A. 市场手段　　B. 行政手段　　C. 经济手段　　D. 法律手段

17. 2021 年的房地产市场很热闹。先是北上广深渝等大城市房价猛涨,接着是调控措施不断升级。以下调控措施属于货币政策的是(　　)

A. 提高房屋交易印花税税率　　B. 提高银行的房贷利率

C. 政府增加保障房建设投资　　D. 限制商品房购买套数

18. 国务院出台了不少好政策:绩效工资向一线医务人员倾斜;进一步提高基本养老金水平,使 1 亿多人受益;失业保险金标准上调……这一系列措施(　　)

A. 有利于实现居民收入增长与经济发展同步

B. 有利于缩小行业之间、区域之间的收入差距

C. 旨在通过初次分配促进效率的提高

D. 旨在通过分配政策调整、促进社会公平

19. 竞争中性原则强调国有企业和其他类型企业间的平等的市场竞争地位,通过公平的市场竞争机制消除国有企业在资源配置上的扭曲状态,实现市场配置资源。坚持这一原则(　　)

A. 会持续干扰国有企业的活力和发展

B. 有利于建立统一开放、竞争有序的现代市场体系

C. 有利于发挥宏观调控在资源配置中的基础性作用

D. 是现代市场经济正常运行必不可少的条件

20. 2020 年中国外贸逆势增长,货物贸易进出口总额 32.16 万亿元,同比增长 1.9%,稳居全球货物贸易总额第一位。(　　)不可能是促成这一增长的原因。

A. 优化营商环境,增强外贸主体活力

B. 完善国际营销网络,大力发展货物贸易

C. 以“一带一路”建设为重点,鼓励企业开拓新兴市场

D. 扩大利用外资的规模和效益

21. 如在微信群内看到“新冠疫苗保护期只有半年”“病毒变异后疫苗就白打了”“接种疫苗会修改基因”“接种疫苗会影响生殖功能”等文字和图片信息,应该(　　)

A. 积极转发扩散　　B. 不信谣、不传谣,等待官方消息

密切相关,因此可以说(　　)

A. 一方水土,一方文化

B. 中华文化具有顽强的生命力

C. 文化决定经济和政治,也决定综合国力

D. 要创造中华文化新的辉煌,必须实现中华民族的伟大复兴

35. 习近平总书记强调,我们要积极培育和践行社会主义核心价值观,弘扬中华民族传统美德,把爱家和爱国统一起来,把实现个人梦、家庭梦融入国家梦、民族梦之中。这对新时代青年的启示是(　　)

A. 着眼于个人的前途命运,勇于砥砺奋斗

B. 坚持个人理想与国家发展伟业的有机统一

C. 勇担时代责任,为实现国家利益放弃个人利益

D. 练就过硬本领,推动中国特色社会主义进入新时代

36. 习近平总书记指出,中国要以自己的实践证明,国强未必称霸。中国在国际关系中坚持平等互利,愿与各国一道,共同构建人类命运共同体。中华民族历来是爱好和平的民族。中华文化崇尚和谐,中国“和”文化源远流长,深深植根于中国人的精神中。这表明(　　)

A. 文化是人类社会特有的现象　　B. 文化促进社会经济的发展

C. 文化能够反作用于政治　　D. 一定的政治反映一定的文化

37. 推崇“执着专注、精益求精、一丝不苟、追求卓越”的工匠精神,已经成为社会共识。培育工匠精神必须(　　)

A. 让创新精神、工匠精神成为全社会最高的价值追求

B. 热爱本职工作,干一行爱一行,不能随意跳槽

C. 继承发扬中华民族的传统文化,借鉴国外优秀文化成果

D. 加强劳动者职业道德建设,提升劳动者职业技能水平

38. 2021 年 3 月 5 日,习近平总书记在参加十三届全国人大四次会议内蒙古代表团审议时强调,要在各族干部群众中深入开展中华民族共同体意识教育。开展中华民族共同体意识教育,有利于(　　)

A. 促进边疆地区经济繁荣　　B. 建设各民族共有的精神家园

C. 完善民族区域自治　　D. 保障少数民族人民的自治权

39. 剪纸、刺绣、雕刻等独特的乡村文化资源在今天的价值,正在被人们重新认知。数据显示,各地非遗扶贫就业工作坊已带动 2200 多个项目开展,带动近 50 万人就业,助力 20 多万贫困户实现脱贫。可见,非遗扶贫就业工作坊(　　)

A. 突破了传统文化发展的模式　　B. 变革了非遗文化传播的途径

C. 激发了乡土文化的创新活力　　D. 推动了文化产品消费的升级

40. “沉睡数千年,一醒惊天下。”时隔35年,位于四川广汉的三星堆遗址再次启动祭祀坑发掘。随着一件件文物的亮相,这座神秘莫测的文化艺术殿堂,再次向世界展现了无穷的魅力。此次考古发掘(　　)

A. 展示了灿烂的中华文化,激发了中华民族自豪感

B. 反击了考古发掘的质疑,增强了中华文明的历史可信度

C. 发挥了我国考古发掘优势,引领了世界考古发掘的进程

D. 植根中华文化沃土,推动了不同民族文化融合发展

41. 只要“锦鲤附身”,人生便可“躺赢”。这种观点在哲学上属于(　　)

A. 客观唯心主义　　B. 主观唯心主义

C. 朴素唯物主义　　D. 机械唯物主义

42. 1975年,我国测得珠峰海拔高程为8848.13米;2005年,我国测得珠峰峰顶岩石面的海拔高程为8844.43米;2020年,我国测量登山队队员再次登顶,测得珠峰的最新高程为8848.86米,新技术的应用使得测量结果更为精确。这表明(　　)

A. 认识产生于实践的需要　　B. 追求真理是循环往复的过程

C. 实践是检验真理的唯一标准　　D. 实践推动人的认识不断发展

43. 近年来,我国数字经济特别是平台经济发展迅速,新业态、新模式层出不穷,对推动经济发展发挥了重要作用。与此同时,有关平台经济涉嫌垄断的反映和举报日益增加。垄断破坏了市场公平竞争的环境,也损害了消费者的合法权益。这要求我们(　　)(易错)

A. 看问题抓矛盾的主要方面

B. 根据自己的愿望建立新的具体的联系

C. 分清主流和支流,但不忽视支流

D. 对数字经济的未来充满信心

44. 在阿尔法围棋人工智能战胜世界冠军之后,人工智能没有被围棋界视作洪水猛兽。相反,很多职业棋手都采用人工智能作为训练工具,参考人工智能下法,新定式、新算法源源不断地产生。从哲学上看,这说明(　　)

A. 人工智能始终领先于人类“智能”　　B. 创新推动社会生产力的发展

C. 矛盾是事物发展的源泉和动力　　D. 辩证否定是事物发展的基本状态

45. 北斗人面对西方的技术垄断和封锁,一路披荆斩棘,不懈奋斗,使中国成为世界上第三个独立拥有全球卫星导航系统的国家。这说明(　　)

A. 人的实践活动是历史的、发展的

B. 意识对人们认识世界和改造世界具有指导作用

C. 把握矛盾的普遍性是正确认识事物的基础

D. 发展的总趋势是前进性和反复性的统一

B. 宪法是公民权利的保障书

C. 宪法是国家的根本大法，是治国安邦的总章程

D. 宪法能够为司法活动提供明确而直接的依据

65. 我国宪法规定，中华人民共和国公民在法律面前一律平等。下列选项中，侵犯了宪法规定的平等权的是(　　)

A. 某私营企业的员工招聘中，要求男士身高 175 厘米以上

B. 某教育部直属大学在教师招考公告中设定"具有硕士研究生以上学历"的标准

C. 某县政府制定的规范性文件中，对女性劳动者给予特别劳动保护

D. 某公安局在辖区内贴出标语"严厉打击某省籍犯罪分子，保护人民群众财产安全"

66. 下列选项中，属于我国刑法规定的刑罚种类的是(　　)

A. 拘役　　B. 罚款　　C. 训诫　　D. 没收违法所得

67. 徐某盗窃电动车时，突然听到警笛声大作，因害怕被警察抓住而仓皇逃走，盗窃行为未得逞。徐某的行为属于(　　)

A. 犯罪预备　　B. 犯罪未遂　　C. 犯罪中止　　D. 犯罪既遂

68. 王某饮酒后为发泄情绪，将家里的衣柜门板、椅子等物品从 21 层窗口向小区道路抛掷，危害了过往人员及车辆的安全。王某的行为构成(　　)

A. 故意毁坏财物罪　　B. 高空抛物罪

C. 以危险方法危害公共安全罪　　D. 寻衅滋事罪

69. 刘某开车时，看到前方有老太太横穿人行道，因觉得距离远、撞不到，他就没有减速，结果把老太太撞死了。刘某的心态属于(　　)

A. 直接故意　　B. 疏忽大意的过失

C. 间接故意　　D. 过于自信的过失

70. 林某用公交车上扒窃来的手机，在某市多家超市刷支付宝购物，消费金额共计人民币近 7000 元。林某的行为构成(　　)

A. 诈骗罪　　B. 盗窃罪　　C. 侵占罪　　D. 信用卡诈骗罪

71. 陈某因上车问题与公交车司机王某产生冲突，不顾车上乘客安危，用拳头击打王某头部，妨碍王某安全驾驶，危害公共安全。陈某应承担(　　)

A. 民事责任　　B. 行政责任　　C. 刑事责任　　D. 道德责任

72. 死刑是剥夺犯罪分子生命的刑罚。关于死刑，下列认识错误的是(　　)(常考)

A. 死刑只适用于罪行极其严重的犯罪分子

B. 犯罪时不满 18 周岁的人和审判时怀孕的妇女不适用死刑

C. 我国设置了死缓制度，作为轻于死刑的一个独立刑种

D. 适用死刑必须严格遵守法定程序

73. 李某意外去世未留下遗嘱,无权继承李某遗产的是(　　)

A. 已经出嫁的女儿　　B. 被人收养的孙子

C. 卧病在床的妻子　　D. 监狱服刑的儿子

74. 现代法律制度中,代理适用范围很广。下列选项中,必须由本人实施,不可以由他人代理的行为是(　　)

A. 签订民事合同　　B. 进行民事诉讼

C. 申请专利　　D. 订立遗嘱

75. 张某翻修祖屋,请施工队来盖房时在屋底发现了一坛银子。关于该埋藏物的所有权归属,下列选项中正确的是(　　)

A. 归国家所有　　B. 归施工队所有

C. 归张某所有　　D. 归集体所有

76. 下列选项中,没有违背公序良俗原则的是(　　)

A. 甲男与乙女在离婚协议中约定,再婚不得生育子女

B. 某企业与职工签订工伤概不负责的协议

C. 唐某父子感情不和,签订"断绝父子关系协议书"

D. 刘某拒绝同学赠与其电脑的行为

77. 小天很有音乐天赋,在他 9 岁时,父亲好友肖某赠与小天一把价值 2 万元的名贵小提琴。对小天行为能力和受赠效力的判断,根据《民法典》的相关规定,下列选项中正确的是(　　)

A. 小天属于无民事行为能力人

B. 赠与行为须经小天父母追认才能有效

C. 受赠行为无效,因与小天的年龄、智力不相当

D. 受赠行为因纯获利而有效

78. 离婚制度是婚姻家庭制度中的重要组成部分。关于离婚制度的说法,下列选项中错误的是(　　)

A. 离婚自由是法律赋予婚姻当事人依法解除婚姻关系的权利

B. 行使离婚权利要受到法定离婚条件和离婚程序的限制

C. 离婚冷静期的规定只适用于登记离婚

D. 当事人要求诉讼离婚必须经过诉前调解

79. 没有法律根据自己取得利益而使他人利益受损的,构成不当得利。下列选项中,乙构成不当得利的是(　　)

A. 甲渔港建有灯塔,渔民乙经常利用灯塔去夜航捕鱼

B. 甲投资兴建一座大型商场,乙的房屋因临近商场而价值剧增

C. 甲后院有一棵巨大榕树,乙常爬上去观看附近球场举办的中超足球联赛

D. 甲误将话费充至陌生人乙的手机里,乙拒绝返还

99. 下列传统节日按照一年中的先后顺序排列,正确的一项是(　　)

①今夜月明人尽望,不知秋思落谁家。

②遥知兄弟登高处,遍插茱萸少一人。

③国亡身殒今何有,只留离骚在世间。

④爆竹声中一岁除,春风送暖入屠苏。

A. ④③②①　　B. ④③①②　　C. ③④①②　　D. ③②④①

100. 2021 年 3 月,"我支持新疆棉花"成为人们热议的焦点。全球棉花看中国,中国棉花看新疆。下列说法中正确的是(　　)

A. 中国是世界第二大棉花消费国

B. 中国是世界最大棉花生产国

C. 新疆是我国最大、世界重要的棉花产区

D. 新疆有得天独厚的自然条件,是我国最大的长绒棉产区

二、判断题(判断各小题的正误,正确的涂"A",错误的涂"B"。本大题共 30 小题,每小题 0.6 分,共 18 分)

101. 2020 年中国是全球主要经济体中唯一实现经济正增长的国家。(　　)

A. 正确　　B. 错误

102. "十三五"末,石家庄市"4 +4"现代产业增加值达到 2275.3 亿元,占 GDP 比重超过 80%。(　　)

A. 正确　　B. 错误

103. 2021 年 4 月 29 日,中国空间站首舱"天和核心舱"的发射圆满成功。(　　)

A. 正确　　B. 错误

104. 发行数字人民币,可以降低纸币的发行成本,但不会改变货币的本质。(　　)

A. 正确　　B. 错误

105. 带烘干功能的洗衣机往往要比普通洗衣机的售价高出许多,可见商品价值决定价格。(常考)(　　)

A. 正确　　B. 错误

106. 美国政府要求相关企业停止向华为供应芯片,违背了贸易全球化的潮流。(　　)

A. 正确　　B. 错误

107. 只要广泛了解社情民意就能做到决策的科学化。(　　)

A. 正确　　B. 错误

108. 霸权主义越来越不得人心,表明世界多极化发展趋势不可逆转。(　　)

A. 正确　　B. 错误

109. 在疫情防控中展现出来的中国速度、中国力量,是社会主义制度集中力量办大事的结果,反映出

了社会主义制度的优越性。（　　）

A. 正确　　B. 错误

110. 网络文化能丰富人的精神世界，塑造美好人生。（　　）

A. 正确　　B. 错误

111. 把对社会主义核心价值观的培育融入国民教育、精神文明创建活动的全过程，贯穿于社会生活的方方面面，有利于提高国家文化软实力。（　　）

A. 正确　　B. 错误

112. 文化在综合国力竞争中的作用越来越重要，我们要把文化建设作为中心任务来抓。（易错）（　　）

A. 正确　　B. 错误

113. 成语“千里之堤，溃于蚁穴”体现了量变达到一定程度必然引起质变。（　　）

A. 正确　　B. 错误

114. 思想政治课是塑造世界观的大课程，也是对其他具体科学的概括与总结。（　　）

A. 正确　　B. 错误

115. 谎言是成不了真理的，因为真理最基本的属性是客观性。（　　）

A. 正确　　B. 错误

116. 向上级请示问题，其主送机关最多有 3 个。（　　）

A. 正确　　B. 错误

117. 政府网站发布的公文同发文机关正式印发的公文在效力上不相等。（　　）

A. 正确　　B. 错误

118. 公文一律不准翻印。（　　）

A. 正确　　B. 错误

119. 发文单位标识与发文单位印章要一致。（　　）

A. 正确　　B. 错误

120. 散布网络谣言者被公安机关依法查处，表明公民的政治自由是相对的。（　　）

A. 正确　　B. 错误

121. 国务院是最高国家权力机关的执行机关，是最高国家行政机关。（　　）

A. 正确　　B. 错误

122. 国家监察体制改革实现了对所有行使公权力的公职人员的监察全覆盖。（　　）

A. 正确　　B. 错误

123. 监护人除为维护被监护人利益外，不得处分被监护人的财产。（　　）

A. 正确　　B. 错误

124. 在法治社会，诉讼是解决纠纷的唯一合法途径。（　　）

A. 正确　　B. 错误

市场前景持续向好，且潜力巨大。实际上，它在一定程度上起着调节云水资源季节性和地区性分布不均的作用。科学推进这项工作表明(　　)

A. 用人为手段可以使天气现象朝着人们预定的方向转化

B. 科学认识气象条件可以减少灾害的发生

C. 根据气象规律发生的条件可以很好地利用气象规律

D. 在认识气象规律的基础上可以改变气象规律

142. 河北省税务局开通出口退税“绿色通道”，为受疫情影响较大的出口企业和生产疫情急需物资、积极捐款捐物且管理类别较高的企业提供极速服务，有 285 户出口企业通过“绿色通道”当日申报、当日收到退税款共计 53.92 亿元。从材料可以看出(　　)

A. 该政策会减少政府的财政收入

B. 该政策可以加速企业的资金周转

C. 该政策会加剧区域内企业的竞争

D. 政府可以通过经济政策为企业经营提供支持

143. 根据我国《宪法》的规定，下列选项中正确的有(　　)

A. 公民的私有财产不受侵犯

B. 公民享有监督权，有对其他公民提出批评建议的权利

C. 为追查刑事犯罪需要，公安机关依照法定程序可对公民通信进行检查

D. 公民的人身自由不受侵犯，禁止非法搜查公民的身体

144. 关于刑事责任年龄和刑事责任能力的认定，下列选项中正确的有(　　)

A. 甲在 16 周岁时投放危险物质致多人伤亡，甲对此不负刑事责任

B. 乙在 13 周岁时故意杀人，情节恶劣，经最高人民检察院核准追诉，应负刑事责任

C. 丙在故意杀人时受鲜血刺激突发精神病，应负刑事责任

D. 丁为给自己杀人壮胆而喝酒，大醉后杀害他人，应负刑事责任

145. 某房地产开发商与郭某签订买卖合同，将某商品房卖给郭某后，又与万某签订该房的买卖合同，万某办理了房屋产权证，引发与郭某的纠纷。按照民法典的相关规定，下列选项中正确的有(　　)(易错)

A. 万某取得该房屋的所有权

B. 开发商与郭某的房屋买卖合同无效

C. 郭某有权要求开发商赔偿损失

D. 郭某可以要求开发商返还其已经支付的房款及利息

2020年河南省信阳市直事业单位招聘考试真题试卷(五)

公共基础知识

(时间:90分钟　满分:100分)

本套试卷共110小题,包括单项选择题(65小题),多项选择题(10小题),判断题(35小题)。

一、单项选择题(请在每道题列出的四个选项中选择一个符合题目要求的选项,将答案用2B铅笔填涂在答题卡上,错选、多选均不得分。共65题,每题0.9分,满分58.5分)

1. 2020年7月29日,第七次全国人口普查电话会议在北京召开。国务院第七次全国人口普查领导小组组长韩正在会议上强调,要进一步提高(　　),切实增强责任感和使命感,扎扎实实做好各项工作,确保高质量完成全国人口普查任务。

A. 生态站位　　B. 政治站位　　C. 文化站位　　D. 经济站位

2. 2020年7月6日,中国—阿拉伯国家合作论坛第九届部长级会议以视频连线方式举行,此次会议发表了(　　)

A.《安曼宣言》　　B.《开罗宣言》

C.《北京宣言》　　D.《利雅得宣言》

3. 2020年6月30日,习近平总书记在中央全面深化改革委员会第十四次会议上强调,胜利完成"十三五"规划主要目标任务、决胜脱贫攻坚、全面建成小康社会,乘势而上开启(　　)

A. 全面实现国家完全统一的新征程

B. 全面建设社会主义现代化国家新征程

C. 全面建成社会主义现代化强国新征程

D. 全面实现中华民族伟大复兴的中国梦的新征程

4. 在新冠肺炎疫情防控的关键阶段,党中央要求各级党委政府在抓好疫情防控的基础上,不误农时抓好春耕备耕。对我国绝大多数地区的农民来说,一旦错过了春耕,就很难有好的收成了。这给我们的启示是(　　)

A. 在工作中,具体问题要具体分析

B. 要用全面的、一分为二的观点看问题

C. 尊重客观规律是发挥主观能动性的前提

D. 要善于把握机遇,不失时机促成事物的质变

5. 城市设计需要从整体平面和立体空间上统筹城市建筑布局,协调城市景观风貌,体现城市地域特

C. 与供方解除合同　　D. 提交民事诉讼

18. 甲强奸乙后担心乙事后报警或者报复，便将乙杀害，则甲以(　　)

A. 强奸罪一罪论处　　B. 故意杀人罪一罪论处

C. 强奸罪和故意杀人罪数罪并罚　　D. 强奸罪和故意杀人罪择一处罚

19. 张某在保险公司为自己购买健康险时，根据合同约定，将自己近两年所患的疾病如实告诉保险公司。张某的做法体现了(　　)

A. 保险利益原则　　B. 最大诚信原则

C. 近因原则　　D. 无因原则

20. 根据我国《民事诉讼法》的规定，下列案件不得公开审理的是(　　)

A. 农民工小米讨要劳务加工费案

B. 小李和小张的离婚财产分配案

C. 16 岁的周某诉某网络公司侵犯隐私权案

D. 小张离婚后子女抚养权归属案

21. 张某长期居住在 A 省 B 地，某次自驾到 C 省 D 地时，因违章停车被 D 地公安局罚款 200 元。张某不服，此时张某应该选择向(　　)人民法院提起诉讼。

A. A 省　　B. B 地　　C. C 省　　D. D 地

22. 在钱某故意伤害一案中，目击者刘某因害怕被报复而不愿出庭作证，其向公安机关提供了书面证言，则该证据属于(　　)

A. 书证　　B. 言词证据　　C. 有罪证据　　D. 直接证据

23. 甲将家中一台七成新的电风扇丢弃后被乙捡到，乙遂带回家中继续使用，后电风扇出现较大损坏，下列说法正确的是(　　)

A. 乙享有电风扇的所有权　　B. 乙对电风扇的占有为不当得利

C. 甲享有电风扇的所有权　　D. 甲可以向乙请求赔偿

24. 直系血亲和三代以内的旁系血亲禁止结婚，下列属于旁系血亲的是(　　)

A. 父母与子女　　B. 同父异母的兄弟姐妹

C. 祖父母与孙子女　　D. 外祖父母与外孙子女

25. 互联网时代，人人都有麦克风，见到公权力不作为现象就可以随手拍下，形成舆论，从而促进公权力的合法行使。这是公民在行使自己的(　　)(常考)

A. 申诉权　　B. 控告权　　C. 监督权　　D. 获得赔偿权

26. 正确处理惩罚与保护的关系，使无辜的人不受行政处罚，使实施违法行为的人受到公正处理，使遭受违法处罚的人得到及时补救，这属于行政处罚基本原则中的(　　)基本要求。

A. 处罚法定原则　　B. 保障当事人程序权利原则

C. 处罚与教育相结合原则　　D. 公正公开原则

27. 下列情形符合法律规定的是(　　)

A. 某药店规定:出店前请选好药物,出店后不予退换

B. 某大型超市告示:背包和手提包请到专门柜台寄存

C. 某服装店表示:本店服装一经售出,拒绝退货

D. 某洗浴中心提示:地滑请小心行走,否则浴场不负责

阅读下面材料,回答28—30题

为全面贯彻党的十九大和十九届二中,三中,四中全会精神,深入落实中央经济工作会议精神和十三届全国人大三次会议通过的《政府工作报告》部署,做好今年政府工作,实现经济社会发展目标任务,现就《政府工作报告》确定的重点工作提出部门分工如下……

28. 上述文段为一篇公文的开头部分,由此可知该公文文种为(　　)

A. 请示　　B. 意见　　C. 批复　　D. 议案

29. 下列不属于该公文所属文种特点的是(　　)

A. 内容具有指示性和参考性　　B. 行文机关具有广泛性

C. 行文方向具有灵活性　　D. 公文时效具有长期性

30. 下列有关本篇公文的说法,错误的是(　　)

A. 本篇公文的开头方式为目的式

B. 本篇公文的主送机关可能为国务院办公厅

C. 若本篇公文采用完全式标题,则需写明发文机关、事由和文种

D. 本篇公文的成文时间不可能早于政府工作报告的成文时间

31. 下列选项中除(　　)外均可采用越级行文。(常考)

A. 处于同等地位的两个或两个以上机关共同发布公文

B. 经多次请示直接上级,问题长期未得到解决的

C. 上级交办并指定越级上报某些事项的

D. 检举、控告直接上级的

32. 小李在某单位文秘部门做公文处理工作,现欲离职,则小李对手上工作的正确处理方式为(　　)

A. 将暂存的公文以个人名义全部退回

B. 将手上已处理完毕的公文直接销毁

C. 将暂存、借用的公文按照有关规定移交、清退

D. 将暂存、借用的公文按照密级直接带离原单位

33. 纪要是指用于记载、传达会议情况和议定事项的法定公文。以下不属于纪要的特点的是(　　)

A. 文字的抒情性　　B. 内容的纪实性

C. 表达的提要性　　D. 称谓的特殊性

34. 某篇公文对厘清政务服务事项提出如下要求:要明确受理单位、办理渠道、申请条件、申请材料、办

53. 民间有这样一句谚语:“日晕三更雨,月晕午时风。”晕,实际是一种自然界的(　　)

A. 电磁现象　　B. 光学现象　　C. 地质现象　　D. 共振现象

54. 下列做法无法增加汽车轮胎与地面之间摩擦力的是(　　)(常考)

A. 向地面撒一层沙土　　B. 向地面泼水

C. 在汽车上放重物　　D. 将轮胎的表面做得凹凸不平

55. 在一座高山山顶,李某对水进行加热,发现水比在山脚时更容易沸腾,出现这种现象最可能的原因是(　　)

A. 山顶湿度比山脚高　　B. 山顶湿度比山脚低

C. 山顶大气压比山脚高　　D. 山顶大气压比山脚低

56. AR(增强现实技术)是一种实时地计算摄影机影像的位置及角度并加上相应图像的技术。AR 系统所具备的特点不包括(　　)(易混)

A. 是真实世界和虚拟世界的信息集成

B. 用户能感到作为主角存在于模拟环境中

C. 具有实时交互性

D. 是在三维尺度空间中增添定位虚拟物体

57. 4D 打印技术是指由 3D 技术打印出来的结构能够发生形状或者结构的改变,是在 3D 打印技术上多了(　　)的打印技术。

A. 时间维度　　B. 空间维度　　C. 质量维度　　D. 速度维度

58. 第一次工业革命是指 18 世纪 60 年代从(　　)发起的技术革命,是技术发展史上的一次巨大革命,它开创了以机器代替手工劳动的时代。

A. 英国　　B. 法国　　C. 德国　　D. 美国

59. (　　)确立了以毛泽东为核心的党中央的正确领导,挽救了党、红军和革命,是党的历史上生死攸关的转折点。(常考)

A. 八七会议　　B. 洛川会议　　C. 古田会议　　D. 遵义会议

60. 鲁迅是我国著名作家,他有着强烈的爱国主义热情,其多部作品被奉为经典。其中,鲁迅在作品(　　)中讲述了自己童年时的生活。

A.《狂人日记》　　B.《阿 Q 正传》

C.《朝花夕拾》　　D.《野草》

61. 拥有高贵品质的人一直是世人推崇和学习的对象,在我国古代,常用梅、兰、竹、菊四种植物来隐喻四种颇具风骨的君子,其中菊所代表的是(　　)

A. 正人君子　　B. 世外隐士　　C. 当世大儒　　D. 少年天才

62.《富春山居图》是元朝书画,由画家黄公望为郑樗所绘,以(　　)的富春江为背景。

A. 江苏　　B. 浙江　　C. 江西　　D. 湖南

63. 二十四节气,于中国先秦时期就已经订立、到汉代完全确立的用来指导农事的补充历法,始于________,终于________,周而复始。(　　)

A. 春分　冬至　　　　B. 立春　冬至

C. 立春　大寒　　　　D. 春分　大寒

64. “醍醐灌顶”是一个汉语成语,比喻听了高明的意见使人受到很大启发,也形容清凉舒适。其中,“醍醐”指的是(　　)

A. 凉水　　B. 酥油　　C. 酒　　D. 清凉油

65. 在实现中华民族伟大复兴之梦的征途上,无数共产党人披荆斩棘、流血牺牲、艰苦奋斗,成就了光辉的历史伟绩。从实现人生价值的角度来看,这说明(　　)

A. 社会价值的实现必须以牺牲自我价值为前提

B. 实现自我价值是创造社会价值的目的

C. 自我价值与社会价值是统一的

D. 社会价值可以代替自我价值

二、多项选择题(请在每道题列出的四个选项中选择两个或以上符合题目要求的选项,将答案用2B铅笔填涂在答题卡上,错选、多选、漏选均不得分。共10题,每题1.7分,满分17分)

66. 随着现代信息技术的发展,许多以往在现实世界中难以进行的实验都可以在虚拟空间中进行。通过虚拟军事对抗过程,既不会对现实中的军队造成伤害,又可以得到关键的实验数据,大大拓展了实践活动的可能性空间。以下相关说法正确的有(　　)

A. 虚拟实践的主体与现实中实践活动的主体相同

B. 虚拟实践活动突出地表明了人类实践活动的创造性

C. 虚拟实践不具有直接现实性,是一种完全独立于社会物质实践的新的实践形式

D. 虚拟实践的客体与现实中实践活动的客体不同

67. 近年来,中国在全球治理中不断贡献中国智慧和中国方案,为全球治理不断提供引领性的新理念和新思想,这些新理念和新思想包括(　　)

A. “善、和、惠、容”的周边外交理念

B. 面向未来的人类命运共同体思想

C. 结盟而不结伴的国家间伙伴关系

D. 以义为先的正确义利观

68. 中国共产党紧密结合新的时代条件和实践要求,进行理论探索,取得重大理论创新成果,形成了新时代中国特色社会主义思想。新时代中国特色社会主义思想,明确坚持和发展中国特色社会主义,总任务是实现(　　)

A. 全国人民同步富裕　　　　B. 社会主义现代化

C. 生产力的解放　　　　D. 中华民族伟大复兴

97. 电子政务有利于整合政务信息资源，推动政府信息资源对社会开放，发挥其巨大的社会效益和经济效益。（　　）

98. 自然环境为公共行政提供智力支持和精神动力，提供行政价值观和行为规范。（　　）

99. 外激励是与工作本身和完成工作任务无内在联系的各种外在奖酬所引起的激励作用之和，如提高工资、增加奖金、获得工作满足感等。（易错）（　　）

100. 虚拟经济是市场经济高度发达的产物，其特征主要表现为高度流动性、高度稳定性、低风险性、低投机性四个方面。（　　）

101. 泡沫经济发展到一定的程度，通常会由于支撑投机活动的市场预期或者神话的破灭，而导致资产价值迅速下跌，这在经济学上被称为泡沫破裂。（　　）

102. 局域网是一种私有网络，一般在一座建筑物内或建筑物附近，比如家庭、办公室或工厂。（　　）

103. 燕子会释放出一种超声波，这种声波遇见物体时就会反弹回来，而人类听不见。雷达就是根据燕子的这种特性发明出来的。（常考）（　　）

104. 抗美援朝是新中国成立后中国人民同世界上最强大的敌人进行军事较量并取得胜利的一次保家卫国战争。（　　）

105. 在中国历史上，孙中山首次倡导了政治体制上的中西结合，最早在中国提出了立宪政体。（　　）

106. 偷袭珍珠港是指由日本政府策划的一起偷袭美国太平洋海军舰队基地——珍珠港的军事事件，它成为第二次世界大战中太平洋战争爆发的导火索。（　　）

107. 长篇历史小说《双城记》是法国作家查尔斯·狄更斯以法国大革命为背景所著的作品。（　　）

108. “咬定青山不放松，立根原在破岩中”是明代文人画家郑燮描写松柏刚毅品格的一句诗。（　　）

109. 蒙古包看起来虽小，但包内使用面积却很大，而且室内空气流通，采光条件好，冬暖夏凉，不怕风吹雨打。（　　）

110. 拨打电话应选择对方方便的时间，休息、用餐时间和节假日一般不宜打电话，但可打与公务有关的电话。（　　）

2020年山东省济南市联考教师招聘考试真题试卷(六)

公共基础知识

(时间:35分钟　满分:30分)

本套试卷共30小题,包括单项选择题(20小题),多项选择题(10小题)。

一、单项选择题(在下列选项中有且只有一项是符合题意的,错选、多选、不选均不得分,本题共20小题,每小题0.9分,共18分)

1. 2020年6月30日,第十三届全国人民代表大会常务委员会第二十次会议通过(　　),这是香港回归以来中央处理香港事务的重大举措,对于全面准确贯彻"一国两制"方针和香港基本法,维护国家主权、安全、发展利益,保持香港长期繁荣稳定,确保"一国两制"行稳致远,具有重大现实意义和深远历史意义。

A.《中华人民共和国香港特别行政区区域安全法》

B.《中华人民共和国香港特别行政区维护国家安全法》

C.《中华人民共和国香港特别行政区维护社会安全基本法》

D.《中华人民共和国香港特别行政区域安全法》

2. 清朝实行的地方行政制度是督抚制。总督可以管数省,侧重军事,巡抚只管一省,侧重民政。总督的权力比巡抚大得多,但与巡抚之间没有直接的隶属关系,二者都直接听命于皇帝。清朝两江总督府的驻地位于今天的(　　)

A. 九江　　B. 南京　　C. 镇江　　D. 扬州

3. "乘风好去,长空万里,直下看山河"出自辛弃疾的《太常引·建康中秋夜为吕叔潜赋》,"太常引"是指(　　)(易错)

A. 官职名　　B. 城市名　　C. 建筑物　　D. 词牌名

4. 依照《中华人民共和国公司法》的规定,公司是在中国境内设立的,以营利为目的的企业法人,是适应市场经济社会化大生产的需要而形成的一种企业组织形式,公司股东依法享有的权利不包括(　　)

A. 资产收益　　B. 参与重大决策

C. 选择管理者　　D. 宣告破产

5. 全面建成小康社会是当前的重中之重和必须完成的硬任务,而2020年是全面建成小康社会的关键之年。"民亦劳止,汔可小康"表达了中国人民自古以来对美好安定生活的向往。"小康"一词最早

22. 2020年6月17日，国家主席习近平在北京主持中非团结抗疫特别峰会并发表题为《团结抗疫共克时艰》的主旨讲话。中非团结抗疫特别峰会以视频方式举行，由中国和(　　)共同倡议举办。

A. 南非　　B. 肯尼亚　　C. 苏丹　　D. 塞内加尔

23. 端午节是中国民间的传统节日，别称众多。端午节最早源自天象崇拜，由上古时代祭龙演变而来，在传承发展中又杂糅了多种民俗，蕴含着深邃丰厚的节俗文化内涵。下列属于端午节别称的是(　　)

A. 正阳节　　B. 天中节　　C. 龙节　　D. 重午节

24. 十九届四中全会强调社会治理是国家治理的重要方面，必须加强和创新社会治理，完善社会治理体系，建设社会治理共同体，确保人民安居乐业。社会治理共同体的建设原则是(　　)(易混)

A. 人人平等　　B. 人人有责　　C. 人人尽责　　D. 人人享有

25. 2020年国务院政府工作报告提出，国家重点支持“两新一重”建设。这里的“两新”建设指的是(　　)

A. 新型基础设施建设　　B. 新型交通设施建设

C. 新型水利工程建设　　D. 新型城镇化建设

26. 唐朝是我国诗歌文化发展的黄金时代，诗坛人才辈出，佳作流传，各具特色，蔚为壮观。很多著名诗人都有别称，下列别称和诗人对应正确的是(　　)

A. 诗仙—李白　　B. 诗圣—杜甫

C. 诗鬼—贺知章　　D. 诗狂—李贺

27. 中国特色社会主义制度是党和人民在长期实践探索中形成的科学制度体系，具有鲜明的本质特征和无比巨大的优势，是我们坚定道路自信、理论自信、制度自信、文化自信的基本依据。全面完整的中国特色社会主义制度体系包括(　　)

A. 根本制度　　B. 基本制度　　C. 特色制度　　D. 重要制度

28. 现代企业制度是企业产权制度、企业组织形式和经营管理制度的总和。从企业发展的历史来看，具有代表性的企业制度有(　　)

A. 租赁制　　B. 业主制　　C. 合伙制　　D. 公司制

29. 下列俗语与所反映的哲学道理对应正确的是(　　)

A. 堤溃蚁孔，气泄针芒—反映了矛盾的同一性和斗争性的关系

B. 望梅止渴，心灵手巧—意识对物质具有能动作用

C. 因地制宜，因材施教—坚持一切从实际出发

D. 和实生物，同则不继—说明了量变达到一定程度会引发质变

30. 2020年政府工作报告明确提出保障能源安全，持续推进可再生能源的发展。下列选项中属于可再生能源的是(　　)(常考)

A. 生物质能　　B. 海洋能　　C. 潮汐能　　D. 地热能

2020年山西省大同市直教师招聘考试真题试卷(七)

综合知识

(本套试卷共57小题,已收录49小题)

本套试卷共49小题,包括单项选择题(12小题),多项选择题(10小题),判断题(20小题),简答题(2小题),连线题(5小题)。

一、单项选择题(下列每小题列出的四个选项中只有一个是最符合题意的,将其选出并把其标号写在括号内。错选、多选或未选均不得分。本大题共12小题,每小题1分,共12分)

1. 中国共产党人的精神支柱和政治灵魂是( )

A. 共产主义远大理想和中国特色社会主义共同理想

B. 马列主义

C. 共产主义远大理想

D. 中国特色社会主义共同理想

2. 实现中华民族伟大复兴的中国梦,必须弘扬以( )为核心的时代精神。(常考)

A. 解放思想 B. 实事求是 C. 爱国主义 D. 改革创新

3. 2020年是全面建成小康社会的决胜之年,全面建成小康社会的底线任务和标志性指标是( )

A. 防范化解重大风险 B. 脱贫攻坚

C. 经济持续健康发展 D. 污染防控

4. 2020年6月29日,习近平总书记在中央政治局第二十一次集体学习时指出:严密的( ),是马克思主义政党的优势所在、力量所在。

A. 制度体系 B. 监督体系 C. 管理体系 D. 组织体系

5. 2020年,习近平主席赴山西考察时强调:要千方百计巩固好脱贫攻坚成果,接下来要把( )这篇文章做好,让乡亲们生活越来越美好。

A. 乡村振兴 B. 乡村之明 C. 农业现代化 D. 城市一体化

6. "海内存知己,天涯若比邻"出自唐代诗人王勃的《送杜少府之任蜀州》,这首诗的题材是( )

A. 田园诗 B. 山水诗 C. 送别诗 D. 怀古诗

7. 《天工开物》是世界上第一部关于农业和手工业生产的综合性著作,该书作者是( )(常考)

A. 贾思勰 B. 宋应星 C. 张景岳 D. 徐光启

6. 对消费者需求量影响最大的因素是价格因素。（ ）

7. 国有经济的"三驾马车"是投资、消费、进口，它们是拉动经济增长的最主要力量。（ ）

8. 陈望道翻译了首个中文全译本《共产党宣言》。（常考）（ ）

9. "清明时节雨纷纷，路上行人欲断魂"的作者是杜甫。（ ）

10. 甲骨文主要是指殷墟甲骨文，是殷商时代刻在龟甲兽骨上的文字。（ ）

11. 黄河是我国南北地理分界线。（常考）（ ）

12. 全球气候变暖最明显的后果是海平面上升。（ ）

13. 人工智能是对人的意识、思维的信息过程的模拟。（ ）

14. 现代物理学的两大基本支柱为相对论和量子力学。（ ）

15. 所有公文都需要编制份数序号。（ ）

16. 任免通知落款处由任免机关领导人亲笔签署（或代以签名章）。（ ）

17. 财政部向国务院建议在全国范围内展开一次税收财务大检查，应用通报行文。（ ）

18. 我国宪法规定了国家主席替补制度，主席缺位则由副主席继任。（ ）

19. 张立为行为不能自理的精神病人，外出期间他不慎被执法车撞伤，则其父母可代他向人民法院提起行政诉讼。（易错）（ ）

20. 失踪人所欠税款、债务和应付法人其他费用，由继承人从失踪人的财产中支付。（ ）

四、简答题（本大题共 2 小题，每小题 10 分，共 20 分）

1. 如何理解"人民是我们党执政的最大底气，是我们共和国的坚实根基，是我们强党兴国的根本所在"。

2. 简述颁布实施民法典的重大意义。

五、连线题(本大题共 5 小题,每小题 4 分,共 20 分)

1. 请连线关于党的路线的概述。

政治路线	党制定的关于组织工作总的原则和方针
思想路线	党的一切工作的根本出发点和归宿
组织路线	党制定各项具体方针政策的根本指南
群众路线	党所遵循的最根本的指导原则和思想基础

2. 请连线关于《红楼梦》人物对应的概述。

贾宝玉	遵循传统道德,等级观念浓厚
林黛玉	精明强干,活泼狠毒
薛宝钗	天真率直,多愁善感,至死不渝
王熙凤	主张人人平等,尊重个性

B. 16 世纪末,哥伦布到达美洲之后把辣椒带回欧洲,并由此传播到世界其他地方

C. 辣椒富含维生素 C,可以有效控制心脏病及冠状动脉硬化,降低胆固醇

D. 辣椒中的辣椒素能抑制肠内异常发酵,排出消化道中积存的气体

5. 下列常识中说法错误的是(　　)

A. 计算机的实质是一种信息处理机

B. 不装备任何软件的计算机称为裸机

C. 计算机的触摸屏幕属于输出设备

D. 软件作为一种知识产权被列入法律保护的范畴

6. 下列几组人物中,三人出自同一小说的是(　　)(常考)

A. 张生、崔莺莺、红娘

B. 潘安、贾宝玉、柳湘莲

C. 卢俊义、扈三娘、孙尚香

D. 鲁滨孙、匹诺曹、皮皮鲁

7. 贵阳市民老张打算利用一周假期带家人在省内自驾游,家人计划游玩的景点有梵净山、镇远古镇、茂兰喀斯特森林、西江千户苗寨。在下列自驾游路线中,规划最为合理的是(　　)

A. 贵阳—梵净山—西江千户苗寨—茂兰喀斯特森林—镇远古镇—贵阳

B. 贵阳—西江千户苗寨—镇远古镇—梵净山—茂兰喀斯特森林—贵阳

C. 贵阳—镇远古镇—茂兰喀斯特森林—西江千户苗寨—梵净山—贵阳

D. 贵阳—镇远古镇—西江千户苗寨—梵净山—茂兰喀斯特森林—贵阳

8. 下列对标点符号使用有误的是(　　)

A. 展览以“多元文明并置,古今文明相通”两条主线,分为“美成在久 日出东方”“美在通途 行久致远”“美美与共 天下大同”“美人之美 礼尚往来”四个部分。

B. 第二届中国网络文学周在杭州白马湖畔开幕,以打造“中国网络文学重镇”为目标的浙江继续引领风骚——在 2018 中国网络小说排行榜上的 20 部作品中,有 10 部出自浙江。

C. 它有两条强健的大腿,有四条显得过分长了些的小腿。它的肚子有一、二、三、四、五,五个环节。愈往后愈细,至尾巴处,突然分成了两叉。

D. 市广播局的葛勇给读者朋友也出了一个好点子,那就是租辆汽车,和朋友或家人结伴出去自助旅游。自己选择旅游路线,最合理;自己准备旅游装备,最轻便;自己安排食宿行程,最自由。

9. 很多促进人类科学进步的发明或发现都源于意外,下列发明或发现并非源于意外的是(　　)

A. 青霉素　　B. 微波炉　　C. 青蒿素　　D. X 射线

10. 下列说法正确的是(　　)(易错)

A. 石墨烯是一种仅由碳原子构成的单层片状结构的新型纳米材料,具有极好的导电性能,可用于制作新型电池

B. 光纤通讯中信号传播的主要载体是光导纤维,内芯的折射率比外套的大,光传播时由内芯进入外套发生漫反射

C. 稀土是芯片产业的重要物资，由于开采、提纯难度大，我国长期依赖美国进口

D. 风是相对于地表面的空气运动，形成风的原因包括地表摩擦力

11. 面对信息时代的电子产品和网络环境，应该引导青少年探索网络的积极用途，激发他们的求知欲和探索欲，训练他们的想象力和创造力。同时，推动人工智能在教育领域的创新运用，让网络成为学习的助手，创造型人才的培养自然________。

填入画横线部分最恰当的一项是（　　）

A. 水到渠成　　B. 事半功倍

C. 迎刃而解　　D. 浩浩荡荡

12. 去年愚人节的一个消息，很多人还印象深刻。被称作“鹅厂”的腾讯公司宣称启动养鹅计划，鹅脸识别、鹅语翻译等也将随之开展。虽事后证明这只是一个愚人节________，但 IT 技术商、终端设备商们确实已经开始去广阔农村________。

依次填入画横线部分最恰当的一项是（　　）（易混）

A. 误会　一决高下　　B. 谣言　开天辟地

C. 玩笑　大展身手　　D. 噱头　各显神通

13. 大自然总是维持着________的平衡，有害虫，便有能克制它的天敌。如果把这些天敌巧妙地加以运用，它们就能成为病虫害防治的精兵强将。我国先民很早就认识到生物间相互________、一物降一物的现象，如蜘蛛吐丝网虫、喜鹊捕食螳螂等，并把这种现象运用在防治农业害虫上。

依次填入画横线部分最恰当的一项是（　　）

A. 绝佳　依赖　　B. 精确　作用

C. 微妙　制约　　D. 奇特　补充

14. 2018 年，手机游戏《旅行青蛙》爆红的背后，既有对现实生活孤独、疏离感的自我投射，也有与电子宠物之间彼此陪伴的自我________。它满足并释放了玩家的________与需要陪伴的孤独感，而在朋友圈的分享，又可以满足自身的社交需求。因此尽管它看起来没什么________，却能一击而中人们内心的柔软。

依次填入画横线部分最恰当的一项是（　　）

A. 表达　压力　亮点　　B. 治愈　能量　泪点

C. 救赎　脆弱　笑点　　D. 慰藉　母性　玩点

15. 近年来，在世界范围内，伴随着现代工业的________扩张和城市化进程的盲目推进，可使用的土地和自然资源减少，农业生产趋向________，高产农作物和单一栽培取代了生物________，丰富的作物种质资源在不断流失，人们的饮食组成和生活方式也随之发生明显变化，给营养健康带来影响。

依次填入画横线部分最恰当的一项是（　　）（易错）

A. 快速　单一化　原生性　　B. 迅猛　标准化　多元性

C. 急速　模块化　遗传性　　D. 激进　同质化　多样性

期的直播乱象造成了负面刻板印象。现今,虽然在政府监管和平台自律下,行业已日趋规范化,但仍存在个别违法违规的主播和平台,他们的违规行为具有吸引眼球的效果,媒体往往对这类新闻报道关注较多,加深了公众的刻板印象。另一方面是因为有关网络直播的正面信息到达公众的路径较少。无论是个别小平台的违规行为,还是主播个人行为,在报道标题中往往强调"直播"字眼,指向了整个网络直播行业。

接下来最可能讲的是( )

A. 进一步分析网络直播给社会发展带来的更深层次的危害

B. 谈网络新媒体时代网络直播最终会给人们带来怎样的困境

C. 从网络直播所具有的社会价值谈对网络直播的新认知

D. 谈网络直播的正面价值以及如何摆脱网络直播"低俗化"

24. 据说,在职场生态中,有一种加班屡见不鲜,令人感到心累——"唯时长论""坐班不做事""领导不走我不走"等"形式主义加班"现象,正在消磨我们的奋斗精神,堪称当代青年职场生活不可承受之重。工作时间闲散摸鱼,下班时间开始加班,如此走形式、摆阵势、做样子的加班,不仅无法保证工作效率,继续下去,"形式主义加班"只会沦为"无效加班",降低员工对公司的归属感与好感度。当混日子的人越来越多,长远来看,企业终会失去活力和生机。

对这段文字的主旨概括最准确的是( )

A. "形式主义加班"害苦了当代青年,成为职场生活不可承受之重

B. 应该告别"形式主义加班",否则,混日子的人会越来越多

C. 只有唾弃"形式主义加班"才能使企业获得真正的持久发展

D. "形式主义加班"正成为职场生态中的常见现象

25. 某农场种植果树,第二年产量为 2000 斤,此后每年增长率相同,第五年产量为 5488 斤。则第三年比第二年增产( )斤。

A. 360　　B. 480

C. 720　　D. 800

26. 某地市面上有甲、乙、丙、丁四家企业生产的电热毯,市场占有率分别是 36%、32%、18%、14%,若随机抽出 2 件电热毯,至少有一件来自乙企业的概率范围是( )(易错)

A. 0.36 ~ 0.48　　B. 0.48 ~ 0.53

C. 0.53 ~ 0.67　　D. 0.67 ~ 0.74

27. 甲、乙、丙、丁四人生产零件,每个人的工作效率相同,均为 12 件/小时,已知现在他们分别生产了 192 件、144 件、132 件、108 件。则多少小时前,甲、乙生产的产品数是丙、丁生产的产品数的 2 倍( )

A. 2　　B. 4　　C. 6　　D. 8

28. 一只蚂蚁沿等腰梯形的四边由 A 点开始爬行一周,BC 长 15 米,高 12 米,斜边 AB 长 13 米(如图所

示)。蚂蚁在 AB、BC、CD、DA 四边的速度分别为 20 厘米/分钟、30 厘米/分钟、26 厘米/分钟、50 厘米/分钟。则它爬行一圈的平均速度为(　　)厘米/分钟。

B 15米 C
12米 13米
A D

A. 24.2　　B. 27.5

C. 30.7　　D. 31.2

29. 某旅游团共 48 人,在导游推荐的购物点抢购特产,每人都进行了购买,同时购买了马桶圈和吹风机的有 12 位,同时购买了电饭煲和马桶圈的有 13 位,同时购买了吹风机和电饭煲的有 8 位,有 3 位购买了以上三种商品。则仅购买 1 种商品的顾客有(　　)位。

A. 20　　B. 21　　C. 23　　D. 26

30. 甲乙两个单位分别派出由 3 名员工组成的队伍参加汽车组装技能大赛。比赛规定 6 人同时开始独立组装,第 n 个完成任务的人得 N 分($1\leqslant n\leqslant 6$),得分少的队伍获胜。则获胜队伍的名次有(　　)种不同可能。(易错)

A. 7　　B. 8　　C. 9　　D. 10

31. 某企业年会为活跃气氛特设抽奖环节,按 1∶3∶6的比例设有一等奖、二等奖、三等奖,获奖率为 20%。已知 12 人获得一等奖,则该企业共有员工(　　)人。

A. 300　　B. 400　　C. 500　　D. 600

32. 金属∶铁∶导电(　　)(常考)

A. 真理∶地球引力∶实践　　B. 鸟∶鹅∶飞翔

C. 恒星∶太阳∶发光　　D. 鱼∶鲸∶呼吸

33. 馥郁芬芳∶香气怡人(　　)

A. 飞扬跋扈∶屡教不改　　B. 跋山涉水∶不畏艰险

C. 纸上谈兵∶夸夸其谈　　D. 兢兢业业∶勤勤恳恳

34. 排练∶演出∶掌声(　　)

A. 操练∶战争∶胜利　　B. 起跑∶起飞∶到达

C. 播种∶成长∶结果　　D. 采访∶记者∶新闻

35. 琢磨∶琢∶磨(　　)

A. 微小∶微∶小　　B. 湿润∶湿∶润

C. 碧绿∶碧∶绿　　D. 煎熬∶煎∶熬

36. 虎踞∶龙盘(　　)(易错)

A. 鬼使∶神差　　B. 狗追∶鸡跑

C. 猴年∶马月　　D. 莺歌∶燕舞

37. 动物∶老鹰∶蛇(　　)

A. 哺乳动物∶海豚∶蝙蝠　　B. 商界∶商人∶工厂

B. 小明做完化学实验后，有人质疑他的实验步骤，尽管他非常生气，但在向导师组汇报实验进展时，小明却莫名采纳了质疑意见

C. 小张相中了一辆标价 340 元的自行车打算当生日礼物送女朋友，但他以为近期会降价，可等到女友生日前一天，他却发现价格涨到了 380 元，尴尬的是，此刻不买不行了

D. 老陈在电视中看到自己购买的某款保健品是假货，但她仍坚信该保健品有某种奇效

48. 牛津大学交叉模态实验室的负责人查理·斯彭斯认为，我们大脑皮质中超过一半的区域都参与了视觉的处理，而负责味觉的区域却只占皮质的 1% 至 2%。据此科学家得出结论：双眼可以说是最重要的“味觉”器官，会影响到人的味觉体验。

以下各项如果为真，不能支持上述结论的是(　　)

A. 着色不足的浆果卖不出更好的价格

B. 当青柠味饮料被调成橙色时，近一半的受试者认为饮料是橙味的

C. 人们普遍认为放在白色圆形盘子里的草莓慕斯比放在黑色方形盘子里的味道更好

D. 人类对大脑活动的味觉分辨率和视觉分辨率的探索仍然不够

49. 近日，《自然》杂志发表了来自 NCD－RisC 组织的最新研究，该组织通过对身体质量指数(简称 BMI，BMI 数值越大，肥胖可能性越大)的监测，指出农村居民已变成全球肥胖的主力军。

以下各项如果为真，最能支持上述结论的是(　　)

A. 从 1985 年到 2017 年，全球平均 BMI 增长的人口中，农村居民占 55%

B. 数据显示，农村女性 BMI 增长速度比男性更快

C. 中等收入国家的农村机械化程度逐渐提高，逐步取代了传统耕种方式

D. 调查表明，大中城市的高热量快餐利润普遍比中小城镇高

50. 老吴家儿子结婚，如果小凡参加婚礼，那么小丽、小远和小青将一起参加婚礼。

如果上述断定是真的，那么以下哪项也是真的(　　)(易错)

A. 如果小凡没有参加婚礼，那么小丽、小远和小青三人中至少有一人没参加婚礼

B. 如果小凡没有参加婚礼，那么小丽、小远和小青都没参加婚礼

C. 如果小丽、小远和小青都参加了婚礼，那么小凡参加了婚礼

D. 如果小远没有参加婚礼，那么小青和小凡不会都参加婚礼

51. 有研究发现，人体限制糖质对保持人体健康有一定效果。

若下列选项为真，最能支持上述结论的是(　　)

A. 食用限糖食物的小白鼠的寿命比食用标准饵料的小白鼠缩短了 8 至 9 周

B. 食用限糖食物的小白鼠的记忆力下降至食用标准饵料的小白鼠的一半水平

C. 在食用限糖食物的小白鼠的肠道内，有害菌增加，有益菌减少，加速衰老

D. 短期限制糖质摄入有利于治疗糖尿病,但持续限制摄入可能产生不良影响

52. 研究显示,世界上较长的246条河流中,目前仅有三分之一还能保持全程自由流动,越来越多的水坝和水库正在减少健康河流为全人类提供的多种利益。

以下各项如果为真,最能支持上述结论的是(　　)

A. 这是科学家有史以来第一次对地球上河流自由流动的状况进行评估

B. 目前全世界已建成的大型水坝有近6万座,正在规划或建造的大坝则超过3700座

C. 许多国家致力于发展低碳经济,迫切需要开发可再生能源,水电成为重要选择

D. 自由流动的河流不仅支持淡水鱼的繁衍,还能提供大量沉积物维系生物多样性

53. 随着电子媒体的普及,时政期刊的阅读量受到很大影响,每一本时政杂志平均只有2到3个读者。2018年,《时尚Q趣》双月刊平均仅有5000订户。由此可以推断其读者数量约为10000到15000。

上述推断的前提是(　　)

A. 大多数《时尚Q趣》的读者都是该杂志的订户

B. 大多数期刊订户都喜欢与人共享

C.《时尚Q趣》订户数与读者的比例和时政期刊的比例相同

D.《时尚Q趣》的读者数与时政期刊的读者数相近

54. 某大学准备选派2名大三学生、3名大一学生组成辩论队参加全省大学生辩论赛。大三学生候选人包括赵三、钱三、孙三3人;大一学生候选人包括李一、周一、吴一、郑一、王一5人。筛选条件为同一专业或者同一协会至多派一人。已知:

(1)钱三是哲学系学生　　(2)李一是法律系学生

(3)周一是数学建模协会会员　　(4)郑一来自法律系

(5)王一来自哲学系、数学建模协会

根据以上条件,如果钱三入选,那么(　　)必定入选。(易错)

A. 赵三　　B. 孙三

C. 周一　　D. 郑一

55. 近日,中国青年报社与问卷网进行的一项调查显示,76.5%的受访者感觉自己的语言越来越贫乏了。受访者认为年轻人语言贫乏的表现是基本不会使用诗句(61.9%)和不会用复杂的修辞手法(57.6%)。有许多人认为,汉语之所以越来越贫乏的罪魁祸首就是网络语言的快速传播。

以下最能削弱上述结论的一项是(　　)

A. 网络使得每位网民都获得了公共说话空间,大大加速了互通互联的效率

B. 网络空间打破了应试文化和教育的现状,让青少年有机会自由使用语言,言说心声

C. 网络加速了语言的发展和演变,压制少数低俗恶俗的词汇与表达方式,网络用语就会给古老的

调整。

2017 年,新增装机规模创历年新高,新增装机的结构和地区布局进一步优化。全国基建新增发电生产能力 13118 万千瓦,比上年多投产 975 万千瓦,是新增装机规模最大的一年。主要是光伏扶贫、光伏领跑者、光伏发电上网电价调整等政策促进太阳能发电装机容量新增 5341 万千瓦,比上年多投产 2170 万千瓦。新增水电 1287 万千瓦,比上年多投产 108 万千瓦;新增并网风电 1819 万千瓦,比上年略有减少;新增核电 218 万千瓦,是 5 年来核电新增规模最小的一年。新增火电 4453 万千瓦(其中新增煤电 3504 万千瓦),国家防范化解煤电产能过剩风险措施初见成效,火电及煤电新增规模连续三年缩小。2017 年,新增非化石能源发电装机容量 9044 万千瓦,占全国新增发电装机容量的 68.9%,比上年提高 3.6 个百分点,新增装机结构进一步优化;东、中部地区新增新能源发电装机容量占全国新增新能源发电装机的 76.0%,比上年提高 18.1 个百分点。2017 年,全国新增抽水蓄能发电装机容量 200 万千瓦,北方地区累计完成 10 个电厂、共计 725 万千瓦火电机组灵活性改造项目,对电网调节能力和新能源消纳能力提升起到了积极作用。

阅读资料,回答下列问题:

1. 2017 年,全国人均装机规模比上年增长约(　　)

A. 6.2%　　B. 7.6%　　C. 8.1%　　D. 9.6%

2. 2017 年,下列指标在全国总量中占比最大的是(　　)

A. 全国非化石能源发电装机容量

B. 60 万千瓦及以上火电机组容量

C. 新增非化石能源发电装机容量

D. 东、中部地区新增新能源发电装机容量

3. 2017 年,新增发电装机容量规模最大的是(　　)

A. 太阳能　　B. 水电　　C. 风电　　D. 核电

4. 2017 年,新增太阳能发电装机容量占全国基建新增发电生产能力的比重比 2016 年高出约(　　)个百分点。

A. 13　　B. 15　　C. 16　　D. 17

5. 根据资料,下列选项错误的是(　　)

A. 截至 2016 年年底,全国全口径发电装机容量比上年增长 8.2%

B. 2017 年,非化石能源发电装机及大容量高参数燃煤机组占比继续提高

C. 2017 年,新增煤电占新增火电的比重超过 80%

D. 2017 年,新能源发电布局继续向东中部转移

2019年辽宁省大连市瓦房店市教师招聘考试真题试卷(九)

公共基础知识

(时间:30分钟　满分:28.5分)

本套试卷共40小题,包括单项选择题(35小题),多项选择题(5小题)。

一、单项选择题(下列每小题列出的四个选项中只有一个是最符合题意的,请将其选出并把它的标号填在括号内。错选、多选或未选均不得分。本大题共35小题,每小题0.7分,共24.5分)

1. 2019年,中共中央、国务院发布的《关于深化教育教学改革全面提高义务教育质量的意见》明确指出:坚持立德树人,着力培养担当(　　)大任的时代新人。

A. 国家富强　　B. 民族复兴　　C. 祖国统一　　D. 科技创新

2. 2019年,中共中央、国务院发布的《关于深化教育教学改革全面提高义务教育质量的意见》提出了健全质量评价监测体系,国家制定的质量评价标准不包括(　　)

A. 省市教育质量评价标准　　B. 县域义务教育质量评价标准

C. 学校办学质量评价标准　　D. 学生发展质量评价标准

3. 以下关于中美贸易战的观点,正确的是(　　)

A. 贸易战是为了解决贸易不公平问题

B. 贸易战是美国为了遏制中国发展采取的经济霸凌行径

C. 贸易战的发生是因为美国在经济上没有占到便宜

D. 贸易战是解决各国经济纠纷的有效手段

4. 华为不畏美国的制裁,研发出速度比安卓快60%左右的新技术,这项技术是(　　)

A. 鸿蒙操作系统　　B. 麒麟操作系统　　C. 鸿蒙处理器　　D. 麒麟处理器

5. 第二届"一带一路"峰会圆满结束,该峰会体现了中国外交软实力的增强,改变了欧洲人的态度,展现了中国的国际主导权,成功化解了邻国心结等。其中最重要的是(　　)

A. 体现了中国外交软实力的增强　　B. 改变了欧洲人态度

C. 展现了中国的国际主导权　　D. 成功化解了邻国心结

6. 现实生活中,我们强调要重视精神的力量,同时也强调注意防止消极错误的意识对我们的侵蚀。从哲学上讲,能全面概括这段话的选项是(　　)

A. 正确的意识能促进客观事物的发展　　B. 错误的意识阻碍客观事物的发展

C. 意识能够反作用于客观事物　　D. 意识反作用于客观事物具有双重性

7. 真理和谬误互相贯通的含义是指(　　)(易错)

A. 真理中包含着谬误　　B. 真理和谬误在一定条件下可以相互转化

C. 真理和谬误没有明显界限　　D. 真理和谬误密不可分

B. 这种传闻是错误的,人不可能在太空行走

C. 他们身上都背着一个火箭助推器,使他们的速度与航天飞机同步

D. 太空中没有阻力,他们在太空中仍然保持着与航天飞机相同的速度

32. 全球气候变暖是世界各国所关注的问题,大气中已经发现近 30 种能产生温室效应的气体。造成温室效应最重要的气体是(　　)

A. 二氧化碳　　B. 氟利昂　　C. 一氧化二氮　　D. 臭氧

33. 我国水能资源最丰富的两条河流是(　　)

A. 长江、黄河　　B. 长江、雅鲁藏布江

C. 长江、珠江　　D. 长江、松花江

34. 下列选项中对"一带一路"倡议的理解,错误的是(　　)

A. 只适用于周边内陆国家　　B. 符合沿线各国的共同利益

C. 加速了边境地区的互联互通　　D. 深化和扩大了我国对外开放程度

35. 2018 年,教育部等五部门印发的《教师教育振兴行动计划(2018—2022 年)》提出,将学习贯彻习近平总书记对教师的殷切希望和要求作为(　　)的首要任务和重要内容。

A. 教师终生学习　　B. 教师师德教育　　C. 教师专业发展　　D. 教师以德施教

二、多项选择题(在下列每小题列出的选项中至少有两个是正确的,请将其选出并把它的标号填在括号内。错选、多选或未选均不得分。本大题共 5 小题,每小题 0.8 分,共 4 分)

36. 蒲松龄在创作《聊斋志异》时,在路边设立茶楼,通过听群众讲故事来搜集素材。这说明(　　)(常考)

A. 人民群众是社会物质财富的创造者

B. 人民群众的生活和实践是一切精神财富形成和发展的源泉

C. 人民群众的实践为精神财富的创造提供了必要的物质条件

D. 人民群众是社会精神财富的创造者和传播者

37. 唯物辩证法与现代系统论的关系是(　　)

A. 现代系统论不断丰富唯物辩证法

B. 现代系统论不断深化唯物辩证法

C. 现代系统论的基本思想蕴含于唯物辩证法之中

D. 唯物辩证法高于现代系统论

38. 社会主义道德建设的重点是加强(　　)

A. 社会公德建设　　B. 职业道德建设

C. 家庭美德建设　　D. 党风廉政建设

39. 撰写通报要做到(　　)

A. 内容具有典型性,事例具有代表性　　B. 通报材料必须深入调查和反复核实

C. 应使用议论和论证的表达方式　　D. 不可使用叙事的表达方式

40. 习近平在北师大教师节座谈会上提出的"好老师的四个标准"包括(　　)

A. 坚定的理想信念　　B. 高尚的道德情操

C. 具备扎实的学识　　D. 具有仁爱之心

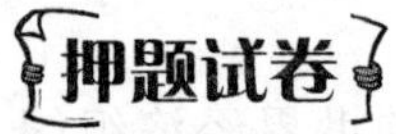

教师招聘考试押题试卷(十)

公共基础知识

(时间:80 分钟　满分:100 分)

本套试卷共 90 小题,包括单项选择题(60 小题),多项选择题(10 小题),判断题(20 小题)。

一、单项选择题(从下面各题选项中选出一个最符合题意的答案,并将正确选项的字母填入括号内。本题包括 60 小题,每小题 1 分,共 60 分)

1. 2021 年 6 月 15 日,教育部召开(　　)成立启动会,一直乱象频出的校外教育培训将有专职部门管理。

A. 校外培训机构监督司　　B. 校外教育培训监管司

C. 校外培训机构执纪司　　D. 校外教育培训管理司

2. 中国特色社会主义有很多特点和特征,但最本质的特征是(　　)

A. 以人民为中心　　B. 社会主义制度

C. 社会主义公有制　　D. 中国共产党领导

3. 十九届五中全会指出,协调推进(　　)、全面深化改革、全面依法治国、全面从严治党的战略布局。

A. 全面建成小康社会

B. 全面推进乡村振兴

C. 全面建设社会主义现代化国家

D. 全面实现社会主义现代化

4. 根据《中华人民共和国国民经济和社会发展第十四个五年规划和 2035 年远景目标纲要》的内容,到 2035 年,我国人均国内生产总值将达到(　　),城乡区域发展差距和居民生活水平差距将显著缩小。

A. 中等发达国家水平　　B. 发达国家收入标准

C. 中等收入国际标准　　D. 发达地区人均水平

5. 新时代"三农"工作的总抓手是(　　)

A. 城镇化战略　　B. 乡村振兴战略

C. 西部大开发战略　　D. 统筹城乡战略

C. 旧货市场的儿童读物　　D. 早点铺上的油条

22. 依靠高收入国家提供资金支持,向发展中国家提供低息贷款、无息信贷和赠款的世界经济组织是(　　)

A. 国际货币基金组织　　B. 国际贸易银行

C. 世界贸易组织　　D. 世界银行

23. 公文标题是公文的"眉目",也称作"眼睛"和"窗口",堪称公文所有组成项目中最精华的要素,最能体现主旨和行文关系。下列标题撰写正确的是(　　)

A. ××大学关于免去张三同志职务的命令

B. ××厅关于协助××博物院修改通史陈列文物的通报

C. ××省人民政府转发《国务院关于××的意见》的通知

D. ××省属工委印发加强省属机关精神文明创建工作的决定

24. 在下列年满 18 周岁的公民中,依法规定没有选举权和被选举权的是(　　)

A. 不识字的甲　　B. 被判处有期徒刑的乙

C. 被监视居住的丙　　D. 依法被剥夺政治权利的丁

25. 以下中国历史上著名的历史事件按发生的先后顺序排列,完全正确的是(　　)

A. 牧野之战—长平之战—赤壁之战—淝水之战

B. 黄巾起义—陈胜吴广起义—太平天国运动—李自成起义

C. 诸葛亮七擒孟获—陈汤平定匈奴—郑成功收复台湾—郑和下西洋

D. 安史之乱—八王之乱—玄武门之变—土木堡之变

26. 下列关于汉字演变历程的叙述,错误的是(　　)

A. 商周时期铸在青铜器上的文字为"金文"

B. 秦始皇将统一的"小篆"作为官方规范文字

C. 秦始皇推行的"书同文"削弱了汉字的交流功能

D. 东汉文学家许慎对汉字的组字方法及规律做出过重要的理论探究

27. 某物业服务公司登记了业主苏某的电话号码。下列属于物业公司非法使用苏某电话号码的情形是(　　)

A. 苏某的房屋漏水,物业公司将苏某的电话号码告知楼下邻居杨某

B. 苏某的房屋需要装修,物业公司将苏某的电话告知某装修公司

C. 苏某的煤气管道未经检测,物业公司将苏某的电话号码告知市燃气公司

D. 苏某的汽车阻挡了业主冯某开车出行,物业公司将苏某的电话告知冯某

28. 同级人民法院之间在各自辖区内受理第一审案件的分工和权限是(　　)管辖。

A. 地域　　B. 指定　　C. 分级　　D. 移送

29. 我国《刑法》规定，自然人成为犯罪主体，必须达到刑事责任年龄，具有刑事责任能力。根据我国《刑法》，下列关于刑事责任的说法，错误的是(　　)

A. 17 周岁的某甲盗窃他人财物 2000 元，因未满 18 周岁，所以某甲对其行为不负刑事责任

B. 15 周岁的某乙与同寝室张某素有积怨，某日某乙向张某水杯中投放致命毒药，导致张某死亡，对于这一行为，某乙应负刑事责任

C. 某丙是间歇性精神病患者，在其精神正常时与旁人发生争执并将他人殴打成重伤，某丙对该行为应当承担刑事责任

D. 某丁外出与友人聚会并大量饮酒，聚会结束后驾车回家途中撞伤路人周某，导致周某重伤，某丁应对其行为承担刑事责任

30. 法律关系是指法律在调整人们行为的过程中形成的特殊社会关系。因此，下列具有法律关系的是(　　)

A. 程某和简某一年前领取结婚证

B. 刘某与陈某是高中同学

C. 经人介绍，赵某和袁某确立恋人关系

D. 谭某与李某一年前开始一直以夫妻名义生活

31. 甲与其父乙水火不容，乙生前多次向邻居说甲无权继承自己的遗产，甲也多次口头声明自己不会继承乙的财产。但甲在乙死后反悔，而乙在死前也未立下遗嘱，则(　　)

A. 乙的口头声明无效，甲放弃继承的行为也无效

B. 因乙多次表明甲无权继承自己遗产，因此甲无权继承遗产

C. 因甲多次声明自己不会继承乙的财产，应视为其已经放弃了继承权

D. 以上说法都是错误的

32. 下列俗语描述的现象与经济学名词对应错误的是(　　)

A. 覆水难收—机会成本

B. 一山不容二虎—完全垄断

C. 入芝兰之室，久而不闻其香—边际效用递减

D. 城门失火，殃及池鱼—负外部效应

33. 围绕组织目标，制定实施方案，在政府管理运行中所处的职能为(　　)

A. 计划职能　　B. 组织职能

C. 领导职能　　D. 控制职能

34. 国际上用来综合考察居民间收入分配差异状况的一个重要分析指标是(　　)

A. 恩格尔系数　　B. 基尼系数

C. 道·琼斯指数　　D. 纳斯达克指数

54. 我国先秦诸子提出了许多重要主张。下列对应正确的是(　　)

A. 孔子—道法自然　　B. 墨子—兼相爱,交相利

C. 老子—夫子之道,忠恕而已矣　　D. 韩非—阴阳者,天地之道也

55. 三皇五帝时期,河水泛滥,大禹从鲧治水的失败中汲取教训,改变了“堵”的办法,转而对洪水进行疏导。大禹“三过家门而不入”,耗尽心血与体力终于完成了治水的大业。他治理的河流是(　　)

A. 黄河　　B. 海河　　C. 长江　　D. 淮河

56. 下列对诗句中所涉及的天气现象的说法,正确的是(　　)

A. “八月秋高风怒号,卷我屋上三重茅”反映的是台风的影响

B. “黑云压城城欲摧,甲光向日金鳞开”中的“黑云”属于卷云

C. “清明时节雨纷纷,路上行人欲断魂”描述了江南梅雨时节的情景

D. “忽如一夜春风来,千树万树梨花开”描写的是北方的雪景

57. 下列现象对应的光学原理错误的是(　　)

A. 汽车后视镜扩大驾驶员视野—折射

B. 雨夜路灯出现一圈圈的光环—色散

C. 看立体电影需戴上特殊眼镜—偏振

D. 使用闪光灯拍照时出现红眼—反射

58. 下列关于盐的说法错误的是(　　)

A. 生活中的低钠盐加入了一定比例的氯化钾,其咸味较淡

B. 盐又称“百味之王”,是咸味的载体,具有去腥增鲜之用

C. 人体如果摄入过多的盐,容易产生高血压、水肿等问题

D. 按来源及开采方式分类,盐可分为:井盐、海盐、湖盐等

59. 医务人员在给病人打针前,往往会将已经注入注射筒的药水往外推射少许,主要是因为(　　)

A. 用药瓶存放的药水难免产生沉淀,用推射的方式能减少沉淀

B. 可以用此方式检测注射针管等有无异物堵塞,保证注射安全

C. 从药瓶抽取药水可能会产生一些泡沫,往外推射药水可以将泡沫挤出

D. 从药瓶抽取药水难免会抽入少量空气,往外推射药水可以将空气挤出

60. 香烟点燃后,所产生的成分中能降低红细胞将氧输送到全身能力的是(　　)

A. 焦油　　B. 一氧化碳　　C. 苯丙芘　　D. 尼古丁

二、多项选择题(下列各题的选项中至少有两项是符合题意的,请将正确选项的字母填入括号内。本题包括10小题,每小题2分,共20分)

1. 中国共产党要始终代表中国先进生产力的发展要求,就是党的理论、路线、方针、政策和各项工

作(　　)

A. 必须努力符合生产力发展的规律

B. 应注重改善和调整落后的生产关系

C. 尤其要体现推动先进生产力发展的要求

D. 必须体现不断推动社会生产力的解放和发展的要求

2. “上得山丘好,欢乐含苦辛。请勿歌仰止,雄峰正相迎。”这首诗启示我们,实现人生价值(　　)

A. 取决于个人素质的高低

B. 需要社会提供一定的客观条件

C. 要有顽强拼搏、自强不息的精神

D. 离不开坚定的理想信念和正确价值观的指引

3. 下列论断,属于客观唯心主义的有(　　)

A. 理念生万物　　B. 世界是绝对精神的展开

C. 万物归于理　　D. 物是观念的集合

4. 我国的基层群众性自治组织包括(　　)

A. 村民委员会　　B. 居民委员会

C. 自治委员会　　D. 规划委员会

5. 根据宪法和法律规定,我国的村民委员会依法实行(　　)

A. 民主选举　　B. 民主决策　　C. 民主管理　　D. 民主监督

6. 以下属于《宪法》规定的公民的社会、经济和文化方面权利的有(　　)

A. 财产权　　B. 劳动的权利

C. 劳动者的休息权　　D. 退休人员的生活保障权

7. 发展中国特色社会主义政治文明,离不开广大公民的有序政治参与。下列活动中,属于公民有序参与政治生活的是(　　)

A. 某网友在网上发布某官员及其家庭成员所有信息

B. 某诉讼当事人因不服判决而向上级法院提起上诉

C. 某交通事故目击者主动为交管部门提供事故信息

D. 某村农民因不满征地补偿政策自发上街游行示威

8. 禁止主送的同时抄送给下级机关的文件有(　　)

A. 主送给上级机关的请求批准的请示　　B. 主送给平级机关的商洽性函件

C. 主送给有关下级机关的政策性批复　　D. 主送给上级机关的请求指示的请示

9. 荣获党内最高荣誉“七一勋章”的“全国脱贫攻坚楷模”有(　　)

A. 张桂梅　　B. 黄文秀　　C. 黄宝妹　　D. 魏德友

面却将当地杀死他的一名土著描述为反抗外族侵略的英雄。这说明(　　)

A. 对历史的价值判断都是客观的

B. 对历史的价值判断无需遵循社会发展的规律

C. 历史发展的进程中也会出现曲折和倒退

D. 人们对于历史的价值判断具有相对性

7. “树不修不直,人不教不才”“遇良医得生,遇庸医致死”说明(　　)

A. 外因不一定通过内因起作用

B. 外因是事物变化的根据

C. 外因在一定条件下能够改变事物发展的过程

D. 外因是事物变化的根本原因

8. 下列公民实施的民事行为,有效的是(　　)

A. 10 岁的甲接受了奶奶给的压岁钱

B. 9 岁的乙写了一份遗嘱

C. 14 岁的丙将自己的发明专利权转让给邻居丁

D. 15 岁的丁买了一枚 2 克拉钻戒

9. 法是国家的统治工具,是一种特殊的行为规则,其最主要的特征是(　　)

A. 由国家制定或认可　　B. 对全体社会成员具有普遍约束力

C. 由国家强制力保证实施　　D. 以权利和义务为内容

10. 某公民在上网查询资料时,发现有人正在利用国际互联网泄露国家重要的经济情报。他及时将此事报告了有关部门。这名公民履行了(　　)

A. 维护国家安全的义务　　B. 维护国家统一的义务

C. 维护民族团结的义务　　D. 维护国家荣誉的义务

11. 秦某欲盗窃某厂仓库存放的电缆,在准备好各种盗窃工具后,于某日夜间寻机混入该厂厂区并找到存放电缆的仓库位置。到达后秦某发现该厂仓库外围围墙过高,难以攀爬,且周围密布电子监控设备,因恐其行为被发现遂放弃盗窃并返回。秦某这一行为属于(　　)

A. 犯罪预备　　B. 犯罪既遂

C. 犯罪中止　　D. 犯罪未遂

12. 某国家机关在经济往来中,设立小金库,在帐外暗中收受各种名义的回扣款、手续费而数额较大的,构成(　　)

A. 受贿罪　　B. 索贿罪

C. 不构成犯罪　　D. 单位受贿罪

13. 甲离开自己的住所下落不明已满五年。根据我国法律规定,其配偶乙(　　)

A. 只能申请宣告甲失踪

B. 只能申请宣告甲死亡

C. 应当先申请宣告甲失踪，再申请宣告甲死亡

D. 既可以申请宣告甲失踪，也可以申请宣告甲死亡

14. 下列属于可撤销婚姻情形的是(　　)

A. 重婚的　　B. 未到法定婚龄的

C. 因胁迫结婚的　　D. 有禁止结婚的亲属关系的

15. 某市市场监督管理部门以未取得生产许可证为由，扣押孙某工厂所生产的商品及厂房设备，并查封厂房，要求孙某缴纳罚款3万元。因孙某拒不缴纳罚款，该部门将扣押的商品进行了拍卖以抵缴罚款。以下说法中正确的一项是(　　)

A. 扣押商品及厂房设备的行为属于行政强制执行

B. 查封厂房的行为属于行政强制措施

C. 拍卖商品的行为属于行政强制措施

D. 拍卖商品的行为属于行政处罚

16. 下列有关一人公司的表述哪个是正确的(　　)

A. 国有企业不能设立一人公司

B. 一人公司发生人格或财产混同时，股东应当对公司债务承担连带责任

C. 一人公司的注册资本必须一次足额缴纳

D. 一个法人只能设立一个一人公司

17. 下列关于金融常识的说法正确的是(　　)

A. 未经相关主管机关批准，出版物不得使用人民币图样

B. 人民币由中国人民银行负责设计发行，其主币单位为元、角

C. 一般情况下，本币汇率上升能起到促进出口、抑制进口的作用

D. 我国古代先后出现了贝币、开元通宝、五铢钱、交子等流通货币

18. 下列成语与经济学用语对应不恰当的是(　　)

A. 凿壁偷光—外部性　　B. 郑人买履—机会成本

C. 扬长避短—比较优势　　D. 狡兔三窟—投资组合

19. 货币政策和财政政策的调节对象是(　　)

A. 社会总供给　　B. 社会总需求

C. 行业总供给　　D. 行业总需求

20. 关于人民币汇率升值对我国可能带来的影响，下列说法正确的是(　　)

A. 能减轻国内就业压力

B. 使我国商品相对便宜

C. 能降低进口能源和原材料的成本负担

D. 使人民币购买力增强，有利于引进境外直接投资

21. 中国共产党人在新中国成立初期，因为没有经验，在经济建设上只能学习甚至照搬苏联的做法。

35. 下列诗句与描写的景点对应正确的是(　　)

A. 会当凌绝顶,一览众山小—安徽黄山

B. 水光潋滟晴方好,山色空蒙雨亦奇—杭州西湖

C. 二十四桥明月夜,玉人何处教吹箫—北京昆明湖

D. 飞流直下三千尺,疑是银河落九天—贵州黄果树瀑布

36. 在 Excel 表的单元格里,同时按下 Alt + Enter 可以实现(　　)

A. 下移一个单元格　　B. 上移一个单元格

C. 单元格内换行　　D. 同时选定 2 个单元格

37. 下列选项中,不属于地球公转的地理意义的是(　　)

A. 昼夜长短变化　　B. 昼夜交替　　C. 四季更替　　D. 五带划分

38. 我国社会主义改革是一场新的革命,其性质是(　　)

A. 建立和完善社会主义市场经济体制　　B. 社会主义基本制度的根本变革

C. 社会主义制度的自我完善和发展　　D. 解放生产力,发展生产力

39. 美国旅行家保罗·泰鲁在《游历中国》一书中写道:"有昆仑山脉在,铁路就永远到不了拉萨。"翻越昆仑山,穿越唐古拉,在被称为"世界第三极"的世界屋脊上,今天已腾跃起一条钢铁巨龙。这表明(　　)

A. 自然界完全打上了人的烙印

B. 人的主观能动性是无所不能的

C. 人的主观能动性受客观条件制约,无能为力

D. 在改造世界的活动中,人的主观能动性是巨大的

40. 习近平总书记指出,世界面临百年未有之大变局,变局中危和机同生并存,这给中华民族伟大复兴带来了重大机遇。要善于化危为机、转危为安,紧扣重要战略机遇新内涵,变压力为加快推动经济高质量发展的动力。这一论断反映的辩证法原理有(　　)

①矛盾的同一性寓于斗争性之中　②"两点论"和"重点论"相结合

③主要矛盾对事物发展起决定作用　④矛盾双方在一定条件下相互转化

A. ①③　　B. ②③　　C. ①④　　D. ②④

41. 在很多竞技体育项目中,运动员坚强的意志、顽强的精神是取得胜利的基础,只要顽强地拼搏,即使失败,也会赢得人们的尊敬。从哲学角度看,这种意志和精神体现了(　　)

A. 意识对身体的最终决定作用　　B. 意识对自我的调节作用

C. 意识的能动作用　　D. 意识对身体状况的反映

42. 下列生活现象与经济学原理对应错误的是(　　)

A. 一件商品买的人多了,价格自然就上升了—供给和需求理论

B. 人不愿意去离家远的地方买东西—成本理论

C. 男人有了两件风衣后不愿意再买风衣了—边际效用递减法则

D. 在没有物业管理的楼道里,灯泡坏了没人换—替代品与互补品

43. 根据以下诗歌内容,按描述春、夏、秋、冬的顺序排列,正确的一项是(　　)

①墙角数枝梅,凌寒独自开。遥知不是雪,为有暗香来

②独在异乡为异客,每逢佳节倍思亲。遥知兄弟登高处,遍插茱萸少一人

③夜热依然午热同,开门小立月明中。竹深树密虫鸣处,时有微凉不是风

④无花无酒过清明,兴味萧然似野僧。昨日邻家乞新火,晓窗分与读书灯

A. ①②③④　　B. ④③②①　　C. ①③②④　　D. ②④①③

44. 近几年来,我国消费品市场各种家用电器的产品质量、促销手段和售后服务水平在不断完善,但其价格却呈不断下跌趋势,导致这一现状的根本原因是(　　)

A. 以市场为主导的价格机制正在形成

B. 社会劳动生产率不断提高

C. 市场的供给超过了市场的需求

D. 国家不断地对商品价格进行调整

45. 在 Windows 操作系统中,关于文件命名说法错误的是(　　)

A. 文件名的长度不允许超过 8 个字符

B. 扩展名中允许使用多个分隔符

C. 不允许使用英文输入法状态下的大于号、问号、冒号等符号

D. 文件名除了开头之外任何地方都可以使用空格

46. 曹冲称象利用的是什么原理(　　)

A. 杠杆原理　　B. 能量守恒原理　　C. 能效原理　　D. 浮力原理

47. 依据《宪法》规定,有权决定直辖市进入紧急状态的机关是(　　)

A. 全国人民代表大会　　B. 国务院

C. 全国人大常委会　　D. 直辖市政府

48. 某学生在体育课上跌倒,扭伤脚踝,皮肤无破损,已排除骨折,则下列应急方法中正确的是(　　)

A. 局部使用抗生素　　B. 用力按摩　　C. 冷敷患处　　D. 热敷患处

49. 黄河、长江都流经的省级行政区和地形区是(　　)

A. 青海和青藏高原　　B. 四川和四川盆地

C. 西藏和青藏高原　　D. 青海和黄土高原

50. 下列有关公文成文日期的说法,不正确的是(　　)

A. 年、月、日三者俱全

B. 会议通过的文件,以会议通过之日为准

C. 联合行文,以最先签发机关负责人的签发日期为准

14. 下列关于计算机的说法正确的是(　　)

A. 一个完整的计算机系统由硬件系统和软件系统构成

B. 计算机区别于其他计算工具的最主要特点是能存储程序和数据

C. 电源关闭后,ROM 的数据会丢失

D. 计算机病毒在侵入正常的计算机系统后,其破坏性不一定马上表现出来

15. 在生活中,一部分人饮酒后会出现面部发红的现象,这说明其身体分解酒精的能力较差。酒精在人体内的分解代谢主要依靠的酶有哪几种(　　)

A. 甲醇脱氢酶　　B. 乙醇脱氢酶

C. 乙醛脱氢酶　　D. 乙醚脱氢酶

16. 根据《党政机关公文处理工作条例》的规定,下列有关公文的表述,正确的是(　　)

A. 公文一般要有主题词

B. 公文应署发文机关名称

C. 联合下发的公文,发文机关都应加盖印章

D. 属于党委、政府各自职权范围内的工作,可以联合行文

17. 下列情况,事业单位提前 30 日书面通知当事人,可以解除聘用合同的有(　　)

A. 小方年度考核不合格且不同意调整工作岗位

B. 小麦在过去的三年考核结果依次为合格、优秀、不合格

C. 小康连续两年年度考核不合格

D. 小明连续旷工 5 个工作日

18. 下列有关文化常识的表述,正确的是(　　)

A. 旧时文人的四大雅趣是琴、棋、书、画,今常用以表示个人的文化素养

B. 按东、西、南、北、中的顺序,“五岳”分别指:泰山、华山、衡山、恒山、嵩山

C. “山重水复疑无路,柳暗花明又一村”是唐代白居易的诗句,他又号香山居士,代表作有《长恨歌》《琵琶行》等

D. “岁寒三友”指的是松、竹、梅,“花中四君子”指的是梅、兰、竹、菊

19. 下列几种变异中,属于可遗传变异的是(　　)

A. 红花紫茉莉被白花紫茉莉传粉后,生出粉红花紫茉莉

B. 路边的车前草长得瘦小,而同种车前草在田边长得却很肥大

C. 父亲的血型为 A 型,母亲为 B 型,生下了血型为 O 型的子女

D. 透明金鱼与不透明金鱼杂交,生出了五花鱼(身体的一部分透明,一部分半透明,一部分不透明)

20. 习近平总书记号召要广泛开展“四史”教育。下列属于“四史”范畴的有(　　)

A. 中国共产党历史　　B. 改革开放历史

C. 新中国历史　　D. 社会主义发展史

教师招聘考试押题试卷(十二)

公共基础知识

(时间:60分钟　满分:100分)

本套试卷共70小题,包括单项选择题(50小题),多项选择题(20小题)。

一、单项选择题(从下面各题选项中选出一个最符合题意的答案,并将正确选项的字母填入括号内。本题共50小题,每小题1.2分,共60分)

1. 2021年6月29日,庆祝中国共产党成立100周年(　　)颁授仪式在北京人民大会堂金色大厅隆重举行。

A.“七一表彰”　　B.“七一勋章”　　C.“七一徽章”　　D.“七一奖章”

2.《中华人民共和国国民经济和社会发展第十四个五年规划和2035年远景目标纲要》的核心要义体现在三个“新”上。下列说法不正确的是(　　)

A. 新发展阶段是指全面建设社会主义现代化国家新征程

B. 新发展理念是指创新、协调、绿色、开放、共享的新发展理念

C. 新发展格局是指以国际大循环为主体、国内国际双循环相互促进的格局

D. 把握新发展阶段是贯彻新发展理念、构建新发展格局的现实依据

3. 全党同志一定要永远与人民同呼吸、共命运、心连心,永远把(　　)作为奋斗目标,以永不懈怠的精神状态和一往无前的奋斗姿态,继续朝着实现中华民族伟大复兴的宏伟目标奋勇前进。

A. 人民对美好生活的向往　　B. 人民对幸福生活的向往

C. 人民对美好生活的追求　　D. 人民对幸福生活的追求

4. 物质是不依赖于人的意识并能为人的意识所反映的客观实在,其中“客观实在”是(　　)

A. 从自然界中抽象概括出来的共同属性

B. 从社会事物中抽象概括出来的共同属性

C. 万事万物的总和

D. 从万事万物中抽象概括出来的共同属性

5. 实现“中国梦”必须坚持走中国道路,弘扬中国精神,凝聚中国力量。这是因为(　　)

①人民群众是社会历史的主体　　②社会意识对社会发展起推动作用

21. 法的主要内容是(　　)

A. 国家意志　　B. 国家强制力

C. 权利与义务　　D. 社会关系

22. 某民政局局长利用职务之便,擅自将上级拨发的救灾款项以个人名义给下属的某国有投资公司使用,给救灾工作带来了重大的损失。该局长的行为构成(　　)

A. 挪用特定款物罪　　B. 贪污罪

C. 挪用公款罪　　D. 职务侵占罪

23. 甲扬言要杀害乙全家,乙报案后公安人员立即对甲尾随追赶,在通向乙家的公路上,将携带凶器的甲截获。甲的行为属于(　　)

A. 犯罪预备　　B. 犯罪中止

C. 犯罪未遂　　D. 不构成犯罪

24. 全国人大常委会对国务院制定的同宪法相抵触的行政法规(　　)

A. 有权改变　　B. 有权撤销,无权改变

C. 有权改变,无权撤销　　D. 无权撤销

25. 下列谚语与法律用语不相对应的是(　　)

A. 每一个人都不可能成为自己事务的法官—回避

B. 法律只帮助警醒的人,而不帮助怠懒的人—诉讼时效

C. 存疑不能认定,疑点利益归于被告—罪刑法定

D. 如为他人制定法律,应将同一法律应用于自身—法律面前人人平等

26. 根据文件来源,在一个机关内部可将公文分为(　　)

A. 收文、发文　　B. 上行文、平行文、下行文

C. 通用公文、专用公文　　D. 本机关制发的和内部使用的公文

27. 下列关于常见公文种类的表述,不正确的是(　　)

A. 通告适用于在一定范围内公布应当遵守或者周知的事项

B. 通报适用于表彰先进、批评错误、传达重要精神和告知重要情况

C. 请示适用于向上级机关汇报工作,反映情况和问题,答复上级机关的询问等

D. 决议适用于会议讨论通过的重大决策事项

28. 毛泽东关于“工农武装割据”思想的内容,相对于“八七”会议决议体现出创新性的是(　　)

A. 根据地建设　　B. 武装斗争

C. 土地革命　　D. 共产党的领导

29. 党的十九大报告指出,必须坚持国家利益至上,以人民安全为宗旨,以(　　)为根本,加强国家安

全能力建设,坚决维护国家主权、安全、发展利益。

A. 文化安全　　B. 政治安全

C. 经济安全　　D. 军事安全

30. 要鼓励市民采取绿色交通方式出行,首先要提供充足和优质的公共交通。这表明政府在履行(　　)

A. 政治职能　　B. 经济职能

C. 文化职能　　D. 社会公共服务职能

31. 甲将其作品投递给乙杂志社,未经甲的许可,乙便委托丙对甲的该作品进行修改。然后乙杂志社将署名为丙、甲的作品发表在其刊物上。则(　　)

A. 乙侵犯了甲的著作权,丙未侵权

B. 乙未侵犯甲的著作权,丙侵权

C. 乙和丙均侵犯了甲的著作权

D. 乙和丙均未侵犯甲的著作权

32. 下列文学常识说法正确的是(　　)

A. 鲁迅,原名周树人,中国文学家、思想家和革命家,作品有短篇小说集《呐喊》和《彷徨》,散文诗集《野草》,散文集《朝花夕拾》

B. 老舍,原名舒庆春,字舍予,著有短篇小说《骆驼祥子》《寒夜》

C. 茅盾,原名沈德鸿,字雁冰,著有长篇小说《平凡的世界》

D. 路遥,原名王卫国,著有长篇小说《子夜》,短篇小说《林家铺子》《农村三部曲》

33. 在计算机中,用来解释、执行程序中指令的部件是(　　)

A. 运算器　　B. 存储器

C. 控制器　　D. 鼠标

34. 处理劳动争议的最终司法程序中,下列选项中正确的是(　　)

A. 劳动争议调解→劳动争议仲裁→劳动争议诉讼

B. 劳动争议调解→劳动争议诉讼→劳动争议仲裁

C. 劳动争议仲裁→劳动争议调解→劳动争议诉讼

D. 劳动争议诉讼→劳动争议调解→劳动争议仲裁

35. 下列不计入国民生产总值的是(　　)

A. 私营企业产值　　B. 外资企业产值

C. 股份制企业产值　　D. 中外合资企业产值

36. 公元207年,曹操曾写诗明志:“老骥伏枥,志在千里。烈士暮年,壮心不已。”结合所学知识判断,

二、多项选择题(下列各题的选项中至少有两项是符合题意的,请将正确选项的字母填入括号内。本题包括20小题,每小题2分,共40分)

1. 从“法律体系”向“法治体系”的迈进,一字之差,标志着党治国理政理念的重大飞跃和治国理政方式的重大转型,也是国家治理现代化的重大跨越。从“法律体系”到“法治体系”体现了(　　)

A. 实践具有能动性,是社会发展和变革的先导

B. 发展具有普遍性,要坚持用发展的观点看问题

C. 真理具有条件性,是不断推翻已有真理的过程

D. 认识具有上升性,认识随着时代进步而不断发展

2. 以下对“时势造英雄”和“英雄造时势”理解错误的有(　　)

A. 唯心史观和唯物史观在历史创造者问题上的主要分歧

B. 唯心史观和机械唯物主义在历史创造者问题上的主要分歧

C. 唯心史观和唯物史观在世界本原问题上的主要分歧

D. 唯物论和辩证法在世界本原问题上的主要分歧

3. 辩证唯物主义认为,因果联系是指客观事物发展过程中原因与结果之间的联系。以下语句中,体现出因果联系原理的有(　　)

A. 无风不起浪　　B. 根深叶茂

C. 善恶有报　　D. 喜鹊叫喜,乌鸦报丧

4. 下列关于缓刑的说法中,不正确的有(　　)

A. 缓刑是一种主刑

B. 缓刑是一种附加刑

C. 对于累犯不得宣告缓刑

D. 对于被判处有期徒刑的犯罪分子,都可以宣告缓刑

5. 为提高自身文学素养,林某决定在闲暇时间选择五经中的一本来阅读钻研,下列可作为林某的备选的有(　　)

A.《诗经》　　B.《论语》

C.《春秋》　　D.《中庸》

6. 下列对作家、作品的表述中错误的有(　　)

A. 班固,西汉史学家,著有《史记》

B. 欧阳修,北宋文学家,代表作有《归去来兮辞》等

C. 杜甫,自号少陵野老,人称“诗仙”

D. 韩愈,字退之,唐宋八大家之首

7. 下列诗人中,不属于“初唐四杰”的是(　　)

A. 王勃　　B. 王维

C. 杨炯　　D. 贾岛

8. 下列选项中,十二地支与十二生肖的对应不正确的是(　　)

A. 子鼠　　B. 丑虎　　C. 辰蛇　　D. 申猴

9. 李鸿章是晚清名臣,洋务运动的主要领导人之一,其一生参与了一系列重大历史事件,其中代表清政府签订的不平等条约有(　　)

A.《马关条约》　　B.《辛丑条约》

C.《南京条约》　　D.《黄埔条约》

10.《中华人民共和国国民经济和社会发展第十四个五年规划和2035年远景目标纲要》明确指出,增强消费对经济发展的基础性作用,应当(　　)

A. 提升传统消费　　B. 培育新型消费

C. 适当增加公共消费　　D. 增加农村消费

11. 下列关于我国公民私有财产权的表述,不正确的有(　　)

A. 公民的私有财产神圣不可侵犯

B. 国家依照法律规定保护公民的私有财产权和继承权

C. 国家为了商业利益的需要,可以对公民私有财产实行征收并给予补偿

D. 任何人不得剥夺公民的私有财产

12. 我国《刑法》规定的基本原则包括(　　)

A. 罪刑法定原则

B. 刑法面前人人平等原则

C. 以事实为根据,以法律为准绳原则

D. 罪责刑相适应原则

13. 社会主义本质理论主要包括(　　)等内容。

A. 解放生产力,发展生产力是社会主义的根本任务

B. 消灭剥削,消除两极分化是社会主义的根本方向

C. 最终达到共同富裕是社会主义的目标

D. 解放工人阶级,实现共产主义

14. 公文拟制的一般步骤有(　　)

A. 起草　　B. 审核　　C. 签发　　D. 登记

段话主要强调(　　)

A. 心态可以决定一切　　B. 意识是客观存在的反映

C. 物质和运动不可分　　D. 物质运动是有规律的

7. 当前职业教育处于"进口""出口"冰火两重天的境地:一方面,部分学生受"高职院校不是大学"的观念等因素影响而不愿报考,导致职校生源萎缩;另一方面,职校生在就业市场成为"香饽饽",企业高薪难觅技师,这就为扭转职业教育的尴尬局面提供了有利条件。这一材料说明(　　)

A. 矛盾双方既对立又统一推动事物发展

B. 矛盾的主要方面和次要方面发生了相互转化

C. 落后的社会意识对社会发展不起作用

D. 正确的价值观可消除行为选择的差异和冲突

8. "互联网 +"代表一种新的经济形态,即充分发挥互联网在生产要素配置中的优化和集成作用,其重点是促进以云计算、物联网、大数据为代表的新一代信息技术与现代制造业、生产性服务业等的融合创新,发展壮大新兴业态,促进国民经济提质增效升级。下列选项中对此理解错误的是(　　)

A. 创新推动社会生产力的发展,促进产业结构升级

B. 改变事物的状态,调整原有的联系,建立新的联系

C. 批判传统思想和传统思维,转变思维方式

D. 找准突破口,重点解决主要矛盾

9. 邓小平在南方谈话中曾强调:"解放生产力,发展生产力,消灭剥削,消除两极分化,最终达到共同富裕",这是关于(　　)的论断。

A. 社会主义本质理论　　B. 中国特色社会主义理论

C. 社会主义初级阶段理论　　D. 社会主义市场经济

10. 郑浩在商场看到一台新出的笔记本电脑标价 5000 元。此处货币执行的是(　　)职能。

A. 流通手段　　B. 贮藏手段

C. 价值尺度　　D. 世界货币

11. 根据现代统计学的研究成果,"关键的事情总是少数,一般的事情常常是多数"。这意味着管理工作最应该重视(　　)

A. 灵活、及时、适度　　B. 客观、精确、具体

C. 突出重点,强调例外　　D. 不同事情之间的协调计划和组织工作

12. 随着中国经济社会发展的转型,关注发展质量、增加民生福祉被提到了前所未有的重要位置。在城市形象宣传中,"幸福""活力""生态"等成了常见的宣传语。这说明(　　)

A. 社会意识反映社会存在　　B. 社会意识具有相对独立性

C. 语言的变化决定意识的变化　　D. 社会意识对社会存在有反作用

13. 近年来,全国各地基层社区发展出居民议事会、村民代表大会、民主恳谈会等多种类型的协商民主形式,切实解决了城乡居民在生产生活过程中的实际困难和问题,城乡社区协商民主形式的发展(　　)

A. 保证了人民当家作主　　B. 扩大了人民群众的民主权利

C. 加强了基层政权建设　　D. 拓宽了人民表达利益诉求的渠道

14. 关于公文格式,以下描述正确的是(　　)

A. 如果公文很紧急,可以将“紧急”二字写在公文标题上

B. 一般情况下,公文格式以公文的要素划分为版头,主版和版记三部分

C. 公文在用纸、字体、行距、版式等方面有严格的规定

D. 公文格式是公文的表现形式,是公文的权威性、严肃性和约束力在形式上的体现

15. 甲、乙签订购销合同,甲按约付给乙三万元定金后,乙违约,则甲依法有权要求乙给付(　　)赔偿。

A. 3 万元　　B. 6 万元

C. 9 万元　　D. 12 万元

16. 李某酒后驾车在市内狂奔,连续冲撞数部车辆和行人,造成了一人死亡和多人受伤。李某的行为触犯了法律,严重危害了(　　)

A. 公共安全　　B. 社会管理秩序

C. 社会进步　　D. 国家安全

17. 公文处理中,行政机关联合行文时,一般应标注(　　)的发文字号。

A. 主办机关　　B. 主送机关

C. 协办机关　　D. 联合机关

18. 某地将居民个人生活的主要信息纳入大众信用征集系统,并量化为分数,据此将居民评为四个等级并向社会公布,该做法被网民称为“良民规定”。这一做法侵犯了公民的(　　)

A. 人格权　　B. 知情权　　C. 隐私权　　D. 名誉权

19. 作为流通手段的货币和作为资本的货币的根本区别在于(　　)

A. 能否买到商品　　B. 能否买到生活资料

C. 能否买到生产资料　　D. 能否带来剩余价值

20. 合理的收入分配制度是社会公平的重要体现,对于深化收入分配制度改革,下列说法正确的是(　　)

A. 初次分配应该注重效率,再次分配应该注重公平

B. 应该提高过低收入,保护合理收入,取缔过高收入

C. 应逐步提高居民收入在国民收入分配中的比重、劳动报酬在初次分配中的比重

D. 应该以生产要素分配为主体,让一切劳动、知识、技术、管理和资本的活力竞相迸发

B. 禅让制被代替—井田制施行—赤壁之战—虎门销烟

C. 屈原投江—焚书坑儒—杯酒释兵权—朱棣迁都

D. 项羽破釜沉舟—郑和下西洋—吴三桂投降—皇太极即位

40. 西藏正式成为中国的一个行政区是在(　　)

A. 唐朝　　B. 北宋　　C. 南宋　　D. 元朝

41. 毛泽东提出调动一切积极因素建设社会主义强国的思想的著作是(　　)

A.《论十大关系》　　B.《新民主主义论》

C.《矛盾论》　　D.《关于正确处理人民内部矛盾的问题》

42. 关于液体燃料,下列说法错误的是(　　)

A. 煤油易挥发,且挥发后与空气混合,会形成爆炸性的混合气

B. 生物柴油具有“老化”倾向,宜避光,避免与空气接触保存

C. 柴油能量密度高,燃油消耗率低,但废气中所含有害成分较多

D. 汽油具有一定的腐蚀性,在贮运过程中容易出现早期氧化变质

43. 下列关于水资源的说法,不正确的是(　　)

A. 我国水资源短缺,仅为世界人均水平的四分之一

B. 淡水资源最丰富的大洲是南极洲

C. 目前人类利用的淡水资源主要是冰川水

D. 巴西是世界上水资源最丰富的国家

44. 下列古诗词与所涉及的历史人物对应错误的是(　　)

A. 三十功名尘与土,八千里路云和月—岳飞

B. 人生自古谁无死,留取丹心照汗青—文天祥

C. 三顾频烦天下计,两朝开济老臣心—诸葛亮

D. 恸哭六军俱缟素,冲冠一怒为红颜—唐玄宗

45. 五禽戏是依据中医基础理论创编的一种传统养生健身拳法。下列关于五禽戏的说法错误的是(　　)

A. 五禽戏的创编者是华佗

B. 五禽戏对后世医学的发展有重要的影响

C. 五禽戏模仿的是虎、鹿、熊、猿、鸟的动作

D. 五禽戏已经获批国家级物质文化遗产项目

46. 自来水厂用来进行水消毒处理的常用化学试剂是(　　)

A. 臭氧　　B. 氯气

C. 过氧化氢　　D. 碘伏

47. 下列关于生活常识的表述错误的是(　　)

A. 水在真空中会先沸腾后结冰

B. 颜色深的汽车隔热膜的隔热效果好

C. 纯水(只有水分子)在0℃时不会结冰

D. 天凉时,湿润的地方比干旱的地方使人觉得更冷

48. "绿色化学"要求从根本上减少乃至杜绝污染。下列对农作物收割后留下的秸秆的处理方法中,不符合"绿色化学"的是(　　)

A. 就地焚烧　　B. 发酵后作农家肥　　C. 加工成饲料　　D. 制造沼气

49. 计算机网络按其所涉及范围和计算机之间互联距离的不同,其类型可分为(　　)

A. 局域网、广域网和万维网　　B. 局域网、广域网和国际互联网

C. 局域网、城域网和广域网　　D. 广域网、因特网和万维网

50. 计算机病毒可以使整个计算机瘫痪,危害极大。下列选项中对计算机病毒描述最为准确的是(　　)

A. 一条命令　　B. 一段特殊的程序

C. 一种生物病毒　　D. 一种芯片

二、多项选择题(下列各题的选项中至少有两项是符合题意的,请将正确选项的字母填入括号内。本题包括10小题,每小题2分,共20分)

1. 习近平总书记强调,我们要在全社会大力弘扬伟大抗疫精神,使之转化为全面建设社会主义现代化国家、实现中华民族伟大复兴的强大力量。关于这一重要讲话,以下理解中正确的有(　　)

A. 伟大抗疫精神是一种积极的社会意识

B. 伟大抗疫精神是一种强大的精神力量

C. 伟大抗疫精神可以直接转化为物质力量

D. 伟大抗疫精神形成于中国人民的抗疫实践

2. 社会生产总过程包括生产、分配、交换、消费四个环节,其中(　　)

A. 生产是起点,消费是终点

B. 分配和交换是连接生产和消费的中间环节

C. 生产决定分配、交换和消费

D. 分配、交换和消费对生产也有反作用

3. 某区进行人大代表选举。经选举委员会确认,下列人员依法不具有选举权和被选举权的有(　　)

A. 李某,因冒充警察招摇撞骗依法被剥夺政治权利,正在执行刑罚

B. 肖某,17周岁,某市重点中学学生

是威胁,是和平不是动荡,是进步不是倒退。从哲学方法论看,这里强调的是(　　)

①以全面的、发展的观点看问题,不要“盲人摸象”“刻舟求剑”

②以辩证否定的观点看问题,要“吐故纳新”,不要“厚古薄今”

③以实践的观点看问题,要“事必躬亲”,不要“纸上谈兵”

④以对立统一的观点看问题,要“和而不同”,不要“同而不和”

A. ①②　　B. ①④

C. ②③　　D. ③④

6. 路人王某为制服持刀行凶的杀人犯李某与之搏斗,在搏斗中不慎造成李某轻伤。王某的行为(　　)

A. 属于自救行为　　B. 构成故意伤害罪

C. 构成正当防卫　　D. 构成紧急避险

7. 甲公司指派其研究人员乙主持研究开发一项技术,由丙协助。若该技术研发成功,则有权申请专利的主体是(　　)

A. 甲公司　　B. 乙

C. 乙和丙　　D. 甲公司、乙和丙

8. 中国共产党领导的多党合作和政治协商制度的首要前提和根本保证是(　　)

A. 中国共产党的领导　　B. 政治协商

C. 民主监督　　D. 参政议政

9. 加强新时代党的建设,需要以党的(　　)为统领,以坚定理想信念宗旨为根基,以调动全党积极性、主动性和创造性为着力点。

A. 政治建设　　B. 组织建设

C. 思想建设　　D. 作风建设

10. 在市场经济条件下,受经济利益的驱使,一些企业在当前煤炭市场好转、煤价上涨的情况下,忽视安全,突击生产,盲目超产。这是煤矿事故频发的主要原因,这说明(　　)

A. 市场经济的调节导致资源的浪费

B. 追求经济效益的思想是错误的

C. 要把行政手段作为宏观调控的主要手段

D. 市场调节具有自发性的弱点

11. 社会主义宏观经济调控的基本目标是(　　)

A. 保持社会总供给和社会总需求的平衡

B. 保持物价稳定,抑制通货膨胀

C. 实现充分就业

D. 实现公正的收入分配

12.《中华人民共和国宪法》规定，中华人民共和国劳动者有休息的权利。下列选项体现这一规定的是(　　)

A. 小明上学后，有享受寒暑假的权利

B. 小明厌烦工作后，有辞职休假的权利

C. 小明参加工作一年后，有享受带薪年休假的权利

D. 小明达到法定退休年龄，有领取退休金的权利

13. 我国民族自治区与我国特别行政区的共同特点主要表现在(　　)

A. 都实行一种特殊的政治制度，享有特殊的政策

B. 都是根据民族分布的复杂性和经济发展的不平衡性设计的

C. 都在中国共产党领导下走社会主义道路

D. 都是我国的地方行政区域，并享有自治权

14. 全国人民代表大会由(　　)

A. 地方各级人大选举的代表组成

B. 省、自治区、直辖市、特别行政区和军队选出的代表组成

C. 省、直辖市、军队、少数民族和妇女选出的代表组成

D. 省、自治区、直辖市和军队选出的代表组成

15. 甲将自己的一辆机动车卖给乙，双方货款两清，但未办理变更登记。乙驾车撞伤丙，应负全责，保险赔偿后尚有不足。对不足部分的赔偿，应当采取的处理方式是(　　)

A. 由甲承担赔偿责任　　B. 由甲、乙各承担一半的赔偿责任

C. 由乙承担赔偿责任　　D. 由甲、乙承担连带责任

16. 王某将位于闹市区的一套自有商品房卖给张某，张某(　　)取得房屋的所有权。

A. 自房屋交付张某时起　　B. 自该房屋交易经过公证时起

C. 自该房屋交易经过有关部门登记时起　　D. 自双方签订买卖合同时起

17. 判处有期徒刑、拘役，附加剥夺政治权利的，剥夺政治权利的刑期，从(　　)计算。

A. 判决执行之日　　B. 主刑执行完毕之日或者假释之日

C. 判决确定之日　　D. 判决生效之日

18. 甲有个人财产30万元，死后未立遗嘱。甲的妻子乙和甲的哥哥丙仍在世。甲还有一女儿，15年前与丁结婚后不久即去世，未留有子女，丁在其妻子死后对甲、乙仍然尽了主要赡养义务，问该遗产该如何继承(　　)

A. 由乙、丙、丁三人共同继承　　B. 由乙、丙继承，丁无权参与继承

C. 由乙一人继承　　D. 由乙、丁继承，丙无权参与继承

19. 道德修养是一个循序渐进的过程，古人云："积土成山，风雨兴焉；积水成渊，蛟龙生焉；积善成德，而神明自得，圣心备焉。故不积跬步，无以至千里；不积小流，无以成江海。"下列名言中与这段话

C. 辩证的否定观　　D. 矛盾的特殊性

3. 下列生活常识中,表述正确的有(　　)

A. 刚煮熟的鸡蛋放入冷水中一小段时间更容易剥壳

B. 冬季气温降低时往冰冷的玻璃杯中倒入开水容易导致玻璃杯破裂

C. 夏天自来水管外壁出现大量的水珠,这往往是下雨的预兆

D. 用水烧菜时,水开后应该加大火力,提升水温以便尽快将菜煮熟,节省燃料

4. 近代中国的历史是受屈辱的历史,(　　)是日本与我国签订的不平等条约。

A.《瑷珲条约》　　B.《天津条约》

C.《辛丑条约》　　D.《马关条约》

5. 社会要和谐,人与人之间的信任是基础,社会的公信度越高,社会和谐的基础就越巩固。下列选项中,倡导社会公信的是(　　)

A. 有朋自远方来,不亦乐乎　　B. 言必信,行必果

C. 人无信不立　　D. 人而无信,不知其可也

6. 下列关于计算机组合键应用的说法正确的是(　　)

A. Windows + F 用于查找文件或文件夹

B. Ctrl + Shift 用于输入法切换

C. Ctrl + P 用于关闭程序

D. Alt + Tab 用于在打开的项目间切换

7. 下列诗词与其反映的节日对应正确的有(　　)

A. 东风夜放花千树,更吹落、星如雨—春节

B. 天阶夜色凉如水,卧看牵牛织女星—七夕

C. 叶落疏桐秋正半,花开丛桂月常圆—中秋

D. 尘世难逢开口笑,菊花须插满头归—重阳

8. "信用制度加速了生产力的物质上的发展和世界市场的形成,使这二者作为新生产形式的物质基础发展到一定的高度,是资本主义生产方式的历史使命。同时,信用加速了这种矛盾的暴力的爆发,即危机,因而加强了旧生产方式解体的各种要素。"马克思的这一论述表明,资本主义信用制度(　　)

A. 已成为资本主义经济危机爆发的深层原因

B. 促进了建立社会主义生产方式的物质基础的形成

C. 加速了资本主义生产方式内部矛盾发展和解体要素的形成

D. 推动商品经济的发展,又加深了商品经济运行中的矛盾

9. 关于成语或俗语所揭示的声学、热学现象,下列表述正确的是(　　)

A. 长啸一声,山鸣谷应:声音在山谷之间发生多次反射,形成回声

B. 曲高和寡:频率越大,所发声音的音调越高,能跟着唱的人越少

C. 瑞雪兆丰年:雪覆盖在农作物上面,防止热传导和空气对流,起到保温作用

D. 弦外之音:声音在传播过程中,会发生衍射,所以有些声音我们听不到

10. 关于气象灾害的说法,正确的是( )

A. 旱灾、洪灾、寒潮、台风等是对中国影响较大的主要灾害性天气

B. 寒潮预警分为四级,分别以蓝色、黄色、橙色、红色表示

C. 在夏秋季节,中国东南沿海常常受到热带风暴——台风的侵袭

D. 我国黄河中下游地区在每年6月、7月会出现梅雨天气

11. 廖某长期向消费者出售伪劣食用油,后来被消费者王某、张某、李某起诉,廖某在应诉答辩后就忽然失踪。对此法院下列处理不当的有( )

A. 延期审理　　B. 中止诉讼

C. 终结诉讼　　D. 缺席判决

12. 以下行为不属于行政诉讼法受理范围的是( )

A. 行政机关对其工作人员的奖惩决定

B. 行政机关对其工作人员的任免决定

C. 行政机关对其工作人员的退离休决定

D. 行政机关吊销其工作人员参股企业的营业执照

13. 某事业单位工作人员甲受到降低职位处分,其年度考核等次不可以评定为( )

A. 优秀　　B. 不合格　　C. 合格　　D. 基本合格

14. 甲见乙要挥刀砍丙,上前制止。乙挥刀砍伤甲,对于甲所受的损害应当由谁来承担责任( )

A. 乙　　B. 丙

C. 如果乙无力承担,由甲自己承担　　D. 如果乙无力承担,由丙给予适当补偿

15. 根据《行政复议法》的规定,下列情形中,公民、法人或者其他组织可以申请行政复议的是( )

A. 某连锁音响店对文化局作出罚款1000元的处理决定不服

B. 某甲对县公安局作出的行政拘留7天的处罚决定不服

C. 事业单位工作人员某乙对其单位作出的辞退处理决定不服

D. 某房地产企业认为市政府发布的规范性文件不合理

16. 甲将前女友乙的照片传到互联网上,并公开她的姓名、电话、单位名称等,且捏造事实恶意诽谤,乙发现后要求网络服务提供者删除,但遭拒绝。对此,下列说法正确的有( )

A. 网络服务提供者对甲的行为承担补充责任

B. 甲的行为侵犯了乙的隐私权

C. 甲的行为侵犯了乙的名誉权

D. 网络服务提供者对甲的行为承担连带责任

五、案例分析题(本大题为不定项选择题。本题包括10小题,每小题1分,共10分)

1. 政府购买公共服务是20世纪80年代新兴的公共服务供给模式。在创新社会治理的过程中,我国政府进一步转变职能,改进公共服务提供方式,许多地方对政府购买养老、就业、计划生育等领域的公共服务进行了探索,变“政府配餐”为“群众点菜”,取得了良好效果。某市与某老年事业发展服务中心签订政府购买协议,委托该中心承担紧急援助、居家养老、助洁、电话关爱等服务,形成百姓受惠、社会组织受益、政府降低成本“三方共赢”局面。该市在结核病防治领域通过购买服务引入某家医院之后,当年就显示出良好的绩效,结核病迅速得到有效控制。

在试点基础上,各地方开始建立政府购买公共服务的购买主体、购买内容、购买程序、资金管理、绩效评估等相关制度,保证“只买对的,不买贵的”,并逐步将政府购买公共服务纳入财政预算。江苏、上海等地设立了社会组织孵化基地,为起步阶段的社会组织提供资金、政策、人才等支持。随着顶层设计的加强,政府购买公共服务的改革正在不断促进政府转变职能、提高效能,开创社会治理的新局面。

(1)关于政府购买公共服务的意义,下列说法不正确的是(　　)

A. 改善公共资源,提升公共服务供给质量

B. 促进政府职能转变,激发社会组织活力

C. 促进服务业发展,为经济增长增添新活力

D. 拓展政府职责,强化行政权威

(2)下列选项不能列入政府公共服务范围的是(　　)

A. 教育

B. 行政执法

C. 住房保障

D. 医疗卫生

(3)从“政府配餐”到“群众点菜”,这说明(　　)

A. 政府提供公共服务的理念、模式发生了转变

B. 市场或社会机制本身能解决的事务也纳入政府购买

C. 政府不再是公共服务供给的责任主体

D. 政府购买服务应满足群众各种要求

(4)制定政府购买公共服务目录,首先要做的基础工作是(　　)

A. 加强服务资金管理

B. 选择服务承接主体

C. 准确把握公众需求

D. 严格监督评价机制

(5)政府购买公共服务“只买对的,不买贵的”,最重要的是(　　)

A. 建立健全制度,坚持规范有序阳光操作

B. 优化社会组织发展环境,加大扶持力度

C. 充分听取专家意见,制定科学采购制度

D. 加强社会组织培训,提升承接服务能力

2. 孔某在不具备网吧经营条件的情况下,找到市文化局相关科室负责人杨某,在多次请吃送礼后,取得网吧经营许可证。后孔某又分别办理了网吧个体工商户营业执照、收费许可证、消防许可证。某日,市文化局在执法检查中发现,孔某的网吧有严重违法经营行为,遂作出罚款2万元行政处罚的决定。执法人员在调查中还发现,孔某的网吧根本不具备经营许可条件,杨某有违法办证的事实。不久,杨某受到撤职处分。

(1)本案中,属于《行政许可法》调整的事项有(　　)

A. 网吧消防许可

B. 网吧经营许可

C. 网吧工商登记

D. 网吧收费许可

(2)市文化局在对孔某作出2万元的行政处罚决定前,依法应当履行的程序义务有(　　)

A. 听取孔某的陈述和申辩

B. 复核孔某提出的事实、理由、证据

C. 告知孔某作出罚款决定的事实、理由和依据

D. 告知孔某依法享有诉讼权利

(3)如果孔某要求听证,则下列说法正确的有(　　)

A. 如果孔某不能亲自参加听证,应当委托律师1~2人代理

B. 如果孔某认为听证主持人与本案有直接利害关系,则有权申请回避

C. 市文化局应当在举行听证的3日前,通知孔某及有关人员时间、地点

D. 应当在市文化局告知听证权之后的3日内提出

(4)对孔某以不正当手段获得的网吧经营许可,市文化局应当予以(　　)

A. 吊销　　B. 中止　　C. 撤回　　D. 撤销

(5)关于杨某撤职处分决定的执行,下列正确的有(　　)

A. 解除杨某的处分后,即应恢复其原职位

B. 解除处分后,杨某晋升职务不再受原处分影响

C. 按照规定杨某降低级别

D. 杨某接受处分期间不得晋升工资档次

5. 尊老、爱老、扶老是中华民族的传统美德，扶起跌倒老人，本是一件天经地义的事，但近年来却成为舆论关注的焦点。路遇跌倒老人，“扶与不扶”的争论说明(　　)

①价值判断与价值选择具有主体差异性

②价值判断是建立在价值选择基础上的

③人们的价值选择都有自己的原因，不应有统一的评判标准

④社会信用状况影响了人们的价值判断与价值选择

A. ①②　　B. ②③　　C. ①④　　D. ③④

6. 宋代的朱熹与陆九渊曾经进行过多次辩论。朱熹认为，事物不在人的主观意识之中，“理”是事物存在的根据。陆九渊则认为，世界的本原便是“吾心”，“理”是离不开心的。此处所示的“朱陆之争”实质上属于(　　)

A. 辩证法和形而上学的对立　　B. 唯物主义和唯心主义的对立

C. 客观唯心主义和主观唯心主义的分歧　　D. 朴素唯物主义和形而上学唯物主义的分歧

7. 下列诗句中体现了矛盾特殊性原理的是(　　)

A. 白梅懒赋赋红梅，逞艳先迎醉眼开

B. 挥毫落纸墨痕新，几点梅花最可人

C. 有梅无雪不精神，有雪无诗俗了人

D. 不知花气清相逼，但觉山深春尚寒

8. 用一杯水去救一车着了火的柴而无济于事，谓之杯水车薪。如今在一些地方，通过新技术，只需一瓶矿泉水的水量，就能使一辆汽车洁净如新，不妨称之为“杯水车新”。“杯水车新”启示我们(　　)

①要重视意识的能动性，真正做到一切从实际出发

②我们要把发挥主观能动性与尊重客观规律结合起来

③人民群众的创新精神是推动社会发展的根本动力

④要积极创造条件，实现矛盾双方的转化

A. ①②③　　B. ①②④　　C. ①③④　　D. ①②③④

9. 面对经济运行中的新情况新问题，党中央、国务院及时调整了宏观调控方向，实施积极的财政政策和稳健的货币政策，注重对有关政策的预调和微调。下列选项中，有助于保持国内经济平稳较快发展的是(　　)

A. 降低利率—增加企业投资—扩大生产规模—减少商品供给

B. 发展经济—增加就业岗位—提高居民收入—增加消费需求

C. 增发国债—增加财政收入—扩大政府投资—减少国内需求

D. 降低关税—增加商品出口—扩大国内需求—刺激经济发展

10. 下列关于党风建设的创新，按时间先后顺序排列正确的是(　　)

①以马克思列宁主义的理论思想武装起来的中国共产党，在中国人民中产生了新的工作作风，这主要的就是理论和实践相结合的作风，和人民群众紧密地联系在一起的作风以及自我批评的作风

②工作作风上的问题绝不是小事,如果不坚决纠正不良风气,任其发展下去,就会像一座无形的墙把我们党和人民群众隔开,我们党就会失去根基、失去血脉、失去力量

③务必使同志们继续地保持谦虚、谨慎、不骄、不躁的作风,务必使同志们继续地保持艰苦奋斗的作风

④抓精神文明建设、抓党风、社会风气好转,必须狠狠地抓,一天不放松地抓,从具体事件抓起

A. ①③②④　　B. ③④①②　　C. ③①④②　　D. ①③④②

11. 党的十九大报告明确指出,中国特色社会主义进入新时代,社会主要矛盾已经转化为人民日益增长的美好生活需要和不平衡不充分的发展之间的矛盾。领域发展的不平衡主要体现在(　　)发展较快。

A. 政治领域　　B. 经济领域　　C. 文化领域　　D. 社会领域

12. 行政诉讼的原告和被告是(　　)

A. 谁提起诉讼谁就是原告　　B. 不明确的

C. 根据具体情况而定　　D. 恒定的

13. 李某向张某借款5000元,并将其一部手提电脑交给张某作为担保,一旦李某未按期还款,张某可以将该手提电脑折价或者拍卖所得优先受偿,这种担保方式是(　　)

A. 定金　　B. 质押　　C. 抵押　　D. 留置

14. 成语"韦编三绝"出自《史记·孔子世家》,记载了孔子为读(　　)而多次翻断了编连竹简的牛皮带子,比喻读书勤奋。

A.《周易》　　B.《道德经》　　C.《资治通鉴》　　D.《战国策》

15. 下列古诗词中,表达作者对友人的思念之情的是(　　)

A. 上邪,我欲与君相知,长命无绝衰

B. 问世间,情为何物,直教生死相许

C. 曾经沧海难为水,除却巫山不是云

D. 红豆生南国,春来发几枝。愿君多采撷,此物最相思

16. 我国很多民间乐器是少数民族代表乐器,下列对应不正确的是(　　)

A. 芦笙—朝鲜族　　B. 葫芦丝—傣族

C. 冬不拉—哈萨克族　　D. 马头琴—蒙古族

17. 有两种以上违反治安管理行为的,(　　)

A. 分别决定,合并执行　　B. 合并决定,合并执行

C. 分别决定,分别执行　　D. 合并决定,分别执行

18. 某县新建公路路口设置了超速违章摄像头,赵某不知情,多次超速驾车在该路段被拍照,且未收到违章通知。赵某被处罚后不服,将县公安局告上法庭。恰逢县公安局聘请了某专职律师作为法律顾问。下列做法符合我国《行政诉讼法》规定的是(　　)

A. 该律师可全权代理县公安局出庭应诉,县公安局不必再派员出庭

6. 公文区别于图书、情报、资料等事物的特点主要有(　　)

A. 由法定作者制发　　B. 具有法定的现实执行效用

C. 具有规范的体式　　D. 履行法定的程序

7. 下列表述符合我国《宪法》规定的有(　　)

A. 退休人员的生活受到国家和社会的保障

B. 土地所有权可以依照法律的规定转让

C. 国家禁止破坏民族团结和制造民族分裂的行为

D. 我国国家机构实行民主集中制原则

8. 甲公司因拖欠乙公司贷款被乙公司诉至法院,乙公司胜诉后甲公司拒不执行,乙公司向法院申请强制执行。甲公司知晓后将公司财产陆续转移。下列说法正确的是(　　)

A. 甲公司的行为可能构成拒不执行判决、裁定罪

B. 乙公司可向司法机关控告,或者向人民法院提起诉讼

C. 因被执行人为甲公司,所以只能追究甲公司的刑事责任

D. 人民法院可通过纳入失信名单、媒体公布等手段追究甲公司责任

9. 下列关于我国传统节日的描述,与古代的说法或传说相符的是(　　)

A. 元宵节挂红灯最早跟佛教仪式有关联

B. 清明节吃寒食最早是为了纪念一位皇帝

C. 中秋节吃月饼曾与反抗元朝的统治有关

D. 古代的春节叫元旦,意为一年的第一天

10. "中国革命斗争的胜利要靠中国同志了解中国情况",毛泽东这一论断强调的是(　　)

A. 一切从实际出发　B. 独立自主　C. 坚持群众路线　D. 反对教条主义

11. 根据《中华人民共和国刑法》相关规定,下列关于共同犯罪的表述,说法正确的是(　　)

A. 共同犯罪定罪的主观条件必须基于共同犯罪故意

B. 共同犯罪定罪的客观条件为共同犯罪行为

C. 在共同犯罪中起辅助作用的犯罪分子应认定为共同犯罪的从犯

D. 共同犯罪中的胁从犯因是被胁迫参与犯罪的,所以应当免除其刑事处罚

12. 根据《社会保险法》的规定,(　　)仅由用人单位缴纳而职工不缴纳。

A. 基本养老保险费和基本医疗保险费　　B. 工伤保险费

C. 失业保险费　　D. 生育保险费

13. 大兴安岭在我国地理分界上的作用是(　　)

A. 既是中温带和暖温带的分界线,又是高原和平原之间的分界线

B. 既是季风区和非季风区的分界线,又是耕作区与畜牧区之间的分界线

C. 既是地势第一、二阶梯的分界线,又是内、外流域之间的分界线

D. 既是森林和草原的分界线,又是半湿润区和半干旱区之间的分界线

14. 关于成语与其所对应的地理知识,下列描述正确的是(　　)

A. 风雨交加—冷锋过境时的天气变化

B. 春雨如油—春雨为返青农作物生长提供了水源

C. 蜀犬吠日—四川盆地地势低洼,气温较高

D. 吴牛喘月—江淮一带夏季出现伏旱天气,炎热干燥

15. 唐太宗是中国历史上著名的皇帝。下列各项与之有关的包括(　　)

A. 设立太学　　B. 贞观之治

C. 重用谏臣魏征　　D. 文成公主入藏

16. 下列有关文学常识的表述,正确的有(　　)

A. 首位获得诺贝尔文学奖的亚洲人是印度文学家泰戈尔

B. 白居易,字乐天,号香山居士,《琵琶行》《长恨歌》都是其著名作品

C. 朱自清,著名散文家、诗人,《荷塘月色》《背影》等都是他的作品

D. 塞万提斯,西班牙作家,著有《鲁滨孙漂流记》

17. 马克思主义哲学认为,认识一旦形成,就会反作用于实践,指导实践的过程,这是因为(　　)

A. 实践目标的确定,需要认识的指导

B. 对实践手段、方法、道路、步骤的取舍,需要认识的指导

C. 对实践结果的评价需要认识的指导

D. 实践是检验认识正确与否的唯一标准

18. 灭火器是一种可携式灭火工具,是最常见的防火设施之一。下面正确有效使用灭火器的是(　　)

A. 灭火器放置处应保持通风,防止受潮

B. 避免暴晒

C. 灭火器开启后,如喷出不多,不需要进行充满

D. 按出厂要求,定期检查

19. 关于气象灾害,下列说法错误的是(　　)

A. 沙尘天气分为浮尘、扬沙、沙尘暴三类

B. 台风中心为低压中心,以气流的垂直运动为主

C. 在我国,暴雨的橙色预警信号为最高级预警信号

D. 寒潮主要爆发于春末夏初季节,寒潮袭击时气温会急剧下降

20. 关于物理现象的解释,下列说法正确的是(　　)

A. 量子隧穿效应不遵循牛顿运动定律

B. “小小秤砣压千斤”运用的是杠杆原理

C. 汽车的后视镜多使用凸面镜,可以扩大视野范围

D. 高压锅煮食物快主要是因为增大了锅内气压,降低了水的沸点

图书反馈

亲爱的考生：

感谢您对山香教育的信任和支持，您的建议是我们前进的动力！为进一步提高图书质量，我们特向全国各地的考生开展有奖反馈活动。

1.凡提供山香图书的错题反馈者，均能获得价值99元的山香网课《高频考点》（基础版）大礼包1份。

2.凡提供反馈项目者，可获得价值299元的山香网课《高频考点》（豪华版）超级大礼包1份。

3.我们从意见被采纳人员中每月抽取幸运者2名，各奖励价值1380元的山香网校网课大礼包一份。

图书反馈链接

¥99
大礼包

¥299
超级大礼包

反馈项目

姓名：　　　　专业：　　　　报考地区：

手机号：　　　　QQ号：

1.您认为图书中可以增加哪些模块或内容，有助于您的学习？

2.您对本书的印刷、装订、封面有何意见和建议？

3.结合山香现有图书和考情需要，您还需要哪些形式的备考资料？

图书订正链接

联系方式：400-600-3363　　研发部QQ：1831595423

招教网：http：//www.zhaojiao.net　　山香网校：http：//www.sx1211.cn

图书在版编目(CIP)数据

教师招聘考试历年真题解析及押题试卷. 公共基础知识／山香教师招聘考试命题研究中心主编. --北京：首都师范大学出版社,2018.10(2021.10 重印)

ISBN 978-7-5656-4815-1

Ⅰ. ①教… Ⅱ. ①山… Ⅲ. ①教师－聘用－资格考试－习题集 Ⅳ. ①G451.1-44

中国版本图书馆 CIP 数据核字(2018)第 225024 号

教师招聘考试历年真题解析及押题试卷

GONGGONG JICHU ZHISHI

公共基础知识

山香教师招聘考试命题研究中心 主编

策划编辑 张文强

责任编辑 曹亮亮 王慕飞　　封面设计 山香教育

首都师范大学出版社出版发行

地　址 北京市西三环北路 105 号

邮　编 100048

咨询电话 010－68418523(总编室)　　010－68982468(发行部)

网　址 http://cnupn.cnu.edu.cn

印　刷 河南黎阳印务有限公司

经　销 全国新华书店

版　次 2018 年 10 月第 1 版

印　次 2021 年 10 月第 15 次印刷

开　本 787mm×1092mm 1/16

印　张 15

字　数 363 千

定　价 42.00 元

前　言

近年来，国家扩大和补充教师队伍的政策力度不断加大，教育部指出：“深化教师队伍补充机制改革，确保教师聘用质量。全面推行新任教师公开招聘制度，形成长效机制。”这意味着教师招聘考试各方面将日益规范和深入。对每一位立志成为人民教师的考生来说，这既是新的契机，也将是巨大的挑战。教师招聘考试（教师入编考试，简称招教）是我国公开招聘教师的选拔性考试，其目的是为教育行政部门录用优秀教师提供参考。各地依据考生笔试成绩，结合面试情况，按已确定的招聘计划择优录取。

考生如何在严峻的教师招聘考试中脱颖而出呢？除了要具备扎实的专业知识外，短时间内系统、针对性的复习和训练也是必备的。为了让更多的考生有针对性地备考，使复习有方向、有条理，作为国内研究开发教师招聘考试辅导教材的专业机构，山香教育专门为有志于教育事业、需要通过教师招聘考试实现人生理想的广大考生朋友推出了《教师招聘考试历年真题解析及押题试卷.公共基础知识》试卷。

本试卷具有以下特点：

第一，真题新。本套试卷历年真题部分精选了全国各地教师招聘考试最具有代表性的最新真题，知识点涵盖全面且题型丰富多样化，透视了考试大纲的要点，预示了教师招聘考试的命题趋势。

第二，内容精。押题试卷部分是在充分研究各地考情和历年真题的基础上修订的。它注重对思想和方法的考查，注重对能力的考查，同时兼顾试题的基础性、综合性和现实性，重视试题间的层次性，合理调控综合程度，坚持多角度、多层次的考查，努力实现综合素养的要求。

本套试卷难免存在一些不足之处，衷心希望各位读者朋友批评指正，同时希望这套试卷能为考生顺利通过招教考试提供帮助。

编　者

9. 习近平总书记在全国教育大会上指出，要深化教育体制改革，健全(　　)落实机制。

A. 教育平等　　B. 立德树人　　C. 育人为本　　D. 文化育人

10. 习近平在气候雄心峰会上倡议，在气候变化挑战面前，人类命运与共，单边主义没有出路。我们只有坚持(　　)，讲团结、促合作，才能互利共赢，福泽各国人民。

A. 全球主义　　B. 相对主义　　C. 双边主义　　D. 多边主义

11. "十四五"时期，我国进入新发展阶段，习近平总书记提出要以辩证思维看待新发展阶段的新机遇新挑战，以(　　)为主构建新发展格局。

A. 科技创新　　B. 高水平对外开放

C. 畅通国民经济循环　　D. 共建共治共享原则

12. "十三五"期间，浙江省成为首个国家生态省。浙江省践行了(　　)发展理念。

A. 创新　　B. 协调　　C. 绿色　　D. 开放

13. "十四五"规划是立足于我国国情，符合中国实际的战略目标，这表明我国制定战略目标需要(　　)

A. 坚持两点论和重点论　　B. 实事求是，一切从实际出发

C. 坚持科学发展　　D. 全面思考

14. 习近平指出，当今世界，没有一个国家能实现脱离世界安全的自身安全，也没有建立在其他国家不安全基础上的安全。这句话体现的哲学道理是(　　)

A. 量变和质变　　B. 整体由部分组成，整体离不开部分

C. 事物是相互联系的　　D. 事物的联系表现为联系性、条件性

15. 全面建成小康社会，农村贫困人口脱贫是一个突出短板。短板必须补齐，否则影响全局。其中，"短板"主要体现的哲学道理是(　　)(常考)

A. 矛盾的特殊性　　B. 抓住主要矛盾

C. 矛盾双方相互依存　　D. 事物都包含矛盾

16. (　　)是人生来就有的权利，包括姓名权、肖像权、名誉权。

A. 自由权　　B. 人格权　　C. 生命权　　D. 精神权

17. 某法院审理一起故意杀人罪，因该案的唯一目击者行动不便。辩护人向法院出示了一段用数码相机拍摄的录像，其内容为该目击者对案件情况的描述，该证据的种类属于(　　)

A. 书证　　B. 物证　　C. 证人证言　　D. 电子数据

18. 行政执法机关要按照(　　)原则，明确公示内容的采集、传递、审核、发布职责。

A. 谁执法谁公示　　B. 谁监督谁公示

C. 谁主管谁公示　　D. 谁审核谁公示

19. (　　)就是要在法治的具体实践中，坚持党的基本理论、基本路线、基本纲领、基本经验。

A. 坚持责任至上　　B. 坚持党的事业至上

C. 坚持集体利益至上　　D. 坚持宪法法律至上

20. 某区将进行人大代表换届选举工作，该区某高校在党委统一领导下，成立换届选举工作组，全面负责并具体组织学校师生参加人大选举工作。郑某是该校的一名学生，下列关于郑某行使选举权的

说法正确的是( )

A. 需年满18周岁　　B. 郑某需无犯罪记录

C. 郑某不享有被选举为该区人大代表的权利　　D. 参加投票选举是履行公民政治义务

21. 某火锅店为解决小料浪费问题,专门在店内张贴了告示:浪费小料者处300元罚款。下列说法正确的是( )

A. 店内张贴的告示合法

B. 店家有权设定罚款机制,但其不属于行政处罚机构

C. 有权设定,无权实施

D. 无权设定,无权实施

22. 简报常常在( )上说明报送的单位或领导个人。

A. 报头　　B. 正文第一段　　C. 正文最后一段　　D. 报尾

23. 行政令就是用于宣布施行重大强制性行政措施的命令。下列选项中,不属于行政令的正文内容的是( )

A. 发令缘由　　B. 命令事项　　C. 施行要求　　D. 提出希望

24. 拟写公文的过程,实际上是一个语言运用的过程。下列选项中,不属于期请用语的是( )

A. 恳请　　B. 敬望　　C. 企盼　　D. 欣悉

25. 在请示写作中,请示理由不但要充分,还要"点到即止",这是指请示要( )

A. 一文一事　　B. 确有必要　　C. 理由充分　　D. 语言表达简洁明了

26. 政府通过各种手段,对环境恶化、自然资源破坏进行控制,这体现了政府在履行( )(常考)

A. 政治职能　　B. 经济职能　　C. 文化职能　　D. 社会职能

27. 行政决策是指行政主体为履行行政职能所做的行为设计和抉择过程,行政决策转向科学决策的标志不包括( )

A. 决策主体由集体转向个人　　B. 决策过程由主观随意转向程序化

C. "谋"与"断"的相对分离　　D. 决策手段的量化和技术化

28. ( )是行政领导的首要责任。

A. 选用人才　　B. 执行政策　　C. 计划决策　　D. 调查研究

29. 行政组织的管理幅度太宽,而管理层次太少,可能会导致的结果是( )

A. 浪费人力、物力、财力　　B. 降低行政效率

C. 手续繁杂　　D. 行政事务过分集中于少数领导

30. 领导者在工作中通过启发、劝告、诱导、商量、建议等方式,使被领导者接受并贯彻自己意图的行政领导方式属于( )(常考)

A. 说服式　　B. 示范式　　C. 激励式　　D. 强制式

31. 行政执行要求行政执行机关及其工作人员必须做到迅速、果断,在规定的时间内完成规定的动作与任务,以确保决策目标的实现。这体现了行政执行的( )

A. 目的性　　B. 强制性　　C. 灵活性　　D. 时限性

53. 专业人才是事业单位的主要人员构成，利用科技文化知识为社会各方面提供服务是事业单位的主要手段，体现事业单位的(　　)特点。

A. 实践性　　B. 公益性　　C. 盈利性　　D. 知识密集性

二、多项选择题(请在每道题列出的四个选项中选择两个或两个以上符合题目要求的选项，将答案用2B铅笔填涂在答题卡上，错选、多选、漏选均不得分。本大题共20小题，每小题1.3分，共26分)

54. 习近平总书记在全国组织工作会议上的讲话中指出，干部的党性修养、思想觉悟、道德水平不会随着党龄的积累而自然提高，也不会随着职务的升迁而自然提高，而需要终生努力。成为好干部，要(　　)

A. 时刻自重自省自警自励　　B. 求全责备，尽善尽美

C. 不断改造主观世界、加强品格陶冶　　D. 时刻用党章、用共产党员标准要求自己

55. 习近平总书记强调："在党史学习教育中，要充分运用红色资源。"红色资源有(　　)

A. 遵义会议会址　　B. 邓小平故居　　C. 雨花台烈士陵园　　D. 三星堆

56. 1969年，屠呦呦开始以课题组组长的身份研发抗疟新药，然而青蒿素的首次临床观察出师不利。在第一次青蒿素片剂临床观察中，首批实验的5例恶性疟疾只有1例有效。面对失败，屠呦呦坦然接受。这个事例反映的认识论道理有(　　)

A. 实践是检验认识真理性的唯一标准

B. 正确的认识往往要经过实践对认识的多次反复验证，才能完成

C. 不成功的实践对认识的发展没有价值

D. 人对客观事物的认识不受主观因素的影响

57. 一个社会能否快速和健康发展，从深层次上来说，主要取决于两个机制。一个是动力机制，一个是平衡机制。社会的长短优劣，根本上都是由这两个机制及其相互之间的平衡决定的，这两个机制(　　)

A. 相互依存　　B. 相互渗透　　C. 相互否定　　D. 相互贯通

58. 陈某每天骑共享单车上下班，去上班时骑车支付了骑行费用，并把该单车放在公司内；下班又骑行该辆单车，支付了相应的骑行费用，并把单车放在自己家里。对此，下列说法中正确的有(　　)

A. 陈某使用单车，支付了相应的费用，且单车还在使用区域范围内，故该行为是正常的交易行为

B. 在共享经济模式下，共享单车的所有权人也就是共享单车的使用者

C. 陈某把共享单车放在自己的控制空间内，使任何他人都无法使用该辆单车，违背了共享单车所有权人的意愿

D. 陈某这种据为己有的行为，降低了单车的使用频率，使得所有权人遭受财产损失，该行为应认定为盗窃行为

59. 公民、法人或者其他组织认为，行政主体的行政行为侵犯其合法权益，可以依法向行政复议机关提出复查该具体行政行为的申请，行政复议机关应对被申请的具体行政行为进行(　　)审查。

A. 合法性　　B. 适当性　　C. 危害性　　D. 合情性

60. 网购时,在法律规定的期限内可以无理由退货的有(　　)

A. 洗衣机　　B. 电冰箱　　C. 新鲜蔬菜　　D. 交付的期刊杂志

61. 联合行文是两个或两个以上的宣传机关联合发文,可联合行文的情况有(　　)

A. 同级政府部门　　B. 上级党委和下级政府

C. 党政机关与其他同级机关之间　　D. 同级党政机关

62. 请示性公文,应重点审核(　　)

A. 内容是否符合党中央、国务院的方针政策　　B. 请示事项是否符合“一文一事”的规定

C. 公文紧急程度和密级确定是否恰当　　D. 公文附件的报送是否及时、齐全

63. 讲话稿的特点有(　　)

A. 语言准确、简洁、通俗、生动　　B. 越长越好

C. 考虑气氛场合　　D. 受主题、讲话者等因素的影响

64. 舆论是社会公众对社会问题所发表的意见的总和。在行政管理中,公众舆论影响着行政治理的实施。为把握舆论动向,促使舆论气氛健康发展,政府有关部门需要做到(　　)

A. 了解舆论　　B. 引导舆论　　C. 镇压舆论　　D. 回应舆论

65. 李克强总理曾强调,所有行政行为都要于法有据,任何政府部门都不得法外设权。法治行政的必要性体现在(　　)

A. 法治行政是法治国家的基本要求　　B. 法治行政是化解一切矛盾的最佳方法

C. 法治行政是市场经济运行的基石　　D. 法治行政是实现公共利益的保障

66. 造成通货膨胀的原因有(　　)

A. 成本推动　　B. 结构性因素　　C. 需求推动　　D. 作为货币现象

67. 拉动 GDP 增长的“三驾马车”是指(　　)(常考)

A. 投资　　B. 消费　　C. 进口　　D. 出口

68. 在一个信息化特征日渐显现并不断扩散的社会,只有善于运用前沿技术推动城市管理手段、管理模式、管理理念创新,才能让城市更聪明、更智慧。下列属于前沿技术的有(　　)

A. 大数据　　B. 云计算　　C. 区块链　　D. 人工智能

69. 习近平总书记在纪念五四运动 100 周年大会上的重要讲话中指出,五四运动,爆发于民族危难之际,是一场中国人民为(　　)而掀起的伟大社会革命运动。

A. 拯救民族危亡　　B. 捍卫民族尊严

C. 凝聚民族力量　　D. 争夺世界霸权

70. 杠杆分为费力杠杆、省力杠杆和等臂杠杆,杠杆原理也称为“杠杆平衡条件”。下列选项中,属于省力杠杆的有(　　)

A. 筷子　　B. 天平　　C. 开瓶器　　D. 扳手

71. 长城是我国古代重要的军事防御工程,是一道高大、坚固、连绵不断的长垣,用以限隔敌骑的行动。长城上有许多重要关隘,比如(　　)

A. 嘉峪关　　B. 山海关　　C. 剑门关　　D. 居庸关

5. 党的十九大报告指出，实现“两个一百年”奋斗目标，实现中华民族伟大复兴的中国梦，不断提高人民生活水平，必须坚定不移把（　　）作为党执政兴国的第一要务。（常考）

A. 创新　　B. 共享　　C. 开放　　D. 发展

6. “我命由我不由天”出自北宋张伯端所撰的《悟真篇》，这句话蕴含了什么哲学道理（　　）

A. 人民群众是社会变革的决定力量，是社会物质财富的创造者

B. 矛盾具有同一性，矛盾双方相互依存，可以在一定条件下相互转化

C. 正确的意识对事物发展具有促进作用，人们自己可以创造自己的历史

D. 历史认识具有客观性和主体性

7. 消费者在选择商品时，往往要考虑很多因素，价格是否便宜、质量好不好、服务是否到位、功能是否齐全、操作是否简单等，这种消费我们称之为（　　）

A. 求异心理引发的消费　　B. 从众心理引发的消费

C. 求实心理引发的消费　　D. 攀比心理引发的消费

8. 消费者倪某的下列行为中，不属于货币执行支付手段职能的是（　　）

A. 按照购房合同的约定，倪某在第二年向房屋开发商付款 10 万元

B. 倪某缴纳房屋契税 9000 元

C. 倪某在购买商品房时，合同上所约定的房价为 30 万元

D. 倪某向某第三方支付车库租金 200 元

9. 经济学中的“弹性”是指一个变量相对于另一个变量发生的一定比例的改变的属性，如：当一种物品的需求量，对价格变动的反应程度很大，则说明这种物品的需求量是富有弹性的。下列关于弹性的表述正确的是（　　）（易错）

A. 一种商品的替代品越多，相近程度越高，则该商品的需求价格弹性就越大

B. 当一种商品的需求量变动的程度小于价格变动程度时，说明该商品富有弹性

C. 一般来说，生活必需品的需求价格弹性较大，非必需品的需求价格弹性较小

D. 一般来说，物品的需求考察时间越长，则需求价格弹性就越小

10. 某领导把本单位看成是一个统一的整体，并且熟悉各个部门之间的关系，能够有效处理组织中出现的问题，并作出决策，该领导主要利用了哪一个管理者技能（　　）

A. 概念技能　　B. 技术技能　　C. 人际技能　　D. 执行技能

11. 政府职能是指政府为实现国家利益和满足社会需要而负有的职责和所应发挥的功能，其本质是（　　）

A. 代表广大人民群众的根本利益，行使行政权

B. 正确处理市场和社会的关系

C. 融合社会关系

D. 明确公共责任的承担方式

12. (　　)处于统率机关的从属地位，它本身无权作出决策，只能为领导决策提供信息依据，充当行政首长的“幕僚”或“参谋”，或帮助首脑机关处理日常事务，以及为业务机关提供工作和生活服务，为业务机关的自身管理服务等。

A. 职能机关　　B. 辅助机关

C. 领导机关　　D. 派出机关

13. 公共项目管理的(　　)又称为项目的进度管理，是为了确保项目准时完成而进行的一系列管理活动与工作。

A. 信息管理　　B. 资金管理

C. 时间管理　　D. 人力资源管理

14. 陈某在居住地某汽车直营店购买了一辆越野车。直营店交付的车还未开走，他便发现了发动机漏油的情况。陈某提出换车或者退车，但直营店只同意修理发动机，双方因此发生争议。对此，下列说法正确的是(　　)

A. 车辆已交付，陈某无权退车

B. 陈某可以解除合同

C. 陈某应先选择包修包换

D. 陈某应承担有关瑕疵的举证责任

15. 根据我国《宪法》的规定，下列行为中不属于行使公民的基本权利和自由的是(　　)

A. 普通工人沈某和副市长赵某都有在公共场合表达自己意见的权利

B. 刚满 18 周岁的大学生李某第一次在区人大换届选举中投出了自己的一票

C. 市民王某因不满法院对自己侄子抢劫一案的审判结果，召集一众亲友，在法院周围游行抗议

D. 中学教师钟某爱好文学，长期坚持写作，并出版了自己的两部诗集

16. 下列选项中，属于我国《刑法》规定的妨害社会管理秩序罪的是(　　)

A. 甲以暴力方法实行入室抢劫

B. 乙暴力袭击正在依法执行职务的人民警察

C. 丙将代为保管的他人财物非法占为己有，数额较大且拒不退还

D. 丁通过转移财产逃避支付劳动者的报酬，数额较大，经政府有关部门责令支付仍不支付

17. “渔阳鼙鼓动地来，惊破《霓裳羽衣曲》”描写了下列哪一历史事件(　　)

A. 玄武门事变　　B. 安史之乱

C. 土木堡之变　　D. 壬寅宫变

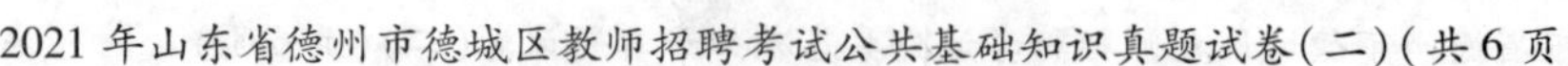

C. 实行适度从紧的财政政策

D. 实施宽松的财政政策

31. 陈某与美丽公司订立美容服务类协议,约定服务期为半年,服务费预收后逐次计扣。美丽公司在提供的协议的格式条款中载明“如陈某单方放弃服务,余额不退”,并注明该条款不得更改。协议订立后,陈某依约支付5万元服务费,在接受服务一个月并发生费用8000元后,陈某感觉美容效果不明显,单方放弃服务并要求退款。美丽公司不同意,陈某起诉美丽公司要求返还余款。下列说法错误的有(　　)

A. 美容服务协议无效

B. “如陈某单方放弃服务,余款不退”的条款无效

C. 陈某单方放弃服务无须承担违约责任

D. 陈某单方放弃服务承担继续履行违约责任

32. 维生素D的功能包括(　　)(易错)

A. 调节钙、磷代谢,促进骨骼生长

B. 促进生长发育和维持生殖功能

C. 调节细胞生长分化

D. 调节免疫功能

33. 潮汐现象是沿海地区的一种自然现象,指海水在天体引潮力作用下所产生的周期性运动,这里的“天体”主要是指哪些星球(　　)

A. 海王星　　B. 冥王星　　C. 太阳　　D. 月球

34. 山东省是中国华东地区的一个沿海省份,与多省接壤,有(　　)

A. 河北　　B. 河南　　C. 安徽　　D. 江苏

35. 小清河是黄河流域山东省中部渤海水系河流,源起于济南市泉群。1904年(光绪三十年),于济南西郊睦里庄玉符河东堤建闸,引玉符河水东流入小清河。自此小清河上源向西延至睦里闸。小清河东流经济南市的(　　)

A. 槐荫　　B. 天桥　　C. 历城　　D. 章丘

2021年山西省省直事业单位招聘考试(下午场)真题试卷(三)

综合知识

(时间:120分钟　满分100分)

本套试卷共115小题,包括单项选择题(105小题),多项选择题(10小题)。

一、单项选择题(每题的备选项中,只有一个最符合题意,请将其前面的代码填涂在答题卡相应位置。本大题共105小题,每小题0.8分,共84分)

1. 我们必须始终保持高度警惕,用大概率思维应对小概率事件,牢牢守住不发生系统性风险的底线。这一重要论述体现的哲理是(　　)

A. 事物的量变会引起质的变化　　B. 具体问题具体分析

C. 生产力决定生产关系　　D. 事物在曲折中发展

2. 抗战伊始,中国共产党面对复杂的国际国内形势和两条不同的抗战路线,提出必须坚持统一战线中的独立自主原则。与这一原则相对应的哲学原理是(　　)

A. 矛盾推动事物向前发展　　B. 内因是事物变化发展的根据

C. 透过现象把握事物的本质　　D. 认识对实践具有能动创造性

3. 敢于斗争、敢于胜利是中国共产党人鲜明的政治品格和政治优势,毛泽东第一次提出“从斗争中创造新局面”这一重要论述的著作是(　　)

A.《论持久战》　　B.《反对本本主义》

C.《星星之火,可以燎原》　　D.《关于纠正党内的错误思想》

4. 行百里者半九十。中华民族伟大复兴,绝不是轻轻松松、敲锣打鼓就能实现的。全党必须准备付出更为艰巨、更为艰苦的努力。实现伟大梦想,必须进行伟大斗争,这是因为(　　)

A. 量变和质变是相互渗透的　　B. 事物的联系具有普遍性

C. 社会是在矛盾运动中前进的　　D. 事物的发展是要遵循客观规律的

5. 党员干部要始终保持崇高的革命理想和旺盛的革命斗志,要敢字为先、干字当头,时刻保持清醒,不断振奋精神,在经风雨、见世面中长才干、壮筋骨,绝不做“太平官”。这段话体现的哲学道理是(　　)

A. 内因是事物变化发展的根据　　B. 矛盾的主要方面决定着事物的性质

D. 全力决战脱贫攻坚、决胜全面建成小康社会

23. 习近平在2018年全国组织工作会议上指出，考察干部要带上“望远镜”，意在强调选拔考察干部时应当更多地关注(　　)

A. 候选人的发展潜力　　B. 主要领导的意见

C. 基层群众的评价　　D. 单位同事的评价

24. 2021年1月11日，习近平总书记在省部级主要领导干部学习贯彻党的十九届五中全会精神专题研讨班开班式上再次提及三个“新发展”。下列说法错误的是(　　)

A. 进入新发展阶段明确了我国发展的历史方位

B. 贯彻新发展理念明确了我国现代化建设的指导原则

C. 构建新发展格局明确了我国经济现代化的路径选择

D. 三个“新发展”明确了我国经济社会发展的目标

25. 2020年12月，习近平总书记在全国政协新年茶话会上发表重要讲话，勉励全国各族人民在新的一年发扬“三牛”精神，在全面建设社会主义现代化国家新征程上奋勇前进。“三牛”不包括(　　)(易混)

A. 为民服务孺子牛　　B. 创新发展拓荒牛

C. 艰苦奋斗老黄牛　　D. 勇于担当领头牛

26. 2020年11月10日，中央文明办公布了第六届全国文明城市入选城市名单，入选的省会城市是(　　)

A. 郑州　南昌　　B. 昆明　兰州　　C. 南宁　合肥　　D. 武汉　贵州

27. 2021年2月，国务院正式批复设立陕西杨凌综合保税区。该保税区的特点是(　　)

A. 西北地区第一个综合保税区　　B. 全国唯一农业特色的综合保税区

C. 内地开放层次最高的综合功能区　　D. 国内通关最便捷的海关特殊监管区域

28. “十四五”期间，新的“四个全面”战略布局包括(　　)(常考)

①全面建成小康社会　②全面深化改革　③全面依法治国

④全面从严治党　⑤全面建设社会主义现代化国家

A. ①②③④　　B. ①②④⑤　　C. ①③④⑤　　D. ②③④⑤

29. “十四五”期间，经济社会发展必须遵循的原则包括：坚持党的全面领导和(　　)

①坚持以人民为中心　②坚持新发展理念　③坚持深化改革开放

④坚持系统观念　⑤坚持发展市场经济

A. ①②③④　　B. ①②③⑤　　C. ①②④⑤　　D. ②③④⑤

30. 据2021年1月25日公布的数据显示，(　　)2020年旅客吞吐量达到4376.8万人次，成为2020年全球最繁忙机场，这也是中国机场首次问鼎全球年度客流量第一。

A. 北京首都国际机场　　B. 上海浦东国际机场

C. 广州白云国际机场　　D. 深圳宝安国际机场

31. 下列关于法律关系“三要素”的说法正确的是(　　)

A. 甲认为法律关系的主体指的是享有权利的人

B. 乙认为法律关系的客体指的是承担义务的人

C. 丙认为法律关系只能在平等民事主体之间形成

D. 丁认为法律关系的三要素是指“主体、客体、内容”

32. 下列关于香港特别行政区的说法错误的是(　　)

A. 香港特别行政区的长官任期为3年，并可连任一次

B. 中央人民政府在香港特别行政区设立维护国家安全公署

C. 中央人民政府对香港特别行政区有关的国家安全事务负有根本责任

D. 香港特别行政区政府警务处设立维护国家安全的部门，配备执法力量

33. 小王在小区的便利店取快递时，店员胡某通过捏造聊天记录的方式造谣小王出轨快递员，并将小王的照片和伪造的聊天记录在小区微信群大肆传播，给小王造成了较大的精神损害。胡某的行为侵害了小王的(　　)(常考)

A. 肖像权和隐私权　　B. 隐私权和荣誉权

C. 名誉权和肖像权　　D. 荣誉权和肖像权

34. 小刘在下班回家途中买了果冻若干，在小区门口碰到了邻居赵爷爷带着四岁的孙子小明玩耍，小刘送给小明几个果冻之后自行回家，未料小明将果冻送给同龄玩伴小红后，小红将果冻整个塞入口中导致窒息死亡。对于小红的死亡，以下说法正确的是(　　)

A 小刘应承担民事责任　　B. 赵爷爷应承担责任

C. 小明的监护人应承担责任　　D. 不产生相关人员过错责任

35. 张某在某公园购买了旅游年卡，购卡时约定的入园方式为指纹识别并按照要求向公园提交了指纹等相关信息。后来，公园引进人脸识别系统，将年卡用户的入园方式更改为“刷脸”，并多次通知张某必须激活人脸识别系统，否则将无法正常入园参观。张某认为公园的做法存在安全隐患不愿更换入园方式，双方协商未果，张某以公园违约为由诉至法院。关于本案，以下说法不正确的是(　　)

A. 公园方面变更年卡入园方式，构成违约

B. 入园方式属于公园的自主经营权，公园有权变更

C. 自然人的个人信息受法律保护，张某可以要求公园删除自己的指纹等个人信息

D. 公园采集人脸信息超出了法律上的必要性原则，不具有正当性

36. 在抗击新冠疫情的过程中，生产口罩的A公司总裁贾某在某电视台举办的筹款活动中现场举牌，认捐价值500万元的口罩用以支援医疗队。但随后A公司表示自己生产能力有限，仅能捐赠300万元的口罩，红十字会的工作人员多次联系未果，以下说法正确的是(　　)

A. 电视台应该向A公司追偿剩余的口罩

B. 红十字会可以向A公司追偿剩余的口罩

50. 甲演出公司高薪聘请某著名歌唱家乙举办专场演唱会,乙演唱了以著名作家丙新发表的作品改编为歌词的歌曲,下列说法正确的是( )

A. 乙应取得丙的同意,并支付报酬

B. 应由甲演出公司取得丙的同意并支付报酬

C. 因该作品已经发表无需取得丙的同意,但应由乙支付给丙报酬

D. 因该作品已经发表无需取得丙的同意,但应由甲演出公司支付给丙报酬

51. 某机关拟制了一份保密期限为 10 年的秘密公文,印制时,对于密级和保密期限的规范写法是( )

A. 秘密 · 10 年

B. 秘密☆十年

C. 秘密 · 十年

D. 秘密★10 年

52. 联合发文时,对公文标题中发文机关名称的写法有一定的要求,下列说法中不正确的是( )

A. 联合行文时,多个发文机关名称间用空格分开

B. 两个机关联合发文时,机关名称间用"和"字连接

C. 不超过三个机关联合发文时,应列出所有发文机关名称

D. 四个及四个以上机关联合发文时,可采取主办机关名称后加"等"字的表述形式

53. 下列公文中可以不写主送机关的是( )(常考)

①公告 ②批复 ③决议 ④公报 ⑤函

A. ①③④

B. ①③⑤

C. ②④⑤

D. ③④⑤

54. ××省人民政府下发一份公文,下列抄送机关的写法规范的是( )

A. 省委各部门,省人大常委会办公厅,省政协办公厅

B. 省委各部门、省人大常委会办公厅、省政协办公厅

C. 省委各部门 · 省人大常委会办公厅 · 省政协办公厅

D. 省委各部门;省人大常委会办公厅;省政协办公厅

55. 公文的语言力求明晰准确,避免发生误解。下列语句中表述正确的是( )

A. 任何单位不得实行歧视个体户

B. 以上意见如有不当,请即转有关单位执行

C. 严禁在未竣工的建筑物内设置员工集体宿舍

D. 我们要采取各种办法防止以后不再发生这种严重的错误

56. 公文语言除了要合乎事理、合乎语法规则外,讲究修辞也尤为重要。下列语句中没有使用修辞格的是( )

A. 城市建设要一张蓝图绘到底

B. 大家要齐心协力,拧成一股绳儿,形成工作合力

C. 本市道路、公路以及公共绿地范围内禁止设置指示牌

D. 各单位要加强预算外资金的管理,整顿"小金库"等资金

57. 下列关于"请示"写作的表述不正确的是(　　)

A. 请示不从属于报告

B. 请示是向上级机关反映情况时使用的文种

C. 除领导人授权交办的事项外,请示不能针对个人行文

D. 请示的内在逻辑均由"为什么请示"和"请示什么问题"两大层次确定

58. 公文标题的拟制要做到准确、简洁、规范。下列标题中书写规范的是(　　)

A. ××省人民政府办公厅对于行业综合行政执法有关事项的通知

B. ××省人民政府办公厅关于坚决制止耕地"非农化"行为的通知

C. ××省人民政府办公厅对于推广"第三批支持创新相关改革举措的通知"

D. ××省人民政府办公厅关于印发"开展消费扶贫促进精准脱贫若干措施的通知"

59. 批复要对下级机关提出的具体问题进行答复,往往要求下级机关将执行情况上报,以便检查了解。从行文效能上看,这体现了批复的(　　)

A. 商议性　　B. 指示性　　C. 政策性　　D. 前瞻性

60. 公文的结尾写得特别好,会给人以完整的印象。"目前,这个村已通过各种途径,切实安排落实了扶贫致富工作,已帮助困难户安排剩余劳动力 52 人,落实收入 8.8 万元,从而使得本村 30 户贫困户今年的收入水平基本上达到了富裕程度。"这是一则有关扶贫的报告的结尾,其作用是(　　)

A. 提出请求　　B. 提出建议　　C. 交代说明　　D. 指出方向

61. 某单位办公室要将机关负责人签批后的公文印发,其后续的办理程序是(　　)(常考)

A. 登记—复核—核发—印制　　B. 复核—登记—印制—核发

C. 登记—印制—复核—核发　　D. 印制—登记—复核—核发

62. 在疫情防控关键时期,为了保障人民群众身体健康和生命安全,山西省疫情防控领导小组发出紧急通知,进一步严格疫情防控、管控措施。下列关于紧急程度的标注位置及写法的说法正确的是(　　)

A. 公文版心右上角标注"加急"二字

B. 公文版心右上角标注"急件"二字

C. 公文版心左上角顶格标注"特急"二字

D. 公文版心左上角顶格标注"特急件"三字

63. 下列结束语中,用于下行文的是(　　)

A. 为盼　　B. 希即遵照　　C. 特此报告　　D. 特此函复

64. 假定山西省人民政府要就《太原市环境保护条例(草案)》的议案提请审议,行文时其主送机关为(　　)

A 国务院　　B. 生态环境部

C. 山西省生态环境厅　　D. 山西省人民代表大会常务委员会

B. 抛物面形的反射镜聚光可获得较高的温度

C. 热敏电阻是应用比较广泛的温度传感器

D. 液氮低温冷冻法可用于生产精细胶粉

79. 杜甫在《赠卫八处士》中说到:“人生不相见,动如参与商”,这里的“参”和“商”指的是(　　)

A. 牛郎星与织女星　　B. 太阳与月亮

C. 水星与火星　　D. 猎户座与天蝎座

80. 地球绕太阳旋转叫作公转,在公转的一年中,太阳直射点总是规律地在南北回归线之间来回移动。以下说法不正确的是(　　)

A. 南北回归线上,太阳每年直射两次

B. 南北回归线之间的地区,太阳每年直射两次

C. 南北回归线之外的地区,太阳不会直射

D. 太阳光直射赤道时,北半球的节气为春分或秋分

81. 青少年眼球中的晶状体弹性大,睫状体的调节能力强。但是,如果看书写字的姿势不正确,书本放得离眼太近,或采光、照明条件不好,久而久之会造成假性近视。关于假性近视,下列说法正确的是(　　)

A. 睫状体舒张,晶体的凸度增大　　B. 睫状体收缩,晶体的凸度增大

C. 睫状体舒张,晶体的凸度减小　　D. 睫状体收缩,晶体的凸度减小

82. 2021 年 4 月,习近平总书记来到桂林市象鼻山公园调研,指出桂林是一座山水甲天下的旅游名城,是大自然赐予中华民族的宝地。桂林山水从地貌上讲属于(　　)(易错)

A. 岩溶地貌　　B. 丹霞地貌　　C. 嶂石岩地貌　　D. 张家界地貌

83. 下列有关高质量发展的表述正确的是(　　)

A. 高质量发展必须坚持质量优先,效益第一

B. 开创新常态、适应新常态是我国经济发展的大逻辑

C. 高质量发展必须推动质量变革、速度变革、动力变革

D. 我国经济向形态更高级、分工更优化、结构更合理演进

84. 近年来我国高铁建设突飞猛进,从“四纵四横”到“八纵八横”。其中,陇海线和京广线交汇的城市是(　　)

A. 徐州　　B. 郑州　　C. 太原　　D. 武汉

85. 下列有关中国革命圣地的说法正确的是(　　)(易混)

A. 延安——“延安精神”的本质是顾全大局、严守纪律、紧密团结

B. 遵义——遵义会议确立了毛泽东思想为党的指导思想

C. 井冈山——党在抗战时期创建的第一个农村革命根据地

D. 西柏坡——中国共产党在此召开了具有历史意义的七届二中全会

86. 新中国成立后,我国拍摄了一系列优秀的经典影视作品。以下电影的主题思想中没有反映抗日战争的是(　　)

A.《平原游击队》　　B.《红色娘子军》

C.《铁道游击队》　　D.《血战台儿庄》

87. 2013 年,习近平访俄期间,提到中国几代人受到俄国文学的影响。以下属于苏联时期文学家的是(　　)(易混)

A. 普希金　　B. 高尔基　　C. 屠格涅夫　　D. 陀思妥耶夫斯基

88. 相对性状是指同种生物同一性状的不同表现形式,下列不属于相对性状的是(　　)

A. 果蝇的红眼和白眼　　B. 山羊的有角和无角

C. 豌豆的圆粒和皱粒　　D. 兔的长毛和卷毛

89. 动物和植物是地球上两类重要的生物,二者除在表型上有明显差异外,在细胞结构上也存在着一些区别。下列说法正确的是(　　)

A. 动物细胞不具有细胞壁,植物细胞具有细胞壁

B. 动物细胞不具有细胞膜,植物细胞具有细胞膜

C. 动物细胞含有线粒体,植物细胞中没有线粒体

D. 动物细胞含有细胞质,植物细胞中没有细胞质

90. 菠菜营养丰富,有"蔬菜之王"之称。豆腐里含有较多的钙质。当两者同时进入人体内时,可以在体内发生化学变化,生成不溶性的物质。这种物质在人体内沉积会形成结石。所以,菠菜和豆腐最好不要一起吃。这种不溶性的物质是(　　)

A. 碳酸钙　　B. 草酸钙　　C. 硫酸钙　　D. 磷酸钙

91. 体力劳动者的特点是消耗量多,需氧量高,体内物质代谢旺盛,多吃些富含蛋白质的食物对体力劳动者是十分重要的。下列选项中不属于富含蛋白质的食物的是(　　)

A. 牛奶　　B. 玉米　　C. 豆腐　　D. 香菇

92. 肾功能衰竭的患者移植了一个健康的肾脏,但一段时间后机体产生了排斥反应,肾脏移植失败。在这个过程中,植入的肾脏对机体来说属于(　　)

A. 抗原　　B. 抗体　　C. 病原物　　D. 噬菌体

93. 我国是棉花以及棉制品生产大国,以下选项中不是棉花主产区的是(　　)

A. 新疆地区　　B. 黄河中下游地区

C. 长江中下游地区　　D. 东北平原

94. 下列成语中蕴含的科学常识,解释错误的是(　　)

A. 破镜难圆——分子之间的距离较大时,引力很小

B. 如坐针毡——压力一定时,受力面积与压强成正比

C. 釜底抽薪——液体达到沸点后不能继续吸热则沸腾受阻

B. 运动后补充糖类可加速糖原储备的恢复,增强人的体能

C. 华佗创立的“五禽戏”是中国民间广为流传的运动健身方法

D. 健步走、自行车骑行、游泳等有氧运动比较适宜高血压病人

110. 世界文学名著《一千零一夜》在中国又称为《天方夜谭》,讲述了很多有趣的故事,展示了古代中东地区的社会生活画卷,以下故事中来自该书的有( )

A.《阿里巴巴与四十大盗》 B.《阿拉丁神灯》

C.《渔翁的故事》 D.《卖火柴的小女孩》

111. 习近平在十九届中央纪委五次全会上强调,全面从严治党首先要从政治上看,不断提高( )

A. 政治判断力 B. 政治领悟力 C. 政治执行力 D. 政治领导力

112. 在抗击新冠疫情一线的医务人员中有近一半是“90 后”“00 后”,长辈们说:“哪里有什么白衣天使,不过是一群孩子换了一身衣服。”世上没有从天而降的英雄,只有挺身而出的凡人。关于个人在历史上的作用,以下说法中正确的有( )

A. 任何历史人物的出现都体现了必然性和偶然性的统一

B. 历史人物的作用取决于他们的行动是否符合规律性

C. 历史人物不能改变历史发展的基本方向

D. 历史人物在社会发展进程中只能起到推动作用

113. 2021 年 4 月 6 日,国务院新闻办公室发布了《人类减贫的中国实践》白皮书。下列有关说法正确的是( )(常考)

A. 脱贫攻坚战对中国农村的改变是历史性的、全方位的

B. 中华民族在几千年发展历史上首次整体消除绝对贫困

C. 中国提前 20 年实现《联合国 2030 年可持续发展议程》减贫目标

D. 为全球减贫事业发展和人类发展进步作出了重大贡献

114. 2021 年 1 月 25 日,习近平在出席世界经济论坛“达沃斯议程”对话时强调,解决好这个时代面临的课题,出路是( )

A. 维护和践行多边主义 B. 推动构建人类命运共同体

C. 构建一超多强的世界新格局 D. 有选择的多边主义和独立自主

115. A 影视公司提供资金,宋某组织薛某和董某以抗疫英雄钟某为原型创作纪实文学《战疫》。在创作中,薛某写提纲,董某写初稿,钟某提供了生活素材,宋某提供了一些咨询意见。下列选项中说法错误的是( )

A. 钟某提供了生活素材,应为作者 B. A 公司提供的资金是物质基础,应为作者

C. 未经薛某同意,董某无权发表该小说 D. 宋某作为组织者并提供了咨询意见,应为作者

2021年河北省石家庄市直教师招聘考试真题试卷(四)

公共基础知识

(时间:120 分钟　满分:100 分)

本套试卷共145小题,包括单项选择题(100小题),判断题(30小题),多项选择题(15小题)。

一、单项选择题(每小题的选项中只有一项最符合题意,错选、多选或未选均不得分。本大题共100小题,每小题0.7分,共70分)

1. 2021年是清华大学建校(　　)周年。4月19日,中共中央总书记、国家主席、中央军委主席习近平到清华大学考察,代表党中央,向清华大学全体师生员工和海内外校友致以节日的祝贺。

A. 90　　B. 100　　C. 110　　D. 150

2. 2021年2月25日,习近平总书记在全国脱贫攻坚总结表彰大会上指出,事实充分证明,(　　)是打赢脱贫攻坚战的制胜法宝,(　　)是中国特色减贫道路的鲜明特征。

A. 普惠扶贫　开发式扶贫方针　　B. 精准扶贫　开发式扶贫方针

C. 普惠扶贫　救济式扶贫方针　　D. 精准扶贫　救济式扶贫方针

3. 2021年3月8日,十三届全国人大四次会议举行第二场"部长通道"采访活动。科技部部长王志刚在接受采访时表示,基础研究是整个科学体系的源头,是所有技术问题的总机关。我们要想实现科技的自主自强,(　　)方面必须要过硬。

A. 科技创新能力　　B. 应用创新能力

C. 技术创新能力　　D. 基础创新能力

4. 2021年中央一号文件指出,脱贫攻坚目标任务完成后,对摆脱贫困的县,从脱贫之日起设立(　　)过渡期,做到扶上马送一程。

A. 1年　　B. 2年　　C. 3年　　D. 5年

5. 2021年2月4日,在北京2022年冬奥会开幕倒计时一周年之际,北京冬奥会、冬残奥会火炬——"(　　)"正式问世。

A. 冬梦　　B. 祥云　　C. 飞扬　　D. 飞跃

6. 2020年12月26日,十三届全国人大常委会第二十四次会议表决通过了《刑法修正案(十一)》,新增条文13条,修改条文34条,包括将法定最低刑事责任年龄下调至(　　)(常考)

A. 10周岁　　B. 12周岁　　C. 14周岁　　D. 16周岁

C. 不转发,但积极评论　　　　D. 只转发给少部分好友

22. 利剑扫黑,扫出清风正气;铁拳除恶,守护平安中国。为期 3 年的全国扫黑除恶专项斗争自 2018 年 1 月开始,至 2020 年底结束。开展扫黑除恶专项斗争旨在(　　)

A. 保障公民的一切权益

B. 保障人民安居乐业和国家长治久安

C. 强化专政职能,提高政府公信力

D. 维护人民权益,提高公民政治地位

23. 今年以来,慈利县持续加强乡村政务服务能力建设。大力推进简政放权,下放权责事项 99 项,77 项事可在村(社区)实现帮代办。迭代升级网上政务服务,推动政务服务一体化平台县、乡、村全覆盖,最大限度地方便人民群众,这一举措(　　)

A. 提高了公共服务效率　　　　B. 扩大了基层政府职权

C. 创新了政府监管方式　　　　D. 增加了基层工作负担

24. 我国新冠疫苗全民免费接种,国家卫健委副主任曾益新在新闻发布会上强调,免费是包括了疫苗的费用和接种费用,不是指政府光承担接种的费用。国家这么做是基于(　　)

A. 阶级性是国家的根本属性

B. 我国是人民民主专政的社会主义国家

C. 我国是人民民主专制的国家

D. 我国的人民民主具有制度、物质保障

25. 2021 年 3 月 5 日,近 3000 名全国人大代表出席了第十三届全国人民代表大会第四次会议。参加此次会议的全国人大代表,有党政军干部、工人、农民、农民工代表,也有少数民族代表和归国华侨代表,这表明我国(　　)

A. 民主权利具有真实性　　　　B. 民主权利具有广泛性

C. 民主主体具有广泛性　　　　D. 人民民主是全民的民主

26. 2021 年"两会"期间,人民网通过在线调查请网友投票建言。网友可从社会保障、乡村振兴、依法治国、全民健康、新发展格局等 20 个候选热词中选择最关心的话题参与投票。从民主决策的方式看,公民参与"两会"在线建言属于(　　)

A. 信访举报制度　　　　B. 社情民意反映制度

C. 舆论监督制度　　　　D. 重大事项社会公示制度

27. 公民甲以不同的方式参与政治生活,下列对其参与的政治生活归类正确的是(　　)(常考)

A. 民主管理—在听证会上发表意见提出建议

B. 民主决策—作为志愿者参加小区疫情防控

C. 民主管理—在网络论坛检举某公务员的违法行为

D. 民主监督—参加市政府机关举行的民主评议活动

28. 在扶贫过程中，我们集中精锐力量投向脱贫攻坚主战场，全国累计选派 25.5 万个驻村工作队、300 多万名第一书记和驻村干部，同近 200 万名乡镇干部和数百万村干部一道奋战在扶贫一线。党员干部奋战脱贫攻坚主战场(　　)

A. 体现了中国共产党人为人民谋幸福的初心

B. 完善了打赢脱贫攻坚战实现共同富裕的行政体制

C. 旨在推进乡村治理体系的完善和治理能力现代化

D. 表明国家加快了实现城乡同步富裕的步伐

29. 2021 年，我们将迎来中国共产党成立 100 周年。在一百年波澜壮阔的历史进程中，中国共产党团结和带领中国人民夺取革命、建设、改革、开放的一个又一个伟大胜利，创造了人类社会发展史上惊天动地的奇迹。下列选项中，对党的认识错误的是(　　)

A. 坚持以马克思的经典著作为指导，走在时代前列

B. 不忘初心，牢记使命，恪守和践行为人民服务的宗旨

C. 加强和改进党的建设，坚持解放思想，保持先进性

D. 党的领导是中国特色社会主义制度的最大优势

30. 在国务院办公厅设立的"互联网 + 督查"平台上，人民群众可以通过平台反映政府及其有关部门、单位的不作为、慢作为、乱作为问题，或提出改进政府工作的意见建议，国务院办公厅将对收到的问题线索和意见建议进行汇总，督促有关地方、部门处理。"互联网 + 督查"平台(　　)

A. 是促进政府转变职能的重要手段

B. 是公民参与民主决策的前提和基础

C. 有利于加强对政府权力的制约和监督

D. 是基层人民群众当家作主的有效途径

31. 为抵御新冠疫情肆虐，医护人员奋不顾身、前仆后继，其精神可歌可泣。下列诗句中最适合用来赞美他们这种精神的是(　　)

A. 捐躯赴国难，视死忽如归　　B. 居高声自远，非是藉秋风

C. 荷尽已无擎雨盖，菊残犹有傲霜枝　　D. 醉卧沙场君莫笑，古来征战几人回

32. 中国有七大方言：北方方言、吴方言、闽方言、粤方言、客家方言、赣方言、湘方言。这主要说明中华文化具有(　　)

A. 历史性　　B. 包容性　　C. 民族性　　D. 地域性

33. 有一首歌唱道："最爱写的字是先生教的方块字，横平竖直堂堂正正做人也像它。""方块字"是中国独具特色的文化。关于汉字，下列说法中不正确的是(　　)

A. 它是中华文化的载体　　B. 它是中华文明的重要标志

C. 它是中华文化发展的根源　　D. 它是中华文化源远流长的重要见证

34. 中华民族曾被称为"东亚病夫"，中华文化在近代也经历了衰微的过程。文化的兴衰与国力的强弱

46. “干饭人，干饭魂……”随着生活水平的提高，如今的年轻人以能吃、爱吃、会吃为荣。他们对困难时期人们提倡的节衣缩食很难产生共鸣。这说明（　　）

①社会存在决定社会意识　②经济基础决定上层建筑

③价值判断和价值选择往往会因人而异　④价值判断和价值选择具有社会历史性

A. ②④　　B. ①④　　C. ②③　　D. ①③

47. 1938 年 10 月，（　　）在党的六届六中全会上，最先提出了“马克思主义中国化”的命题。（常考）

A. 李大钊　　B. 陈独秀　　C. 张闻天　　D. 毛泽东

48. （　　）将邓小平理论、“三个代表”重要思想、科学发展观等重大战略思想统称为“中国特色社会主义理论体系”。

A. 党的十五大　　B. 党的十六大

C. 党的十七大　　D. 党的十八大

49. 党的十八大以来，党中央提出并形成了“全面建成小康社会、全面深化改革、全面依法治国、全面从严治党”的战略布局。其中，党的十八届四中全会提出了全面推进（　　）的总目标和重大任务。

A. 依法治国　　B. 深化改革

C. 建成小康社会　　D. 从严治党

50. 习近平新时代中国特色社会主义思想是党和人民实践经验和集体智慧的结晶，是全党全国人民为实现中华民族伟大复兴而奋斗的行动指南，必须长期坚持并不断发展。可见，习近平新时代中国特色社会主义思想（　　）

A. 为我们提供了解决各类问题的具体方法

B. 是关于中国革命和建设的正确的理论原则

C. 为提高文化软实力凝魂聚气、强基固本

D. 具有鲜明的时代意义，是发展着的马克思主义

51. 下列不属于法定公文的是（　　）

A. 通知　　B. 公告　　C. 公示　　D. 纪要

52. 下列文种中属于上行文的是（　　）

A. 命令（令）　　B. 决定　　C. 批复　　D. 报告

53. 长安区政府办公室工作人员小张在复核待发文稿时发现有几处错误，应该（　　）

A. 自行修改后马上印发　　B. 按程序复审

C. 直接交打字室印发　　D. 向领导报告追究相关人员责任

54. 近日，义乌邮政管理局下发给百世快递、极兔速递警示（　　），要求其不得用远低于成本价格的方式进行倾销。

A. 通知　　B. 函　　C. 公告　　D. 批复

55. 石家庄市人民政府印发《正定数字经济产业园发展规划（2021－2025 年）》的通知，下列选项中，发

文字号使用正确的是(　　)

A. 石政发 2020 3 号　　B. 石政发(2020)03 号

C. 石政发〔2020〕3 号　　D. 石政发(2020)第 3 号

56. 某市教育局王局长在《某市第二高等职业学院关于新建教职工宿舍楼的请示》上圈阅,表示王局长对该请示(　　)

A. 同意　　B. 不同意　　C. 已阅知　　D. 持保留意见

57. 3 月 10 日办公室工作人员小李起草了一份文件,3 月 12 日办公室主任修改完成,3 月 20 日单位负责人签发同意,办公室遂于 3 月 21 日印发。这份文件的成文日期是(　　)

A. 3 月 10 日　　B. 3 月 12 日　　C. 3 月 20 日　　D. 3 月 21 日

58. 下列公文标题中,正确的是(　　)

A. 天津市人民政府令

B. 天津市人民政府决定

C. 关于建立中国工艺美术行业协会的请示报告

D. ××市科技局关于三年来科技创新工作情况的申请

59. 下列规范性法律文件中,属于行政法规的是(　　)

A. 国务院颁布的《中华人民共和国个人所得税法实施条例》

B. 商务部颁布的《商务部规范性文件制定和管理办法》

C. 河北省人大常委会颁布的《河北省信息化条例》

D. 上海市人民政府颁布的《上海市社会保障卡管理办法》

60. 法律关系是指由法律规范调整而形成的社会关系,下列属于法律关系的是(　　)

A. 甲与乙相恋而形成的恋爱关系

B. 甲与乙在同一单位工作而形成的同事关系

C. 甲向乙借款而形成的借贷关系

D. 甲与乙考进同一所大学而形成的同学关系

61. 下列选项中,不属于法律责任的是(　　)

A. 刑事责任　　B. 民事责任　　C. 行政责任　　D. 党纪责任

62. 根据宪法规定,下列不属于我国公民政治权利和自由的是(　　)(常考)

A. 选举权　　B. 言论自由　　C. 劳动权　　D. 出版自由

63. 石家庄市下辖县的新设、撤销或合并,应当由(　　)批准。(易错)

A. 石家庄市人民政府　　B. 河北省人民政府

C. 河北省人民代表大会　　D. 国务院

64. 对宪法作用的认识,下列表述中错误的是(　　)

A. 宪法具有最高的法律效力

80. 许某因违法占用公交车道被交警处罚 200 元，这种处罚属于（　　）

A. 刑事制裁　　B. 民事制裁　　C. 行政制裁　　D. 违宪制裁

81. 公安机关交通管理部门为驾驶人颁发机动车驾驶证的行为，属于（　　）

A. 行政许可　　B. 行政指导　　C. 行政确认　　D. 行政裁决

82. 孙某对县公安局对其作出的行政拘留 10 日的决定不服，可以向（　　）申请行政复议。

A. 该县政府　　B. 该县监察委员会

C. 该县法院　　D. 该县检察院

83.（　　）属于适用劳动法的劳动者主体。

A. 国家机关公务员　　B. 部队现役军人

C. 家庭雇佣的保姆　　D. 进城务工的农民

84. 股东以其认缴的出资额为限对公司承担责任，公司以其全部资产为限对公司债务承担责任的是（　　）

A. 有限责任公司　　B. 股份有限公司

C. 有限合伙企业　　D. 两合公司

85. 王某家住石家庄市长安区，周某家住裕华区。两人在桥西区共有一处商业用房，现因共有份额产生纠纷，王某诉至法院，应由（　　）法院受理。（常考）

A. 长安区法院　　B. 桥西区法院

C. 裕华区法院　　D. 以上三个法院都可以

86. 张某绘制了具有新颖性的云朵图案，嘉阳公司未经张某许可将该图案印在书包上，该批书包因图案新颖而热卖。下列说法正确的是（　　）

A. 嘉阳公司侵犯了张某的商标权

B. 嘉阳公司侵犯了张某的专利权

C. 嘉阳公司侵犯了张某的著作权

D. 嘉阳公司侵犯了张某的使用权

87. 下列选项中，不适用《中华人民共和国消费者权益保护法》的是（　　）

A. 商店老板张三购买米、面、油等生活用品以供销售

B. 公务员李四在单位附近的美容院购买美容卡

C. 学生王五购买纸笔、书包等学习用品

D. 农民赵六购买用于农业生产的化肥

88. 在我国刑事诉讼中，涉嫌犯罪的公民在不同的诉讼阶段称谓不同。下列选项中，可以称为“被告人”的是（　　）

A. 张某，因抢劫正在被公安机关侦查

B. 刘某，因贪污正在被检察机关审查起诉

C. 李某,因故意杀人正在被法院审判

D. 许某,因绑架在逃而正在被公安机关通缉

89. 我国现存规模最大的古代皇家园林是(　　)

A. 豫园　　B. 避暑山庄　　C. 北海　　D. 颐和园

90. (　　)是唐代古文运动的倡导者,被称为“唐宋八大家之首”。

A. 欧阳修　　B. 韩愈　　C. 柳宗元　　D. 苏轼

91. 大观园是一座再现中国古典文学名著(　　)中景观的仿古建筑。

A.《红楼梦》　　B.《水浒传》　　C.《西游记》　　D.《三国演义》

92. “一把曲尺,能成方圆器;几根直线,造就栋梁材。”这句话描述的行业是(　　)

A. 裁缝　　B. 木匠　　C. 教师　　D. 铁匠

93. 3 月 5 日是学雷锋纪念日,各地会开展各种形式的纪念活动。3 月 5 日和下列哪个节气的时间最接近(　　)

A. 惊蛰　　B. 雨水　　C. 春分　　D. 清明

94. 1978 年 5 月 11 日,(　　)发表特约评论员文章《实践是检验真理的唯一标准》,由此引发了一场关于真理标准问题的大讨论。

A.《经济日报》　　B.《光明日报》

C.《人民日报》　　D.《解放日报》

95. 1948 年 9 月在石家庄成立的(　　),是新中国中央人民政府的雏形,在中国革命政权和民主政治制度史上具有划时代的历史地位。

A. 中共中央工委　　B. 晋察冀边区政府

C. 华北人民政府　　D. 华北临时人民代表大会

96. (　　)是抗日战争相持阶段八路军在华北地区发动的一次规模最大、持续时间最长的战役,有力配合了国民党军在正面战场的作战,极大振奋了全国的抗战信心。

A. 百团大战　　B. 淞沪会战

C. 平津战役　　D. 武汉会战

97. 接种新冠病毒疫苗后,需留观(　　)分钟,保持接种局部皮肤的清洁,避免用手搔抓接种部位。如发生疑似不良反应,报告接种单位,需要时及时就医。

A. 10　　B. 20　　C. 30　　D. 60

98. 下列诗句与修辞手法对应正确的一项是(　　)

A. 暖风熏得游人醉,直把杭州作汴州。—夸张

B. 九州生气恃风雷,万马齐喑究可哀。—拟人

C. 可怜九月初三夜,露似真珠月似弓。—比喻

D. 不知细叶谁裁出? 二月春风似剪刀。—反问

125. 我国刑事诉讼实行两审终审制。 ( )

A. 正确　　B. 错误

126. 张三碰到歹徒持刀抢劫,与歹徒发生激斗,将歹徒制服。张三的行为构成正当防卫。 ( )

A. 正确　　B. 错误

127. 龙门石窟位于山西省大同市。 ( )

A. 正确　　B. 错误

128. 119 是交通事故报警电话,12315 是消费者投诉举报电话。 ( )

A. 正确　　B. 错误

129.《少年中国说》一文诉说了一百多年前梁启超先生的强国梦想。 ( )

A. 正确　　B. 错误

130. 买东西"货比三家"是攀比心理主导下进行的消费。 ( )

A. 正确　　B. 错误

三、多项选择题(每小题的选项中至少有两个选项符合题意,少选、多选或错选均不得分。本大题共 15 小题,每小题 0.8 分,共 12 分)

131. 2021 年 2 月 20 日,习近平总书记在党史学习教育动员大会上作出重要讲话,要求全党同志做到( ),学党史、悟思想、办实事、开新局。

A. 学史明理　　B. 学史增信

C. 学史崇德　　D. 学史力行

132. 2021 年 2 月 3 日,农业农村部对外发布《农村土地经营权流转管理办法》。( )"三权"分置制度自 2021 年 3 月 1 日起开始实施。

A. 集体所有权　　B. 政府监管权

C. 农户承包权　　D. 土地经营权

133. "十三五"时期,石家庄市建管并重、突出品位,城市形象明显提升。( )"三城同创"如期完成。

A. 国家森林城市　　B. 全国文明城市

C. 国家科技城市　　D. 国家卫生城市

134. 近日,中共中央宣传部公开发布中国共产党成立 100 周年庆祝活动标识。活动标识由( )组成,生动展现了中国共产党团结带领中国人民不忘初心、牢记使命、艰苦奋斗的百年光辉历程。

A. 党徽　　B. 数字"100""1921""2021"

C. 光芒线　　D. 五角星

135. 1921 年 7 月 23 日,党的一大在上海开幕。下列参加一大的代表有( )(常考)

A. 毛泽东　　B. 陈独秀　　C. 李大钊　　D. 董必武

136. 伟大抗疫精神是当下中华民族和中国社会最为亮丽的精神标识,它在惊心动魄的抗疫大战和艰

苦卓绝的历史大考中孕育形成,更将在全面建设社会主义现代化国家、实现中华民族伟大复兴的新征程中发扬光大。这说明(　　)

A. 抗疫精神决定抗疫斗争胜利

B. 优秀文化源自社会实践

C. 中华民族精神火炬越烧越旺

D. 中国共产党是文化创造的主体

137. 以下适宜用通知行文的有(　　)(易错)

A. 正定县政府准备在2021年为老百姓办八件实事

B. 石家庄市交管局拟对裕华路实施交通管制

C. 衡水市政府印发城镇居民基本医疗保险实施细则

D. 大城县政府决定,县直机关实行秋季作息时间

138. 2020年12月16日至18日,中央经济工作会议在北京举行,会议提出深化对在严峻挑战下做好经济工作的"五个根本规律"的认识。下列对"五个根本规律"的描述,正确的有(　　)

A. 党中央权威是危难时刻全党全国各族人民迎难而上的根本依靠

B. 科学决策和创造性应对是化危为机的根本方法

C. 科技自立自强是促进发展大局的根本前提

D. 人民至上是作出正确抉择的根本保障

139. 2020年12月22日,国家市场监管总局联合商务部组织召开规范社区团购秩序行政指导会,阿里巴巴、腾讯、京东等6家互联网平台企业参加。会议强调要把低价倾销、哄抬价格、利用数据优势"杀熟"等行为作为监管重点。这表明(　　)

A. 企业应当利用数据优势获取自身最大利益

B. 严格规范市场秩序,营造公平竞争的市场环境

C. 确保民生得到有效保障和改善

D. 科学宏观调控,消除市场调节缺陷

140. 改革开放以来,我国加入国际大循环,市场和资源"两头在外",形成了"世界工厂"发展模式。近几年来,随着全球政治经济环境的变化,逆全球化趋势加剧,发展模式已经悄然改变,外贸依存度由60%以上下降到30%多,国内需求对经济增长的贡献率有7个年份超过100%,内需已经成为经济增长的稳定器。这表明(　　)

A. 传统国际循环明显弱化

B. 中国经济的内生增长潜力巨大

C. 宏大顺畅的国内经济循环已然形成

D. 中国全方位对外开放步伐开始放缓

141. 调研报告显示,人工影响天气在缓解干旱保障粮食安全、森林防火、生态保护、水资源安全等方面

征、民族特色和时代风貌，防止片面追求建筑外观形象。这带给我们的启示是(　　)

A. 在实践中要坚持检验真理

B. 要正确认识和处理整体与部分的辩证关系

C. 联系是事物本身所固有的，不以人的意志为转移

D. 要正确处理矛盾的主要方面和次要方面的关系

6. 面对严峻的国际疫情和世界经济形势，习近平总书记指出："要做好较长时间应对外部环境变化的思想准备和工作准备。"这说明形势越是严峻复杂，越要坚持的思维方法是(　　)(常考)

A. 创新思维　　B. 底线思维　　C. 历史思维　　D. 长期思维

7. 成功的背后永远是艰辛努力。大事全是由小事积累起来的，要把小事当做大事干，一步一个脚印往前走，滴水可以穿石，只要坚韧不拔、百折不挠，就一定能够成功。其中体现的哲学关系不包括(　　)

A. 原因和结果　　B. 量变和质变

C. 个性和共性　　D. 物质和意识

8. "千仓万箱，非一耕所得；干天之木，非旬日所长"所反映的哲学原理与下列选项中的(　　)相似。

A. 牵一发而动全身　　B. 忍一时风平浪静，退一步海阔天空

C. 寄言持重者，微物莫全轻　　D. 欲穷千里目，更上一层楼

9.《礼记》有言："大道之行也，天下为公。"马克思主义的根本价值追求就是(　　)，这就是马克思主义的大"道"。

A. 人类解放　　B. 公平正义　　C. 科技进步　　D. 社会体制改革

10. 在庆祝中华人民共和国成立70周年招待会上的讲话中，习近平总书记强调，70年来，中国人民发愤图强、艰苦创业，创造了"当惊世界殊"的发展成就，千百年来困扰中华民族的绝对贫困问题即将历史性地划上句号。以下有关说法错误的是(　　)(易错)

A. 人民群众是推动事业发展的力量源泉

B. 人民群众是推动社会变革的基础性力量

C. 人民群众在创造历史过程中起决定作用

D. 人民是决定党和国家前途命运的根本力量

11. 近年来，人们开始越来越多地关注大自然，如何正确处理好人与自然的关系成为热议的主题。围绕这一主题，下列相关说法正确的是(　　)

(1)世界的真正统一性就在于它的物质性

(2)自然生态与人类发展的矛盾不可协调

(3)人存在于自然系统之中并给予其重大影响

A. 仅(1)　　B. (1)(2)(3)　　C. 仅(3)　　D. 仅(1)(3)

12. 阅读漫画《各有所思》。从哲学的角度看,该漫画体现了(　　)

A. 意识是主体的自由创造　　B. 意识不受认识客体的制约

C. 意识受主体状态的影响　　D. 意识的内容是主观的

13. 坚决打赢脱贫攻坚战,要动员全党全国全社会力量,坚持精准扶贫、精准脱贫,坚持大扶贫格局,注重(　　)相结合,深入实施东西部扶贫协作,重点攻克深度贫困地区脱贫任务,确保到2020年我国现行标准下农村贫困人口实现脱贫,贫困县全部摘帽,解决区域性整体贫困,做到脱真贫,真脱贫。

A. 扶稳、扶智、扶志　　B. 扶贫、扶志、扶智

C. 扶贫、扶稳、扶智　　D. 扶贫、扶志、扶稳

14. 习近平总书记强调,生命重于泰山。各级党委和政府务必把安全生产摆到重要位置,树牢安全发展理念,绝不能只重发展不顾安全,更不能将其视作无关痛痒的事,搞形式主义、官僚主义。这一论述,充分体现了(　　)

A. 以效益为中心的发展思想　　B. 以人民为中心的发展思想

C. 以生产为中心的发展思想　　D. 以安全为中心的发展思想

15. 习近平总书记引用古语"人不率则不从,身不先则不信"是为了说明"不忘初心,牢记使命"主题教育之所以能达到预期目的的一个重要经验,就是坚持(　　)

A. 以上率下,示范带动　　B. 以多率少,示范带动

C. 以先带后,示范带动　　D. 以众带从,示范带动

16. 习近平总书记曾表示,如果第一粒扣子扣错了,剩余的扣子都会扣错,人生的扣子从一开始就要扣好。习近平总书记所说的"扣子",指的是(　　)

A. 青少年家庭教育的重要性　　B. 青少年培养政治立场的重要性

C. 青少年价值观和价值观教育的重要性　　D. 青少年在国家发展中的重要地位

17. 双方当事人签订购销合同,需方按约定给付供方150万元的预付款,事后发现供方有欺诈行为,根本没有能力履行合同,而且所付货款有被转移的可能,此时需方可以选择的最佳途径是(　　)

A. 申请诉前财产保全　　B. 提交民事仲裁

理程序、办理时限、收费依据及标准、评价渠道等要素,逐项编制、完善办事指南,推进同一事项无差别受理、同标准办理。这其中存在的语言问题是(　　)

A. 错别字　　B. 重复表达　　C. 语序不当　　D. 成分残缺

35. (　　)是公文发文办理的最后一个环节,也是杜绝差错、规范印制格式、确保公文质量的重要环节。

A. 传阅　　B. 核发　　C. 登记　　D. 复核

36. 某机关近期撰文向上级反映本机关的某项工作,让上级对此项工作有所了解,则最宜采用的报告类型为(　　)

A. 例行报告　　B. 综合报告　　C. 专题报告　　D. 研究报告

37. 事业单位管理制度既具有一般管理制度的共性,也具有其特殊性。(　　)是指事业单位管理制度一经公示并实施,就成为单位职工开展工作必须依据的准则,全体职工必须无条件遵守。

A. 权限分级　　B. 无差别性　　C. 垂直管理　　D. 权威性

38. 某事业单位工作人员在招标投标和物资采购工作中违反有关规定,给单位和国家造成不良影响和财产损失,情节严重,则应对其进行的处分是(　　)(易混)

A. 警告　　B. 记过　　C. 开除　　D. 降低岗位等级

39. 对下列事业单位工作人员,应当给予奖励的不包括(　　)

A. 小王在应对重大突发事件中表现突出

B. 老王在扶贫工作中成绩突出

C. 老马 10 年来准时上下班,风雨无阻

D. 小明的某项发明获得国家科技进步二等奖

40. 行政协调是对行政管理工作加以调节,引导各行政组织之间、人员之间互相协作、互相配合,以便齐心协力共同实现行政决策目标的活动,其目标是达到(　　)的效果。

A. 异中求同　　B. 完全一致　　C. 消除矛盾　　D. 回避隔阂

41. 把握公众舆论、为政府决策提供依据是政府公共关系的任务,其中,当政府的政策和行为受到质疑、形象受到损害时,迅速查清原因是(　　)的具体要求。

A. 了解舆论　　B. 引导舆论　　C. 回应舆论　　D. 完善舆论

42. 公共危机管理是解决政府对外交往和对内管理中处于危险和困难境地的问题而直接采取的对策及管理活动,其特征不包括(　　)

A. 手段的自发性　　B. 过程的阶段性

C. 处置的时效性　　D. 主体的整合性

43. 某单位拟对一项目进行预测,他们采用背对背的通信方式征询多位专家的预测意见。经过几轮征询后,该单位最终作出了符合市场未来趋势的预测结论。该单位采取的决策分析方法是(　　)

A. 可行性分析　　B. 德尔菲法　　C. 投入产出分析　　D. 主观概率法

44. 在行政监督过程中,监管机构应避免做“马后炮”,所谓“聪明的人解决问题,有智慧的人避免问题”。从行政监督的实施时间来看,这强调的是在行政活动中要做好(　　)工作。

A. 事后监督　　B. 事中监督　　C. 事前监督　　D. 过程监督

45. 上级领导者将自己不愿意处理的烦琐事务交给下属处理,其中也可能包括领导者本身也弄不清楚该如何处理的事务。这种授权被称为(　　)

A. 刚性授权　　B. 柔性授权　　C. 惰性授权　　D. 模糊授权

46. 人民日报发文指出,完善行政组织和行政程序法律法规,推进机构、职能、权限、程序、责任法定化,是依法全面履行政府职能的坚实制度支撑和有力法治保障。推进机构法定化,体现了行政组织的(　　)

A. 政治性与社会性　　B. 法制性与权威性

C. 系统性与动态性　　D. 规范性与稳定性

47. 中国古代成语故事中包含了丰富的管理学道理。下列各成语故事中,揭示了激励式领导方式的是(　　)

A. 焚书坑儒　　B. 破釜沉舟　　C. 卧薪尝胆　　D. 七擒七纵

48. 民以食为天,食品安全事关百姓身体健康和生命安全。某市探索在食品监管领域运用电子监察信息平台进行执法,给食品监管权力装上“GPS”监控,通过建设电子监察信息平台,实现对餐饮服务环节的实时监控,确保百姓饮食安全,这主要体现了行政权力运作的(　　)

A. 反复性和公开性　　B. 反复性和透明性

C. 公开性和透明性　　D. 无限性和服务性

49. 公共政策实施偏差的表现形式多种多样,阳奉阴违、前紧后松、敷衍塞责属于(　　)的表现。(易混)

A. 替代式实施偏差　　B. 黏附式实施偏差

C. 选择式实施偏差　　D. 象征式实施偏差

50. 据报道,马克龙总统于 2020 年 3 月 3 日宣布法国国家当局征用“法国所有库存的防护口罩和口罩生产单位”,以便把口罩分配给医疗人员和确诊感染新型冠状病毒的人。疫情期间,国家征用口罩体现了资源配置方式中的(　　)

A. 市场配置方式　　B. 计划配置方式

C. 间接配置方式　　D. 直接配置方式

51. 有句谚语说:“不要为打翻的牛奶哭泣。”从经济学角度看,这启示我们当前决策应该忽略(　　)

A. 边际成本　　B. 边际收益　　C. 沉没成本　　D. 规模经济

52. 长白山从山麓到山顶存在温带落叶阔叶林、寒温带针阔叶混交林、亚寒带针叶林、极地高山冻原等植物带。造成这种差别的主要因素是(　　)

A. 纬度　　B. 土壤密度　　C. 温度　　D. 空气密度

69. 甲乙素来不和,甲意图杀死乙。某天半夜甲潜入乙的房屋,看见乙的床上躺了一个人,甲以为是乙,遂用刀杀之。结果,是乙的朋友丙住在乙的房间,被甲误杀。对于甲的行为,下列说法正确的有( )(易错)

A. 甲对乙的行为成立故意杀人罪未遂

B. 甲对乙的行为不成立犯罪

C. 甲对丙的行为成立故意杀人罪既遂

D. 甲对丙的行为成立过失致人死亡罪

70. 小张作为文件管理人员,经常需要负责传阅公文。公文在传阅过程中需要注意的事项有( )

A. 分轻重缓急及时处理　　B. 随时登记掌握公文去向

C. 完全领悟文件的精神　　D. 控制传阅周期

71. 竞聘上岗是事位单位内部人员选拔,尤其是岗位晋升和重点岗位人员选拔的主要方式。事业单位竞聘上岗过程应该坚持( )原则。

A. 公平　　B. 公正　　C. 公开　　D. 半透明

72. 行政责任是一种不能以其他法律责任或纪律责任替代的独立的责任。行政主体承担行政责任的具体方式包括( )等。

A. 通报批评　　B. 赔礼道歉,承认错误

C. 恢复名誉,消除影响　　D. 返还权益

73. 选择合理的沟通模式,有利于有效沟通的实现。链式沟通模式是信息链条似的逐级传递模式,这种沟通的特点有( )

A. 速度快　　B. 准确性高

C. 有明确领导人　　D. 十分复杂

74. 机会成本是指为了得到某种东西而所要放弃的一些东西的最大价值。下列谚语描述的现象涉及机会成本的有( )(易错)

A. 三个和尚没水喝　　B. 不入虎穴,焉得虎子

C. 棋错一着,满盘皆输　　D. 鱼与熊掌不可兼得

75. 当遇到火灾时,选择合适的灭火器灭火,会事半功倍。泡沫灭火器适宜扑灭的火灾有( )

A. 木材燃烧引起的火灾　　B. 纸张燃烧引起的火灾

C. 汽油燃烧引起的火灾　　D. 电器燃烧引起的火灾

三、判断题(请判断所给的命题正确与否,正确的请在答题卡的相应位置上涂“A”,错误的涂“B”。共 35 题,每题 0.7 分,满分 24.5 分)

76. 2020 年 6 月 5 日是第 49 个世界环境日。我国六五环境日确定的主题是“美丽中国,我是行动者”。( )

77. 2020 年 7 月,人社部印发《关于举办中华人民共和国第一届职业技能大赛的通知》。职业技能大

赛的举办有利于促进技能人才的培养与发展。 ( )

78. “参天之木,必有其根;怀山之水,必有其源”属于形而上学的观点。 ( )

79. 马克思主义强调的人民,不是抽象的、超阶级的“人”,是以工人阶级为主的包括广大人民群众的具体的人。(常考) ( )

80. 核能给人类提供了安全、洁净、廉价的能源,但是一旦核能泄漏就会危及到周边的生物。这说明科技革命是一把“双刃剑”。 ( )

81. 在5G还未全面普及的时代,6G已进入开发阶段,这说明科学技术的发展超过了社会实践的发展速度。 ( )

82. 文化作为一种精神现象,从根本上说,源于社会生活,尤其源于一定社会的物质生产活动,文化是社会生活、社会存在的反映。 ( )

83. 党的十九届四中全会提出,要鼓励勤劳致富,保护合法收入,增加低收入者收入,缩小中等收入群体,调节过高收入,清理规范隐性收入,取缔非法收入。 ( )

84. 在“四个全面”中,全面从严治党既是重要内容,又是重要保障,具有基础性、保障性的作用。(易错) ( )

85. 我国高度重视制造业发展,坚持创新驱动发展战略,把推动制造业高效率发展作为构建现代化经济体系的重要一环。 ( )

86. 行政强制执行是指特定的行政主体为预防、控制违法行为或危险状态(不利后果)以及调查取证和执行的便利,而依法对相对人的人身或财产限制其保持一定状态的程序上的处置行为。(易混) ( )

87. 假冒注册商标罪要求行为人主观方面为故意,且以营利为目的,过失不构成该罪。 ( )

88. 如果某行为虽具有一定的社会危害性,但情节显著轻微危害不大的,不能认为是犯罪。 ( )

89. 衡量任何一种思想观点、活动以及制度、事业是否合乎正义的最终标准就是看它们是否促进社会进步,是否符合所有人的最大利益。 ( )

90. 李某为外国居民,现因政治原因向我国申请避难,我国可以给予其受庇护的权利。 ( )

91. 每份公文都有附件,它一般作为正文的补充说明或参考材料,公文规范要求附件应当置于正文之后、发文机关之前,并注明附件的名称和件数。 ( )

92. 公函与便函只有内容重要程度以及公文格式上的区别,写法实质上几乎没有差异。 ( )

93. 公文是组织管理的工具,具有管理性、规范性、指导性和制约力,因而公文修辞要讲求实用有效,多用积极修辞手法,慎用消极修辞手法。 ( )

94. 请示应该送交办公厅(室),但若是领导直接交办的事项,则可直接送交领导个人。 ( )

95. 实现政府职能的主要手段中,法律手段具有严肃性、权威性、规范性的特点,使行政管理统一化和稳定化,但其只能在有限范围内发生作用。 ( )

96. 管理幅度与管理层次之间存在相互制约的关系,其中起主导作用的是管理层次。 ( )

出自(　　)

A.《论语》　　B.《离骚》　　C.《孟子》　　D.《诗经》

6. 世界卫生组织规定,每年的5月31日为“世界无烟日”。这一天,世界各地既不吸烟也不售烟并要求各国广泛宣传戒烟的意义。烟草燃烧所产生的烟雾是由7000多种化合物所组成的复杂混合物,如一氧化碳、氢化氰、挥发性亚硝胺、烟焦油、尼古丁等。这些化合物绝大多数对人体有害,其中至少有69种为已知的致癌物,而引起吸烟成瘾的主要物质是(　　)

A. 氢化氰　　B. 烟焦油　　C. 尼古丁　　D. 一氧化碳

7. 2020年5月,习近平总书记对毛南族实现整族脱贫作出重要指示。环江县是全国唯一的毛南族自治县,2020年5月,环江县退出贫困县序列。环江毛南族自治县位于我国(　　)

A. 四川省　　B. 湖南省

C. 广西壮族自治区　　D. 云南省

8. 2020年5月18日是第44个国际博物馆日,今年国际博物馆日的主题为“多元与包容”。“博物馆”一词源于希腊文“museion”,是指(　　)

A. 祭祀伊利丝的地方　　B. 祭祀提亚的地方

C. 祭祀雅典娜的地方　　D. 祭祀缪斯的地方

9. “癸丑之三月晦(公元1613年5月19日),自宁海出西门,云散日朗,人意山光,俱有喜态。”短短24个字为后人留下了文化旅游的瑰宝。自2011年起,每年的5月19日被定为“中国旅游日”。中国旅游日的设立与我国历史上伟大的旅行家、地理学家、史学家、文学家(　　)有关。

A. 沈括　　B. 周达观　　C. 徐霞客　　D. 裴秀

10. 2020年5月27日,我国珠峰高程测量登山队8名攻顶队员成功从北坡登上珠穆朗玛峰峰顶,完成了峰顶测量任务。该次测量也是人类首次在珠峰峰顶开展的(　　)

A. 重力测量　　B. 峰顶雪深测量

C. 雷达测量　　D. 峰顶交会测量

11. 公元前5世纪,雅典日益发展壮大,雅典的发展在斯巴达造成了恐惧,导致双方发生了长达30年的战争,最终都被毁灭。后来人们研究发现,一个新崛起的大国必然要挑战现存大国,而现存大国也必然来回应这种威胁,这样战争变得不可避免。这种现象通常被称为(　　)(常考)

A. 塔西佗陷阱　　B. 灰犀牛现象

C. 黑天鹅现象　　D. 修昔底德陷阱

12. 五四运动时,面对国家和民族生死存亡,一批爱国青年挺身而出,誓言“国土不可断送,人民不可低头”,带动全国民众为拯救民族危亡、捍卫民族尊严、凝聚民族力量掀起了波澜壮阔的伟大社会革命运动。五四运动浩气长存,孕育了伟大的五四精神。五四精神的核心是(　　)

A. 民主自由　　B. 救亡自强　　C. 爱国主义　　D. 科学启蒙

13. 公共财产指所有权属于国家的各种财产,包括国有和集体所有的财产等几个类别。下列选项中,

属于集体所有的财产的是(　　)(易混)

A. 矿藏　　B. 水流　　C. 海域　　D. 宅基地

14. 广东音乐是我国第一批国家级非物质文化遗产,广泛流行于以广州为中心的珠江三角洲及广府方言区,是岭南民间传统丝竹乐种,影响遍及大江南北,也流行于世界各地的华人社区。下列曲目中不属于广东音乐代表作的是(　　)

A.《步步高》　　B.《平湖秋月》　　C.《百鸟朝凤》　　D.《雨打芭蕉》

15. 清代诗人王士祯的诗句:"山郡逢春复乍晴,陂塘分出几泉清?郭边万户皆临水,雪后千峰半入城"描绘了春雪过后赏心悦目的城市景色。诗中描绘的城市是(　　)

A. 北京　　B. 承德　　C. 天津　　D. 济南

16. 京剧是中国五大戏曲剧种之一,被视为中国国粹之一。在京剧的行当中,天真活泼的年轻女性被称为(　　)

A. 正旦　　B. 花旦　　C. 彩旦　　D. 刀马旦

17. 古人的年龄有时不直接用数字表示,而是用一种与年龄有关的称谓来代替。陆游有诗:"余生已过足,不必到期颐",苏轼有诗:"到处不妨闲卜筑,流年自可数期颐"。"期颐"指的是(　　)(常考)

A. 七十岁　　B. 六十岁　　C. 九十岁　　D. 一百岁

18. 曾侯乙编钟是中国迄今发现数量最多、保存最好、音律最全、气势最宏伟的一套编钟,现保存于(　　)

A. 故宫博物院　　B. 南京博物馆

C. 陕西省博物馆　　D. 湖北省博物馆

19. 2020年6月23日,我国北斗三号第55颗导航卫星,也是北斗系统最后一颗全球组网卫星发射成功,至此北斗全球卫星导航系统星座部署全面完成。此次发射任务是在(　　)卫星发射中心完成的。

A. 酒泉　　B. 西昌　　C. 太原　　D. 文昌

20. 法国启蒙运动是十八世纪一次波澜壮阔的思想解放运动,在政治上、思想上和理论上为法国大革命奠定了基础,对整个西方近代文明产生了深远关键的影响,众多著名的启蒙思想家成为了启蒙运动的代表人物。下列不属于法国启蒙思想家的是(　　)

A. 狄德罗　　B. 伏尔泰　　C. 卢梭　　D. 洛克

二、多项选择题(在下列选项中至少有两项是符合题意的,错选、多选、少选均不得分,本题共10小题,每小题1.2分,共12分)

21. 2020年6月1日,中共中央、国务院印发了《海南自由贸易港建设总体方案》,推动海南自由贸易港建设加快发展、创新发展,把海南建设成为中国新时代全面深化改革开放的新标杆。该方案要求把海南着力打造成为中国的(　　)

A. 全面深化改革开放试验区　　B. 国家生态文明试验区

C. 国际旅游消费中心　　D. 国家重大战略服务保障区

8. 我国海拔最高,面积最大的自然保护区是(　　)

A. 长白山自然保护区　　B. 卧龙自然保护区

C. 三江源自然保护区　　D. 鼎湖山自然保护区

9. 用于向国内外宣布重大事项或法定事项时所使用的文种是(　　)

A. 布告　　B. 通告　　C. 公告　　D. 通知

10. 新中国颁布的第一部法律是(　　)

A. 宪法　　B. 刑法　　C. 土地改革法　　D. 婚姻法

11. 根据我国民法典的规定,下列财产可以抵押的是(　　)(易错)

A. 土地所有权　　B. 海域使用权

C. 依法被监管的财产　　D. 公益幼儿园的教育设施

12.《中华人民共和国香港特别行政区维护国家安全法》在2020年(　　)在香港特别行政区刊宪公布生效。

A. 6月30日　　B. 7月1日　　C. 10月1日　　D. 12月1日

二、多项选择题(下列每小题列出的四个选项中至少有两个是符合题意的,请将其选出并把其标号写在括号内。错选、多选或少选均不得分。本大题共10小题,每小题2分,共20分)

1. 广大人民在城乡居民群众自治组织依法直接行使(　　)的权利,对所在基层组织的公共事务和公益事业实行民主自治,已经成为当代中国最直接、最广泛的民主实践。

A. 民主选举　　B. 民主决策　　C. 民主管理　　D. 民主监督

2. 2020年7月21日,习近平总书记在京主持召开企业家座谈会并发表讲话,指出市场主体是我国(　　),在国家发展中发挥着重要作用。

A. 经济活动的主要参与者　　B. 就业机会的主要提供者

C. 社会发展的主要动力者　　D. 技术进步的主要推动者

3. 2020年6月29日,习近平总书记在中央政治局第二十一次集体学习时指出,各级党组织要提高(　　),把广大人民群众紧紧团结在党的周围。

A. 政治领导力　　B. 思想引领力

C. 群众组织力　　D. 社会号召力

4. 下列咏花的诗句中,属于咏梅花的是(　　)

A. 宁可枝头抱香死,何曾吹落北风中

B. 忽然一夜清香发,散作乾坤万里春

C. 雪满山中高士卧,月明林下美人来

D. 疏影横斜水清浅,暗香浮动月黄昏

5. 2020年7月31日，北斗三号开通。当天，中共中央贺电指出，要大力弘扬（　　）的新时代北斗精神。

A. 自主创新　　B. 开放融合

C. 万众一心　　D. 追求卓越

6. 下列经济事项中，属于国际货币基金组织会员国国际储备构成内容的是（　　）

A. 货币性黄金　　B. 直接投资收益

C. 外汇储备　　D. 在国际货币基金组织的储备头寸

7. 下列属于公文必备的基本组成部分有（　　）

A. 发文机关　　B. 报送机关

C. 标题　　D. 成文日期

8. 公文具有严格的程序，一般情况下，可以越级行文的情形有（　　）（常考）

A. 某县政府发现上级市政府有渎职情形，准备越级上报至上级的省政府

B. 某省政府因环境保护问题，指定下级县政府直接报告工作无需经过市政府

C. 某县政府就人事处理决定问题向上级省政府咨询

D. 某县政府因为重大资金问题多次请示上级政府未得到回应，准备越级向省政府请示

9. 下列属于行政强制措施种类的是（　　）

A. 责令停产停业　　B. 冻结存款

C. 查封场所　　D. 吊销营业执照

10. 根据我国《劳动合同法》的规定，用人单位在下列哪些情况下可以约定由劳动者承担违约金（　　）

A. 用人单位与劳动者签订了竞业限制条款

B. 用人单位与劳动者约定损坏单位财物支付违约金

C. 用人单位与劳动者约定的劳动合同期限的劳动者提前辞职

D. 用人单位为劳动者提供培训费用，对其进行专业技术培训并约定服务期限

三、判断题（判断下列各题的正误，正确的填“A”，错误的填“B”。本大题共20小题，每小题1分，共20分）

1. 习近平新时代中国特色社会主义思想是当代中国的马克思主义。（　　）

2. 创新是中国特色社会主义的本质特征。（易混）（　　）

3. 新中国成立是中国历史上最深刻最伟大的社会改革。（　　）

4. 党的十九大首次把党的政治建设纳入党的建设总体布局。（　　）

5. 公有制经济仅包括国有经济和集体经济。（　　）

3. 请连线相应人物及其对应著作。

林则徐	《海国图志》
魏源	《四洲志》
郑观应	《天演论》
严复	《盛世危言》

4. 请连线下列文学常识。

《神曲》	狄更斯	英国
《我愿是一条急流》	裴多菲	俄国
《复活》	但丁	匈牙利
《双城记》	托尔斯泰	意大利

5. 请连线我国公民对应的基本权利。

政治权利	隐私权
人身权利	休息权
财产权利	继承权
社会经济权利	表达权

2019年贵州省直事业单位教师岗真题试卷(精编)(八)

公共基础知识

(本试卷共80小题,已收录70小题)

本套试卷共70小题,包括单项选择题(55小题),多项选择题(10小题),综合分析题(5小题)。

一、单项选择题(下列每小题列出的四个选项中只有一个是最符合题意的,请将其选出并把它的标号填在括号内。错选、多选或未选均不得分。本大题共55小题,每小题1分,共55分)

1. 2019年12月20日,是中国政府对澳门恢复行使主权20周年纪念日。澳门特别行政区的高度自治权是(　　)(常考)

A. 特别行政区本身固有的权力

B. 中央授权及授权之外的剩余权力

C. 行政管理权、立法权、独立的司法权和终审权

D. 特别行政区的完全自治权

2. 近来,美国肆意加征中国输美商品关税,使中美贸易摩擦再度升级,中美经贸磋商过程遭受严重挫折,给两国经贸关系蒙上阴影。有媒体评论说,有着5000多年文明历史的中国,什么样的风浪没有见识过,什么样的坎坷没有经历过?面对疾风骤雨,近14亿中国人民有信心、有底气。下面最能够体现中国人民面对贸易摩擦的信心和底气的诗句是(　　)

A. 莫听穿林打叶声,何妨吟啸且徐行

B. 一花独放不是春,百花齐放春满园

C. 不畏浮云遮望眼,自缘身在最高层

D. 纵使思忖千百度,不如亲手下地锄

3. 《水流众生》是某歌手在西藏看到冰凉清澈的冰川水从地下涌出,所到之处无一不是绿草如茵、牛羊壮美,感受高原反应所带来的身体考验和面对天地山水的精神探索时所写的歌。这说明(　　)

A. 艺术家的个人实践是一种直接现实性活动

B. 艺术作品是艺术家个人风格的反映

C. 艺术作品的发展取决于创作方法的创新

D. 艺术作品的源泉是现实的生活实践

4. 下列关于辣椒的说法,错误的是(　　)(易错)

A. 辣椒起源于中南美洲热带地区的墨西哥、秘鲁等地,是一种古老的栽培作物

16. 文化和旅游部政策法规司有关负责人表示，未来，将加快研究________大运河文化和旅游融合发展专项规划，高水平打造璀璨文化带和缤纷旅游带；引导各地积极培育和发展新业态、新模式，努力提供更多优秀文化产品和优质旅游产品，把大运河文化保护好、传承好、________好。要深入挖掘和丰富大运河文化内涵，充分展现大运河遗存承载的文化，活化大运河流淌伴生的文化，________大运河历史凝练的文化，从这三个层次深入理解大运河文化的内涵和外延，突出大运河的历史脉络和当代价值。

依次填入画横线部分最恰当的一项是(　　)

A. 制订　发展　壮大

B. 拟定　完善　传承

C. 制定　利用　弘扬

D. 拟订　开发　总结

17. 从语言________的趋势看，一些当时不规范的________慢慢变成了规律，被广大语言使用者接受并认可，语言文字规范也会随着社会的发展不断________。

依次填入画横线部分最恰当的一项是(　　)

A. 生成　案例　变化

B. 发展　特例　调整

C. 发生　个例　调试

D. 变化　例子　更新

18. 2018年，国家版权局宣布，腾讯音乐与网易云音乐就网络音乐版权合作事宜达成一致，相互授权音乐作品，达到各自独家音乐作品数量的99%以上，并商定进行音乐版权长期合作，同时积极向其他网络音乐平台开放音乐作品授权。在听音乐这件事上，用户再也不用为下载网易云音乐还是QQ音乐纠结了。这也意味着，国内各家在线音乐平台筑起的版权壁垒悄然消失。

最适合做这段文字标题的是(　　)(易错)

A. 数字音乐步入后版权时代

B. 音乐版权之争将宣告终结

C. 音乐平台合作乃大势所趋

D. 数字音乐爱好者盼望福音

19. 当前，有些观点认为农村人口大量流失，村庄日益"空心化"，搞水利设施没有必要。这种论调看似有理，其实不然。退一步讲，纵然现有的农村人口逐步迁走，但耕地不会荒废、农业的基础地位不会动摇，农业发展离不开水利设施。而且，党中央大力推进乡村振兴战略，要建设"产业兴旺、生态宜居、乡风文明、治理有效、生活富裕"的新乡村，将吸引更多人才回流农村、留在农村，培养更多的人才建设农村、繁荣农村。

这段文字意在说明(　　)

A. 农村人口流失不可能影响我国农田水利设施建设

B. 农田水利设施的缺乏不可能动摇农业的基础地位

C. 是否加强水利建设取决于农村人才能否稳定回流

D. 完善的水利设施对于农村的建设和繁荣必不可少

20. 若说卫星和运载火箭是风筝,测控系统就是控制风筝的生命线。卫星在轨日常状态需要测控维护;卫星发生异常需要测控纠正;卫星发生故障需要测控抢救;卫星寿命末期需要测控保驾,进行延寿处理,尽最大可能挖掘其价值;卫星寿终正寝更需要测控对其进行离轨处置,为后来者腾出安全空间。可以说,______________________。

填入画横线部分最恰当的一句是( )

A. 卫星测控系统是航天系统工程最核心的组成部分

B. 卫星在轨寿命期内,测控对其不离不弃

C. 航天测控技术是反映一国综合科技实力的重要标志

D. 测控运行与维护服务今后将有更为广阔的发展前景

21. 当非酒精性脂肪肝病发展到严重的炎症阶段,肝脏内巨噬细胞就会异常活跃起来,它们会从血液中募集更多兄弟炎症细胞,例如白细胞就会进到肝脏里面,出现炎症细胞浸润。这个时候如果做病理分析,就会看到肝脏里面有很多炎症细胞,围着变大的肝脏细胞。这就说明肝脏细胞里边“出事儿”了,不要以为炎症细胞是去解救肝脏细胞的,很可能炎症细胞已经认为它是不正常细胞,想把它干掉。而这个机制与肝炎病毒入侵后,免疫系统对带毒肝脏细胞的“绞杀”很相似。

这段文字没有提到( )

A. 非酒精性脂肪肝病出现炎症细胞浸润的原因

B. 对肝脏出现炎症细胞的原因可能存在的误解

C. 肝脏遭病毒入侵后人体免疫系统的应对方式

D. 脂肪肝病与肝炎在炎症发展规律上的相似性

22. ①不得不承认,生物本身充满了未知,包括 DNA 材料在内的生物材料也存在无限可能。

②近日,研究人员合成了一种可以自主运动的 DNA 材料,其运动形式还可受人为调控。

③诚然,在传统生物学中,DNA 的主要功能是将遗传信息从亲代传递给子代,以保证生物体的某种特征延续性存在。

④但在一些材料学家的眼里,本质为核酸的 DNA 不再是神秘的生命密码,而是合成某种生物材料的最基本单元。

⑤提及 DNA,我们首先想到的往往是遗传。

⑥这类生物材料因由 DNA 分子“搭建”而成,故称 DNA 材料。

将以上 6 个句子重新排列,语序正确的是( )(易错)

A. ①②⑥⑤③④　　　　B. ②⑤①④⑥③

C. ③④①②⑤⑥　　　　D. ⑤③④⑥①②

23. 中国互联网络信息中心(CNNIC)的数据显示,截至 2018 年 6 月,网络直播用户规模达 4.25 亿人次,占全体网民的 53.05%,用户使用率为 53.0%。网络直播在中国的繁荣有其社会和心理根源,但在发展过程中,也面临一些问题。摆脱网络直播“低俗化”标签就存在难度。这一方面是因为早

C. 教具:粉笔:课件　　　　D. 刑法:死刑:拘留

38. 琵琶:琴弦(　　)

A. 钢琴:钢琴凳　　　　B. 眼镜:眼镜盒

C. 台灯:灯管　　　　D. 书法:毛笔

39. 音响:耳麦:唱歌(　　)

A. 斧头:锯子:家具　　　　B. 手机:电话:交流

C. 饲料:玉米:养鸡　　　　D. 口红:眉笔:化妆

40. 峰终定律是指当人们评价一个人的生活质量或人生表现时,往往会非常关注和重视其高峰状态和结尾状态,而对其余的过程状态不太关注甚至予以忽略。

根据上述定义,下列描述不符合峰终定律的是(　　)

A. 张某平时为非作歹,但后来成了抗击外敌的首领,人们将其事迹改编为英雄故事

B. 孙某经常考 100 分,但有一次考了 99 分,就被妈妈打骂

C. 某体操运动员为国家拿到多次世界冠军,但有一次比赛失误,就被舆论抨击

D. 教练根据冲刺能力选拔冲刺技术好的运动员作为田径接力最后一棒选手

41. 智力激励法:一组人员通过召开特殊的专题会议,对某一特定问题,与会成员之间互相交流、互相启迪、互相激励、互相修正、互相补充、集思广益,从而达到产生大量新设想的集体性发散技法。

根据上述定义,下列属于智力激励法的是(　　)(易错)

A. 粉碎"四人帮"后,某市召开批判"四人帮"罪行的座谈会

B. 马克思主义基本原理教研室全体老师针对教材新修订的内容集体备课

C. 贵阳市为更好地收集群众意见,设立市长信箱,鼓励群众为贵阳市发展献计献策

D. 小张看自己写的论文怎么也找不出问题,但请小李一看就发现了不少错别字

42. 理性是指人在正常思维状态下,为了获得预期结果,有自信与勇气冷静地面对现状,并快速全面了解现实,分析出多种可行性方案,再判断出最佳方案且对其有效执行的能力。

根据上述定义,下列属于理性的是(　　)

A. 精神病患者小凤为逃离精神病院的管束,趁医生轮值不备,偷偷从精神病院逃出

B. 某公司老总宠爱自己的小儿子,退休时一意孤行,将公司交给了不思进取的小儿子

C. 大力发现家里突发火灾,已无法自行扑灭,遂迅速撤出屋外并打电话报警

D. 刚刚失恋的小兰一度情绪崩溃,为证明自己,她找了一个并不喜欢的人闪婚

43. 典型调查是在调查对象中有意识地选取若干具有典型意义或代表性的单位进行的调查。

根据上述定义,下列选项属于典型调查的是(　　)

A. 某企业对一批产品的质量进行调查,选取 30 件产品

B. 某班级对全班 50 名学生进行网购调查

C. 对某行业内业绩领先、市场份额大的某企业进行调查

D. 对某市场营业额占全市80%的5个超市进行调查

44. 可获得性偏见指人们进行预测和决策时大多利用自己熟悉的或能够凭想象构造而得到的信息，导致赋予那些易见的、容易记起的信息以过大比重。

根据上述定义，下列不属于可获得性偏见的是（ ）

A. 因为连续发生多架波音飞机坠毁事件，王小姐现在更愿意坐火车

B. 由于媒体对食源性污染报道极少，吴经理忽视了这种风险

C. 任董事多次创业均获得成功，他却总是担心新公司会突然倒闭

D. 郑女士最近天天看宫斗剧，因此她总感觉别人在针对她

45. 锚定效应是指当人们需要对某个事件做定量估测时，会将某些特定数值作为起始值，起始值像锚一样制约着估测值。在做决策的时候，会不自觉地给予最初获得的信息过多的重视。

根据上述定义，下列属于锚定效应的是（ ）

①股票当前价格会受到过去价格的影响

②促销广告用词对购买数量的影响

③一家普通皮包厂只在奢侈品店附近设置专卖店并对产品定高价

④某品牌矿泉水在高档咖啡厅卖28元一瓶，但在电商只要不到5元一瓶

⑤超市在打折或限时优惠的时候，打折价格旁边一定会清楚标注出初上市价格

⑥酒吧的菜单价格按照降序排列

A. ②⑤　　B. ①③⑤

C. ②③⑤⑥　　D. ①②③④⑤⑥

46. 角色冲突是指在社会角色的扮演中，在角色之间或角色内部发生了矛盾、对立或抵触，妨碍了角色扮演的顺利进行。

根据上述定义，下列选项属于角色冲突的是（ ）（易错）

A. 学生的主要职责应是获取知识，但为了挣钱又去打工

B. 售货员为了业绩向顾客介绍商品的优点，但也觉得违背良心，又介绍了商品的缺点

C. 渴望考上公务员的学生，因分数没有上线，成为无业游民

D. 某企业总裁因经营不当而导致企业破产，他转而去开办农场

47. 认知失调是指当两种想法或信念（认知）在心理上不一致时，我们就会感到紧张（"失调"）并在思想上做出调整。

根据上述定义，下列不属于认知失调案例的是（ ）

A. 与不吸烟者相比，吸烟者认为吸烟很危险的比例要小很多

汉语带来更多的活力

D. 新的时代就应该有新的语言方式,就应该接受新的语言行为

二、多项选择题(本大题共10小题,每小题2分,共20分。在下列每小题列出的选项中至少有两个是正确的,请将其代码填在括号内。错选、未选均不得分;少选且选择正确的,每个选项得0.5分)

1. 有一种儿童教育理念叫"静待花开",意思是每一个孩子都是一朵花,只是花期不同而已,我们要做的就是"静待花开"。从哲学的原理分析,这种教育理念说明(　　)

A. 应该尊重规律,因为规律是客观的,不以人的意志为转移

B. 坚持适度原则,因为量变是质变的前提,量变必然引起质变

C. 应注意教育方法,因为具体问题具体分析是解决问题的关键

D. 应避免刺激,因为意识对人体生理活动具有调节和控制作用

2. 党的十九大报告提出,在全面建成小康社会的决胜期,要特别打好三大攻坚战。这三大攻坚战分别是(　　)(常考)

A. 统筹推进经济建设　　B. 防范化解重大风险

C. 精准脱贫　　D. 污染防治

3. 关于农村土地承包经营权抵押贷款,下列说法正确的有(　　)

A. 由金融机构向符合条件的承包方农户或农业经营主体发放

B. 通过土地流转获得的土地经营权不能申请此贷款

C. 贷款以承包土地的经营权作为抵押

D. 贷款需在约定期限内还本付息

4. 下列选项正确的有(　　)

A. 第一次世界大战改变了世界政治格局,使中国的先进分子对西方资产阶级民主主义产生了怀疑

B. 甲午战争失败后,帝国主义列强掀起瓜分中国的狂潮,中国人开始有了普遍的民族意识觉醒

C. 近年中东地区局势持续动荡,对该地区的秩序造成了重大冲击,并给美国的全球战略带来了影响,这种影响表现为美国"重返亚太"战略受到牵制

D. 当前的国际政治格局下,我们比历史上任何时期都更加强调重视人才、用好人才。这是因为人才是国家竞争力的重要体现,是先进生产力的集中体现

5. 关于"5G",下列说法正确的有(　　)

A. 5G是英语"fifth - generation"的缩写

B. 5G是移动通信行业的一种技术标准

C. 我国企业华为在5G技术上已经达到世界领先水平

D. 5G网络的传输速度可达每秒数十GB,比4G网络快数千倍

6. 下列选项错误的有(　　)(易混)

A. 王阳明是宋代理学家,他宣扬"心学"

B. 汉语中,可用"令爱"一词来称呼对方妻子

C.《红楼梦》中,诗句"机关算尽太聪明,反误了卿卿性命"暗示了袭人的命运

D. 在现代企业经营管理中,"道"通常指企业的思想、理念和价值观。《管子·戒》中"闻一言以贯万物,谓之知道"的"道"与企业经营管理中的"道"意义相近

7. 下列常识正确的有(　　)

A. 冠状动脉是心脏的血管

B. 抗生素类药物属于非处方药

C. 基因突变是由于 DNA 分子发生碱基对的缺失等原因引起的基因结构变化

D. 基因重组是在生物体进行有性生殖的过程中控制不同性状的基因重新组合

8. 历史的走向往往因为一些关键事件而出现重大转折,下列事件可以称为中国共产党历史转折点的有(　　)

A. 八七会议　　　　B. 中共一大

C. 十一届三中全会　　　　D. 遵义会议

9. 我们的祖先在 1000 多年前就发明了火药,关于火药的说法正确的有(　　)(易错)

A. 古代火药的成分有硝石、雄黄、蜂蜜等

B. 古代火药用途广泛,常常能用来治疗疮癣、杀虫、辟湿气以及瘟疫

C. 唐朝末年,火枪、火炮、火箭等军事武器就得到了广泛应用

D. "东风夜放花千树。更吹落、星如雨"描述的就是古代火药制成烟火燃放时的场景

10. 下列常识正确的有(　　)

A. 访问网络弹出 404,是浏览器不能找到所要求的网页文件

B. DOT 文件是 Word 文档中的模板文件

C. 防火墙是指由硬件设备组合而成、在内部网和外部网之间构造的保护屏障

D. 汇编程序是将汇编语言写的源程序转变为用机器语言描述的目标程序

三、综合分析题(下列每小题列出的四个选项中只有一个是最符合题意的,请将其选出并把它的标号填在括号内。错选、多选或未选均不得分。本大题共 5 小题,每小题 2 分,共 10 分)

报告显示,截至 2017 年底,全国全口径发电装机容量 17.77 亿千瓦,比上年增长 7.7%,增速比上年回落 0.5 个百分点。全国人均装机规模 1.28 千瓦,比上年增加 0.09 千瓦,超过世界平均水平,电力供应能力持续增强。全国非化石能源发电装机容量 68865 万千瓦,占全国总装机容量的 38.8%。100 万千瓦级火电机组达到 103 台。60 万千瓦及以上火电机组容量所占比重达到 44.7%,比上年提高 1.3 个百分点。非化石能源发电装机及大容量高参数燃煤机组比重继续提高,电源结构持续优化

8. 荀子说:“天行有常,不为尧存,不为桀亡。”这是一种(　　)

A. 宿命论观点　　B. 唯意志论观点

C. 机械唯物论观点　　D. 朴素唯物论观点

9. 有儿童认为早晨的太阳离人近,是因为早晨的太阳比中午的大,近大远小。儿童的认知给我们最直接的启示是(　　)

A. 感性认识是理性认识的来源　　B. 感性认识有待于发展到理性认识

C. 理性认识必须回到实践中去　　D. 认识事物必须发挥主观能动性

10. 毛泽东在谈到辛亥革命时指出,“辛亥革命只把一个皇帝赶跑”。毛泽东的“只把一个皇帝赶跑”是指(　　)(常考)

A. 没有推翻帝制　　B. 反帝反封建的革命任务没有完成

C. 孙中山没有继续革命　　D. 袁世凯窃夺了胜利果实

11. 1929 年 12 月下旬,中国共产党红军第四军第九次代表大会在福建上杭县古田村通过了著名的古田会议决议。决议的中心思想是(　　)

A. 中国共产党必须服从共产国际的领导　　B. 武装斗争是中国革命的主要形式

C. 在农村根据地广泛开展土地革命　　D. 用无产阶级思想进行军队和党的建设

12. 习近平在欧美同学会成立 100 周年大会上说,希望广大留学人员继承和发扬留学报国的光荣传统,做爱国主义的坚守者和传播者,始终把国家富强、民族振兴、人民幸福作为努力志向,自觉使个人成功的果实结在爱国主义这棵常青树上。因为爱国主义是(　　)

A. 个人实现人生价值的力量源泉　　B. 个人实现人生价值的直接条件

C. 个人成功的根本保障　　D. 个人成功的决定性因素

13. 推动人类社会发展的普遍规律是(　　)

A. 价值规律　　B. 生产关系一定要适合生产力状况

C. 按比例发展规律　　D. 政治经济发展不平衡规律

14. 影响商品经济运动最直接的规律是(　　)

A. 竞争规律　　B. 供应供求规律　　C. 盈亏规律　　D. 货币流通规律

15. 经济全球化本质上是(　　)(易混)

A. 生产的国际化　　B. 资本全球化

C. 资源配置国际化　　D. 贸易全球化

16. 商品内在的使用价值和价值的矛盾,其完备的外在表现形式是(　　)

A. 商品与商品之间的对立　　B. 货币与货币之间的对立

C. 商品与货币之间的对立　　D. 资本与货币之间的对立

17. 研究管理经济学的目的是(　　)

A. 解决企业决策问题　　B. 发现企业行为的一般规律

C. 谋取企业短期盈利最大化　　D. 揭示价格机制如何实现资源优化配置

18. 我党之所以能够提出彻底反帝反封建的民主革命纲领,是因为(　　)

A. 我党是无产阶级政党　　B. 我党正确认识和分析了国情

C. 共产国际的指导　　D. 有广泛的群众基础

19. 中国共产党第八次全国代表大会是中华人民共和国成立后具有里程碑意义的大会,主要贡献是( )

A. 正确认识了国内主要矛盾

B. 正确处理十大关系

C. 坚持在平衡中发展

D. 坚持既反保守又反冒进的方针

20. 法律规定的不以当事人的主观意志为转移的,能引起法律关系的产生、变更和消亡的,属于( )

A. 法律解释 B. 法律事件 C. 法律行为 D. 法律机关

21.《中华人民共和国治安管理处罚法》规定的拘留处罚属于( )

A. 司法拘留 B. 行政拘留 C. 刑事拘留 D. 纪检拘留

22. 国家在设立特别行政区时,特别行政区内实行的制度按照具体情况,由( )以法律来规定。

A. 特别行政区政府

B. 国务院

C. 全国人民代表大会

D. 全国人大常委会

23. 发挥道德调节作用依靠的力量是( )

A. 社会舆论、传统习惯、内心信念

B. 社会管理、传统习惯、内心信念

C. 社会舆论、社会管理、内心信念

D. 传统习惯、社会管理、社会舆论

24. 伴随着物质生活的丰富和提高,不少人却感觉不到幸福,引发人们讨论起幸福指数的话题。引起这种现象的原因可能各不相同,但很重要的一点是( )

A. 生活压力大

B. 人际关系不好

C. 缺少精神滋养和文化浸润

D. 竞争激烈

25. 创新是一个民族进步的灵魂,是一个国家兴旺发达的动力,也是一个政党永葆生机的源泉。在各种创新中处于先导地位的是( )(常考)

A. 科技创新 B. 理论创新 C. 文化创新 D. 制度创新

26. 在《党政机关公文处理工作条例》规定的 15 种规定公文中,可以向下级机关行文的有( )

A. 通知、通告、报告 B. 决议、决定、函 C. 公告、纪要、议案 D. 通报、决定、批复

27. 公文具有法定的权威性,其制发必须是( )

A. 法律部门 B. 上级机关 C. 部门领导 D. 法定作者

28. "初唐四杰"指的是( )四个人。

A. 王之涣、杨炯、卢照邻、李贺

B. 王之涣、李贺、孟浩然、王维

C. 王勃、杨炯、卢照邻、骆宾王

D. 王勃、李贺、高适、岑参

29. 以下说法不正确的是( )(易混)

A. 顾拜旦被誉为"现代奥林匹克之父"

B. 邓稼先被称为我国的"两弹元勋"

C. 林则徐是"近代史上睁眼看世界的第一人"

D. 关汉卿与马致远、郑光祖、汤显祖并称为"元曲四大家"

30. 在我国古代,提出"罢黜百家,独尊儒术"的是( )

A. 汉武帝 B. 董仲舒 C. 颜回 D. 墨子

31. 航天飞机以很高的速度绕地球飞行,宇航员能够离开航天飞机在太空中行走而不被甩掉的原因是( )

A. 宇航员用一根绳子与航天飞机相连

6. 大数据时代,数据成为决策最为重要的参考之一。大数据技术深刻影响着高等教育、职业教育、中小学教育等多层次的政策制定、受教育者的学习方案与评价方式、教学模式及质量改进等教育全过程。这说明( )

①事物之间都是有联系的　　②人们可以根据事物固有联系建立新联系

③人为事物的联系是主观的　　④事物之间相互联系构成了事物变化发展

A. ①②　B. ①④　C. ②③　D. ②④

7. 历史是最好的老师。全国人大常委会将9月3日确定为中国人民抗日战争胜利纪念日,12月13日确定为南京大屠杀死难者国家公祭日,以牢记历史、以史为鉴、珍爱和平、开创未来。这种对待历史的态度,是基于( )

①社会的存在和发展具有客观物质性　　②社会历史是由人的动机目的决定的

③社会意识随社会存在的变化而变化　　④历史蕴含着现实社会的一般规律

A. ①②　B. ①④　C. ②③　D. ③④

8. 下列选项与"天行有常,不为尧存,不为桀亡"所表达的哲学道理,最为相近的是( )

A. 天不言而四时行,地不语而百物生　　B. 黑发不知勤学早,白首方悔读书迟

C. 卧看满天云不动,不知云与我俱东　　D. 不识庐山真面目,只缘身在此山中

9. "真理在一定条件下可以转化为谬误。"这说明真理具有( )

A. 条件性　B. 反复性　C. 客观性　D. 绝对性

10. 世界各地的建筑风格因受时代的政治、社会、经济、建筑材料和建筑技术的制约以及建筑设计思想、观念和艺术素养的影响而有所不同。下列关于建筑风格的说法错误的是( )

A. 巴洛克式建筑风格起源于文艺复兴时期

B. 帕特农神庙是古希腊式建筑的典型代表

C. 哥特式建筑风格是以法国为中心发展起来的

D. 洛可可式建筑的特点是气势恢宏、简约大气

11. 《新时代公民道德建设实施纲要》对我国公民基本道德规范做出了明确规定,其中在职业道德领域提倡( )

A. 文明礼貌、助人为乐、爱护公物、保护环境、遵纪守法

B. 尊老爱幼、男女平等、夫妻和睦、勤俭持家、邻里互助

C. 爱国奉献、明礼遵规、勤劳善良、宽厚正直、自强自律

D. 爱岗敬业、诚实守信、办事公道、热情服务、奉献社会

12. 中国航天事业三个里程碑分别是( )

A. 一箭三星,载人航天飞行,月球探测工程

B. 人造地球卫星上天,氢弹爆炸,载人航天飞行

C. 原子弹爆炸,人造卫星上天,月球探测工程

D. 人造地球卫星上天,载人航天飞行,月球探测工程

13. 党在新民主主义革命时期形成了很多富有时代特色的革命精神,按照形成时间先后排序正确的是(　　)

①延安精神　②西柏坡精神　③井冈山精神　④古田会议精神

A. ①②③④　　B. ②③④①　　C. ③④①②　　D. ④②①③

14. 关于公文签发人,下列说法不正确的是(　　)

A. 签发人编排在发文机关标志下空两行位置

B. 签发人是指报送上级机关的公文中,发文机关的负责人签署姓名

C. 在发文字号的左侧标注签发人

D. 发文字号与最后一个签发人姓名处在同一行

15. 公文标题一般由(　　)组成。

A. 版头、发文字号　　B. 份号、抄送机关、版头

C. 份号、密级、紧急程度　　D. 发文机关名称、事由、文种

16. 我国现行的民族自治地方有(　　)

A. 自治区、自治州、民族乡　　B. 自治区、自治县、民族乡

C. 自治区、自治州、自治县　　D. 自治州、自治县、民族乡

17. 我国是统一的多民族国家,下列关于我国国家结构形式的表述,不正确的是(　　)

A. 我国是单一制国家

B. 我国的国家结构形式是由我国的历史传统和民族状况决定的

C. 民族区域自治以少数民族聚居区为基础,实行民族自治

D. 民族自治地方设立自治机关,行使自治权

18. 毛泽东思想和中国特色社会主义理论体系是马克思主义中国化的两大理论成果。贯穿这两大理论成果始终,并体现在两大成果各个基本观点中的世界观和方法论的基础是(　　)

A. 群众路线　　B. 实事求是　　C. 与时俱进　　D. 实干担当

19. 在秦朝中央集权制度下,掌管国家监察事务的是(　　)

A. 丞相　　B. 御史大夫　　C. 太尉　　D. 皇帝

20. 联合行文标注发文机关时,标在前面的机关是(　　)

A. 上级的　　B. 组织序列表中靠前的

C. 主办的　　D. 其他系统的

21. 下列各项中不属于商品的是(　　)

A. 春节期间用于招待亲戚的自酿米酒　　B. 集市上出售的布料

35. 王羲之是我国古代著名的书法家,他的(　　)被誉为“天下第一行书”。

A.《黄庭经》　　B.《兰亭序》

C.《三希堂法帖》　　D.《快雪时晴帖》

36. 袁枚《马嵬》:“莫唱当年长恨歌,人间亦自有银河。石壕村里夫妻别,泪比长生殿上多。”与诗中提到的作品无关的作家是(　　)

A. 洪昇　　B. 杜甫　　C. 关汉卿　　D. 白居易

37. 下列关于我国古代文学常识的表述,不正确的是(　　)

A. 唐朝诗人杜甫被世人尊为“诗圣”

B. 辛弃疾是宋词婉约派的代表人物

C.《楚辞》是我国第一部浪漫主义诗歌总集

D. 韩愈和柳宗元是我国唐朝古文运动的倡导者

38. 以下关于四大发明,表述正确的是(　　)

A. 西汉蔡伦改进造纸术

B. 唐朝火器有火箭、突火枪

C. 隋唐时期就有活字印刷术

D. 北宋将指南针用于航海事业

39. 在研究光电效应的过程中,物理学者对光子的量子性质有了更加深入的了解,这对波粒二象性概念的提出有重大影响。光电效应是由(　　)发现的。

A. 赫兹　　B. 爱因斯坦　　C. 爱迪生　　D. 法拉第

40. 明初废行省,设三司,其直接影响是(　　)

A. 地方割据势力有发展的趋势　　B. 封建制度衰落

C. 封建专制制度空前强化　　D. 中央集权得到加强

41. 我国古代创造了灿烂的青铜文明,后母戊鼎和四羊方尊是青铜器的代表。以下关于青铜的说法中,不正确的是(　　)

A. 青铜的硬度比铜大　　B. 青铜耐腐蚀、易铸造成型

C. 青铜属于金属材料　　D. 青铜属于纯净物

42. 国家重大科技基础设施建设项目——“中国天眼”500 米口径球面射电望远镜工程(简称 FAST)的发起者和奠基人是(　　)

A. 黄旭华　　B. 潘建伟　　C. 黄大年　　D. 南仁东

43. 在事业单位管理中,受聘人员如果连续旷工超过(　　),聘用单位可以随时单方面解除合同。

A. 10 个工作日　　B. 15 个工作日

C. 20 个工作日　　D. 25 个工作日

44. 作为中国首个开放性滨海航天发射基地和世界上为数不多的低纬度发射场,(　　)能借助近赤道的较大线速度,以及惯性带来的离心现象,使火箭燃料消耗大大减少。

A. 太原卫星发射中心　　B. 文昌卫星发射中心

C. 酒泉卫星发射中心　　D. 西昌卫星发射中心

45. 我国四大盆地中位于第一阶梯的是(　　)

A. 塔里木盆地　　B. 准噶尔盆地　　C. 柴达木盆地　　D. 四川盆地

46. 下列变化使事物性质发生改变的是(　　)

A. 酒精挥发　　B. 矿石粉碎　　C. 冰雪融化　　D. 白磷自燃

47. 下列关于云计算的说法错误的是(　　)

A. 云计算通过网络处理数据

B. 搜索引擎是云计算在网络服务中的运用

C. 执行云计算的服务器为虚拟网络系统

D. 许多信息技术行业的跨国公司正在使用云计算的概念销售自己的产品和服务

48. 生命中最主要的物质基础是(　　)

A. 水和蛋白质　　B. 核酸和蛋白质

C. 糖类和蛋白质　　D. 脂类和蛋白质

49. 2019 年 5 月,习近平在江西考察了中央红军二万五千里长征的集结出发地于都县,中央红军长征的起始时间是(　　)

A. 1934 年 7 月　　B. 1934 年 10 月　　C. 1935 年 2 月　　D. 1935 年 7 月

50. 下列关于软件的叙述,正确的是(　　)

A. 计算机软件分为系统软件和应用软件两大类

B. Windows 是广泛使用的应用软件之一

C. 所谓软件就是程序

D. 软件可以随便复制使用,不用购买

51. 四大名绣指的是汉族传统刺绣工艺中的湘绣、粤绣、苏绣、蜀绣。其中构图饱满,繁而不乱,装饰性强,色彩浓郁鲜艳且题材广泛,多为百鸟朝凤、龙凤的图案的是(　　)

A. 苏绣　　B. 湘绣　　C. 粤绣　　D. 蜀绣

52. (　　)起源于中国,古时称“弈”,是世界上最古老的棋类游戏之一。

A. 象棋　　B. 黑白棋　　C. 围棋　　D. 军旗

53. 下列关于我国少数民族与其重大节日活动或传统活动,对应关系错误的是(　　)

A. 傣族—泼水节　　B. 彝族—火把节

C. 苗族—古尔邦节　　D. 回族—开斋节

10. 甲地A公司与乙地B公司订立服装买卖合同，双方约定由A公司送货。在约定的履行期限内，A公司将货物由丙地运至B公司指定的丁地。后双方因货物的质量问题发生纠纷，B公司欲提起诉讼。则本案应由何地人民法院管辖（　　）

A. 甲地人民法院　　　　B. 乙地人民法院

C. 丙地人民法院　　　　D. 丁地人民法院

三、判断题（正确的划"√"，错误的划"×"。本题包括20小题，每小题1分，共20分）

1. 截至第十三个五年计划结束，我国已基本上实现新型工业化、信息化、城镇化和农业现代化，并基本建成现代化经济发展体系。（　　）

2.《中华人民共和国国民经济和社会发展第十四个五年规划和2035年远景目标纲要》不设GDP具体量化指标，在五年规划史上尚属首次。（　　）

3. 毛泽东思想是中国特色社会主义理论体系的重要组成部分。（　　）

4. 年满16周岁的自然人为完全民事行为能力人。（　　）

5. 行政法规可以设定所有种类的行政处罚。（　　）

6. 法律上无效的行为必然是违法行为。（　　）

7. 建立宪法宣誓制度，所有国家工作人员正式就职时应公开向宪法宣誓。（　　）

8. 中国共产党和各民主党派在政治上是领导与被领导的关系，在组织上相互独立，在法律上平等。（　　）

9. 宪法的修改，由全国人民代表大会以出席会议代表的2/3以上的多数通过。（　　）

10. 甲欲与乙就开发某产品订立合同，则该合同只能以书面形式进行，不得采取口头形式。（　　）

11. 聋哑人赵某犯诈骗罪，对赵某可从轻、减轻或免除处罚。（　　）

12. 危害国家安全的第一审刑事案件由高级人民法院管辖。（　　）

13. 社会保障制度越完善，社会就越稳定，所以社会保障水平越高越好。（　　）

14. 在社会主义市场经济条件下，我国宏观调控的主要手段是行政手段。（　　）

15. 过程控制是在管理活动中出现最早、历史最久的控制类型。（　　）

16. 我国第一个农村革命根据地是井冈山革命根据地。（　　）

17. 作品《我的叔叔于勒》的作者是海明威。（　　）

18. 古代所说的"三更"指的是二十一点到二十三点。（　　）

19. 病毒的发现者为巴斯德。（　　）

20. 公文首页必须显示正文。（　　）

教师招聘考试押题试卷(十一)

公共基础知识

(时间:60 分钟　满分:100 分)

本套试卷共 70 小题,包括单项选择题(50 小题),多项选择题(20 小题)。

一、单项选择题(从下面各题选项中选出一个最符合题意的答案,并将正确选项的字母填入括号内。本题包括 50 小题,每小题 1.2 分,共 60 分)

1. 2021 年 7 月 1 日,习近平在庆祝中国共产党成立 100 周年大会上发表重要讲话指出,一百年来,中国共产党团结带领中国人民进行的一切奋斗、一切牺牲、一切创造,归结起来就是一个主题:(　　)

A. 实现全体人民共同富裕　　B. 实现中华民族伟大复兴

C. 全面建设社会主义现代化国家　　D. 全面建成小康社会

2. 2021 年 7 月,中办、国办印发文件,对"双减"工作作出了重要决策部署。"双减"是指有效减轻义务教育阶段学生过重(　　)

A. 作业负担和校外培训负担　　B. 考试压力和校外培训负担

C. 作业负担和心理负担　　D. 校外培训负担和心理负担

3. 2021 年 7 月 25 日,在福州举行的第 44 届世界遗产大会上,"(　　):宋元中国的世界海洋商贸中心"顺利通过审议,成功列入《世界遗产名录》,成为我国第 56 个世界遗产。

A. 福州　　B. 泉州　　C. 杭州　　D. 广州

4. 下列选项中,前后两句古语都蕴含了"对立统一"思想的是(　　)

A. 见贤思齐焉,见不贤而内自省也;乱生于治,怯生于勇

B. 头痛医头,脚痛医脚;知其荣,守其辱

C. 近水楼台先得月,向阳花木易为春;感时花溅泪,恨别鸟惊心

D. 和实生物,同则不继;兵强则灭,木强则折

5. 下列谚语和诗句所蕴含的哲理表述正确的是(　　)

A. "射人先射马,擒贼先擒王"—看问题分清主流和支流

B. "旧时王谢堂前燕,飞入寻常百姓家"—事物是发展的

C. "无边落木萧萧下,不尽长江滚滚来"—事物是普遍联系的

D. "兼听则明,偏信则暗"—坚持辩证的否定观

6. 在航海家麦哲伦遇难的菲律宾有一铜碑,铜碑正面镌刻着对他完成环球航海壮举的赞美,而铜碑反

1956年4月,毛泽东所作的(　　)的报告,是中国共产党人开始探索中国自己的社会主义建设道路的标志。

A.《论十大关系》　　B.《关于正确处理人民内部矛盾的问题》

C.《论联合政府》　　D.《论人民民主专政》

22. 社会主义初级阶段是指(　　)

A. 发展中国家进入社会主义都要经历的起始阶段

B. 发达国家进入社会主义都要经历的起始阶段

C. 任何国家进入社会主义都要经历的起始阶段

D. 我国在生产力落后、商品经济不发达的条件下建设社会主义所要经历的特定阶段

23. 中华民族历来秉持"亲仁善邻"的理念。作为负责任的大国,中国坚守和平、发展、公平、正义、民主、自由的全人类共同价值,坚持(　　)的全球治理观,坚定不移走和平发展、开放发展、合作发展、共同发展道路。

A. 平等绿色和谐　　B. 共商共建共享

C. 开放合作共治　　D. 创新协调共赢

24. 1919年爆发的五四运动,是中国近代史上一个划时代的事件。下列关于五四运动的表述,正确的是(　　)

A. 直接导火线是第一次世界大战的爆发

B. 具备了旧民主主义革命的一些基本特点

C. 青年学生在五四运动中发挥了决定性的作用

D. 为中国共产党成立作了思想上和干部上的准备

25. 楚汉之争在我国历史文化中留下了深深的印记,下列表述不正确的是(　　)

A. 象棋中的"楚河汉界"源自这段历史

B. 成语"破釜沉舟"源于楚汉相争中的一场战役

C. 琵琶曲《十面埋伏》反映了楚汉垓下决战的情形

D. 诗句"生当作人杰,死亦为鬼雄"以此为题材

26. 下列关于世界历史的说法正确的是(　　)

A."尼德兰革命"是世界上最早成功的资产阶级革命

B. 阿拉伯数字由古罗马人发明,经阿拉伯人传入亚洲

C. 印度是亚洲耕地面积最大的国家,其境内有阿拉伯河、恒河流经

D. 文艺复兴起源于英国,后扩展到西欧各国,与宗教改革、启蒙运动并称为西欧近代三大思想解放运动

27. 在我国书法史上,以楷书著称的四位书法家分别是(　　)

A. 欧阳询、颜真卿、柳公权、赵孟頫

B. 欧阳询、颜真卿、柳公权、王羲之

C. 欧阳询、颜真卿、柳公权、王献之

D. 欧阳询、颜真卿、苏轼、赵孟頫

28. 京剧是中国五大戏曲剧种之一,被视为中国国粹之一。在京剧的行当中,天真活泼的年轻女性被称为(　　)

A. 正旦

B. 花旦

C. 彩旦

D. 刀马旦

29. 古人的年龄有时不直接用数字表示,而是用一种与年龄有关的称谓来代替。《桃花源记》中有"黄发垂髫,并怡然自乐"的语句。"垂髫"是指(　　)

A. 三四岁到八九岁的儿童

B. 八九岁到十三四岁的少年

C. 男子十五岁

D. 少女十三四岁

30. 对下列诗句描写活动的解释,正确的是(　　)

A. "清风如可托,终共白云飞"描写的是射箭

B. "平明寻白羽,没在石棱中"描写的是捉迷藏

C. "嘈嘈切切错杂弹,大珠小珠落玉盘"描写的是弹琵琶

D. "三五步行遍天下,六七人百万雄兵"描写的是下象棋

31. 下列选项释义错误的是(　　)

A. 驽:性烈但跑得快的马

B. 驷:套有四匹马的车

C. 驹:小马、少壮的马

D. 骥:好马、千里马

32. 下列关于新能源的说法,错误的是(　　)

A. 新能源包括太阳能、核能、天然气等

B. 新能源一般对环境的污染小

C. 新能源普遍具备可再生特征

D. 新能源是我国能源供应体系的重要组成部分

33. 下列说法正确的是(　　)

A. 甲亢症患者应多食用富含碘元素的食物

B. 一般情况下,将水煮沸能起到软化作用

C. 声呐利用次声波定位物体位置,探测水的深度

D. 洗洁精利用表面活性剂将油污溶解成水的原理去污

34. 关于医学常识,下列说法错误的是(　　)

A. 华佗首创"麻沸散",被称为外科鼻祖

B. 张仲景是唐代人,著有《伤寒杂病论》

C. 明朝李时珍著的《本草纲目》,被称为东方药物巨典

D. 孙思邈著有《千金方》,这是一本综合性临床百科全书

D. 常规行文，以单位负责人签发之日为准

二、多项选择题（下列各题的选项中至少有两项是符合题意的，请将正确选项的字母填入括号内。本题包括20小题，每小题2分，共40分）

1. 伟大建党精神是指（　　）

A. 坚持真理、坚守理想　　B. 践行初心、担当使命

C. 不怕牺牲、英勇斗争　　D. 对党忠诚、不负人民

2. "原因和结果是我们思维的创造物""在自然界中，既没有原因，也没有结果"。对此理解正确的有（　　）

A. 符合唯物辩证法的基本观点　　B. 是唯心主义的非决定论

C. 否定了原因和结果的客观性　　D. 否认了科学认识的客观依据

3. "先试点后推广"是我国推进改革的一个成功做法，一项改革特别是重大改革，先在局部试点探索，取得经验、达成共识后，再把试点的经验和做法推广开来，这样的改革比较稳当。"先试点后推广"的辩证法依据是（　　）

A. 矛盾的个性与共性在一定条件下能够相互转化

B. 矛盾的共性寓于个性之中

C. 矛盾的个性表现共性并优于共性

D. 矛盾的个性在事物发展中起决定作用

4. "橘生淮南则为橘，生于淮北则为枳"，这说明（　　）

A. 事物的存在和发展，同一定的条件相关，因而办事情、想问题，必须顾及这些条件，从实际出发

B. 外在的环境和条件直接影响着事物的存在与发展，因而，外因是事物发展变化的根本原因

C. 事物发展变化的根本原因在于事物内部的矛盾，但外因也是事物发展变化不可缺少的条件

D. 矛盾的主要方面和次要方面在一定条件下可以相互转化

5. 下列关于通货膨胀的再分配效应的表述，正确的有（　　）

A. 不利于靠固定的货币收入维持生活的人

B. 不利于靠变动收入维持生活的人

C. 不利于储蓄者

D. 不利于债务人

6. 骆驼刺作为防风固沙的植物，对于抑制草场退化、减轻干旱荒漠农区绿洲的盐渍及沙化、保护及扩大绿洲等起着重要作用，其主要分布地区为（　　）

A. 甘肃　　B. 青海　　C. 山东　　D. 内蒙古

7. 下列关于管理学常识的表述不正确的是（　　）

A. 管理幅度与管理层次之间存在正比例关系

B. "审时度势，相机权变"是权变原理的实质

C. 效率性原则是公共危机管理的首要原则

D. 行政协调是指行政机关运用各种媒介传递或交流行政信息的过程

8. 下列选项中，符合我国《宪法》规定的公民基本权利的有(   )

A. 公民张某享有合法出版其绘画的自由

B. 街道干部和城市居民在法律面前一律平等

C. 干部王某和农民工李某的孩子都有受教育的权利

D. 厂长和工人都有在国家法定节假日休息的权利

9. 根据我国《宪法》的相关规定，我国公民具有选举权和被选举权的基本条件包括(   )

A. 年满 18 周岁　　B. 信仰中国共产党

C. 没有被剥夺政治权利　　D. 具有一定的文化水平

10. 小飞出生于2008年9月，现为某中学在校学生。2021年1月，小飞用存下的压岁钱自行到某知名品牌手机店购买了一部手机，购买后悄悄把手机带到学校。同日，小飞上课期间玩手机时被老师发现并告知小飞的父母。小飞的父母得知后，第二天带着小飞到手机店，要求退还这部手机。下列说法正确的是(   )

A. 本买卖合同为有效合同，手机店可以拒绝退货

B. 本买卖合同属于效力待定合同，并不必然无效

C. 本买卖合同为无效合同，手机店应无条件退货

D. 小飞的父母可以要求退还手机，但应给予手机店适当补偿

11. 下列属于行政处罚的有(   )

A. 通报批评　　B. 限制从业

C. 降低资质等级　　D. 行政拘留

12. 下列说法不正确的是(   )

A. 未满十八周岁的人、怀孕的妇女以及七十五周岁以上的人犯罪的，一律不适用死刑

B. 判处无期徒刑的，减刑以后实际执行的刑期不能少于十年

C. 已满七十五周岁的人故意犯罪的，可以从轻或者减轻处罚；过失犯罪的，应当从轻或者减轻处罚

D. 尚未完全丧失辨认或者控制自己行为能力的精神病人犯罪的，应当负刑事责任，但是可以从轻或者减轻处罚

13. 关于正当防卫，下列表述正确的是(   )

A. 正当防卫的起因条件是有不法侵害行为发生

B. 正当防卫的时间条件是不法侵害行为即将发生或者正在进行。特殊情况下，对已经结束的侵害也可正当防卫

C. 防卫的目的是保护刑法所保护的利益

D. 正当防卫与防卫过当区别的关键在于是否明显超过必要限度且对不法侵害人造成重大损害

③当今世界各种思想文化相互借鉴　　④中华民族精神是民族复兴的精神动力

A. ①②　　B. ①④　　C. ②④　　D. ③④

6. “观念的东西不外是移入人脑并在人脑中改造过了的物质的东西”,这个观点是(　　)观点。

A. 主观唯心主义　　B. 客观唯心主义

C. 形而上学唯物主义　　D. 辩证唯物主义

7. 正确发挥意识的能动作用,最基本的前提是(　　)

A. 积极性的充分调动　　B. 集体智慧的充分发挥

C. 对客观规律的正确反映　　D. 对各种保守思想的彻底克服

8. “穷则变,变则通,通则久”“道之大原出于天,天不变,道亦不变”的观点反映了(　　)

A. 唯物论与唯心论的对立　　B. 唯物论与辩证法的统一

C. 辩证法与形而上学的分歧　　D. 唯心论与形而上学的联系

9. 随着信息技术的不断发展,经过收集和分析的海量数据成为了重要资源。人们每一次点击鼠标,每一次刷卡消费,就已经参与了数据的生成。每一个人既是数据的生产者,也是数据的消费者。这说明(　　)

①量的积累达到一定的度必将促进事物的发展

②实践的发展为人们提供日益完备的认识工具

③事物的联系具有普遍性和客观性

④对信息材料进行加工能形成正确的意识

A. ①②　　B. ②③

C. ③④　　D. ①④

10. 关于货币政策和财政政策,以下说法错误的是(　　)

A. 贷款利率的调整属于货币政策

B. 货币政策由国家财政部门制定

C. 在经济过热时,应采取紧缩性的财政政策和货币政策

D. 发行国债属于财政政策

11. 各地政府部门在干部选拔任用中,积极探索运用“网上述职”“暗访式考察”等考核方法,充分吸收群众意见。这使得公民在政治生活中有了更多合法渠道参与(　　)

A. 民主选举　　B. 民主监督

C. 民主管理　　D. 民主决策

12. 中国特色社会主义理论体系的构成层次不包括(　　)

A. 基本理论　　B. 基本路线

C. 基本纲领　　D. 基本方法

13. 工商行政管理机关可以对经营者的违法行为进行行政处罚,但不得采取的措施是(　　)

A. 罚款　　B. 警告

C. 吊销营业执照　　D. 行政拘留

14. 根据《行政许可法》的规定,除可以当场作出行政许可决定的外,行政机关应当自受理行政许可申请之日起(　　)内作出行政许可决定。

A. 一日　　B. 七日　　C. 十日　　D. 二十日

15. 习近平总书记指出:“回顾我国宪法制度发展历程,我们愈加感到,我国宪法同党和人民进行的艰苦奋斗和创造的辉煌成就紧密相连,同党和人民开辟的前进道路和积累的宝贵经验紧密相连。”我国现行的宪法为 1982 年宪法,迄今为止共历经了(　　)次修订。

A. 三　　B. 四　　C. 五　　D. 六

16. 全国人民代表大会是最高国家权力机关,下列不属于全国人民代表大会职权的是(　　)

A. 选举中华人民共和国主席和副主席

B. 依照法律规定决定省、自治区、直辖市的范围内部分地区进入紧急状态

C. 审查和批准国民经济和社会发展计划和计划执行情况的报告

D. 制定和修改刑事、民事、国家机构的和其他的基本法律

17. 在行政诉讼中,承担举证责任的是(　　)

A. 原告　　B. 被告　　C. 中立的第三方　　D. 单位

18. 下列行为属于公民正确行使法定权利的是(　　)

①陈某向有关部门举报公交站旁的诈骗团伙

②林某将朋友送给他的手表又送给自己的弟弟

③张某在妻子终止妊娠后第四个月后起诉离婚

④吴某应聘受到用人单位性别歧视后将其起诉

A. ①②③　　B. ①②④

C. ②③④　　D. ①③④

19. 扩张性货币政策主要指(　　)

A. 降低再贴现率　　B. 提高法定存款准备金率

C. 提高再贴现率　　D. 政府发行国库券

20. 下列关于外汇储备的说法,正确的是(　　)

A. 一国持有的外汇储备越多越好

B. 外汇储备是一国偿还对外债务的本币积累

C. 外汇储备是一国国际清偿力的重要组成部分

D. 外汇储备可用于干预本国货币市场以维持本币的汇率

当时曹操“志”在何处(　　)

A. 统一天下　　B. 消灭袁绍

C. 废汉称帝　　D. 建立魏国

37. 下列关于世界古代文明的说法正确的是(　　)

A.《理想国》的作者是古希腊哲学家苏格拉底

B. 公元1世纪前后,罗马帝国分裂为东罗马帝国和西罗马帝国

C. 古埃及人建造的胡夫金字塔是世界上现存规模最大的金字塔

D. 世界四大文明古国是指古代埃及、古代希腊、古代印度和古代中国

38. 人们常用“杏林春暖”“杏林满园”“誉满杏林”来赞扬医生的精湛医术和高尚医德。“杏林”这一词语出自下列哪一医家(　　)

A. 张仲景　　B. 华佗

C. 董奉　　D. 扁鹊

39. 下列关于我国国情的阐述,正确的是(　　)

A. 秦岭—淮河一线是我国重要的气候分界线

B. 贺兰山、横断山脉都是东西走向的山脉

C. 云南号称“千河之省”

D. 长江、黄河都发源于西藏

40. 如果某商品的需求收入弹性大于1,则该商品属于(　　)

A. 高档品　　B. 必需品

C. 低档品　　D. 生活用品

41. 事业单位公开招聘工作人员的程序不包括(　　)

A. 制定竞聘上岗方案

B. 公布招聘岗位,资格条件等招聘信息

C. 审查应聘人员资格条件

D. 考试、考察

42. 腐烂的水果散发出酒味,这是由下列哪种生物引起的(　　)

A. 青霉　　B. 曲霉

C. 酵母菌　　D. 放线菌

43. 下列关于蛋白质的叙述错误的是(　　)

A. 蛋白质的组成单位是氨基酸

B. 蛋白质可以水解为脱氧核糖核酸

C. 蛋白质变性凝固过程是不可逆的

D. 蛋白质的盐析是可逆的

44. 下列对各种现象的原理解释错误的是(　　)

A. 百炼成钢—铁中的碳和氧气经高温反应生成二氧化碳,其含碳量降低

B. 雨后彩虹—阳光射到空中接近球形的水滴,造成散射

C. 热胀冷缩—分子空隙随温度升高而变大,随温度降低而缩小

D. 煽风点火—扇动扇子使空气流通,为火焰燃烧补充氧气

45. 云存储正在通过各种应用服务走进我们的生活,逐渐改变着我们对传统存储方式的认知。在服务构建方面,它是通过分布式、虚拟化、智能配置等技术,实现(　　)的共享存储资源。

A. 海量、动态性扩展、高成本、高能耗

B. 海量、可弹性扩展、低成本、低能耗

C. 微量、动态性扩展、低成本、低能耗

D. 微量、可弹性扩展、高成本、高能耗

46. 验钞机上发出的光能使钞票上的荧光物质发光,电视机的遥控器发出的光可以控制电视机。对于它们发出的光,下列说法正确的是(　　)

A. 它们发出的都是红外线

B. 它们发出的都是紫外线

C. 验钞机发出的是红外线

D. 电视机遥控器发出的是红外线

47. 关于天体及其运行,下列表述错误的是(　　)

A. 天球是为了确定天体位置和运动而假想的圆球

B. 在火星和木星轨道之间存在一个小行星带

C. 黄道面是指月球绕地球运行的轨道面

D. 星座是指在天球投影位置相近的恒星群落

48. 下列哪项不在中国地形的第二级阶梯上(　　)

A. 秦岭

B. 呼伦贝尔草原

C. 鄂尔多斯高原

D. 巴颜喀拉山

49. 下列搭配不正确的是(　　)

A. 莎士比亚—《威尼斯商人》—英国

B. 海明威—《老人与海》—美国

C. 莫里哀—《李尔王》—德国

D. 司汤达—《红与黑》—法国

50. “云母屏风竹影深,长河渐落晓星辰”描写的是一天之中的哪一时段(　　)

A. 黎明

B. 午后

C. 黄昏

D. 夜半

15. 关于马克思主义政治经济学中的利润率,下列解释正确的是(　　)

A. 剩余价值与全部预付资本的比率

B. 反映资本家对工人的剥削程度

C. 剩余价值率的转化形式

D. 反映资本增殖及资本家盈利的程度

16. 于某发现有人盗窃后逃跑,便手持砖头追赶,并用砖头投掷该窃贼,结果砸到了周围群众,致人重伤。关于于某的行为,下列说法正确的是(　　)

A. 构成正当防卫

B. 构成过失犯罪

C. 不属于正当防卫

D. 属于意外事件

17. 在日常生活中,下列做法符合安全用电原则的是(　　)

A. 用湿抹布擦拭正在使用的电器

B. 及时更换绝缘部分有损坏的家用电器

C. 在发现有人触电时要及时切断电源

D. 在电线上晾晒衣物

18. 如果父母的血型都是 A 型,子女不会出现的血型是(　　)

A. A 型

B. B 型

C. AB 型

D. O 型

19. 专业优势在有德者身上,能够高人一等地造福社会;专业优势在无良者手中,则成了"谋财害命"的捷径。下列对这一观点理解正确的是(　　)

A. 思想道德修养比科学文化修养更重要

B. 思想道德修养制约科学文化知识作用的发挥

C. 思想道德修养与科学文化修养是互相促进的

D. 文化知识水平的高低取决于思想道德水平

20. 提起行政诉讼应当符合的条件包括(　　)

A. 有明确的被告

B. 有具体的诉讼请求和事实根据

C. 原告是认为行政行为侵犯其合法权益的公民、法人或者其他组织

D. 属于人民法院受案范围和受诉人民法院管辖

教师招聘考试押题试卷(十三)

公共基础知识

(时间:60 分钟　满分:100 分)

本套试卷共 60 小题,包括单项选择题(50 小题),多项选择题(10 小题)。

一、单项选择题(从下面各题选项中选出一个最符合题意的答案,并将正确选项的字母填入括号内。本题包括 50 小题,每小题 1.6 分,共 80 分)

1. 十九届五中全会强调,无论是推动国内大循环,还是畅通国内国际双循环,都离不开(　　)的自立自强。

A. 经济安全　　B. 国防创新　　C. 产业结构　　D. 科学技术

2. 全面建成小康社会目标实现后,我国将开启(　　)

A. 全面建设"两个一百年"新道路　　B. 全面实现第二个"一百年"奋斗目标

C. 全面建设社会主义现代化国家新征程　　D. 全面建成社会主义现代化国家新征程

3. 党员的党龄从何时开始计算(　　)

A. 支部大会通过其为预备党员之日起

B. 支部大会通过其为正式党员之日起

C. 党的基层委员会通过其为预备党员之日起

D. 党的基层委员会通过其为正式党员之日起

4. 老子说:"治大国如烹小鲜",也就是说要注意火候。这说明(　　)

A. 要不失时机地促成飞跃　　B. 要重视内因的作用

C. 要坚持适度原则　　D. 要学会把握矛盾

5. "追求真理比占有真理更宝贵。"这句话所包含的哲理是(　　)

A. 改造世界比认识世界更重要

B. 认识的根本任务是透过现象看本质

C. 认识经历着从感性认识到理性认识的发展过程

D. 认识不能停滞,应不断地扩展和深化

6. "风来疏竹,风过而竹不留声;雁渡寒潭,雁去而潭不留影。君子事来而心始现,事去而心随空。"这

21. 下列组织中，性质为非官方、非营利性、定期的国际组织是（　　）

A. 欧盟　　B. 博鳌亚洲论坛

C. 北美自由贸易区　　D. 东盟

22. 以下各项中，可能成为行政主体的是（　　）

A. 被委托的组织　　B. 被委托的个人

C. 被授权的组织　　D. 事业单位工作人员

23. 职业道德是所有从业人员在（　　）中应该遵循的行为准则，涵盖了从业人员与服务对象、职业与职工、职业与职业之间的关系。

A. 工作岗位　　B. 职业培训

C. 劳动过程　　D. 职业活动

24. 应在公文首页标注签发人的是（　　）

A. 上行文　　B. 平行文

C. 下行文　　D. 所有公文

25. 有专家提出，一个和谐、宜居的城市，应该是"婴儿车能在街头任意出现"的城市。媒体将这概括为"婴儿车指标"。有同学据此推测，达到这一指标需要城市基础设施完善、行人车辆各行其道、环境优美等条件。创造这些条件，政府须切实（　　）

①依法行政和公正司法　　②保障公民的民主决策权

③履行经济和文化职能　　④履行社会公共服务职能

A. ①②　　B. ①③　　C. ②③　　D. ③④

26.《民法典》规定，立有数份遗嘱，内容相抵触的，以（　　）为准。

A. 口头遗嘱　　B. 书面遗嘱

C. 公证遗嘱　　D. 最后的遗嘱

27. 我国公民在法律面前人人平等指的是（　　）

A. 权利的平等性　　B. 权利的广泛性

C. 权利的真实性　　D. 权利的平衡性

28. 随着我国经济发展水平的不断提高，我国的社会保障制度不断得到完善，各地逐步建立了"五险一金"制度。下列哪一险别是由企业完全负担的（　　）

A. 工伤保险　　B. 医疗保险

C. 失业保险　　D. 养老保险

29. 我国现行《宪法》规定，中华人民共和国公民在下列选项中的哪种情况下，有从国家和社会获得物质帮助的权利（　　）

A. 下岗或失业　　B. 未成年

C. 生活确有困难　　D. 年老、疾病或者丧失劳动能力

30. 第一次国共合作正式形成的标志是(　　)

A. 中共二大召开　　B. 中共三大召开

C. 国民党一大召开　　D. 国民党二大召开

31. 我国的楹联起源于古代的(　　)

A. 幡　　B. 门神　　C. 桃符　　D. 图腾崇拜

32.《吕氏春秋》提到:“凡人三百六十节、九窍、五脏六腑。”下列不属于“五脏”的是(　　)

A. 心脏　　B. 肾脏　　C. 脾脏　　D. 胆脏

33. 税收是国家财政收入的重要来源,其特征是(　　)

A. 强制性、公平性、合理性　　B. 强制性、普遍性、合理性

C. 强制性、无偿性、公平性　　D. 强制性、无偿性、固定性

34. 下列情况属于中级人民法院管辖的第一审民事案件的是(　　)

A. 一般的涉外案件

B. 本辖区内有重大影响的案件

C. 基层法院对管辖权有争议的案件

D. 当事人双方约定由中级人民法院管辖的案件

35. 社会公德的最基本要求是(　　)

A. 明礼诚信　　B. 遵纪守法

C. 爱岗敬业　　D. 服务群众

36. 事业单位要按照科学合理、精简效能的原则进行岗位设置,岗位类别一般不包括(　　)

A. 管理　　B. 专业技术　　C. 业务开拓　　D. 工勤技能

37. 事业单位聘用合同按照期限分为短期合同、中期合同、长期合同和项目合同四种,其中长期合同指(　　)

A. 5 年(含)以上期限　　B. 8 年(含)以上期限

C. 10 年(含)以上期限　　D. 至工作人员退休

38. 下列说法中正确的是(　　)

A.“战国七雄”分别是齐、秦、赵、魏、楚、郑、燕

B. 与北宋对峙的西夏政权由鲜卑族创建

C. 汉阳兵工厂是洋务运动时期张之洞主持创办的军工制造企业

D. 被陈毅元帅称为“用小车推出来的胜利”指的是辽沈战役

39. 根据发生时间先后顺序,下列历史事件排序不正确的是(　　)

A. 牧野之战—卧薪尝胆—安史之乱—崇祯自缢

C. 戴维,美国人,在某外国公司驻京代表处任首席代表

D. 蒋某,因吸毒被公安机关强制隔离戒毒

4. 1922年7月16日至23日,中国共产党第二次全国代表大会在上海举行。大会指出,现阶段的最低纲领是(　　)

A. 打倒军阀

B. 推翻国际帝国主义的压迫

C. 统一中国为真正的民主共和国

D. 实现社会主义、共产主义

5. 1928年至1930年间,毛泽东著述的有关中国革命新道路理论的重要文件有(　　)

A.《中国的红色政权为什么能够存在?》　　B.《井冈山的斗争》

C.《星星之火,可以燎原》　　D.《中国革命战争的战略问题》

6. 遵义会议集中解决的在当时具有决定性意义的问题是(　　)

A. 军事问题　　B. 组织问题　　C. 思想路线问题　　D. 政治路线问题

7. 公文词语的特点主要有(　　)

A. 词语一般不使用谚语、歇后语,也不能使用简称

B. 介宾词组、联合词组的使用频率极高

C. 排斥使用一般的口语词、方言词和土俗俚语

D. 公文词语以单音节词为主,双音节词、多音节词的使用频率高

8. 下列关于文艺复兴的表述正确的是(　　)

A. 文艺复兴时期被誉为"文学三杰"的分别是薄伽丘、但丁和彼特拉克

B. 文艺复兴时期被誉为"美术三杰"的分别是达·芬奇、拉斐尔和米开朗琪罗

C. 文艺复兴推动了启蒙运动的发展,德国启蒙运动中比较著名的人物有康德和马丁·路德

D. 文艺复兴时期在自然科学及数学方面也出现了很多著名人物,如笛卡儿、哥白尼、伽利略、高斯

9. 下列景观与地貌特征的对应,正确的有(　　)

A. 四川黄龙—岩溶地貌　　B. 魔鬼城—流水侵蚀

C. 云南石林—雅丹地貌　　D. 武夷山—丹霞地貌

10. 下列日常活动的工作原理利用了大气压强的有(　　)

A. 轮胎有凹凸不平的花纹　　B. 用吸管吸饮料

C. 钢笔吸墨水　　D. 活塞式抽水机抽水

教师招聘考试押题试卷(十四)

公共基础知识

(时间:70 分钟　满分:100 分)

本套试卷共 72 小题,包括单项选择题(30 小题),多项选择题(20 小题),判断题(10 小题),公文改错题(1 小题),案例分析题(10 小题),论述题(1 小题)。

一、单项选择题(从下面各题选项中选出一个最符合题意的答案,并将正确选项的字母填入括号内。本题包括 30 小题,每小题 1 分,共 30 分)

1. 2021 年 7 月,中办、国办印发文件,对“双减”工作作出了重要决策部署。《意见》明确,各地不再审批新的面向义务教育阶段学生的学科类校外培训机构,现有学科类培训机构统一登记为非营利性机构,对原备案的线上学科类培训机构改为(　　)

A. 审批制　　B. 注册制　　C. 登记制　　D. 审查制

2. 中央财经委员会第九次会议指出,以经济社会发展全面绿色转型为引领,以(　　)为关键,加快形成节约资源和保护环境的产业结构、生产方式、生活方式、空间格局,坚定不移走生态优先、绿色低碳的高质量发展道路。

A. 能源绿色低碳发展　　B. 清洁低碳安全高效

C. 碳达峰和碳中和　　D. 着力提高利用效能

3. 2020 年 11 月 16 日至 17 日,党的历史上首次召开中央全面依法治国工作会议。会议指出,(　　)是推进全面依法治国的总抓手。

A. 依法治国和以德治国相结合　　B. 公平正义

C. 中国特色社会主义法治体系　　D. 习近平法治思想

4. 下列有关世界地理的说法错误的是(　　)

A. 俄罗斯横跨欧亚大陆,是世界上面积最大的内陆国家

B. 亚洲是世界上面积最大的洲,也是世界上人口最多的洲

C. 澳大利亚大陆是最小的大陆,也是只有一个国家的大陆

D. 南极洲是世界上海拔最高的洲,北冰洋是世界上最小的大洋

5. 拿破仑说过,中国是一头沉睡的狮子,当这头睡狮醒来时,世界都会为之发抖。习近平主席强调,中国这头狮子已经醒了,但这是一只和平的、可亲的、文明的狮子;实现中国梦给世界带来的是机遇不

在含义上近似的是(　　)

A. 仁远乎哉？我欲仁，斯仁至矣

B. 勿以善小而不为，勿以恶小而为之

C. 君子求诸己，小人求诸人

D. 有能一日用其力于仁矣乎？我未见力不足者

20. 标志着毛泽东人民民主专政理论已经形成的著作是(　　)

A.《论联合政府》

B.《目前形势和我们的任务》

C.《关于正确处理人民内部矛盾的问题》

D.《论人民民主专政》

21. 对下列成语解释不正确的是(　　)

A. 风树之悲——因父母去世而悲伤

B. 金兰之交——亲如兄弟的友情

C. 期颐之年——八九十岁的年龄

D. 弄璋之喜——生了男孩的喜庆

22. 清宫剧中出现下列情景，明显违背史实的是(　　)

A. 道光帝在圆明园批阅奏章　　B. 咸丰帝在避暑山庄观赏昆曲

C. 光绪帝赴颐和园向慈禧太后请安　　D. 宣统帝在紫禁城接见琉球使臣

23. 下列关于五行思想的说法，不正确的是(　　)

A. 五行中的木，对应的方位是东方，颜色是青色

B. 五行相生的顺序是木生火，火生金，金生土，土生水

C. 五行可以与天干搭配，与火搭配的是丙丁

D. 五行思想起源很早，《尚书·洪范》就有相关记载

24. 下列关于古诗名句的说法，错误的是(　　)

A. "独在异乡为异客，每逢佳节倍思亲"中的"佳节"指的是中秋节

B. "但使龙城飞将在，不教胡马度阴山"中的"飞将"指的是李广

C. "窗含西岭千秋雪，门泊东吴万里船"中的"西岭"指的是岷山

D. "忽如一夜春风来，千树万树梨花开"中的"梨花"指的是雪花

25. 下列中国历史上的变法与其内容对应不正确的是(　　)

A. 商鞅变法—实行郡县制　　B. 王安石变法—颁行保甲法

C. 张居正变法—推行青苗法　　D. 戊戌变法—开办京师大学堂

26. 下列情形中，不适宜使用"函"这一文种的是(　　)

A. 甲省人民政府关于商请设置本省 A 市航空学院一事向教育部发函

B. 乙省人民政府就申请延长农村信用社减免税等优惠政策向国务院发函

C. 丙省人民政府就同意作为“中国专利周”支持单位一事向国家知识产权局复函

D. 丁省人民政府就邀请文旅部领导出席本省“易俗社百年庆典大会”一事向文旅部发函

27. 下列关于公告与通告的区别，表述错误的是(　　)

A. 从公文类型上看，公告属于法定公文，通告属于事务文书

B. 从性质上看，公告内容属重要事项或法定事项，重在知照性；通告内容专业性较强，或宣布行政措施，或告知具体事务，兼有知照和约束的性质

C. 从发布方式看，公告一般通过新闻媒介发布，通告则采用在相关地区张贴或登报、广播的方式

D. 从知照范围看，公告面向国内外，而通告则只面向一定辖区范围内的群众

28. 从超市的冰柜里拿雪糕的时候，会发现冰柜上方的透明玻璃的外表面有很多水珠，对这种现象正确的解释是(　　)

A. 冰柜里的湿气透过玻璃渗出

B. 冰柜里的冰融化成水

C. 玻璃里的水分遇冷析出

D. 空气中水蒸气遇冷液化

29. 地球上只有温带才有明显的四季变化，而寒带和热带则是长冬无夏和长夏无冬。其原因是(　　)

A. 地球绕太阳公转时地轴和公转轨道有一定的夹角

B. 寒带的冰雪太多无法构成四季变化

C. 热带的地形地貌构成使之不易散热

D. 地球自转

30. 在 Word 中，如果用户选中了大段文字，不小心按了空格键，则大段文字将被一个空格所代替，此时可用(　　)操作还原到原先的状态。

A. 替换

B. 粘贴

C. 撤销

D. 恢复

二、多项选择题(下列各题的选项中至少有两项是符合题意的，请将正确选项的字母填入括号内。本题包括 20 小题，每小题 1.5 分，共 30 分)

1. 著名语言文字学者郝铭鉴指出，“正能量”指的是一种健康乐观、积极向上的动力和情感。当下，中国人为所有积极的、催人奋进的、充满希望的人和事，贴上“正能量”标签。从哲学的角度看，正能量(　　)

A. 具有能动性，能够给人带来信心和力量

B. 具有创造性，能够创造出独立于物质之外的精神

C. 具有反作用，能对人体生理活动进行调节和控制

D. 有指导作用，能够将人们的愿望变成现实

2. 习近平总书记指出，我们要对传统文化进行科学分析，对有益的东西、好的东西予以继承和发展，对负面的、不好的东西要加以抵御和克服。这一观点的辩证法依据是(　　)

A. 联系的客观性

B. 发展的普遍性

17. 下列对气候与城市规划的描述正确的是(　　)

A. 街道位于与子午线成 30 ~ 60 度夹角处,有利于两侧建筑的采光

B. 我国城市房屋在确定房屋间距时,应以夏至日的日照时间为准

C. 工业布局一般在该地区盛行主导风向的下风向

D. 机场一般选在低云和风速较小的地方

18.《史记》是由司马迁撰写的中国第一部纪传体通史,对后世史学和文学的发展都产生了深远影响。其首创的纪传体编史方法为后来历代"正史"所传承。同时,还被认为是一部优秀的文学著作,在中国文学史上有重要地位,被鲁迅誉为"史家之绝唱,无韵之离骚",有很高的文学价值。以下关于《史记》表述正确的是(　　)

A. "史记"本是古代史书通称,从三国时期开始,"史记"由史书的通称逐渐成为"太史公书"的专称

B.《史记》记载了上自中国上古传说中的黄帝时代,下至汉献帝,共 3000 多年的历史

C.《史记》与后来的《汉书》《后汉书》《晋书》合称"前四史"

D.《史记》与司马光的《资治通鉴》并称"史学双壁"

19. 健康码能够灵活变换颜色,反映持有人的健康状况,这需要多方面的技术支持,包括(　　)

A. 医生远程诊断技术　　B. 定位技术

C. 量子计算技术　　D. 大数据技术

20. 下列关于文学常识的说法中,正确的是(　　)

A. 歌德是德国文学最高成就的代表者,代表作品有《少年维特之烦恼》《浮士德》

B. 席勒是德国诗人、剧作家,代表作品有《阴谋与爱情》《德国,一个冬天的童话》

C. 易卜生是挪威戏剧家,"问题剧"的代表作家,代表作品有《玩偶之家》《国民公敌》

D. 泰戈尔是亚洲第一位诺贝尔文学奖获得者,代表作品有《飞鸟集》《新月集》

三、判断题(正确的在题后括号内打"√",错误的打"×"。本题包括 10 个小题,每小题 1 分,共 10 分)

1. 实际工作中"一刀切"的工作方法的错误在于忽视了矛盾的特殊性。(　　)

2.《就业、利息和货币通论》是现代宏观经济学的开山之作,其作者是美国著名经济学家萨缪尔森。(　　)

3. 根据《事业单位人事管理条例》的规定,对事业单位工作人员或者集体的奖励,坚持物质奖励与精神奖励相结合、以物质奖励为主的原则。(　　)

4. 凡是故意杀害被继承人的,无论既遂与否,无论动机如何,均丧失对所有人的继承权。(　　)

5. 在刑事诉讼中,审判机关可查封被告人的财产。(　　)

6. 唯物辩证法和形而上学斗争的焦点集中在是否承认事物是永恒发展的。(　　)

7. 一般来说,金属的热导率最大,气体较小,而液体最小。(　　)

8. 湖笔,与徽墨、宣纸、端砚并称为"文房四宝",湖笔指的是产自洞庭湖的毛笔。(　　)

9. 在我国古代科举考试中,“会试”是国家级的考试,举人参加,考上为“进士”。 (　　)

10. 新冠肺炎是乙类传染病,但按照甲类传染病管理。 (　　)

四、公文改错题(10 分)

根据公文写作要求,分条指出下面公文文稿存在的错漏,并简述理由。

××市教育局文件

×教(2021)6 号

关于申请修复校舍经费的请示报告

省教育厅:

因受到台风袭击,我市有五所中小学的校舍受到不同程度的损坏,其中有一所小学的校舍损坏特别严重。特申请经费 120 万元,以尽快修复被台风损坏的校舍,确保学校正常上课。

另我市因建立中小学多媒体教育示范点项目尚欠设备款 20 万元,现申请追加 20 万元。

特此报告,请从速批示。

××市教育局(盖章)

二〇二一年七月五日

六、论述题(共10分)

现在流行“森林氧吧”,也有人购买并饮用天然矿泉水。请用马克思主义哲学的实践主体、客体关系原理加以分析。

教师招聘考试押题试卷(十五)

公共基础知识

(时间:60 分钟　满分:100 分)

本套试卷共 66 小题,包括单项选择题(30 小题),多项选择题(20 小题),判断题(10 小题),公文实务题(5 小题),论述题(1 小题)。

一、单项选择题(从下面各题选项中选出一个最符合题意的答案,并将正确选项的字母填入括号内。本题包括 30 小题,每小题 1 分,共 30 分)

1. 加快生态文明体制改革,建设美丽中国必须要坚持的方针是(　　)

A. 节约优先、保护优先、自然恢复为主　　B. 预防为主、治理优先、兼顾经济发展

C. 节流为主、兼顾开源、环境友好优先　　D. 保护优先、保障发展、全区统筹为主

2. 2021 年 2 月,中共中央、国务院印发了《国家综合立体交通网规划纲要》。以下不属于《纲要》规划的 4 大国际性综合交通枢纽集群的是(　　)

A. 京津冀　　B. 长三角

C. 珠三角　　D. 成渝地区双城经济圈

3. 根据我国有关法律,以下说法不正确的是(　　)

A. 我国《宪法》规定,任何组织或个人都不得有超越宪法和法律的特权

B. 我国《兵役法》规定,中华人民共和国实行以志愿兵役为主体的志愿兵役与义务兵役相结合的兵役制度

C. 我国《全国人民代表大会和地方各级人民代表大会选举法》规定,设区的市的人民代表大会的代表,由选民直接选举

D. 我国《香港特别行政区基本法》规定,香港特别行政区实行高度自治,享有行政管理、立法权、独立的司法权和终审权

4. 对下列诗句所蕴含的哲理理解正确的是(　　)

①凡物各自有根本,种禾终不生豆苗——事物的运动变化有其自身的客观规律

②若言琴上有琴声,放在匣中何不鸣——整体与部分相互联系

③人间四月芳菲尽,山寺桃花始盛开——坚持实践第一的观点

④东风不与周郎便,铜雀春深锁二乔——要抓住事物发展的内因

A. ①②　　B. ③④　　C. ①④　　D. ②③

B. 为查明案件事实的需要,该律师可自行向赵某收集相关证据

C. 该律师查阅、复制该案庭审材料必须经人民法院许可

D. 若赵某和县公安局同意,则人民法院可适用简易程序审理该案

19. 选举权和被选举权是我国公民的基本政治权利。下列情形中,其政治权利必然被剥夺的是( )

A. 被判处有期徒刑的犯罪分子,在服刑期间

B. 实施危害公共安全的犯罪分子

C. 被判处死刑、无期徒刑的犯罪分子

D. 实施故意杀人、爆炸、投放危险物质等恶性犯罪的犯罪分子

20. 根据房屋买卖的契约征收的契税属于( )

A. 流转税　　B. 行为税　　C. 资源税　　D. 财产税

21. 下列说法中正确的是( )

①物体间力的作用是相互的　　②只有相互接触的物体才有力的作用

③力是改变物体运动状态的原因　　④只受重力作用的物体一定竖直向下运动

A. ①②　　B. ①③　　C. ②③　　D. ③④

22. 公文在制发的程序上,必须履行法定的( )

A. 审批手续　　B. 会签手续　　C. 登记手续　　D. 承办手续

23. 对整个利率体系具有决定性影响的利率是( )

A. 市场利率　　B. 名义利率　　C. 浮动利率　　D. 基准利率

24. 创造性思维适合于( )

A. 程序性决策　　B. 非程序性决策　　C. 追踪决策　　D. 开关式决策

25. 在公民享有的宪法基本权利体系中,最基础的权利是( )

A. 经济社会权利　　B. 人身自由

C. 选举权和被选举权　　D. 言论自由

26. 在防疫特殊时期,全国政协提案委员会建立政协提案工作"快速通道",围绕抓好疫情防控和经济社会发展提交了一批提案,并在第一时间以参阅件的形式发送给承办单位参考。全国政协在上述行动中行使的职能是( )

A. 政治协商　　B. 民主监督　　C. 参政议政　　D. 民主管理

27. 国际男子足球比赛中,人们常结合各国的历史、地理、文化等因素,给予参赛队伍别称。下列国家与其别称对应不恰当的是( )

A. 阿根廷—潘帕斯雄鹰　　B. 英格兰—三狮军团

C. 意大利—高卢雄鸡　　D. 伊朗—波斯铁骑

28. 关于"二战"中以下事件发生时间的排序,正确的是( )

①中途岛战役　②莫斯科保卫战　③日军偷袭珍珠港　④诺曼底登陆

A. ①③④②　　B. ③②①④　　C. ③①②④　　D. ②③①④

29. 下列关于生活常识的表述,错误的是(　　)

A. 干冰是固体状态的二氧化碳,可用于人工降雨

B. 红黄绿能作为信号灯的颜色,是因为这三种颜色有波长优势

C. 海市蜃楼是特殊气象条件下大气发生剧烈的反射造成的

D. 烟草、面粉等有机粉尘聚集的厂房里容易发生爆炸

30. 长时间暴露于寒冷环境或淹溺于冷水之中容易患上低温症,可能出现头晕、恶心、呼吸困难、失去意识等症状。下列关于应对低温症的做法,错误的是(　　)

A. 如果患者手脚冰凉,可用热水袋给患者四肢加热

B. 如果患者身上有湿衣服,应轻柔地帮患者脱掉或剪掉

C. 如果患者出现呼吸微弱甚至停止,应对患者进行心肺复苏

D. 如果有人出现低温症的症状,应立即拨打120,用衣服帮患者取暖

二、多项选择题(下列各题的选项中至少有两项是符合题意的,请将正确选项的字母填入括号内。本题包括20小题,每小题2分,共40分)

1. 政策往往止步于纸上、停留在嘴上、行驶在路上,就是不能落到实处,到不了群众家门口,民怨民需民盼无法得到及时回应。这便是现实中党员干部服务群众的"最后一公里"问题。透过现象看本质,这一现象主要反映的是党员干部在服务群众方面的(　　)

A. 价值判断与价值选择问题　　B. 实践能力和实践水平问题

C. 理想信念和原则立场问题　　D. 工作方法和工作魄力问题

2. 下列对真理的认识正确的有(　　)

A. 真理是人们对客观事物及其规律的正确反映

B. 真理最基本的属性是客观性

C. 真理应通过思考来追求和发展

D. 真理只有一个,真理面前人人平等

3. 每一个复杂的生物个体都是由各种不同的细胞构成的系统,其中每个细胞中的DNA都包含了该生物个体所有性状的遗传信息。这段话蕴涵的哲理有(　　)

A. 整体和部分是相互渗透的　　B. 整体和部分在一定条件下相互转化

C. 整体等于部分之和　　D. 整体具有部分所不具有的特性

4. 充分就业是各国政府追求的目标,以下表述中与充分就业吻合的是(　　)

A. 充分就业下失业率为零

B. 充分就业与一定的失业率并存

C. 充分就业就是所有的人都就业

D. 在充分就业情况下,仍然会存在摩擦性失业和自愿失业

5. 村民杨某对生活不能自理的婆婆不尽赡养义务,这种行为违背(　　)

A. 传统美德　　B. 社会公德　　C. 家庭美德　　D. 职业道德

三、判断题(正确的划“√”,错误的划“×”。本题包括10小题,每小题1分,共10分)

1. 主体之所以能够反映客体,其根源在于人类改造世界的社会实践。 ( )

2. 培育和践行社会主义核心价值观,要以培养担当民族复兴大任的时代新人为着眼点。 ( )

3. 国有经济的主导作用主要体现在控制力上。 ( )

4. 二人以上共同过失犯罪,以共同犯罪论处;应当负刑事责任的,按照他们所犯的罪分别处罚。 ( )

5. 否定之否定是普遍存在的事物周期性发展过程。否定之否定的整个进程,是一个“循环往复”“原地踏步”的过程。 ( )

6. 在中国共产党的历史上第一次提出“毛泽东思想”这个概念的是邓小平。 ( )

7. 甲骨文是汉字的源头,是千年中华文明的标志。 ( )

8. 小苏打其实就是碳酸氢钠,化学式 $NaHCO_3$,俗称小苏打,白色细小晶体,在水中的溶解度小于碳酸钠。 ( )

9. “南下斯须隔帝乡,北行一步掩南方。悠悠烟景两边意,蜀客秦人各断肠。”这首诗所描写的山脉属于南北走向。 ( )

10. 公文的附注是对正文内容的注解。 ( )

四、公文实务题(本大题为单项选择题。本大题共有5小题,每小题2分,共10分)

关于进一步深入打击非法行医的通知

县卫生监督所、各乡镇卫生院、村卫生室:

①近期,我县(药房坐堂行医及无《乡村医生执业证书》的老村医、退休医生)非法行医现象时有发生。②为进一步净化我县医疗服务环境,确实维护人民群众生命财产安全,我局决定在全县范围内继续深入开展打击非法行医工作,③________。

一、工作重点

(一)严厉打击无证行医行为。重点打击药房无证行医、老村医未取得有效《乡村医生执业证书》非法行医、兽医看人病、退休医生无有效《医师执业证书》非法行医、村卫生室人员在家或私自设立诊疗场所非法开展诊疗活动等违法行为。

(二)严肃查处医疗机构超出登记的诊疗科目及跨区开展诊疗活动的行为。

(三)严肃查处违法发布医疗广告的行为。

二、工作要求

医疗卫生事业直接关系到广大人民群众的身体健康和生命安全,与广大人民群众的切身利益密切相关。各乡镇卫生院、村卫生室要进一步强化责任,统一思想,提高认识,增强工作责任感和紧迫感,切实履行职责,严格监督管理。各乡镇卫生院卫生监督检查员、村卫生室卫生监督信息员要切实履行各自的工作职责,认真做好辖区内非法行医行为信息、证据的收集、核实和上报工作,对玩忽职守、不履行职责知情不报的人员,要依法依规追究其相关人员的责任。县卫生监督所要进一步强化监督职责,加强对医疗市场的日常

巡查频次,依法严肃查处各种违法行医行为。(下略)

三、工作安排

各村卫生室卫生监督信息员要尽快摸清本村非法行医信息,及时上报所在地卫生院卫生监督协管办公室。(下略)

××县卫生局(印章)

××年××月××日

1. 这份公文的标题写作有问题,下列写法最恰当的是( )

A. 关于进一步开展打击非法行医行为的通知

B. 关于继续深入开展严禁非法行医的通知

C. 关于进一步开展打击非法行医工作的通知

D. 关于继续严禁开展非法行医工作的通知

2. 下列有关正文开头①的说法,错误的是( )

A. 括号中的文字属于不完全列举表达

B. 正确的写法只需要去掉句中的括号

C. 正确的写法应该删去括号及括号内的文字

D. 括号中的文字不仅多余而且有语病

3. 下列对正文开头②的修改,恰当的是( )

A. 删去“进一步”“继续”

B. 改“工作”为“作为”

C. 改“确实”为“切实”

D. 改“决定”为“打算”

4. 下列关于正文开头③的写法,不恰当的是( )

A. 有鉴于此,现作如下通知

B. 现将有关事项通知如下

C. 为此,特作如下通知

D. 现就有关工作通知如下

5. 下列对本公文的修改与写法说明,不恰当的是( )

A. “工作重点”(二)中,“跨区”前面加上“未经许可”

B. “工作要求”的内容最好针对不同情况分条款来写

C. “工作要求”中的画线部分,应移至开头,并在后面加上“然而”

D. “工作重点”(三)中,“违法”前面加上“在媒体上”

五、论述题(共10分)

试述加强个人道德修养的途径和策略。

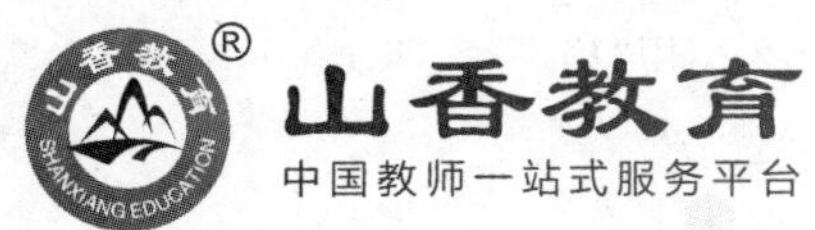

教师招聘考试
历年真题解析及押题试卷

参考答案及解析

公共基础知识

山香教师招聘考试命题研究中心　主编

目　录

真题试卷参考答案及解析

2021 年河南省信阳市直事业单位招聘考试公共基础知识真题试卷(一) …… 1

2021 年山东省德州市德城区教师招聘考试公共基础知识真题试卷(二) …… 8

2021 年山西省省直事业单位招聘考试(下午场)综合知识真题试卷(三) …… 12

2021 年河北省石家庄市直教师招聘考试公共基础知识真题试卷(四) …… 23

2020 年河南省信阳市直事业单位招聘考试公共基础知识真题试卷(五) …… 35

2020 年山东省济南市联考教师招聘考试公共基础知识真题试卷(六) …… 44

2020 年山西省大同市直教师招聘考试综合知识真题试卷(七) …… 46

2019 年贵州省直事业单位教师岗公共基础知识真题试卷(精编)(八) …… 50

2019 年辽宁省大连市瓦房店市教师招聘考试公共基础知识真题试卷(九) …… 54

押题试卷参考答案及解析

教师招聘考试公共基础知识押题试卷(十) …… 56

教师招聘考试公共基础知识押题试卷(十一) …… 62

教师招聘考试公共基础知识押题试卷(十二) …… 68

教师招聘考试公共基础知识押题试卷(十三) …… 72

教师招聘考试公共基础知识押题试卷(十四) …… 76

教师招聘考试公共基础知识押题试卷(十五) …… 82

真题试卷

2021年河南省信阳市直事业单位招聘考试公共基础知识真题试卷(一)

一、单项选择题

1. B 【解析】本题考查时政热点。2021年5月6日,李克强主持召开国务院常务会议,部署进一步促进粮食生产稳定发展、切实提高粮食安全保障能力。会议指出,保障粮食安全事关国家安全和发展大局,是推进农业农村现代化的首要任务。故本题选B。

2. D 【解析】本题考查时政热点。2021年5月26日,李克强主持召开国务院常务会议,部署进一步支持小微企业个体工商户纾困和发展,确定加强农村义务教育薄弱环节的措施。会议指出,义务教育是关系每个家庭的最大公共产品,是政府的基本职责。故本题选D。

3. B 【解析】本题考查航天科技。2021年5月29日20点55分左右,长征七号遥三运载火箭在海南文昌航天发射场顺利升空,搭载的是天舟二号货运飞船。进入轨道后,飞船将与“天和”核心舱进行交会对接、推进剂补加和组合体飞行。故本题选B。

4. B 【解析】本题考查政府工作报告。2021年3月,国务院总理李克强在政府工作报告中介绍,2020年围绕市场主体的急需制定和实施宏观政策,稳住了经济基本盘。面对历史罕见的冲击,我们在“六稳”工作基础上,明确提出“六保”任务,特别是保就业保民生保市场主体,以保促稳、稳中求进。故本题选B。

5. C 【解析】本题考查党的百年奋斗目标。第一个一百年,是到中国共产党成立100年时全面建成小康社会;第二个一百年,是到新中国成立100年时建成富强民主文明和谐美丽的社会主义现代化强国。故本题选C。

6. A 【解析】本题考查时政热点。“十四五”时期经济社会发展,要以推动高质量发展为主题,加快构建新发展格局。加快构建新发展格局就要解决各类“卡脖子”和瓶颈问题,改革是基础,创新是关键。故本题选A。

7. D 【解析】本题考查时政热点。习近平总书记在参加十三届全国人大四次会议青海代表团审议时强调:“高质量发展是‘十四五’乃至更长时期我国经济社会发展的主题,关系我国社会主义现代化建设全局。高质量发展不只是一个经济要求,而是对经济社会发展方方面面的总要求;不是只对经济发达地区的要求,而是所有地区发展都必须贯彻的要求;不是一时一事的要求,而是必须长期坚持的要求。”故本题选D。

8. B 【解析】本题考查十九大报告。民惟邦本,本固邦宁。十九大报告以新的高度强调了坚持以人民为中心,这既是习近平新时代中国特色社会主义思想的重要内容,也是新时代坚持和发展中国特色社会主义的基本方略之一。故本题选B。

9. B 【解析】本题考查全国教育大会。习近平总书记在全国教育大会上指出,要深化教育体制改革,健全立德树人落实机制,扭转不科学的教育评价导向,坚决克服唯分数、唯升学、唯文凭、唯论文、唯帽子的顽瘴痼疾,从根本上解决教育评价指挥棒问题。故本题选B。

10. D 【解析】本题考查时政热点。2020年12月12日,国家主席习近平在气候雄心峰会上通过视频发表题为《继往开来,开启全球应对气候变化新征程》的重要讲话。习近平主席强调,在气候变化挑战面前,人类命运与共,单边主义没有出路。我们只有坚持多边主义,讲团结、促合作,才能互利共赢,福泽各国人民。故本题选D。

11. C 【解析】本题考查时政热点。2020年8月24日下午,习近平总书记主持召开经济社会领域专家座谈会,听取与会专家代表对“十四五”规划编制的意见和建议,强调要以辩证思维看待新发展阶段的新机遇新挑战,以畅通国民经济循环为主构建新发展格局,以科技创新催生新发展动能,以深化改革激发新发展活力,以高水平对外开放打造国际合作和竞争新优势,以共建共治共享拓展社会发展新局面。故本题选C。

12. C 【解析】本题考查发展理念。2020年,浙江省通过了生态环境部组织的国家生态省建设试点验收,建成了全国首个生态省。浙江省是践行绿色发展理念的排头兵。故本题选C。

13. B 【解析】本题考查实事求是。“十四五”规划是立足于我国国情,符合中国实际的战略目标。这说明我国制定战略目标需要立足实际,符合国情,即实事求是,一切从实际出发。故本题选B。

14. C 【解析】本题考查联系。题干说明国家安全和世界安全之间存在联系,体现了联系是普遍存在的,即事物是相互联系的哲学道理。C 项正确。AB 项与题意无关。联系具有普遍性、客观性、多样性、条件性等特征,D 项说法错误。故本题选 C。

15. B 【解析】本题考查矛盾。主要矛盾是指在矛盾体系中处于支配地位,对事物发展起决定性作用的矛盾。"短板必须补齐"中的"短板"指的是限制事物发展的关键环节,是事物发展过程中的主要矛盾。因此,这体现了要抓住主要矛盾。故本题选 B。

16. B 【解析】本题考查人格权。根据我国《民法典》的规定,人格权是民事主体享有的生命权、身体权、健康权、姓名权、名称权、肖像权、名誉权、荣誉权、隐私权等权利。故本题选 B。

17. C 【解析】本题考查法定证据种类。我国《刑事诉讼法》第五十条规定:"可以用于证明案件事实的材料,都是证据。证据包括:(一)物证;(二)书证;(三)证人证言;(四)被害人陈述;(五)犯罪嫌疑人、被告人供述和辩解;(六)鉴定意见;(七)勘验、检查、辨认、侦查实验等笔录;(八)视听资料、电子数据。证据必须经过查证属实,才能作为定案的根据。"书证是指通过文字或符号等表达形式记载内容,并能证明案件事实真实性的作为书面材料的证据,如书信、合同、租约、委托书等,排除 A 项。物证是指以其外形、特征、性质、质量、数量等有形的存在形式对查明案件事实真实性有价值的作为物品或痕迹的证据,排除 B 项。证人证言是指证人提供的证言,即证人把自己所了解的案件事实情况向法院作出的口头或书面陈述,C 项正确。电子数据是指案件发生过程中形成的,以数字化形式存储、处理、传输的,能够证明案件事实的数据。一般认为,电子数据包括但不限于下列信息、电子文件:(1)网页、博客、微博客、朋友圈、贴吧、网盘等网络平台发布的信息;(2)手机短信、电子邮件、即时通信、通讯群组等网络应用服务的通信信息;(3)用户注册信息、身份认证信息、电子交易记录、通信记录、登录日志等信息;(4)文档、图片、音视频、数字证书、计算机程序等电子文件。本题中的目击者属于证人而非当事人。D 项排除。故本题选 C。

18. A 【解析】本题考查行政执法公示制度。《国务院办公厅关于全面推行行政执法公示制度执法全过程记录制度重大执法决定法制审核制度的指导意见》强调,行政执法机关要按照"谁执法谁公示"的原则,明确公示内容的采集、传递、审核、发布职责,规范信息公示内容的标准、格式。故本题选 A。

19. B 【解析】本题考查社会主义法治理念。坚持党的事业至上,就是要在法治的具体实践中,坚持党的基本理论、基本路线、基本纲领、基本经验,自觉贯彻党的路线方针政策,加强和维护党的领导,巩固党的执政地位。坚持人民利益至上,就是要在法治的具体实践中,坚持以人为本、执法为民,全面维护、实现和发展广大人民群众的根本利益。坚持宪法法律至上,就是要把严格遵守宪法法律作为法治实践的基本要求,执法和司法必须严格以宪法和法律为依据,维护社会主义法制的统一和尊严。坚持党的事业至上、人民利益至上、宪法法律至上,是坚持党的领导、人民当家作主、依法治国三者有机统一的必然要求。故本题选 B。

20. A 【解析】本题考查选举权。我国《宪法》第三十四条规定:"中华人民共和国年满十八周岁的公民,不分民族、种族、性别、职业、家庭出身、宗教信仰、教育程度、财产状况、居住期限,都有选举权和被选举权;但是依照法律被剥夺政治权利的人除外。"A 项正确,B 项错误。题干未说明郑某的年龄、国籍等信息,因此不能判断他是否享有被选举为该区人大代表的权利,C 项错误。参加投票选举是行使政治权利,而非履行政治义务,D 项错误。故本题选 A。

21. D 【解析】本题考查罚款。根据我国《反食品浪费法》第七条的规定,餐饮服务经营者可以对参与"光盘行动"的消费者给予奖励;也可以对造成明显浪费的消费者收取处理厨余垃圾的相应费用,收费标准应当明示。但是,罚款属于财产罚的范畴。根据我国《立法法》和《行政处罚法》的相关规定,对财产的处罚只能由法律、法规和规章设定。因此,该告示不合法,该火锅店无权设定也无权实施罚款机制。故本题选 D。

22. D 【解析】本题考查简报。简报通常在报尾上说明报送的单位或领导个人。故本题选 D。

23. D 【解析】本题考查行政令。行政令的正文一般包括三部分内容:一是发令缘由;二是命令事项;三是施行要求。因此,ABC 三项都属于行政令的正文内容，只有D项不属于。故本题选D。

24. D 【解析】本题考查期请用语。期请用语即向收文单位表示某种期望和请求时常用的词语，用于结尾处较多。常见的期请用语有“即请”“诚请”“特请”“恳请”“恭请”“拟请”“务请”“希即”“敬望”“企盼”“希望”等。“欣悉”是引叙用语中的一种，不属于期请用语。故本题选D。

25. D 【解析】本题考查撰写请示的要求。撰写请示的要求主要包括：一文一事，逐级请示，单头请示，确有必要，理由充分，要求合理，语言表达简洁明了。A项，一文一事，是指一个请示只说一件事。B项，确有必要，是指必须是本单位无权、无力、无法解决的事，才向上级请示；在单位职权范围内的、部门之间可协商解决的，不必请示。C项，理由充分，是指请示的理由多是摆情况、述原因，以突出解决问题的必要性、重要性、迫切性。D项，语言表达简洁明了，是指理由不但要充分，还要“点到即止”，不应长篇大论，要利用附件节约文字。故本题选D。

26. D 【解析】本题考查政府的基本职能。政府的社会职能，是指除政治、经济、文化职能以外政府必须承担的其他社会公共职能。政府的社会职能主要有：(1)调节社会分配和组织社会保障的职能。(2)保护生态环境和自然资源的职能。(3)促进社会化服务体系建立的职能。(4)提高人口质量，实行计划生育的职能等。故本题选D。

27. A 【解析】本题考查行政决策转向科学决策的标志。行政决策转向科学决策的标志主要有：(1)决策主体由个人转向集体；(2)决策过程由主观随意转向程序化；(3)“谋”与“断”的相对分离；(4)“断”与“行”的相对分离；(5)决策手段的量化和技术化。故本题选A。

28. C 【解析】本题考查行政领导。行政领导的责任是关于行政领导职权的性质、范围以及必须履行好的职责任务的规定或要求。行政领导的首要责任是计划决策。故本题选C。

29. D 【解析】本题考查行政组织的管理。管理幅度，又称管理跨度或管理宽度，指一名主管人员可有效直接管理的下属的人数。管理层次是组织的最高主管到作业人员之间所设置的管理职位层级数。因此，在组织的设计和建设过程中必须二者兼顾，做到管理幅度适当，管理层次少而精。如果管理幅度太宽，而管理层次太少，则可能会使行政事务过分集中于少数领导，使之疲于应付，并且控制较松，甚至出现指挥不力的现象。故本题选D。

30. A 【解析】本题考查行政领导方式。说服式是指通过劝告、诱导、启发、商量、建议等方式，使被领导者接受并贯彻领导者意图的行政领导方式。A项正确。示范式是指领导们的精神面貌、行为方式、工作方式、工作动机、价值观念乃至个人趣味，对本组织的人员都会产生明显的或潜移默化的影响的领导方式。激励式是一种最直接服务于提高领导效能的领导方式。它是行政领导者使用物质或精神的手段激发下属的工作积极性，以达到决策目标的推进型领导方式。强制式是有权威性、非执行不可的指示或命令的领导方式。BCD三项错误。故本题选A。

31. D 【解析】本题考查行政执行。行政执行的特点主要有：目的性、综合性、经常性、时限性、灵活性、强制性等。目的性是指行政执行的目的在于实施决策，因此整个执行过程中的一切行政措施和行为，都是为了按期或提前实现决策目标，除此之外，没有自己的特殊目的，A项错误。行政决策一经制定就具有法律效力，因此它具有一定的权威性和强制性。行政执行强制性的特点，表现在当上级决策下达之后，下级必须认真地贯彻执行，B项错误。灵活性是指行政执行必须根据当地实际情况，因时而异、因地制宜地进行，C项错误。时限性是指行政执行是一项具有明确的时限要求的活动，它要求行政执行机关及其工作人员必须做到迅速、果断，在规定的时间内完成规定的动作与任务，以确保决策目标的实现。故本题选D。

32. D 【解析】本题考查个人所得税。个人所得税体现了国家与个人之间的分配关系，是进行收入再分配的方式之一。我国个人所得税的起征点调高到每月5000元，有利于减少低收入人群的纳税压力，调节贫富差距，刺激消费。因此，ABC三项说法正确。我国个人所得税起征点的调高会使纳税人的范围缩小，从而导致政府财政收入减少。因此，D项说法错误。故本题选D。

33. B 【解析】本题考查商品价格对生产的影响。商品价格的变动能够调节产量。某种商品的价格下降，生产者获利减少，这时生产者会压缩生产规模，减少产量；某种商品的价格上涨，生产者获利增加，这时生产者会扩大生产规模，增加产量。本题中,将粮食和棉花看作简单的种植替代品。当棉花的价格上涨,而粮食的价格等因素不变时,生产者会扩大棉花的生产规模。而粮食的生产规模则会相对缩减,导致粮食的供给减少。故本题选 B。

34. A 【解析】本题考查存款准备金率。中央银行所要求的存款准备金占各金融机构存款总额的比例就是存款准备金率。由于调整存款准备金率可以影响金融机构的信贷扩张能力,从而间接调控货币供应量,所以调整存款准备金率成为中央银行货币政策的重要工具。在经济下行的情况下,中央银行降低存款准备金率,金融机构可用于贷款的资金增加,社会的贷款总量和货币供应量也相应增加,从而促使经济增温。故本题选 A。

35. B 【解析】本题考查市场调节。供求关系会引起价格的变化。从价格信号传导至生产领域,再到产品生产出来,这之间有一个时间差,而当初的供求关系可能已经发生了变化。因此,市场调节具有滞后性。故本题选 B。

方法技巧:市场的调节作用不是万能的,存在自发性、盲目性、滞后性等固有的弊端。区分市场调节的不同弊端可记忆和理解其特征。自发性表现为"以经济利益为最高追求";盲目性表现为"跟风";滞后性表现为"事后诸葛亮"。

36. D 【解析】本题考查货币的职能。在发达的商品经济中,货币具有价值尺度、流通手段、贮藏手段、支付手段和世界货币五种职能。价值尺度,就是以货币作为尺度来表现和衡量其他一切商品价值量的大小,把各种商品的价值量都表现为一定的货币量的职能。题干中,电脑的原价为 4999 元,此时货币履行的是价值尺度职能。流通手段,就是在商品交换过程中,货币充当商品交换媒介的职能。小亮以货到付款的方式,通过使用满减优惠券最终支付了 4399 元,此时货币履行的是流通手段职能。故本题选 D。

易错警示:货币的流通手段和支付手段职能容易混淆,需要辨析理解。货币在执行流通手段职能时,货币与商品的交换是同时进行的,价值的运动是双向的,即卖方在得到价值的同时出让使用价值,买方在让渡价值的同时获得使用价值。比如,网购采用"货到付款"的方式就属于流通手段,因为其是一手交钱一手交货。而货币在执行支付手段职能时,货币与商品的交换并不是同时进行的。也就是说,在商品买卖或租赁等活动中,使用价值或商品使用权的让渡与价值的让渡在时间上是分开的。比如,贷款购物,先获得商品,以后慢慢付钱;买飞机票,先付钱,再获得服务,这里的机票只是凭证,谁也不是单为了那一张纸掏钱。

37. A 【解析】本题考查科学技术。电容式触摸屏是在玻璃表面贴上一层透明的特殊金属导电物质。当用户触摸电容屏时,由于人体电场,用户的手指和工作面形成一个耦合电容,因为工作面上接有高频信号,于是手指吸收走一个很小的电流,这个电流分别从屏的四个角上的电极中流出,且理论上流经四个电极的电流与手指头到四角的距离成比例,控制器通过对四个电流比例的精密计算,得出触摸点的位置。故本题选 A。

38. C 【解析】本题考查中国科技成就。被誉为"中国天眼"的 500 米口径球面射电望远镜(FAST)位于中国贵州省黔南布依族苗族自治州境内。故本题选 C。

39. B 【解析】本题考查中国地理分界线。秦岭—淮河一线是中国北方地区和南方地区的地理分界线,也是暖温带与亚热带分界线、亚热带常绿阔叶林与温带落叶阔叶林分界线、湿润地区与半湿润地区分界线等。我国淮北地区地处暖温带的南部,其植被类型为温带落叶阔叶林。故本题选 B。

40. B 【解析】本题考查光合作用。森林植被通过光合作用吸收二氧化碳,释放氧气,并将二氧化碳固定在植物体内。故本题选 B。

41. A 【解析】本题考查我国古代诗人。《白雪歌送武判官归京》是唐代诗人岑参的作品。岑参以边塞诗著称,多写边塞风光及将士生活,气势磅礴,昂扬奔放,与高适同为盛唐边塞诗派的杰出代表。故本题选 A。

42. C 【解析】本题考查书法作品。《兰亭集序》是东晋王羲之的作品,被誉为"天下第一行书"。故本题选 C。

43. A 【解析】本题考查中国近代史。维新运动领袖康有为提出了建立"新中国"的设想。康有为在 1912 年拟定的《拟新中国政府议章》中建议:"此后国为新中国,皇帝为新入中国籍之新大总统""凡满、蒙、回、藏皆编入民籍,自今后皆为新中国民"。故本题选 A。

44. B 【解析】本题考查红军长征。讲解员的讲解词中,不仅有河流、雪山、草地,还有封锁,生动形象地描绘出了红军长征的艰辛历程和英雄气魄。故本题选 B。

45. D 【解析】本题考查消费者的权利。消费者享有的安全权是指消费者在购买、使用商品和接受服务时享有人身、财产安全不受损害的权利,A 项错误。消费者享有的知悉真情权是指消费者享有知悉其购买、使用的商品或者接受的服务的真实情况的权利,B 项错误。消费者享有的自主选择权是指消费者享有自主选择商品或者服务的权利,C 项错误。消费者享有的监督权是指消费者享有对商品和服务以及保护消费者权益工作进行监督的权利,包括消费者有权检举、控告侵害消费者权益的行为和国家机关及其工作人员在保护消费者权益工作中的违法失职行为,有权对保护消费者权益工作提出批评、建议。D 项正确。故本题选 D。

46. D 【解析】本题考查物理常识。用抛物面的外侧作反射面的球面镜叫凸面镜,只能反射光,不能透射光。凸面镜具有发散作用,可用作转弯镜等,A 项错误。我们把反射面是光滑平面的镜子叫作平面镜,比如,家庭用的穿衣镜就是平面镜。平面镜呈正立等大的虚像,B 项错误。凹透镜是中间薄、边缘厚的透镜,对光有发散作用。近视眼镜就是凹透镜。C 项错误。凸透镜是中间厚、边缘薄的透镜,可起到放大的作用。放大镜是一种凸透镜,它能把平行的光束会聚到一点,所有热量也会集中到那一点上。因此,用放大镜生火利用了凸透镜对光的聚焦原理。D 项正确。故本题选 D。

47. D 【解析】本题考查人民群众与英雄。疫情防控不仅需要广大医务人员、人民解放军、党员干部以大无畏的革命英雄主义气概和毅力站出来、冲上去、坚持住,在救治最前线冲锋陷阵,无私奉献,英勇奋战,成为疫情防控工作的最美"逆行者",也需要社会各界各方面各领域和广大人民群众大力弘扬革命英雄主义精神,众志成城,团结奋战,成为疫情防控工作的最美"参与者",形成和巩固全面全员参与防控工作的局面。这说明,打赢疫情防控的人民战争,需要全国性动员。只有这样,才能集中展现革命英雄主义的时代性和群众性,才能极大彰显社会主义制度集中力量办大事的巨大优越性。D 项更全面,当选。

48. A 【解析】本题考查事业单位的处分。根据《事业单位工作人员处分暂行规定》第七条的规定,事业单位工作人员受到警告处分的,在受处分期间,不得聘用到高于现聘岗位等级的岗位;在作出处分决定的当年,年度考核不能确定为优秀等次。故本题选 A。

49. B 【解析】本题考查事业单位聘用合同。《事业单位人事管理条例》第十四条规定:"事业单位工作人员在本单位连续工作满 10 年且距法定退休年龄不足 10 年,提出订立聘用至退休的合同的,事业单位应当与其订立聘用至退休的合同。"B 项说法错误,不符合相关规定。故本题选 B。

50. C 【解析】本题考查事业单位内部竞聘。《事业单位人事管理条例》第十条规定:"事业单位内部产生岗位人选,需要竞聘上岗的,按照下列程序进行:(一)制定竞聘上岗方案;(二)在本单位公布竞聘岗位、资格条件、聘期等信息;(三)审查竞聘人员资格条件;(四)考评;(五)在本单位公示拟聘人员名单;(六)办理聘任手续。"与公开招聘工作人员不同,事业单位内部竞聘工作人员无须进行体检。故本题选 C。

51. C 【解析】本题考查党的领导。要确保事业单位改革始终沿着正确的政治方向推进,确保党的领导得到全面贯彻,就必须发挥党总揽全局、协调各方的领导核心作用,以党的政治优势引领和推进改革。故本题选 C。

52. A 【解析】本题考查事业单位的类型。我国事业单位根据性质可分为全额拨款、差额拨款、自收自支三种类型。全额拨款事业单位一般适用于没有收入或收入不稳定的事业单位,如公立学校、科研单位、卫生防疫、工商管理等事业单位,其人员费用、公用费用都要由国家财政提供。医院等有一定的收入、又承担政府社会职能的单位一般属于差额拨款类型。故本题选 A。

53. D 【解析】本题考查事业单位的特点。事业单位的特征主要有:公益性、服务性、知识密集性和公立公有性。我国绝大多数事业单位是以脑力劳动为主体的知识密集性组织,专业人才是事业单位的主要人员构成,利用科技文化知识为社会各方面提供服务是事业单位的主要手段。这体现了事业单位的知识密集性特点。故本题选 D。

二、多项选择题

54. ACD 【解析】本题考查习近平新时代中国特色社会主义思想。2013 年 6 月 28 日,习近平在全国组织工作会议上指出,成为好干部,就要不断改造主观世界、加强党性修养、加强品格陶冶，时刻用党章、用共产党员标准要求自己，时刻自重自省自警自励，老老实实做人，踏踏实实干事，清清白白为官。故本题选 ACD。

55. ABC 【解析】本题考查红色资源。红色资源是指中国共产党领导的新民主主义革命和社会主义建设时期所形成的文化资源，它以纪念地、标志物和典型人物等为载体，是中华民族的特色资源和中国人民宝贵的精神财富。ABC 项正确。三星堆是指迄今为止在西南地区发现的范围最大、延续时间最长、文化内涵最丰富的古蜀文化遗址，并不符合红色资源的定义，D 项排除。故本题选 ABC。

56. AB 【解析】本题考查认识论。这体现出屠呦呦反复实践，坦然面对失败的态度，也反映了实践是检验认识真理性的唯一标准，正确的认识往往要经过实践对认识的多次反复验证，才能完成。AB 项正确。CD 项本身说法错误。故本题选 AB。

57. ABD 【解析】本题考查矛盾。动力机制和平衡机制是人类社会发展的两个核心机制，科学发展既需要强大的动力机制，又需要灵活全面的均衡机制，两个机制之间存在着相互影响、相互制约的关系，体现了矛盾的同一性和斗争性的辩证统一。同一性是指矛盾双方相互依存、相互贯通的性质和趋势。其中，矛盾的相互贯通表现为矛盾双方的相互渗透、相互包含、互相转化的趋势。斗争性是矛盾着的对立面之间相互排斥、相互分离的性质和趋势。因此，这两个机制相互依存、相互渗透、相互贯通。故本题选 ABD。

58. CD 【解析】本题考查共享经济。陈某使用单车，虽然支付了相应的费用，但将单车据为己有，使他人都无法使用该辆单车，违背了所有权人的意愿，不是正常的交易行为。而且，这种行为使所有权人遭受财产损失，应认定为盗窃行为。A 项错误，CD 项正确。共享单车的运营企业是共享单车的所有权人，而共享单车的使用者只是在租赁期间享有共享单车的使用权，B 项错误。故本题选 CD。

59. AB 【解析】本题考查行政复议。行政复议是指公民、法人或者其他组织认为行政机关的具体行政行为侵犯其合法权益，依法向行政复议机关提出复查该具体行政行为的申请，行政复议机关依照法定程序对被申请的具体行政行为进行合法性、适当性审查，并作出行政复议决定的一种法律制度。故本题选 AB。

60. AB 【解析】本题考查消费者权益保护。我国《消费者权益保护法》第二十五条规定："经营者采用网络、电视、电话、邮购等方式销售商品，消费者有权自收到商品之日起七日内退货，且无需说明理由，但下列商品除外：(一)消费者定作的；(二)鲜活易腐的；(三)在线下载或者消费者拆封的音像制品、计算机软件等数字化商品；(四)交付的报纸、期刊。除前款所列商品外，其他根据商品性质并经消费者在购买时确认不宜退货的商品，不适用无理由退货。消费者退货的商品应当完好。经营者应当自收到退回商品之日起七日内返还消费者支付的商品价款。退回商品的运费由消费者承担；经营者和消费者另有约定的，按照约定。"故本题选 AB。

61. ACD 【解析】本题考查联合行文。根据《党政机关公文处理工作条例》第十七条的规定，同级党政机关、党政机关与其他同级机关必要时可以联合行文。属于党委、政府各自职权范围内的工作，不得联合行文。另外，同级政府部门之间可以联合行文。ACD 项正确。上级党委和下级政府不能联合行文，B 项错误。故本题选 ACD。

62. ABCD 【解析】本题考查公文收文。在收到请示性公文时，应重点审核以下几个方面：(1)请示事项是否应由本机关办理；(2)公文内容是否符合国家法律法规，是否符合党中央、国务院的方针政策；(3)请示事项是否符合"一文一事"的规定；(4)公文紧急程度和密级确定是否恰当；(5)公文附件的报送是否及时、齐全。故本题选 ABCD。

63. ACD 【解析】本题考查讲话稿。讲话稿的特点主要包括内容的针对性、篇幅的规定性和语言的得体性等。(1)内容的针对性。讲话稿的内容是由会议主题和讲话者的身份来决定的。因此在写讲话稿之前，必须了解会议的主题、性质、议题，讲话的场合、背景，领导者的指示、要求，听众的身份、背景情况、心理需求和接受习惯等。(2)篇幅的规定性。讲话是有时间限制的，因此对讲话稿的篇幅要有特定要求，不能不顾具体情况长篇大论。(3)语言的得体性。为了便于讲话者表达，易于听众理解和接受，讲话稿的语言既要准确、简洁，又要通俗、生动。ACD 三项正确。B 项错误。故本题选 ACD。

64. ABD 【解析】本题考查舆论管理。为把握舆论动向,促使舆论气氛健康发展,政府有关部门需要做到及时了解舆论,适当引导舆论,积极回应舆论关切,有针对性地做好解惑释疑的工作。故本题选 ABD。

65. ACD 【解析】本题考查法治行政。法治行政的必要性体现在:(1)法治行政是法治国家的基本要求;(2)法治行政是市场经济运行的基石;(3)法治行政是实现公共利益的保障。ACD 三项正确。B 项说法太绝对。故本题选 ACD。

66. ABCD 【解析】本题考查通货膨胀。通货膨胀是指整个社会物价水平持续和普遍的上涨的现象。造成通货膨胀的原因有很多,主要有:(1)需求推动。总需求超过总供给,过多的需求推动产生通货膨胀。(2)成本推动。在没有超额需求的情况下,由于供给方面成本的提高所引起的一般价格水平持续显著上涨。(3)作为货币现象的通货膨胀。货币数量论对于通货膨胀的解释就是:每一次通货膨胀的背后都有货币供给的迅速增长。(4)结构性因素。由于经济结构因素的变动,也会出现一般价格水平的持续上涨。故本题选 ABCD。

67. ABD 【解析】本题考查 GDP。经济学上常把消费、投资、出口比喻为拉动 GDP 增长的"三驾马车",这是对经济增长原理最生动形象的表述。要推动经济持续、稳健、快速发展,就要充分发挥好消费的基础作用、投资的关键作用和出口的支持作用。故本题选 ABD。

68. ABCD 【解析】本题考查前沿技术。2020 年 3 月,习近平总书记在浙江考察时指出,运用大数据、云计算、区块链、人工智能等前沿技术推动城市管理手段、管理模式、管理理念创新,从数字化到智能化再到智慧化,让城市更聪明一些、更智慧一些,是推动城市治理体系和治理能力现代化的必由之路,前景广阔。故本题选 ABCD。

69. ABC 【解析】本题考查五四运动。习近平总书记在纪念五四运动 100 周年大会上的重要讲话中指出,五四运动,爆发于民族危难之际,是一场以先进青年知识分子为先锋、广大人民群众参加的彻底反帝反封建的伟大爱国革命运动,是一场中国人民为拯救民族危亡、捍卫民族尊严、凝聚民族力量而掀起的伟大社会革命运动,是一场传播新思想新文化新知识的伟大思想启蒙运动和新文化运动,以磅礴之力鼓动了中国人民和中华民族实现民族复兴的志向和信心。故本题选 ABC。

70. CD 【解析】本题考查杠杆。省力杠杆是指动力臂大于阻力臂,动力小于阻力的杠杆。省力杠杆具有省力、费距离的特点。日常生活中,属于省力杠杆的有:撬棍、扳手、钳子、拔钉器、开瓶器等。CD 两项正确。筷子属于费力杠杆,A 项错误。天平属于等臂杠杆,既不省力也不费力,B 项错误。故本题选 CD。

71. ABD 【解析】本题考查长城上的关隘。长城上的重要关隘主要有:嘉峪关、山海关、居庸关、雁门关等。ABD 三项正确。剑门关,位于四川省剑阁县城南 15 千米处,剑门山中断处,绝崖断离,两壁相对,其状似门,故称"剑门",享有"剑门天下险"之誉,是世界罕见的城墙式砾岩断崖丹霞景观。剑门关并非长城的关隘之一,C 项排除。故本题选 ABD。

72. ABC 【解析】本题考查事业单位改革。加快推进事业单位改革是适应我国社会主要矛盾变化、推动公益事业平衡充分发展的迫切需要。通过改革解决好公益事业布局结构不合理、资源配置不均衡、质量效率不高的问题,可以更好满足人民群众日益增长的美好生活需要。故本题选 ABC。

73. ABD 【解析】本题考查事业单位奖励规定。《事业单位工作人员奖励规定》的第三条规定:"事业单位工作人员奖励工作,应当服务经济社会发展,符合事业单位特点,体现时代性、导向性、实效性,丰富奖励形式,发挥奖励的正向激励作用。主要遵循以下原则:(一)坚持党管干部、党管人才;(二)坚持德才兼备、以德为先;(三)坚持事业为上、突出业绩贡献;(四)坚持公开公平公正、严格标准程序;(五)坚持精神奖励与物质奖励相结合、以精神奖励为主;(六)坚持定期奖励与及时奖励相结合、以定期奖励为主。"ABD 三项正确。C 项,"以物质奖励为主"的说法错误,排除。故本题选 ABD。

三、判断题

74. B 【解析】本题考查时政热点。《中华人民共和国国民经济和社会发展第十四个五年规划和 2035 年远景目标纲要》明确提出,"十四五"时期,推动煤炭生产向资源富集地区集中,合理控制煤电建设规模和发展节奏,推进以电代煤。有序放开油气勘探开发市场准入,加快深海、深层和非常规油气资源利用，推动油气增储上产。因地制宜开发利用地热能。因此，题干中“以煤代电”的说法错误。

75. A 【解析】本题考查认识论。人们的认识过程往往是再认识的过程，是认识在原有基础上不断更新的过程。具体地说，我们既不能止步于前人和别人的认识上，也不能停留在自己已有的认识上，只有依据时间、地点、条件的变化继续不断地再认识，才能把认识推进到新的高度。实践没有止境，认识也没有止境。因此，对于社会发展规律，我们已经认识到的只是其中的一部分，还有很多规律需要我们进一步探索和把握。

76. A 【解析】本题考查法治。习近平总书记强调：“推进全面依法治国，根本目的是依法保障人民权益。”坚持法治为了人民，在全面依法治国中更好满足人民对美好生活的向往，一个重要着力点就是把人民对公平正义的期盼落实到依法保障人民权益上。

77. A 【解析】本题考查行政法的程序性原则。行政法的程序性原则包括：正当法律程序原则、行政公开原则、行政公正原则、行政公平原则。其中，行政公平原则的基本要求就是平等对待相对人，不歧视。“平等对待相对人、不歧视”是公民在“法律面前一律平等”的宪法原则在行政法领域的具体体现。平等不是绝对的，行政行为也不可能绝对地、无条件地对相对人一律平等。

78. B 【解析】本题考查函。函适用于不相隶属机关之间商洽工作、询问和答复问题、请求批准和答复审批事项。“相隶属”的说法错误。

79. A 【解析】本题考查行政效益。行政效益是对行政结果的质量规定，主要是看行政活动对社会有益影响的大小和给社会带来福利的多少。

80. B 【解析】本题考查电池的供电。电池的正负极名称不随电池的充放电状态的改变而发生变化，而阴阳极名称随着电池充放电状态的变化而变化。充电时，正极为阳极，负极为阴极；放电时，正极为阴极，负极为阳极。因此，当电池供电时，其正极端为阴极，负极端为阳极。

81. B 【解析】本题考查赤壁之战。赤壁之战是指东汉末年孙权、刘备联军在赤壁大破曹操大军的战役，是中国历史上以少胜多、以弱胜强的著名战役之一。

82. A 【解析】本题考查我国古代文学知识。衿，古式的衣领。在《短歌行》的“青青子衿，悠悠我心”中，“衿”也指代有学识的男性。

83. B 【解析】本题考查事业单位岗位变动人员工资调整办法。事业单位工作人员岗位变动后，从变动的下月起执行新聘岗位的工资标准。

2021 年山东省德州市德城区教师招聘考试公共基础知识真题试卷(二)

一、单项选择题

1. B 【解析】本题考查时政热点。2021 年 7 月，习近平主席在亚太经合组织领导人非正式会议上发表讲话强调，中国已经开启全面建设社会主义现代化国家新征程。我们将立足新发展阶段、贯彻新发展理念、构建新发展格局，建设更高水平开放型经济新体制，创造更具吸引力的营商环境，推进高质量共建“一带一路”，同世界和亚太各国实现更高水平的互利共赢。故本题选 B。

2. B 【解析】本题考查时政热点。《关于优化医保领域便民服务的意见》明确，2022 年底前，加快推动医保服务标准化、规范化、便利化建设，推行医保服务事项“最多跑一次”改革，高频医保服务事项实现“跨省通办”，切实提高医保服务水平。故本题选 B。

3. C 【解析】本题考查科学技术。2021 年 7 月 20 日，由中国中车承担研制、具有完全自主知识产权的我国时速 600 公里高速磁浮交通系统在山东青岛成功下线，这是世界首套设计时速达 600 公里的高速磁浮交通系统，标志着我国掌握了高速磁浮成套技术和工程化能力。故本题选 C。

4. A 【解析】本题考查党的组织路线。新时代党的组织路线是：全面贯彻新时代中国特色社会主义思想，以组织体系建设为重点，着力培养忠诚、干净、担当的高素质干部，着力集聚爱国奉献的各方面优秀人才，坚持德才兼备、以德为先、任人唯贤，为坚持和加强党的全面领导、坚持和发展中国特色社会主义提供坚强组织保证。故本题选 A。

5. D 【解析】本题考查党执政兴国的第一要务。党的十九大报告指出，实现“两个一百年”奋斗目标、实现中华民族伟大复兴的中国梦，不断提高人民生活水平，必须坚定不移把发展作为党执政兴国的第一要务，坚持解放和发展社会生产力，坚持社会主义市场经济改革方向，推动经济持续健康发展。故本题选 D。

6. C 【解析】本题考查哲学知识。“我命由我不由天”是说每个人的命运都是由自己把握的,而不是由上天安排的。也就是说,正确的意识对事物发展具有促进作用,人们自己可以创造自己的历史。故本题选 C。

7. C 【解析】本题考查消费心理。求实心理是消费心理之一,指以追求商品的使用价值为主要目的的消费心理。持这种心理的消费者,在选购商品时特别注重商品的质量和效用,讲究朴实大方、经久耐用、利用率高。故本题选 C。

8. C 【解析】本题考查货币的职能。支付手段是指货币用来清偿债务或支付赋税、租金、工资等的职能,是随着商品经济的发展,在出现赊购买卖时产生的。价值尺度是指货币充当衡量商品价值量大小的尺度的职能。C 项是货币执行价值尺度职能的表现,ABD 项属于货币执行支付手段职能的表现。故本题选 C。

9. A 【解析】本题考查影响需求价格弹性的因素。影响需求价格弹性的因素主要包括:商品对消费者生活的重要程度,商品的可替代性,商品用途的广泛性,考察时间的长短,商品的消费支出在消费者预算总支出中所占的比重,等等。替代品指能带给消费者相近的满足度、具有能够相互替代的性质的商品。当一种商品的替代品越多,相近程度越高,则该商品的需求量对价格变动的反应程度越大,即该商品的需求价格弹性就越大。A 项正确。当一种商品的需求量变动的程度大于价格变动的程度时,表明需求量对价格的变动反应较为灵敏,说明该商品富有弹性。当一种商品的需求量变动的程度小于价格变动的程度时,说明该商品缺乏弹性。B 项错误。一般来说,生活必需品的需求价格弹性小,即价格变动对其需求量的影响较小;非必需品的需求价格弹性大,即价格变动对其需求量的影响较大。C 项错误。一般来说,考察的时间越长,需求价格弹性越大,而考察的时间越短,需求价格弹性越小。D 项错误。故本题选 A。

10. A 【解析】本题考查管理者技能。管理是否有效,在很大程度上取决于管理人员是否真正具备了一名管理者所必须具备的管理技能。美国的管理学专家卡特兹针对管理者的工作特点,提出了技术技能、人际技能和概念技能的概念。他认为,有效的管理者应具备这三种技能。技术技能指使用某一专业领域内有关的工作程序、技术和知识完成组织任务的能力。人际技能指与处理人际关系有关的技能,或者说是与组织内外的人际和人群打交道的能力。概念技能是指管理者能够洞察组织与环境相互影响的复杂性,并在此基础上加以分析、判断、抽象、概括,并迅速作出决断的能力。因此,题干中的领导主要利用了概念技能。故本题选 A。

11. A 【解析】本题考查政府职能的本质。政府职能的本质是代表广大人民群众的根本利益,受人民委托行使行政权力。故本题选 A。

12. B 【解析】本题考查行政组织的类型。按照不同的功能,可以将行政组织分为以下五种类型:(1)领导机关。领导机关也称首脑机关,是行政组织的中枢,其职能是负责制定行政组织的目的、规划和政策,进行统一领导。(2)职能机关。职能机关也称业务机关,是指在领导机关的领导下,负责组织和管理某一具体业务和社会事务的机关。(3)辅助机关。辅助机关也称幕僚机关,是指为领导机关和职能机关实现行政目标而在行政组织内部承担辅助性工作的机关。(4)咨询机关。咨询机关也称智囊机关或参谋机关,是指为决策机关提供意见和建议、主要由专家及学者或有实际经验的行政人员组成的行政机关。(5)派出机关。派出机关是指一级政府根据政务管理需要在所辖区域内设置的代表机关。题干所述为辅助机关。故本题选 B。

13. C 【解析】本题考查时间管理。公共项目管理是项目生命周期内的一切管理工作的总称。其中,信息管理是对项目信息的收集、整理、处理、存储、传递与应用等一系列工作的总称。资金管理包括对项目执行过程前后所耗费的各种费用的总和予以估算,对项目资金的使用状况予以适时的监督与调整。时间管理又称项目的进度管理,是为了确保项目准时完成而进行的一系列管理活动与工作。人力资源管理就是对项目过程中的所有人员给予协调、控制和管理,使其为了同一项目紧密配合,激励并保持其对项目的热情和奉献精神,最终实现项目的目标。故本题选 C。

14. B 【解析】本题考查消费者权益保护。根据我国《消费者权益保护法》第二十三条的规定,经营者提供的机动车、计算机、电视机、电冰箱、空调器、洗衣机等耐用商品或者装饰装修等服务,消费者自接受商品或者服务之日起六个月内发现瑕疵,发生争议的,由经营者承担有关瑕疵的举证责任。因此,汽车直营店应承担有关瑕疵的举证责任,D 项错误。该法第二十四条规定:“经营者提供的商品或者服务不符合质量要求的,消费者可以依照国家规定、当事人约定退货,或者要求经营者履行更换、修理等义务。没有国家规定和当事人约定的,消费者可以自收到商品之日起七日内退货;七日后符合法定解除合同条件的,消费者可以及时退货,不符合法定解除合同条件的,可以要求经营者履行更换、修理等义务。依照前款规定进行退货、更换、修理的,经营者应当承担运输等必要费用。”直营店交付的车还未开走,便出现了发动机漏油的情况,说明直营店提供的商品不符合质量要求,因此陈某有权退车和解除合同。B 项正确,AC 两项错误。故本题选 B。

15. C 【解析】本题考查公民的基本权利和自由。我国《宪法》第三十四条规定:“中华人民共和国年满十八周岁的公民,不分民族、种族、性别、职业、家庭出身、宗教信仰、教育程度、财产状况、居住期限,都有选举权和被选举权;但是依照法律被剥夺政治权利的人除外。”因此,B 项说法正确,排除。我国《宪法》第三十五条规定:“中华人民共和国公民有言论、出版、集会、结社、游行、示威的自由。”因此,AD 两项说法正确,排除。公民享有的政治自由并非毫无限制的自由,C 项市民王某召集亲友在法院周围游行抗议,妨碍了正常的社会秩序,并不属于行使公民的基本权利和自由。故本题选 C。

16. B 【解析】本题考查妨害社会管理秩序罪。妨害社会管理秩序罪是指妨害国家机关对社会的管理活动,破坏社会正常秩序,情节严重的行为。根据我国《刑法》第二百七十七条的规定,以暴力、威胁方法阻碍国家机关工作人员依法执行职务的,处三年以下有期徒刑、拘役、管制或者罚金。因此,B 项属于扰乱公共秩序罪,也属于我国《刑法》规定的妨害社会管理秩序罪。A 项构成抢劫罪,C 项构成侵占罪,D 项构成拒不支付劳动报酬罪,都属于侵犯财产罪。故本题选 B。

17. B 【解析】本题考查我国古代历史。题干诗句下半句中的《霓裳羽衣曲》又名《霓裳羽衣舞》,是唐朝歌舞的集大成之作,在盛唐时期的音乐舞蹈中占有重要的地位。由此,可以将时间线锁定到唐朝。又由上半句中的“渔阳”,可以联想到始于渔阳之地的由安禄山发起的安史之乱。故本题选 B。

18. D 【解析】本题考查我国古代历史。南书房是清朝康熙时期的一个重要权力机关,在顺治帝时期南书房还未出现。D 项不符合史实。故本题选 D。

19. A 【解析】本题考查光的散射。天空呈现蔚蓝色是下层空气分子主要散射太阳短波蓝色光线的结果。故本题选 A。

20. A 【解析】本题考查环境保护。天然气、煤和石油都是不可再生能源,B 项并不是最有利于环境保护的做法。核能的利用对环境也有污染,C 项错误。废电池与其他废品一样用填埋的方式处理会造成污染,D 项错误。太阳能是一种无污染,又取之不尽的能源,所以开发和利用太阳能最有利于保护环境,故选 A。

21. B 【解析】本题考查安全常识。强烈地震时,在家中的人可在较坚实的家具,如床、桌下面,或躲在跨度小、刚度强的小开间的室内暂避,如厨房,卫生间等处。故本题选 B。

22. D 【解析】本题考查我国地理环境。我国久负盛名的“三山五岳”中,“五岳”是指东岳泰山、西岳华山、南岳衡山、北岳恒山、中岳嵩山。D 项说法错误。故本题选 D。

23. A 【解析】本题考查山东省省情。山东省 56 个民族齐全,有 55 个少数民族成分,少数民族人口 72.59 万人,占山东省总人口的 0.76%。因此,山东省的主体民族是汉族。故本题选 A。

24. D 【解析】本题考查山东省省情。山东省是全国四大海盐产地之一,丰富的地下卤水资源为山东盐业、盐化工业的发展提供了得天独厚的条件。故本题选 D。

25. A 【解析】本题考查公告。公告是行政公文的主要文种之一,发文的权力被限制在高层行政机关以及其职能部门的范围内。其主要包含两方面的内容:一是向国内外宣布重要事项,公布依据政策、法令采取的重大行动等;二是向国内外宣布法定事项,公布依据法律规定告知国内外的有关重要规定和重大行动等。BCD 三项说法正确。红头文件是指国家及地方行政主管部门颁发的规范性文件,一般要明确规定执行时间、适用范围及相关内容。而公告一般不用红头文件的方式传播,A 项说法错误。故本题选 A。

二、多项选择题

26. ABCD 【解析】本题考查时政热点。习近平总书记强调,加快构建新发展格局,是我们把握未来发展主动权的战略举措,是为了在各种可以预见和难以预见的惊涛骇浪中增强我们的生存力、竞争力、发展力、持续力,是一场需要保持顽强斗志和战略定力的攻坚战、持久战,要自觉把本地区本部门工作纳入构建新发展格局中统筹考虑和谋划,以更加坚定的思想自觉、精准务实的举措、真抓实干的劲头,推动构建新发展格局取得扎扎实实成效。故本题选 ABCD。

27. BC 【解析】本题考查时政热点。《新疆各民族平等权利的保障》白皮书指出,70 多年来,中国共产党和中国政府始终坚持"以人民为中心"的人权理念,始终把生存权、发展权作为首要的基本人权,把人权的普遍性原则与中国实际相结合,不断丰富和发展治疆方略,坚持依法治疆、团结稳疆、文化润疆、富民兴疆、长期建疆,坚持以保障和改善民生为重点,大力发展各项事业,共享改革发展成果,切实保障各族人民平等参与、平等发展权利,新疆人权事业不断得到新的发展和进步。故本题选 BC。

28. CD 【解析】本题考查社会主义民主。社会主义民主是最广泛、最真实、最管用的民主。人民民主的广泛性,不仅表现在人民享有广泛的民主权利,而且表现在民主主体的广泛性上。人民民主的真实性表现在人民当家作主的权利有制度、法律和物质的保障,也表现在随着社会经济的发展进步,人民的各种权益日益得到充分的实现。社会主义民主的管用性体现在中国特色社会主义政治制度上。中国特色社会主义政治制度使社会主义民主具有更旺盛的生命力。A 项体现了社会主义民主的真实性,B 项体现了社会主义民主的广泛性,CD 两项体现了社会主义民主的管用性。故本题选 CD。

29. BCD 【解析】本题考查重大结构性失衡的表现。当前中国经济发展面临三大结构性失衡:一是实体经济结构性供需失衡。供给体系产能虽然强大,但大多数只能满足中低端、低质量、低价格需求,难以满足公众日益升级的多层次、高品质、多样化消费需求。二是金融和实体经济的失衡。资金"脱实向虚"现象仍然存在,大量资金在金融体系内自我循环,不仅加大了金融体系风险,还进一步加重了实体经济的融资困难。三是房地产和实体经济的失衡。大量资金涌入房地产市场,一度带动一线和热点二线城市房价过快上涨,进一步推高实体经济成本。故本题选 BCD。

30. BC 【解析】本题考查通货膨胀的治理。通货膨胀是指整个社会物价水平持续和普遍上涨的现象。通货膨胀的实质是社会总需求大于社会总供给。因此,出现通货膨胀的现象时,政府可以采用适度从紧的财政政策和货币政策,这样做的目的是回笼市场中流通的货币,从而达到抑制社会总需求的目的。此外,政府还应增加商品的有效供给,调整经济结构,缓解因供需失衡引发的物价上涨压力。故本题选 BC。

31. ACD 【解析】本题考查消费者权益的保护。我国《消费者权益保护法》第二十六条规定:"经营者在经营活动中使用格式条款的,应当以显著方式提请消费者注意商品或者服务的数量和质量、价款或者费用、履行期限和方式、安全注意事项和风险警示、售后服务、民事责任等与消费者有重大利害关系的内容,并按照消费者的要求予以说明。经营者不得以格式条款、通知、声明、店堂告示等方式,作出排除或者限制消费者权利、减轻或者免除经营者责任、加重消费者责任等对消费者不公平、不合理的规定,不得利用格式条款并借助技术手段强制交易。格式条款、通知、声明、店堂告示等含有前款所列内容的,其内容无效。"因此,美丽公司提供的协议的格式条款中"如陈某单方放弃服务,余款不退"的条款无效。B 项说法不符合题意。但是,美容服务协议有效,陈某单方放弃服务需要承担赔偿损失的违约责任,无需承担继续履行的违约责任。ACD 项符合题意。故本题选 ACD。

32. ACD 【解析】本题考查维生素 D 的功能。维生素 D 的生理功能主要有:(1)促进小肠对钙的吸收,调节细胞生长分化。(2)促使骨组织及牙齿的矿化作用,维持正常生长发育。(3)调节钙、磷代谢,促进骨骼生长。(4)促进肾小管对钙、磷的重吸收,减少丢失,调节免疫功能。因此,ACD 三项说法正确。维生素 A 可以维护夜视力,促进生长发育和维持生殖功能,B 项说法错误,排除。故本题选 ACD。

33. CD 【解析】本题考查潮汐现象。潮汐现象是指海水在天体引潮力作用下所产生的周期性运动。这里的"天体"主要是指月球和太阳。故本题选 CD。

34. ABCD 【解析】本题考查山东省省情。山东省位于中国东部沿海、黄河下游、京杭大运河的中北段,从北向南分别与河北、河南、安徽、江苏四省接壤。故本题选 ABCD。

35. ABCD 【解析】本题考查山东省省情。小清河是一条防洪、排涝、灌溉和航运综合利用的大型河道,小清河东流经济南市的槐荫、天桥、历城、章丘、邹平、高青、桓台、博兴、广饶、寿光等,在寿光市羊角沟注入渤海,全长 237 公里。故本题选 ABCD。

2021 年山西省省直事业单位招聘考试(下午场)综合知识真题试卷(三)

一、单项选择题

1. A 【解析】本题考查质量互变规律。小概率事件,通常是指基于人们的经验和统计分析,在一段特定时间内发生的可能性相对较小的事件。然而,小概率事件并非零概率事件。若从长时段来看,只要具备相关因素和条件,小概率事件就可能会发生。用大概率思维应对小概率事件,要求我们从思想上高度重视潜在的风险,做足做好相关准备工作。因此,题干这一论述体现了事物的量变会引起质变,我们应重视量的积累,未雨绸缪,防患于未然。故本题选 A。

2. B 【解析】本题考查唯物辩证法。中国共产党面对复杂的形势和不同的路线,坚持从实际出发,从党内自主建设出发,坚持统一战线中的独立自主原则,体现了内因是事物变化发展的根据,是事物发展的源泉,决定着事物的性质和发展方向,在事物发展中起根本性作用,B 项符合题意。题干没有体现出矛盾对事物发展的推动作用,A 项不符合题意,排除;题干中未涉及对事物现象和本质的表述,C 项不符合题意,排除;认识对实践具有能动的反作用,而非能动创造性,D 项说法错误,排除。故本题选 B。

3. B 【解析】本题考查毛泽东思想。早在我党建立初期,毛泽东在《反对本本主义》一文中首次提出了党的思想路线问题,并规定了从斗争中创造新局面的思想路线。之后,我们党始终发扬在斗争中创造新局面的精神,沿着一切从实际出发、实事求是的思想路线,一路解放思想、开拓创新,解决了一个又一个的时代课题,开创出一个又一个的新局面。故本题选 B。

4. C 【解析】本题考查矛盾。题干指出,实现中华民族伟大复兴需要全党艰苦奋斗,不断进行伟大斗争,这体现了矛盾的普遍性原理,即矛盾存在于一切事物之中,并且贯穿事物发展过程的始终,社会在矛盾运动中前进,C 项符合题意。ABD 三项不符合题意,排除。故本题选 C。

5. D 【解析】本题考查意识的能动作用。题干强调,党员干部要始终保持先进意识,保持清醒,不断振奋精神,体现了意识对事物的发展具有能动的反作用,D 项符合题意。ABC 三项不符合题意,排除。故本题选 D。

6. D 【解析】本题考查区域协调发展。习近平总书记在文章《推动形成优势互补高质量发展的区域经济布局》中明确了新形势下促进区域协调发展的思路,并提出了“尊重客观规律、发挥比较优势、完善空间治理、保障民生底线”的 24 字要求。①②③⑤正确,故本题选 D。

7. C 【解析】本题考查我国经济发展主要矛盾。现阶段,我国经济发展的主要矛盾在供给侧,主要表现为供给结构不能适应需求结构变化的矛盾。故本题选 C。

8. A 【解析】本题考查时政热点。2021 年 4 月,中共中央办公厅印发了《关于庆祝中国共产党成立 100 周年组织开展“永远跟党走”群众性主题宣传教育活动的通知》,对庆祝中国共产党成立 100 周年群众性主题宣传教育活动作出安排部署。故本题选 A。

9. D 【解析】本题考查反垄断。加强反垄断监管,有利于保护消费者合法权益,维护公平竞争市场秩序,激发市场活力,②正确。监管部门依法依规对涉嫌垄断行为的互联网企业展开立案调查,正是为了更好地规范和发展线上经济,让互联网行业在法治轨道上更好前行,③正确。反垄断、反不正当竞争,是完善社会主义市场经济体制、推动高质量发展的内在要求,④正确。①与题意无关。故本题选 D。

10. C 【解析】本题考查脱贫人口。《人类减贫的中国实践》白皮书指出,中共十八大以来,经过 8 年持续奋斗,到 2020 年底,中国如期完成新时代脱贫攻坚目标任务,现行标准下 9899 万农村贫困人口全部脱贫,832 个贫困县全部摘帽,12.8 万个贫困村全部出列,区域性整体贫困得到解决,完成消除绝对贫困的艰巨任务。故本题选 C。

11. C 【解析】本题考查脱贫攻坚。2020 年 12 月召开的中央农村工作会议上,党中央决定,脱贫攻坚目标任务完成后,对摆脱贫困的县,从脱贫之日起设立5年过渡期。过渡期内要保持主要帮扶政策总体稳定。对现有帮扶政策逐项分类优化调整,合理把握调整节奏、力度、时限,逐步实现由集中资源支持脱贫攻坚向全面推进乡村振兴平稳过渡。故本题选C。

12. C 【解析】本题考查古田会议。古田会议的中心思想是用无产阶级思想进行军队和党的建设。故本题选C。

13. B 【解析】本题考查改革开放。邓小平指出,三十几年的经验是,关起门来搞建设是不行的,发展不起来。所以,我国开始对内搞活经济,对外实行开放政策。改革开放是中国的一场深刻的革命,是在中国共产党领导下进行的深刻的社会经济革命。建立经济特区,就是这场革命的最重要的内容之一。

14. C 【解析】本题考查改革开放。实践证明,改革开放是社会主义社会解放和发展生产力的必由之路,是社会主义现代化建设的强大动力源泉。故本题选C。

15. C 【解析】本题考查中国特色社会主义理论体系。江泽民同志在十四届五中全会闭幕时发表重要讲话,深刻阐述了社会主义现代化建设中的12个重大关系。其中,最主要的是要正确处理好改革、发展、稳定三者关系,强调改革是动力,发展是硬道理,稳定是前提。

16. A 【解析】本题考查中国特色社会主义理论体系。胡锦涛同志指出,90年来,我们党团结带领人民在中国这片古老的土地上,书写了人类发展史上惊天地、泣鬼神的壮丽史诗,集中体现为完成和推进了三件大事。第一件大事,我们党紧紧依靠人民完成了新民主主义革命,实现了民族独立、人民解放。第二件大事,我们党紧紧依靠人民完成了社会主义革命,确立了社会主义基本制度。第三件大事,我们党紧紧依靠人民进行了改革开放新的伟大革命,开创、坚持、发展了中国特色社会主义。本题为选非题,故选A。

17. D 【解析】本题考查家庭联产承包责任制。歌词中"我们的未来,在希望的田野上""生活在人们的劳动中变样"体现出农民的生产积极性和农村经济发展的光明前景。家庭联产承包责任制是指在坚持社会主义公有制前提下,把土地承包给农民,农民承担一定的义务,土地所有权属于集体,农民只有经营权和使用权,本质上属于社会主义的农业生产责任制形式。家庭联产承包责任制,改变了中国农村旧的经营管理体制,使广大农民获得了充分的经营自主权,调动了广大农民的生产经营积极性,解放和发展了农村生产力。D项最符合题意。1978年,党的十一届三中全会的召开为中国农村的全面改革制定了美好的蓝图。短短几年,中国农村就发生了翻天覆地的变化,农民生活水平显著提高。时任《歌曲》月刊编辑的陈晓光在安徽、四川等地农村体验生活,他亲身感受到了人民群众发自心底的喜悦,深切体会到了祖国大地日新月异的活力,于是激动地写下了题干中的歌词。故本题选D。

18. A 【解析】本题考查政府工作报告。李克强总理在2021年政府工作报告中指出,今年发展主要预期目标是:国内生产总值增长6%以上;城镇新增就业1100万人以上,城镇调查失业率5.5%左右;居民消费价格涨幅3%左右;进出口量稳质升,国际收支基本平衡;居民收入稳步增长;生态环境质量进一步改善,单位国内生产总值能耗降低3%左右,主要污染物排放量继续下降;粮食产量保持在1.3万亿斤以上。A项说法错误,符合题意。故本题选A。

19. A 【解析】本题考查奥运热点。2020年东京奥运会新增了滑板、冲浪、攀岩、棒垒球和空手道5个大项。因此,2024年巴黎奥运会增设的霹雳舞、滑板、攀岩、冲浪四个大项中,霹雳舞是首次进入奥运会的项目。故本题选A。

20. D 【解析】本题考查第三届中国国际进口博览会。习近平主席在第三届中国国际进口博览会开幕式上的主旨演讲中强调,我们要致力于推进合作共赢的共同开放,我们要致力于推进合作共担的共同开放,我们要致力于推进合作共治的共同开放。

21. A 【解析】本题考查科技热点。2020年11月12日,北京生命科学研究所资深研究员、清华大学生物医学交叉研究院教授李文辉博士,凭借其在推动乙肝科研和治疗方面做出的杰出贡献,荣获全球乙肝研究和治疗领域最高奖——巴鲁克布隆伯格奖。

22. C 【解析】本题考查山西省时政。2020年12月召开的山西省委经济工作会议指出,正是在习近平总书记的亲切关怀、英明领导下,省委团结带领全省人民,锐意进取、开拓创新、攻坚克难,交出了夺取山西"战疫"重大战略成果、实现转型发展入轨并呈现强劲态势和全力决战脱贫攻坚、决胜全面建成小康社会“三份优秀答卷”，使山西工作在新起点上实现了新发展、开创了新局面。

23. A 【解析】本题考查干部考察工作。考准察实干部，要用好“望远镜”，是指要立足长远看是否利于干部成长、看干部是否胜任岗位、看干部是否利于地方发展，强调更多地关注候选人的发展潜力。故本题选 A。

24. D 【解析】本题考查三个“新发展”。习近平总书记强调，进入新发展阶段、贯彻新发展理念、构建新发展格局，是由我国经济社会发展的理论逻辑、历史逻辑、现实逻辑决定的。进入新发展阶段明确了我国发展的历史方位，贯彻新发展理念明确了我国现代化建设的指导原则，构建新发展格局明确了我国经济现代化的路径选择。ABC 三项说法正确，不符合题意。D 项说法错误，故本题选 D。

25. D 【解析】本题考查“三牛”精神。习近平总书记在全国政协新年茶话会上发表重要讲话强调，我们要深刻铭记中国人民和中华民族为实现民族独立、人民解放和国家富强、人民幸福而奋斗的百年艰辛历程，发扬为民服务孺子牛、创新发展拓荒牛、艰苦奋斗老黄牛的精神，永远保持慎终如始、戒骄戒躁的清醒头脑，永远保持不畏艰险、锐意进取的奋斗韧劲，在全面建设社会主义现代化国家新征程上奋勇前进。故本题选 D。

26. B 【解析】本题考查全国文明城市。第六届全国文明城市入选城市名单中共包括 133 个城市，其中，入选的两个省会城市分别是云南省昆明市、甘肃省兰州市。故本题选 B。

27. B 【解析】本题考查保税区。2021 年 2 月，国务院正式批复设立陕西杨凌综合保税区，全国唯一农业特色的综合保税区正式落户杨凌。故本题选 B。

28. D 【解析】本题考查“四个全面”战略布局。党的十九届五中全会通过的《中共中央关于制定国民经济和社会发展第十四个五年规划和二○三五年远景目标的建议》中，明确提出要“协调推进全面建设社会主义现代化国家、全面深化改革、全面依法治国、全面从严治党的战略布局”。这是对“四个全面”战略布局所作出的新表述。故本题选 D。

29. A 【解析】本题考查“十四五”规划。在我国第十四个五年规划中，提出了我国经济社会发展必须遵循的原则是：坚持党的全面领导，坚持以人民为中心，坚持新发展理念，坚持深化改革开放，坚持系统观念。故本题选 A。

30. C 【解析】本题考查时事热点。广州白云国际机场 2021 年 1 月 25 日宣布，其 2020 年旅客吞吐量位居全球第一，摘得美国亚特兰大机场此前连续 22 年享有的桂冠。白云机场称，2020 年全年旅客吞吐量为 4376. 81 万人次，较 2019 年减少四成，但得益于中国疫情防控得力，全球排名由 2019 年的 11 位跃升榜首，这也是中国机场首次问鼎全球年度客流量第一。故本题选 C。

31. D 【解析】本题考查法律关系。法律关系的主体是法律关系的参加者，是法律关系中权利的享受者和义务的承担者。法律关系的客体，是指法律关系的主体的权利和义务指向的对象。AB 两项说法错误。法律关系并非只能在平等民事主体之间形成，例如，教育行政法律关系的实质就是政府对学校的管理和控制，学校完全处于行政相对人的地位，受制于政府的管理。因此，C 项说法错误。法律关系的三要素是指“主体、客体、内容”，D 项说法正确。故本题选 D。

32. A 【解析】本题考查我国《香港特别行政区基本法》和《香港特别行政区维护国家安全法》。我国《香港特别行政区基本法》第四十六条规定：“香港特别行政区行政长官任期五年，可连任一次。”因此，A 项说法错误。根据我国《香港特别行政区维护国家安全法》的相关规定，BCD 三项说法正确。故本题选 A。

33. C 【解析】本题考查人格权。我国《民法典》第一千零二十四条规定：“民事主体享有名誉权。任何组织或者个人不得以侮辱、诽谤等方式侵害他人的名誉权。名誉是对民事主体的品德、声望、才能、信用等的社会评价。”因此，“店员胡某通过捏造聊天记录的方式造谣小王出轨快递员”是对小王名誉权的侵害。我国《民法典》第一千零一十九条规定：“任何组织或者个人不得以丑化、污损，或者利用信息技术手段伪造等方式侵害他人的肖像权。未经肖像权人同意，不得制作、使用、公开肖像权人的肖像，但是法律另有规定的除外。未经肖像权人同意，肖像作品权利人不得以发表、复制、发行、出租、展览等方式使用或者公开肖像权人的肖像。”因此，胡某“将小王的照片和伪造的聊天记录在小区微信群大肆传播”是对小王肖像权的侵害。故本题选 C。

34. D 【解析】本题考查民事责任。小红因吞食果冻导致窒息死亡,小刘、小明、赵爷爷均不存在对注意义务的违反,并不存在过错。因此,小红的死亡属于意外事件,不产生相关人员过错责任。故本题选 D。

35. B 【解析】本题考查民法。张某购买了公园年卡,并按照要求向公园提交了指纹等相关信息,双方完成了从要约到承诺的过程,不存在不合理的情形,合同成立并有效。公园应根据约定履行合同义务。公园方面变更入园方式未经张某同意,原合同并未发生变更,构成违约,应当承担继续履行、赔偿损失的违约责任,A 项说法正确。入园方式在购卡时有约定,公园方面应该按照约定履行义务,因此,虽然入园方式属于公园的自主经营权,但经约定后公园无权随意变更,B 项说法错误。自然人的个人信息受法律保护,张某可以要求公园删除自己的指纹等个人信息,C 项说法正确。公园采集人脸信息超出了法律上的必要性原则,不具有正当性,D 项说法正确。故本题选 B。

36. B 【解析】本题考查《慈善法》。我国《慈善法》第四十一条规定:“捐赠人应当按照捐赠协议履行捐赠义务。捐赠人违反捐赠协议逾期未交付捐赠财产,有下列情形之一的,慈善组织或者其他接受捐赠的人可以要求交付;捐赠人拒不交付的,慈善组织和其他接受捐赠的人可以依法向人民法院申请支付令或者提起诉讼:(一)捐赠人通过广播、电视、报刊、互联网等媒体公开承诺捐赠的;(二)捐赠财产用于本法第三条第一项至第三项规定的慈善活动,并签订书面捐赠协议的。捐赠人公开承诺捐赠或者签订书面捐赠协议后经济状况显著恶化,严重影响其生产经营或者家庭生活的,经向公开承诺捐赠地或者书面捐赠协议签订地的民政部门报告并向社会公开说明情况后,可以不再履行捐赠义务。”因此,本题中接受捐赠的红十字会可以向 A 公司追偿剩余的口罩。故本题选 B。

37. C 【解析】本题考查选举权。我国《宪法》第三十四条规定:“中华人民共和国年满十八周岁的公民,不分民族、种族、性别、职业、家庭出身、宗教信仰、教育程度、财产状况、居住期限,都有选举权和被选举权;但是依照法律被剥夺政治权利的人除外。”C 项,齐某是外籍华人不是我国公民,因此无法享有选举权。故本题选 C。

易错警示:考生容易混淆享有选举权和行使选举权。选举权是公民的基本政治权利之一。在我国,精神病患者享有选举权,但由于其患病而不具备行使政治权利的实际能力,可以暂停其选举权的行使。

38. D 【解析】本题考查人格权。我国《民法典》第九百九十四条规定:“死者的姓名、肖像、名誉、荣誉、隐私、遗体等受到侵害的,其配偶、子女、父母有权依法请求行为人承担民事责任;死者没有配偶、子女且父母已经死亡的,其他近亲属有权依法请求行为人承担民事责任。”题干中并未提及胡某是该艺人的哪种近亲属。如果该艺人有前一顺序权利人(配偶、子女、父母),后一顺序的其他近亲属无权主张,其他近亲属也无权与第一顺序权利人同时主张;只有在死者没有配偶、子女且父母已经死亡的情形下,其他近亲属方享有请求权。D 项说法不准确,忽略了近亲属请求权的顺序。故本题选 D。

39. D 【解析】本题考查合同。我国《民法典》第一百四十三条规定:“具备下列条件的民事法律行为有效:(一)行为人具有相应的民事行为能力;(二)意思表示真实;(三)不违反法律、行政法规的强制性规定,不违背公序良俗。”本题中为赠与合同,属于民事法律行为。而且,赠与属于纯获利益的情形,双方都具备相应的民事行为能力,合同有效。因此,AB 两项错误。附条件与附期限的民事法律行为的区别在于:条件是不确定的偶然性事实,期限是确定的必然性事实,期限肯定会到来。本题中,小王与其祖父的约定里有“小王不得将太师椅转让给他人,否则将收回椅子”的条件,因此,祖孙二人的协议属于附条件生效的合同。C 项错误,D 项正确。故本题选 D。

40. D 【解析】本题考查防卫行为。正当防卫是指为了使公共利益、本人或者他人的人身、财产或者其他合法权益免受正在进行的不法侵害,而对不法侵害人所采取的合理的防卫行为。事前防卫是指行为人在不法侵害尚未发生或还未到来的时候,而对准备进行不法侵害的人采取了所谓的防卫行为。防卫过当是指行为人在实施正当防卫时,超过了正当防卫所需要的必要限度,并造成了不应有的危害行为。假想防卫是指不法侵害行为根本不存在,由于行为人猜想、估计、推断不法侵害行为存在,而对他人实施侵袭的不法侵害行为。题干中,小王认为女子有危险遂冲上前去,将男子打成轻伤,但女子系间歇性精神病患者,男子为其家人,当晚正准备将发病出走的女子带回家看管。因此,他所猜想的不法侵害行为并不存在,与事实情况不符,他的行为符合假想防卫的定义。故本题选D。

41. A 【解析】本题考查精神病人的刑事责任能力。我国《刑法》第十八条规定:"精神病人在不能辨认或者不能控制自己行为的时候造成危害结果,经法定程序鉴定确认的,不负刑事责任,但是应当责令他的家属或者监护人严加看管和医疗;在必要的时候,由政府强制医疗。间歇性的精神病人在精神正常的时候犯罪,应当负刑事责任。尚未完全丧失辨认或者控制自己行为能力的精神病人犯罪的,应当负刑事责任,但是可以从轻或者减轻处罚。"因此,并非精神病人就可以不负刑事责任,A项说法错误,符合题意。故本题选A。

方法技巧:我国《刑法》对精神病人刑事责任能力规定了不同的责任承担。精神病人刑事责任能力一般有三种划分:完全无刑事责任能力的精神病人,完全有刑事责任能力的精神病人,限制刑事责任能力的精神病人。

42. C 【解析】本题考查无效婚姻。我国《民法典》第一千零五十一条规定:"有下列情形之一的,婚姻无效:(一)重婚;(二)有禁止结婚的亲属关系;(三)未到法定婚龄。"C项,"有禁止结婚的法定疾病"不属于婚姻无效情形。故本题选C。

43. C 【解析】本题考查劳动争议的定义。我国《劳动法》第七十七条规定:"用人单位与劳动者发生劳动争议,当事人可以依法申请调解、仲裁、提起诉讼,也可以协商解决。调解原则适用于仲裁和诉讼程序。"由此可知,劳动争议指的是用人单位与劳动者之间产生的劳动纠纷。选项A是个体工匠与学徒之间的纠纷,选项B是雇主与雇员之间的纠纷,选项D是职工与单位之间关于公有住房转让的纠纷,均不符合劳动争议的定义,排除。只有C项是职工与单位之间的劳动纠纷,符合劳动争议的定义。故本题选C。

44. B 【解析】本题考查行政处罚的定义。我国《行政处罚法》第二条规定:"行政处罚是指行政机关依法对违反行政管理秩序的公民、法人或者其他组织,以减损权益或者增加义务的方式予以惩戒的行为。"选项B并非行政机关对违反行政管理秩序的公民、法人或者其他组织作出的惩戒行为,不符合行政处罚的定义。故本题选B。

45. C 【解析】本题考查诉讼时效的适用。我国《民法典》第一百九十六条规定:"下列请求权不适用诉讼时效的规定:(一)请求停止侵害、排除妨碍、消除危险;(二)不动产物权和登记的动产物权的权利人请求返还财产;(三)请求支付抚养费、赡养费或者扶养费;(四)依法不适用诉讼时效的其他请求权。"合同撤销权属于形成权,而非债权请求权,不适用诉讼时效。因此,ABD三项均属于不适用诉讼时效的情形,排除。故本题选C。

46. D 【解析】本题考查缺席判决。我国《民事诉讼法》第一百四十四条规定:"被告经传票传唤,无正当理由拒不到庭的,或者未经法庭许可中途退庭的,可以缺席判决。"题干中,金某作为被告在应诉答辩后突然杳无音讯,符合缺席判决的条件。故本题选D。

47. A 【解析】本题考查回避。我国《刑事诉讼法》第三十一条规定:"审判人员、检察人员、侦查人员的回避,应当分别由院长、检察长、公安机关负责人决定;院长的回避,由本院审判委员会决定;检察长和公安机关负责人的回避,由同级人民检察院检察委员会决定。对侦查人员的回避作出决定前,侦查人员不能停止对案件的侦查。对驳回申请回避的决定,当事人及其法定代理人可以申请复议一次。"因此,A项错误,符合题意。故本题选A。

48. B 【解析】本题考查缓刑。根据我国《刑法》第七十二条的规定,对于被判处拘役、三年以下有期徒刑的犯罪分子,同时符合下列条件的,可以宣告缓刑,对其中不满十八周岁的人、怀孕的妇女和已满七十五周岁的人,应当宣告缓刑:(1)犯罪情节较轻;(2)有悔罪表现;(3)没有再犯罪的危险;(4)宣告缓刑对所居住社区没有重大不良影响。因此,A项说法错误,田某"可以"宣告缓刑,而非"应当"宣告缓刑;B项说法正确,老许符合上述法条规定的条件,应当宣告缓刑;C项说法错误,依照上述法条的规定,马某"应当"宣告缓刑;D项说法错误,依照上述法条的规定,小徐"应当"宣告缓刑。故本题选B。

49. D 【解析】本题考查继承权。我国《民法典》第一千一百二十五条规定:"继承人有下列行为之一的,丧失继承权:(一)故意杀害被继承人;(二)为争夺遗产而杀害其他继承人;(三)遗弃被继承人,或者虐待被继承人情节严重;(四)伪造、篡改、隐匿或者销毁遗嘱,情节严重;(五)以欺诈、胁迫手段迫使或者妨碍被继承人设立、变更或者撤回遗嘱,情节严重。继承人有前款第三项至第五项行为,确有悔改表现,被继承人表示宽恕或者事后在遗嘱中将其列为继承人的,该继承人不丧失继承权。受遗赠人有本条第一款规定行为的,丧失受遗赠权。”因此,ABC 三项说法错误,排除。D 项说法正确,符合题意。故本题选 D。

易错警示:故意杀害被继承人的,不论继承人故意杀害被继承人的行为是既遂还是未遂,也不论其是否受到刑事责任的追究,都丧失继承权。

50. B 【**解析**】本题考查《著作权法》。我国《著作权法》第十六条规定:“使用改编、翻译、注释、整理、汇编已有作品而产生的作品进行出版、演出和制作录音录像制品,应当取得该作品的著作权人和原作品的著作权人许可,并支付报酬。”我国《著作权法》第三十八条规定:“使用他人作品演出,表演者应当取得著作权人许可,并支付报酬。演出组织者组织演出,由该组织者取得著作权人许可,并支付报酬。”因此,B 项说法正确。故本题选 B。

51. D 【**解析**】本题考查公文格式。根据《党政机关公文格式》的规定,如需标注密级和保密期限,一般用 3 号黑体字,顶格编排在版心左上角第二行;保密期限中的数字用阿拉伯数字标注。应在密级程度和保密期限之间用“★”隔开。D 项的写法符合规范。故本题选 D。

52. B 【**解析**】本题考查联合发文的公文格式。联合行文时,发文机关名称之间用空格隔开,而非用“和”字连接。B 项说法错误,符合题意。故本题选 B。

53. A 【**解析**】本题考查公文格式。主送机关的名称在标题下空一行位置,居左顶格写,后加冒号。公报、公告、通告等一般不写主送机关。在报刊、电台公布的命令(令)、决定、决议、会议纪要等,也不写主送机关。

54. A 【**解析**】本题考查公文格式。抄送机关之间应用逗号隔开。故本题选 A。

55. C 【**解析**】本题考查公文语言。A 项,“实行歧视个体户”的后面缺少实词,比如措施、政策等,表述不够准确,排除。B 项,“以上意见如有不当”不能立即转有关单位执行,而应该再行讨论斟酌。因此,应该是“以上意见如无不当”,B 项表述错误,排除。D 项,应该是“防止以后再发生这种严重的错误”,排除。C 项表述正确。故本题选 C。

56. C 【**解析**】本题考查公文的修辞。A 项将“城市建设”比喻成蓝图的绘制;B 项将大家合力工作比喻成“拧成一股绳儿”;D 项用“小金库”比喻违反法律法规及其他有关规定,应列入而未列入符合规定的单位账簿的资金。C 项没有使用任何修辞格,符合题意。故本题选 C。

57. B 【**解析**】本题考查请示。根据《党政机关公文处理工作条例》的规定,请示适用于向上级机关请求指示、批准。报告适用于向上级机关汇报工作、反映情况,回复上级机关的询问。B 项说法错误。故本题选 B。

58. B 【**解析**】本题考查公文标题。根据《党政机关公文处理工作条例》的规定,标题由发文机关名称、事由和文种组成。A 项,表述不准确,没有明确指出是对于哪个行业的综合行政执法有关事项的通知,排除。通知是文种,应该写在引号外,引号内是通知的具体内容,C、D 两项书写不规范,排除。B 项书写规范。故本题选 B。

59. B 【**解析**】本题考查批复的行文效能。批复要对下级机关在请示中提出的具体问题进行答复,是要明确指示的。因此,往往在要求下级机关遵照执行的同时,将执行情况或结果上报,以便检查了解。从行文效能来看,这体现了批复的指示性。

60. C 【**解析**】本题考查公文结尾的作用。题干中扶贫报告的结尾,是对这个村扶贫致富工作的具体成效的阐述,发挥的是公文结尾交代说明的作用。故本题选 C。

61. B 【**解析**】本题考查公文的发文办理程序。《党政机关公文处理工作条例》第二十五条规定:“发文办理主要程序是:(一)复核。已经发文机关负责人签批的公文,印发前应当对公文的审批手续、内容、文种、格式等进行复核;需作实质性修改的,应当报原签批人复审。(二)登记。对复核后的公文,应当确定发文字号、分送范围和印制份数并详细记载。(三)印制。公文印制必须确保质量和时效。涉密公文应当在符合保密要求的场所印制。(四)核发。公文印制完毕,应当对公文的文字、格式和印刷质量进行检查后分发。”故本题选 B。

62. C 【**解析**】本题考查公文的书写格式。根据《党政机关公文格式》的规定,如需标注紧急程度,一般用 3 号黑体字,顶格编排在版心左上角;如需同时标注份号、密级和保密期限、紧急程度,按照份号、密级和保密期限、紧急程度的顺序自上而下分行排列。根据《党政机关公文处理工作条例》的规定,根据紧急程度,紧急公文应当分别标注“特急”“加急”,电报应当分别标注“特提”“特急”“加急”“平急”。故本题选C。

63. B 【解析】本题考查下行文的结束语。下行文是上级机关向所属的下级机关的行文。“为盼”是希望受文者按来文要求去办,多用于函、通知、介绍信的末尾处。“特此报告”多用于报告的末尾处。“特此函复”一般用于函的末尾处。因此,ACD三项适用于平行文或上行文。B项“希即遵照”适用于下行文。故本题选B。

64. D 【解析】本题考查主送机关。议案是由具有法定提案权的国家机关、会议常设或临时设立的机构和组织,以及一定数量的人,向权力机构提出进行审议并做出决定的议事原案,适用于各级人民政府按照法律程序向同级人民代表大会或者人民代表大会常务委员会提请审议事项。故本题选D。

65. B 【解析】本题考查公文文种。《党政机关公文处理工作条例》规定,决定适用于对重要事项作出决策和部署、奖惩有关单位和人员、变更或者撤销下级机关不适当的决定事项。通报适用于表彰先进、批评错误、传达重要精神和告知重要情况。意见适用于对重要问题提出见解和处理办法。报告适用于向上级机关汇报工作、反映情况,回复上级机关的询问。因此,针对检查结果发文适用通报。故本题选B。

66. A 【解析】本题考查公文文种。《党政机关公文处理工作条例》规定,纪要适用于记载会议主要情况和议定事项。A项正确。通告适用于在一定范围内公布应当遵守或者周知的事项。公报适用于公布重要决定或者重大事项。意见适用于对重要问题提出见解和处理办法。通知适用于发布、传达要求下级机关执行和有关单位周知或者执行的事项,批转、转发公文。因此,B项“废止部分行政规范性文件”不应使用通告,而应使用通知或决定。C项“推进养老服务发展”不应使用实施办法,而应使用实施意见。D项“开展2021年全省‘安全生产月’活动”不应使用公报,而应使用通知。BCD三项文种使用错误。故本题选A。

67. B 【解析】本题考查公文文种。命令、决定和通报都有奖励有关单位及人员的功能,但它们的规格和层次是不同的。通常情况下,命令的层次最高,决定低于命令,但高于通报。嘉奖令通常用于表彰单个的集体或个人,比如,授予荣誉称号的国家级别的表彰一般采用命令。决定多用于表彰混合的集体和个人,在用途上多用于授予模范称号、记功等。此公文是省政府“对促进我省科学技术进步和经济社会发展作出突出贡献的科学技术人员和组织给予奖励”,因此,应使用决定文种。故本题选B。

68. D 【解析】本题考查词句推理。作答填空题时,必须综合考虑前后语境以及词语的固定搭配。第一空,“问鼎”可借指在比赛或竞争中夺取第一名;“打造”的意思是制造、创造或造就。根据文意,应是在前沿课题竞争中夺取第一名,而非创造前沿课题,因此可以排除AC两项,保留BD两项。第二空,D项“突破关键核心技术”搭配得当,排除B项。代入D项验证第三空和第四空,“强化对外科技合作”和“推动科技成果转移转化”均搭配得当。故本题选D。

69. C 【解析】本题考查决定。《党政机关公文处理工作条例》规定,决定适用于对重要事项作出决策和部署、奖惩有关单位和人员、变更或者撤销下级机关不适当的决定事项。BD两项说法正确,不符合题意。决定具有制约性,可起到行政约束的作用,A项说法正确,不符合题意。决定是下行文,不能用来处理带有一定商洽性的公务,C项说法错误,符合题意。故本题选C。

70. C 【解析】本题考查公文格式。《党政机关公文处理工作条例》规定,附件是公文正文的说明、补充或者参考资料。附注是公文印发传达范围等需要说明的事项。题干中附上的是目录名单,属于公文正文的说明、补充或者参考资料,应以附件的形式另面编排,并在正文之后、版记之前,与公文正文一起装订。故本题选C。

71. D 【解析】本题考查人文素养。D项,“为有牺牲多壮志,敢教日月换新天”出自毛泽东的《七律·到韶山》。这首七律,记述了毛泽东回到阔别32年的故乡时的真实感受。通过对韶山人民革命历史的回顾,以及对人民公社社员通过热情劳动而喜获丰收的描绘,赞扬了革命人民艰苦卓绝的战斗精神,歌颂了中国人民战天斗地的风貌,鲜明地体现了毛泽东高远的思想境界。这里的事件对应的是农民运动,而不是朝鲜战争,D

项对应不正确。故本题选 D。

72. D 【解析】本题考查《史记》。《史记》,是西汉史学家司马迁撰写的纪传体史书,是中国历史上第一部纪传体通史,记载了上至上古传说中的黄帝时代,下至汉武帝太初四年间共 3000 多年的历史。A 项,诗句出自唐代杜甫的《蜀相》,描写的是诸葛亮为了伐魏,六出祁山北伐中原的故事。B 项,词句出自宋代岳飞的《满江红》,描写的是岳飞带兵北伐抗击金兵,收复中原的故事。C 项,诗句出自唐代王翰的《凉州词》,描写的是唐代边塞军中宴乐畅饮生活的一个片断,抒发了守边将士忠勇爱国,视死如归的英雄气概。ABC 三项中的诗句所反映的内容与《史记》所记载的年代不相重合,因此,在《史记》中不能找到踪迹,排除。D 项,出自唐代王昌龄的《出塞》,意思是说:倘若卫青和飞将军李广而今健在,绝不会让胡人的骑兵跨越阴山。卫青和李广都是西汉抗匈名将。西汉匈奴战争可在《史记》中找到踪迹。故本题选 D。

73. C 【解析】本题考查历史事件的发生时间。甲午战争爆发于 1894 年;《觉醒年代》以 1915 年《青年杂志》问世到 1921 年《新青年》成为中国共产党机关刊物为贯穿,展现了从新文化运动、五四运动到中国共产党建立这段波澜壮阔的历史画卷;百团大战发生于 1940 年;渡江战役发生于 1949 年。因此,按照剧中历史事件的发生顺序排序,应该是②④①③。故本题选 C。

74. B 【解析】本题考查造纸术的传播。阿拉伯帝国地域辽阔,交通方便,朝觐和经商活动使他们的地理学非常发达。阿拉伯人还是世界文化的传播者,中国的造纸术经由阿拉伯帝国传到了欧洲。故本题选 B。

75. A 【解析】本题考查十月革命。十月革命推翻了俄国资产阶级临时政府,打破了资本主义一统天下的局面,动摇了资本主义的世界体系,在一个幅员辽阔的帝国主义国家推翻了资产阶级和封建主义的统治,第一次在人类历史上建立起了一个无产阶级专政的社会主义国家,开辟了人类历史的新纪元。推翻了罗曼诺夫王朝的统治的是二月革命,A 项说法错误。故本题选 A。

76. D 【解析】本题考查文学素养。《菜根谭》是明朝还初道人洪应明收集编著的儒家经典,是一部论述修养、人生、处世、出世的语录集。《随园诗话》是清代袁枚创作的诗歌美学和诗歌理论著作。《镜花缘》是清代李汝珍所作的一部长篇神魔小说。《儒林外史》是我国文学史上一部杰出的现实主义的长篇讽刺小说,由清代吴敬梓所作。该书以写实主义手法描绘了各类人士对于"功名富贵"的不同表现,一方面真实地揭示了人性被腐蚀的过程和原因,从而对当时吏治的腐败、科举的弊端、礼教的虚伪等进行了深刻的批判和嘲讽;另一方面热情地歌颂了少数人物对人性的守护,从而寄寓了作者的理想。故本题选 D。

77. A 【解析】本题考查文学素养。《福尔摩斯探案集》是英国侦探作家柯南道尔的成名代表作,全书包括 4 部长篇以及 56 个短篇小说,塑造了福尔摩斯这一栩栩如生、深得人心的形象,反映了维多利亚时代英国的社会生活。A 项符合题意。德国作家歌德的《少年维特之烦恼》是德国启蒙运动中的一部重要作品,早于维多利亚时代,B 项排除。海明威的《老人与海》出版于 1952 年,围绕一位老年古巴渔夫与一条巨大的马林鱼在离岸很远的湾流中搏斗而展开讲述,C 项不符合题意,排除。薄伽丘的《十日谈》是欧洲文学史上第一部现实主义巨著,是文艺复兴运动的一部宣言书,早于维多利亚时代,D 项排除。故本题选 A。

78. A 【解析】本题考查温度。在火山爆发时,总会喷出大量红色的火山熔岩。火山熔岩刚喷出时一般是液体状态,通常温度在 800 摄氏度至 1200 摄氏度,火山熔岩在流淌的过程中,不断向大气和大地表面散热,产生大量的烟雾。所以,火山熔岩在冷却时的凝固都是由外向里进行的。因此 A 项说法有误。故本题选 A。

79. D 【解析】本题考查文学作品中的天文知识。题干中诗句的意思是说人生在世,经常会遭受到劳燕分飞、天各一方的痛苦,就像天上的参星与商星一样,总是聚少离多,难得有相逢的机会。"参"和"商"指天上的参星与商星,这两颗星东西相对,角度相差一百八十度,一星升起,另一星即下沉,永远没有碰面的机会。参星在西方天文学中属猎户座,商星在西方天文学中属天蝎座。故本题选 D。

80. A 【解析】本题考查地球公转。太阳直射的最北界线是北回归线,最南界线是南回归线。每年太阳直射点总是在南北回归线之间移动。在南北回归线上,太阳每年直射一次,在南北回归线之间的地区,太阳每年直射两次。南北回归线之外的地区,太阳不会直射。太阳光直射赤道时,北半球的节气为春分或秋分;太阳光线直射北回归线时是北半球的夏至日;太阳光线直射南回归线时是北半球的冬至日。因此,A 项说法错误。故本题选 A。

81. B 【解析】本题考查假性近视。如果书本放得离眼太近,或采光、照明条件不好,久而久之会使睫状体收缩,悬韧带放松,晶状体靠它自身的弹性回弹,从而使得前后凸度增大,造成假性近视的现象。故本题选 B。

82. A 【解析】本题考查地貌。桂林山水位于广西壮族自治区东北部,有着典型的岩溶地貌,是世界上著名的游览胜地。岩溶地貌指地表中溶性岩石(主要是石灰岩)受水的溶解而发生溶蚀、沉淀、崩塌、陷落、堆积等现象形成各种特殊的地貌,如石芽、石林、溶洞等,这些现象总称为岩溶地貌,又称为喀斯特地貌。A 项正确。我国三大砂岩地貌是丹霞地貌、嶂石岩地貌和张家界地貌。砂岩地貌是因砂岩发育形成的地貌。丹霞地貌最重要的识别要素是红色陡崖坡,我国著名的丹霞地貌有广东丹霞山、福建武夷山等。嶂石岩地貌主要分布在河北省中南部赞皇县、太行山中南段,其典型特征是阶梯状陡崖和赤色峰墙。张家界地貌是以棱角平直的高大石柱林为主的地貌景观。故本题选 A。

83. D 【解析】本题考查高质量发展。党的十九大报告提出,我国经济已由高速增长阶段转向高质量发展阶段,必须坚持质量第一、效益优先,以供给侧结构性改革为主线,推动经济发展质量变革、效率变革、动力变革。因此,AC 两项表述错误。认识新常态,适应新常态,引领新常态,是当前和今后一个时期我国经济发展的大逻辑,B 项表述错误。我国经济向形态更高级、分工更优化、结构更合理演进,D 项表述正确。故本题选 D。

84. B 【解析】本题考查高铁建设。陇海线、兰新线和包兰线交汇的城市是兰州。京广线与陇海线交汇的城市是郑州。京沪线和沪杭线交汇的城市是上海。京沪线与陇海线交汇的城市是徐州。故本题选 B。

85. D 【解析】本题考查中共党史。全心全意为人民服务的根本宗旨是延安精神的本质,A 项说法错误。中共七大在延安胜利召开,第一次明确地把毛泽东思想确立为全党的指导思想,并庄严地写入党章。遵义会议开始确立实际以毛泽东为代表的马克思主义的正确路线在中共中央的领导地位,是中国共产党历史上一个生死攸关的转折点,标志着中国共产党从幼稚走向成熟。B 项说法错误。中国共产党创建的第一个农村革命根据地是井冈山革命根据地,但是,党在抗战时期创建的第一个农村革命根据地是陕甘宁抗日根据地,C 项说法错误。中国共产党在西柏坡召开了具有历史意义的七届二中全会。故本题选 D。

86. B 【解析】本题考查红色电影。《红色娘子军》是由上海电影制片厂出品的战争片,由谢晋执导。该片讲述了第二次国内革命战争时期,吴琼花从奴隶成长为共产主义战士的经历和海南红色娘子军的战斗故事,没有反映抗日战争。故本题选 B。

87. B 【解析】本题考查文学素养。苏联是一个存在于 1922 年至 1991 年的联邦制社会主义国家。高尔基出生于 1868 年,去世于 1936 年,属于苏联时期的文学家。普希金、屠格涅夫、陀思妥耶夫斯基都是俄罗斯帝国时期的文学家。故本题选 B。

88. D 【解析】本题考查相对性状。由题干所述可知,相对性状有三个关键因素:同种生物、同一性状、不同表现形式。选项 D 中,兔子的长毛和卷毛并非同一性状,长毛和短毛、卷毛和直毛才是同一性状。故本题选 D。

89. A 【解析】本题考查细胞。植物细胞和动物细胞大体上相同,都有细胞核、细胞质和细胞膜。但是,植物细胞在细胞膜外面有一层厚而坚硬的细胞壁,而动物细胞没有细胞壁。线粒体是大部分动植物都具有的一种结构,在动植物体中起能量转换器的作用。因此,A 项说法正确。故本题选 A。

90. B 【解析】本题考查化学常识。菠菜中含有大量的草酸,而普通豆腐是用石膏或卤水点的,含有大量的钙,草酸与钙可结合形成不溶性的草酸钙,有可能会引起结石病。故本题选 B。

91. B 【解析】本题考查蛋白质。高蛋白质的食物,一类是牛奶、畜肉、禽肉、蛋类、鱼、虾等动物蛋白;另一类是豆类和干果类的植物蛋白。豆腐富含蛋白质;香菇的蛋白质含量与鱼、禽肉类相当,也属于富含蛋白质的食物。玉米中的蛋白质含量较低,富含膳食纤维。故本题选 B。

92. A 【解析】本题考查生物常识。由于被移植的肾脏有异体抗原的存在,接受肾移植者的免疫系统对这一同种异体抗原会发生细胞和体液的免疫反应,这种免疫反应就是排斥反应。因此,植入的肾脏对机体来说属于抗原。故本题选 A。

93. D 【解析】本题考查我国地理。我国棉区范围广阔,根据棉花对生态条件的要求、社会经济条件和植棉历史等,可以在我国划分出三大棉区:长江中下游地区、黄河中下游地区和新疆地区。本题为选非题,故本题选 D。

94. B 【解析】本题考查科学常识。压强是指物体所受压力的大小与受力面积之比,常用来比较压力产生的效果。因此,当压力一定时,受力面积与压强成反比,选项 B 解释错误。故本题选 B。

95. B 【解析】本题考查光的反射。光在传播到不同物质时,在分界面上改变传播方向又返回原来物质中的现象叫光的反射。光的反射分为镜面反射和漫反射两种类型。镜面反射是指射到物体表面上的平行光,发生反射后仍是平行的。水面、金属面及各种表面平滑的物体都能形成镜面反射。漫反射是指射到物体表面上的平行光,发生反射后向着不同方向传播。光从一种透明介质斜射入另一种透明介质时,传播方向发生偏折的现象叫光的折射。光遇到障碍物时偏离原来直线传播的物理现象叫做光的衍射,又称绕射。复色光分解为单色光而形成光谱的现象叫做光的色散。因此,玉石在研磨之后,表面看起来光滑有光泽,这时光发生的是镜面反射。故本题选 B。

96. C 【解析】本题考查空气污染。细颗粒物又称 $PM_{2.5}$,指环境空气中直径小于等于 2.5 微米的颗粒物。可吸入颗粒物,通常是指粒径在 10 微米以下的颗粒物,又称 PM_{10}。A 项描述错误,排除。细颗粒物能较长时间悬浮于空气中,其在空气中含量浓度越高,就代表空气污染越严重,B、D 两项描述错误,排除。细颗粒物直径小,面积大,活性强,C 项描述正确。故本题选 C。

97. A 【解析】本题考查蛋白质。蛋白质主要由碳、氢、氧、氮四种元素组成,此外还含有少量的硫、磷等元素,A 项表述错误。由于碳水化合物和脂肪中仅含有碳、氢、氧,不含氮,所以蛋白质是人体氮的唯一来源,是碳水化合物和脂肪不能代替的,B 项表述正确。蛋白质的生理功能主要有:构成身体组织、调节生理功能、供给能量等,C 项表述正确。蛋类含蛋白质 11% 至 14%,是优质蛋白质的重要来源,D 项表述正确。故本题选 A。

98. B 【解析】本题考查杂交优势。由题干中给出的杂交优势的定义可知,杂交优势的其中一个重要特点是后代在某些方面表现出比亲本更优越。杂交优势可以表现在生活力、繁殖率、抗逆性以及产量、品质上,同时也可以表现在生长速度以及早熟性等方面。基因数量的增多并不一定是优势。B 项符合题意。故本题选 B。

99. D 【解析】本题考查灭菌方法。巴氏消毒法,亦称低温消毒法,是一种利用较低的温度既可杀死病菌又能保持物品中营养物质风味不变的消毒法,由法国微生物学家巴斯德发明,通常用于杀灭牛奶中的微生物。

100. A 【解析】本题考查管理的分类。集权管理是把生产经营决策权较多地集中在最高管理层,而下级则从事执行工作。分权管理是将生产经营决策权同相应的经济责任下放给下层管理人员,以便下层管理人员及时有效地根据情况进行决策。平衡管理是一个动态的概念,企业要在激烈的市场竞争中立于不败之地并长久保持自己的竞争优势,关键就是要在不断变化的内外环境中寻求一种平衡,这种平衡要能促进企业的发展和进步。绩效管理是指识别、衡量以及开发个人和团队绩效,并且使这些绩效与组织的战略目标保持一致的一个持续性过程。题干中,鲁院长将确定的工作委托给下级,让他们有一定的判断和独立处理工作的范围,同时也承担一部分责任,符合分权管理的定义。故本题选 A。

101. A 【解析】本题考查科学技术。光纤是利用光导纤维传递光脉冲来完成通信的,它的传输基于光的全内反射。故本题选 A。

102. D 【解析】本题考查国防知识。被称为"战争之神"和"开路先锋"的兵种分别为炮兵和工程兵。空降兵被称为"天之骄子"。导弹兵被称为"蓝天神剑"。D 项表述错误。故本题选 D。

103. A 【解析】本题考查天文学常识。太阳黑子发生在光球层。太阳耀斑是太阳活动最激烈的显示,耀斑发生在色球层,A 项说法错误。故本题选 A。

104. C 【解析】本题考查经济常识。股份有限公司的股份不能退股,但可以自由转让。C 项说法错误。故本题选 C。

105. D 【解析】本题考查地理分界线。400 毫米年等降水量线把我国大致分为东部和西部两大区域,是我国牧区畜牧业与农耕区畜牧业的分界线。西部牧区畜牧业降水少,植被以草原和荒漠为主,农业以畜牧业为主;东部农耕区畜牧业水热条件较好,农业以种植业为主,是我国主要的农耕区。故本题选 D。

二、多项选择题

106. ABC 【解析】本题考查民事法律行为默示形式。民事法律行为默示形式是指行为人并不直接表示其内心意思,只是根据其某种作为或不作为,根据逻辑推理的方法或者根据生活习惯推断出行为人内心意思的形式。它的特点是:行为人不以主动、明白、直接的形式将其内心意思表示出来,而是从其被动、间接的意思表示(作为或不作为)来推定的。其中,作为的默示形式是指行为人进行了某种积极的行为,根据这种行为可以推出行为人的内心意思。不作为的默示形式是指行为人没有进行任何积极的行为,但从其沉默不语的"行为"表示中可以推出行为人的内心意思。沉默只有在有法律规定、当事人约定或者符合当事人之间的交易习惯时,才可以视为意思表示。BC 两项属于作为的默示形式。我国《民法典》规定:"继承开始后,继承人放弃继承的,应当在遗产处理前,以书面形式作出放弃继承的表示;没有表示的,视为接受继承。"A 项属于不作为的默示形式。我国《民法典》规定:"承诺应当以通知的方式作出;但是,根据交易习惯或者要约表明可以通过行为作出承诺的除外。"D 项的要约声明没有相关法律条文的明确规定,不能作为意思表示的方式,排除。故本题选 ABC。

107. BC 【解析】本题考查公文格式。议案是由具有法定提案权的国家机关、会议常设或临时设立的机构和组织,以及一定数量的人,向权力机构提出进行审议并做出决定的议事原案,适用于各级人民政府按照法律程序向同级人民代表大会或者人民代表大会常务委员会提请审议事项。发文机关署名要由政府首长签署,签署格式为"首长职务:签字"。纪要是用于记载会议主要情况和议定事项的文书,是对会议的重要内容、决定事项或者主要观点和结论进行整理、综合,并提炼形成的一种具有纪实性、指导性的文书,可以不加发文机关署名。决议适用于会议讨论通过的重大决策事项,是党的领导机关就重要事项,经会议讨论通过其决策,并要求进行贯彻执行的重要指导性公文,发文机关署名和印章可省略。命令是一种带有强制性的,具有最高权威的指挥性公文。命令适用于公布行政法规和规章、宣布施行重大强制性措施、批准授予和晋升衔级、嘉奖有关单位和人员,通常在文件末尾标注签发人职务、签名章和成文日期。故本题选 BC。

108. ABC 【解析】本题考查公文文种。公报可分为会议公报、统计公报和外交公报等。其中,外交公报又分为单发公报和联合公报。联合公报用于公布两个或两个以上国家的政府、政党、团体之间就某些重大事项或问题经过会谈、协商取得一致意见或达成谅解后,联合签署发布的文件。《中国和美国联合公报》属于外交公报,A 项正确。决议适用于会议讨论通过的重大决策事项。根据内容和用途的不同,可以将决定分为部署性决定、知照性决定、奖惩性决定等。其中,部署性决定用于对重要事项或者重大行动做出安排,带有纲领性、指令性特点,要求下级机关认真贯彻执行。《国务院关于加强食品安全工作的决定》是部署性决定,B 项正确。报告按性质,可分为综合报告和专题报告两种;按用途,可分为工作报告、情况报告、答复报告等。其中,为使上级机关全面了解某一时期工作状况或有关情况而制发的报告,就是综合报告。内容全面,带有工作总结的某些特征,是这类报告的特点。《××市教育局关于 2020 年工作情况的报告》是综合报告,C 项正确。意见可以分为指导性意见、实施性意见、建议性意见和评估性意见等。其中,建设性意见是向上级提出工作建议、设想的上行文。评估性意见是职能部门或专业人员就某项专门工作,经过调查研究后,以鉴定性意见或批评性意见等形式作出的结论。D 项属于评估性意见,排除。故本题选 ABC。

109. ABCD 【解析】本题考查运动知识。运动时,运动者应掌握正确的呼吸方法,否则易产生头昏、恶心、过早疲劳等不良反应。正确的呼吸方法包括:同步式呼吸法、非同步式呼吸法、自由调节式呼吸法。在进行小强度训练时,常采用自由调节式呼吸法(以自身感觉舒服的方式呼吸)。提踵、慢跑、骑车时一般都采用此呼吸法。自由调节式呼吸法的呼吸方式应随动作而变。A 项正确。运动后补充糖类可以加速糖原储备的恢复,从而增强人的体能和运动能力,B 项正确。华佗模仿虎、鹿、熊、猿、鸟等五种动物的动作和神态编创了一套导引术,即“五禽戏”。五禽戏是中国民间广为流传的运动健身方法,C 项正确。强度较大的运动不适宜高血压病人,而健步走、自行车骑行、游泳等有氧运动比较适宜高血压病人。故本题选 ABCD。

110. ABC 【解析】本题考查世界文学。D 项,《卖火柴的小女孩》是丹麦童话故事作家安徒生的作品,并非出自《一千零一夜》,排除。故本题选 ABC。

111. ABC 【解析】本题考查全面从严治党。习近平在十九届中央纪委五次全会上发表重要讲话强调,全面从严治党首先要从政治上看,不断提高政治判断力、政治领悟力、政治执行力。故本题选 ABC。

112. ABC 【解析】本题考查对历史人物作用的理解。历史人物的出现及其事迹的发生,是偶然现象,但他们从属于所处的特定历史时期,体现特定历史时期以及其所属的大历史的本质要求,体现历史发展规律即必然性的本质要求。因此,任何历史人物的出现都体现了必然性和偶然性的统一,A 项说法正确。历史人物的作用的性质取决于他们的思想、行为是否符合社会发展的规律,是否符合人民群众的意愿。只有顺应历史发展的要求和人民群众的意愿,历史人物才能起到推动社会前进的积极作用,否则,如果违背了社会历史发展的规律性或必然性,历史人物也会走向反面。B 项说法正确。相对于历史发展的必然趋势而言,历史人物只能够推进或延缓一定的历史进程,但不能改变历史发展的基本方向。因此,C 项说法正确,D 项说法片面。故本题选 ABC。

113. ABD 【解析】本题考查《人类减贫的中国实践》白皮书。《人类减贫的中国实践》白皮书指出,占世界人口近五分之一的中国全面消除绝对贫困,提前 10 年实现《联合国 2030 年可持续发展议程》减贫目标。C 项中“20 年”的说法错误,排除。故本题选 ABD。

114. AB 【解析】本题考查时政热点。2021 年 1 月 25 日晚,国家主席习近平在北京以视频方式出席世界经济论坛“达沃斯议程”对话会,并发表了题为《让多边主义的火炬照亮人类前行之路》的特别致辞。习近平强调,解决好这个时代面临的课题,出路是维护和践行多边主义,推动构建人类命运共同体。故本题选 AB。

115. ABCD 【解析】本题考查合作作品的著作权。我国《著作权法》第十四条规定:“两人以上合作创作的作品,著作权由合作作者共同享有。没有参加创作的人,不能成为合作作者。合作作品的著作权由合作作者通过协商一致行使;不能协商一致,又无正当理由的,任何一方不得阻止他方行使除转让、许可他人专有使用、出质以外的其他权利,但是所得收益应当合理分配给所有合作作者。合作作品可以分割使用的,作者对各自创作的部分可以单独享有著作权,但行使著作权时不得侵犯合作作品整体的著作权。”这里所强调的“参加创作的人”,指的是对该作品的思想立意、创作观点、表达形式等付出过创造性的智力劳动的人,比如构思策划、执笔操作等。在作品中为他人的创作进行组织工作,提供咨询意见、物质条件,或者进行了其他辅助工作的,不能成为合作作者。本题中,薛某和董某是合作作者,董某有权发表该小说,C 项说法错误。在该小说的创作过程中,钟某提供了生活素材、A 公司提供了资金、宋某作为组织者并提供了咨询意见,但三者都没有参与实际的创作,并不是作者。因此,ABD 三项说法错误。故本题选 ABCD。

2021 年河北省石家庄市直教师招聘考试公共基础知识真题试卷(四)

一、单项选择题

1. C 【解析】本题考查时政热点。清华大学的前身清华学堂始建于 1911 年,是清政府设立的留美预备学校。2021 年是清华大学建校 110 周年。故选 C。

2. B 【解析】本题考查时政热点。习近平总书记指出:“事实充分证明,精准扶贫是打赢脱贫攻坚战的制胜法宝,开发式扶贫方针是中国特色减贫道路的鲜明特征。只要我们坚持精准的科学方法、落实精准的工作要求,坚持用发展的办法解决发展不平衡不充分问题,就一定能够为经济社会发展和民生改善提供科学路径和持久动力!”故选 B。

3. D 【解析】本题考查时政热点。习近平总书记说过，基础研究是整个科学体系的源头，是所有技术问题的总机关。我们要想实现科技的自立自强，基础创新能力方面必须要过硬。故选 D。

4. D 【解析】本题考查时政热点。2021 年中央一号文件指出，脱贫攻坚目标任务完成后，对摆脱贫困的县，从脱贫之日起设立 5 年过渡期，做到扶上马送一程。故选 D。

5. C 【解析】本题考查时政热点。2021 年 2 月 4 日，北京冬奥会、冬残奥会火炬——“飞扬”正式问世。故选 C。

6. B 【解析】本题考查法定最低刑事责任年龄。2020 年 12 月 26 日，十三届全国人大常委会第二十四次会议表决通过了《刑法修正案（十一）》。《刑法修正案（十一）》于 2021 年 3 月 1 日起施行。《刑法修正案（十一）》将法定最低刑事责任年龄下调至 12 周岁，即已满十二周岁不满十四周岁的人，犯故意杀人、故意伤害罪，致人死亡或者以特别残忍手段致人重伤造成严重残疾，情节恶劣，经最高人民检察院核准追诉的，应当负刑事责任。故选 B。

7. B 【解析】本题考查个人所得税。2021 年 1 月 1 日起，在纳税人累计收入不超过 6 万元的月份，暂不预扣预缴个人所得税；在其累计收入超过 6 万元的当月及年内后续月份，再预扣预缴个人所得税。故选 B。

8. D 【解析】本题考查时政热点。2020 年回归祖国的第 100 件流失文物——已经漂泊海外近一个世纪的山西天龙山石窟第 8 窟北壁主尊佛首，亮相春晚舞台，与全国人民共迎新春、欢庆团圆。山西太原天龙山石窟开凿于北朝晚期至隋唐时期，是中原地区代表性佛教石窟，在我国石窟雕塑艺术发展史上具有重要地位。

9. A 【解析】本题考查时政热点。世界卫生组织国际癌症研究机构（IARC）发布了 2020 年全球最新癌症负担数据，预估了全球 185 个国家 36 种癌症类型的最新发病率、死亡率情况，以及癌症发展趋势。最新预估数据显示，2020 年全球乳腺癌新发病例高达 226 万例，超过了肺癌的 220 万例，乳腺癌取代肺癌，成为“全球第一大癌”。

10. D 【解析】本题考查时政热点。习近平在博鳌亚洲论坛 2021 年年会开幕式上的视频主旨演讲中指出：本届年会是在特殊背景下召开的。年会以“世界大变局：共襄全球治理盛举，合奏‘一带一路’强音”为主题，恰逢其时，具有重要现实意义。故选 D。

11. D 【解析】本题考查货币的职能。流通手段是指货币在商品交换中充当媒介作用的职能，特点是“一手交钱，一手交货”。移动支付属于即时支付的买卖行为，体现了货币的流通手段职能，D 项正确。A 项，贮藏手段，指货币作为社会财富的代表，可以退出流通领域，被贮藏起来的职能。B 项，支付手段，指货币用来清偿债务或支付赋税、租金、工资等的职能。C 项，价值尺度，指货币充当衡量商品价值量大小尺度的职能。货币执行价值尺度的职能，不需要现实的货币，只需要观念上的货币。故选 D。

12. B 【解析】本题考查商品和消费。在这个智能手机不断发展的时代，随着大屏手机的不断推出，平板电脑的用途就显得过于单一，其娱乐功能已是大屏手机的基本功能。因此，平板电脑的销量持续下跌，逐渐被大屏手机所替代，这是因为商品的功用会影响消费者选购，消费者一般更倾向于选购功用更丰富的商品，B 项正确。A 项说法过于绝对。如果两种商品的功用相同或相近，可以满足消费者的同一需要，那么这两种商品互为替代品，C 项说法错误。D 项不是题干现象的原因。故选 B。

13. A 【解析】本题考查我国经济发展阶段。“高速”指向数量或规模，往往是经济发展初级阶段的目标。“高质量”强调质量和效益，是经济发展达到一定水平之后才会有的目标。我国经济发展进入新常态，大力推动经济进入创新驱动、内生增长的发展轨道，有利于推动高质量发展。

14. A 【解析】本题考查新发展理念。创新、协调、绿色、开放、共享是五大发展理念。（1）创新发展是指把创新摆在国家发展全局的核心位置，不断推进理论创新、制度创新、科技创新、文化创新等各方面创新，让创新贯穿党和国家一切工作，让创新在全社会蔚然成风。（2）协调发展是指必须牢牢把握中国特色社会主义事业总体布局，正确处理发展中的重大关系，重点促进城乡区域协调发展，促进经济社会协调发展，促进新型工业化、信息化、城镇化、农业现代化同步发展，在增强国家硬实力的同时注重提升国家软实力，不断增强发展整体性。（3）绿色发展是指必须坚持节约资源和保护环境的基本国策，坚持可持续发展，坚定走生产发展、生活富裕、生态良好的文明发展道路,加快建设资源节约型、环境友好型社会,形成人与自然和谐发展的现代化建设新格局,推进美丽中国建设,为全球生态安全作出新贡献。(4)开放发展是指必须顺应我国经济深度融入世界经济的趋势,奉行互利共赢的开放战略,发展更高层次的开放型经济,积极参与全球经济治理和公共产品供给,提高我国在全球经济治理中的制度性话语权,构建广泛的利益共同体。(5)共享发展是指必须坚持发展为了人民、发展依靠人民、发展成果由人民共享,作出更有效的制度安排,使全体人民在共建共享的发展中有更多获得感,增强发展动力,增进人民团结,朝着共同富裕的方向稳步前进。题干主要强调协调城市与农村之间、不同区域之间、物质与精神之间的发展,是协调发展的表现。故选 A。

15. A 【解析】本题考查企业成功经营的策略。菜鸟联手快递企业发起“回箱计划”,首批铺设 1000 个绿色回收箱,助力上海快递网点绿色回收全覆盖,说明这些企业勇于承担社会责任,践行绿色发展理念,A 项正确。材料未涉及面向市场组织生产,B 项不符合题意。企业经营的目的是获得利润,企业应该坚持经济效益和社会效益相统一,C 项错误。材料未涉及诚信经营,D 项不符合题意。

16. C 【解析】本题考查国家宏观调控的手段。宏观调控不包括市场手段,A 项错误。宏观调控的经济手段,就是通过经济利益的调整来影响和调节经济活动。对居民用户实行垃圾计量收费和差别化收费,发挥了经济利益对人们行为的引导作用,属于宏观调控的经济手段,C 项正确。行政手段是依靠行政机构,采取强制性的命令、指示、规定等行政方式来调节经济活动,以达到宏观调控目标的一种手段。法律手段是指依靠法制力量,通过经济立法和司法,运用经济法规来调节经济关系和经济活动,以达到宏观调控目标的一种手段。BD 两项均不符合题意。故选 C。

17. B 【解析】本题考查货币政策。货币政策是指国家通过金融系统调节货币的供应量,实现宏观经济目标的一种经济政策,包括法定存款准备金率、再贴现率、银行贷款利率等。财政政策是指国家通过财政收入和财政支出调节社会总需求和总供给,以实现社会经济目标的一种经济政策,包括税收、国债、财政投资、财政补贴等。AC 两项属于财政政策,排除。提高银行的房贷利率属于货币政策,B 项正确。限制商品房购买套数是政府运用行政手段进行宏观调控的表现,D 项错误,排除。故选 B。

18. D 【解析】本题考查分配政策。材料未体现居民收入增长与经济发展同步,A 项错误。材料中的做法与缩小行业之间、区域之间的收入差距无关,B 项错误。材料中的一系列措施并不完全是初次分配的体现,且重点不在于促进效率的提高,C 项错误。材料中的一系列措施是促进社会公平的表现,D 项正确。

19. B 【解析】本题考查社会主义市场经济。竞争中性原则有利于实现市场在资源配置中的决定性作用,有利于国有企业和其他类型企业的平等竞争,有利于建立统一开放、竞争有序的现代市场体系,B 项正确,AC 项错误。诚实守信是现代市场经济正常运行必不可少的条件,D 项错误。

20. D 【解析】本题考查经济全球化与对外开放。随着我国复工复产的顺利推进,我国进出口稳步发展,进出口贸易总额不断增加,这得益于我国营商环境的优化、国际营销网络的完善以及“一带一路”建设中对新兴市场的开拓,ABC 项都是促成这一增长的原因。题干中未涉及利用外资,D 项符合题意。

21. B 【解析】本题考查正确对待网络谣言。防疫并非只是政府的事,也是公民的事,我们既要做到不造谣,更要不信谣、不传谣,B 项正确。ACD 项说法错误。

22. B 【解析】本题考查政府的职能。开展扫黑除恶专项斗争的目的是保障人民安居乐业、社会安定有序、国家长治久安,切实维护社会稳定,B 项正确。A 项“一切权益”说法错误。C 项和 D 项不是开展扫黑除恶专项斗争的目的。故选 B。

23. A 【解析】本题考查政府的职能。慈利县持续加强乡村政务服务能力建设的一系列举措提高了公共服务效率,A 项正确。政府的职权由法律赋予,不能随意扩大,B 项错误。材料并未涉及政府的监管,C 项错误。材料强调政府为人民服务,解决了人民的实际困难,并未增加基层工作的负担,D 项错误。故选 A。

24. B 【解析】本题考查我国的国家性质。我国新冠疫苗全民免费接种,这从根本上是由我国的国体(即人民民主专政的社会主义国家)决定的,B 项正确,C 项错误。A 项不是我国政府承担所有疫苗的费用和接种费用的根本原因，排除。D 项，我国的人民民主具有制度、物质保障，即人民民主是最真实的民主，这是我国人民民主专政的社会主义国家性质的体现，但不是我国政府承担所有疫苗的费用和接种费用的根本原因。B 项最符合题意。

25. C 【解析】本题考查社会主义民主的特点。社会主义民主是最广泛的民主。这不仅表现在人民享有广泛的民主权利，而且表现在民主主体的广泛性上。"有党政军干部、工人、农民、农民工代表，也有少数民族代表和归国华侨代表"体现了我国民主主体的广泛性。故选 C。

26. B 【解析】本题考查民主决策。公民参与民主决策的方式包括:(1)社情民意反映制度，即公民向决策机关反映意见、提出建议。(2)专家咨询制度，即专家学者利用自己掌握的专业知识、相关信息等，对专业性、技术性较强的重大事项进行分析论证。(3)重大事项社会公示制度，即决策机关将涉及公众利益的各项决策进行公示，公民在真正了解决策的有关内容后，发表意见，提出建议。(4)社会听证制度，即对同公众利益密切相关的重大事项进行听证。本题中，公民参与"两会"在线建言属于通过社情民意反映制度进行民主决策，B 项正确，D 项错误。AC 项均属于民主监督，不符合题意。故选 B。

27. D 【解析】本题考查基层群众自治。基层群众自治的基本管理形式是民主选举、民主决策、民主管理和民主监督。在听证会上发表意见提出建议属于民主决策，A 项错误。作为志愿者参加小区疫情防控属于民主管理，B 项错误。在网络论坛检举某公务员的违法行为属于民主监督，C 项错误。参加市政府机关举行的民主评议活动属于民主监督，D 正确。故选 D。

28. A 【解析】本题考查中国共产党的宗旨。数百万驻村干部、第一书记日夜奋战在脱贫攻坚主战场，体现了中国共产党人为人民谋幸福的初心，是坚持党的执政理念、贯彻群众路线的内在要求，A 项正确。"行政体制"说法错误，因为题干的主体是党员干部，而不是政府，B 项错误。党员干部奋战脱贫攻坚主战场不是为了推进乡村治理体系的完善和治理能力现代化，实施乡村振兴战略有利于推进乡村治理体系的完善和治理能力现代化，C 项错误。党员干部奋战脱贫攻坚主战场的目的是打赢脱贫攻坚战，实现共同富裕，而不是同步富裕，D 项错误。

29. A 【解析】本题考查党的知识。中国共产党从《共产党宣言》等马克思主义经典著作中不断汲取思想营养。中国共产党以马克思主义为指导思想和行动指南。马克思主义深刻揭示了人类社会发展规律，指明了历史发展的方向。马克思主义是不断发展的开放的理论，不断探索时代发展提出的新课题、回应人类社会面临的新挑战。坚持以马克思主义为指导，就使得我们党站得高、看得远，总能走在时代前列。A 项符合题意。

30. C 【解析】本题考查民主监督。"互联网 + 督查"与政府转变职能和公民参与民主决策无关，是民主监督的一种形式，有利于加强对政府权力的制约和监督，C 项正确，AB 项错误。发展基层民主，实行基层群众自治是人民当家作主的有效途径，D 项错误。故选 C。

31. A 【解析】本题考查抗疫精神。"捐躯赴国难，视死忽如归"赞颂了英雄捐躯为国、视死如归的崇高精神境界，A 项与题干要求相符，正确。"居高声自远，非是藉秋风"写蝉声远传，表现出品格高洁的人，并不需要某种外在的依靠，自能声名远播，B 项不符合题意。"荷尽已无擎雨盖，菊残犹有傲霜枝"两句写景，突出菊花傲霜斗寒的形象，C 项不符合题意。"醉卧沙场君莫笑，古来征战几人回"极言边陲战争的激烈残酷，用戏谑的口吻表达报国豪情，D 项不符合题意。

32. D 【解析】本题考查中华文化的特征。我国幅员辽阔，各地自然条件千差万别，经济社会发展程度不同。受历史、地理等因素的影响，各地区的文化带有明显的区域特征。在不同地区形成了不同种类的方言，体现了中华文化的地域性特征。故选 D。

33. C 【解析】本题考查汉字的文化地位。汉字文化内涵丰富，是中华文化的载体，是中华文明的重要标志。汉字为书写中华文化，传承中华文明发挥了巨大的作用，是中华文化源远流长的重要见证。故选 C。

34. D 【解析】本题考查文化与综合国力的关系。材料表明文化的兴衰与国力的强弱密切相关，强调了综合国力在文化发展中的重要性，因此要创造中华文化新的辉煌，必须实现中华民族的伟大复兴，D 项正确。A 项，"一方水土，一方文化"指的是文化的地域性，与题意无关，排除。B 项本身说法正确，但与题干强调的综合国力无关，排除。文化由经济和政治所决定,文化成为综合国力竞争的重要因素,但文化不能决定综合国力,C 项错误。故选 D。

35. B 【解析】本题考查个人利益与国家利益的关系。材料强调把实现个人梦、家庭梦融入国家梦、民族梦之中,而不是着眼于个人的前途命运,启示我们应坚持个人理想与国家发展伟业的有机统一,B 项正确,A 项错误。“为实现国家利益放弃个人利益”的表述不符合题意,C 项排除。“推动中国特色社会主义进入新时代”夸大了新时代青年的作用,D 项错误。故选 B。

36. C 【解析】本题考查文化的作用。材料并未体现文化是人类社会特有的现象,A 项错误。先进的文化能够促进社会经济的发展,B 项错误。材料说明中国的发展道路首先是由中国五千年历史文化传统决定的,中国人没有扩张侵略的基因,秉持的是天下大同、天下为公的理念,不赞同你输我赢、零和博弈的思维。这体现出了文化对一国发展道路的强大影响,表明文化能够反作用于政治,C 项正确。文化是经济和政治的反映,D 项错误。故选 C。

37. D 【解析】本题考查工匠精神的培育。培育工匠精神需要进一步营造劳动光荣的社会风尚和精益求精的敬业风气,让劳模精神、劳动精神、创新精神、工匠精神成为全社会共同的精神追求,而非“全社会最高的价值追求”,A 项错误。工匠精神不是单纯的坚持,跳槽也不是职业道德的缺失,B 项错误。C 项与题意无关。培育工匠精神必须加强劳动者职业道德建设,提升劳动者职业技能水平,D 项正确。故选 D。

38. B 【解析】本题考查中华民族共同体意识。在各族干部群众中深入开展中华民族共同体意识教育,有利于激发各族人民深厚爱国热情,弘扬社会主义核心价值观念,建设各民族共有的精神家园,故选 B。

39. C 【解析】本题考查文化创新。非遗扶贫就业工作坊利用独特的乡村文化资源,带动了大量的项目开展和人口就业,助力脱贫攻坚,激发了乡土文化的创新活力,C 项正确。ABD 项均夸大了非遗扶贫就业工作坊的作用。

40. A 【解析】本题考查中华文化。三星堆遗址再次启动祭祀坑发掘,展示了灿烂的中华文化,激发了中华民族自豪感,A 项正确。BCD 项与题意无关。故选 A。

41. A 【解析】本题考查唯心主义。客观唯心主义把客观精神(如上帝、鬼神、理念、绝对精神等)看作世界的主宰和本原,认为现实的世界只是这些客观精神的外化和表现。把人生的成败寄托于“锦鲤”,属于客观唯心主义。故选 A。

42. D 【解析】本题考查认识与实践。中国的珠峰测量史佐证了科技进步的实践可以推动认识向前发展,D 项正确。追求真理是一个永无止境的过程,而非“循环往复的过程”,B 项错误。AC 项说法正确但不符合题意,排除。

43. C 【解析】本题考查矛盾的主次方面原理及其方法论。材料体现出平台经济高速发展,虽然给人们的生活带来便利,但也衍生出一些问题。这要求我们分清主流和支流,但不忽视支流,要正视问题,C 项正确。材料强调的是数字经济的负面影响,即强调矛盾的次要方面,AD 项不符合题意。人们不能根据自己的愿望建立新的具体的联系,可以根据固有的联系建立新的联系,B 项错误。故选 C。

44. C 【解析】本题考查矛盾。人工智能始终领先于人类“智能”的观点错误,A 项错误。材料未体现创新推动社会生产力的发展,B 项错误。从哲学上看,材料说明创新推动思维方式的发展,矛盾是事物发展的源泉和动力,C 项正确。量变和质变是事物发展的基本状态,D 错误。故选 C。

45. A 【解析】本题考查实践。在不同的历史发展阶段,人类实践活动的内容、形式、规模和水平是各不相同的,都受到一定社会历史条件的制约,是一定历史条件下的产物。中国科技事业起步比西方晚,并且受到西方的技术垄断和封锁制约,但北斗人不懈奋斗,使中国成为世界上第三个独立拥有全球卫星导航系统的国家。这说明人的实践活动是历史的、发展的。A 项正确。正确的意识对人们认识世界和改造世界具有指导作用,B 项说法错误。具体问题具体分析是我们正确认识事物的基础和正确解决问题的关键,C 项说法错误。发展的总趋势是前进性和曲折性的统一,D 项说法错误。故选 A。

46. B 【解析】本题考查价值判断与价值选择。随着生活水平的提高,如今的年轻人以能吃、爱吃、会吃为荣,而在物质匮乏的年代,人们提倡节衣缩食。不同时期人们对吃的理解不同,这反映了社会存在决定社会意识,价值判断和价值选择具有社会历史性,①④正确。材料并未体现经济基础决定上层建筑,也未体现价值判断和价值选择的因人而异,②③错误。故选 B。

47. D 【解析】本题考查马克思主义中国化。1938年10月,毛泽东在党的六届六中全会上作了题为《论新阶段》的政治报告,最先提出了“马克思主义中国化”这个命题。故选 D。

48. C 【解析】本题考查中国特色社会主义理论体系。党的十七大报告指出,中国特色社会主义理论体系,就是包括邓小平理论、“三个代表”重要思想以及科学发展观等重大战略思想在内的科学理论体系。故选 C。

49. A 【解析】本题考查“四个全面”战略布局。党的十八届四中全会首次以全会的形式专题研究部署全面推进依法治国这一基本治国方略,提出了全面推进依法治国的总目标和重大任务。

易错警示:党的十九届五中全会通过的《中共中央关于制定国民经济和社会发展第十四个五年规划和二〇三五年远景目标的建议》对“四个全面”战略布局作出了新表述——全面建设社会主义现代化国家,全面深化改革,全面推进依法治国,全面推进从严治党。

50. D 【解析】本题考查习近平新时代中国特色社会主义思想。习近平新时代中国特色社会主义思想是时代精神的精华,可以为我们提供解决各类问题的一般方法,但不能提供具体方法,A 项错误。习近平新时代中国特色社会主义思想系统回答了新时代坚持和发展什么样的中国特色社会主义、怎样坚持和发展中国特色社会主义这一重大时代课题,B 项错误。材料内容没有体现出习近平新时代中国特色社会主义思想对提高文化软实力的影响,C 项不符合题意。题干表明习近平新时代中国特色社会主义思想具有鲜明的时代意义,是发展着的马克思主义,D 项正确。故选 D。

51. C 【解析】本题考查法定公文的文种。法定公文有 15 种,分别是决议、决定、命令(令)、公报、公告、通告、意见、通知、通报、报告、请示、批复、议案、函、纪要。公示不属于法定公文的文种,故选 C。

52. D 【解析】本题考查上行文。上行文指下级机关或业务部门向所属上级领导机关或业务主管部门的一种行文,如请示、报告等。命令、决定、批复均属于下行文,ABC 项不符合题意。故选 D。

53. B 【解析】本题考查发文办理的程序。我国《党政机关公文处理工作条例》第二十五条规定:“发文办理主要程序是:(一)复核。已经发文机关负责人签批的公文,印发前应当对公文的审批手续、内容、文种、格式等进行复核;需作实质性修改的,应当报原签批人复审……”故选 B。

54. B 【解析】本题考查函。函是指不相隶属机关之间商洽工作、询问和答复问题、请求批准和答复审批事项时所使用的公文。函是一种平行文,其适用的范围相当广泛。出具警示函是监管措施的一种,一般适用于违法情节轻微的情形,故选 B。

55. C 【解析】本题考查发文字号。根据《党政机关公文格式》的规定,发文字号编排在发文机关标志下空二行位置,居中排布。年份、发文顺序号用阿拉伯数字标注;年份应标全称,用六角括号“〔〕”括入;发文顺序号不加“第”字,不编虚位(即 1 不编为 01),在阿拉伯数字后加“号”字。因此,石政发〔2020〕3 号是正确的,故选 C。

56. A 【解析】本题考查公文的签发。《党政机关公文处理工作条例》第二十二条规定:“公文应当经本机关负责人审批签发。重要公文和上行文由机关主要负责人签发。党委、政府的办公厅(室)根据党委、政府授权制发的公文,由受权机关主要负责人签发或者按照有关规定签发。签发人签发公文,应当签署意见、姓名和完整日期;圈阅或者签名的,视为同意。联合发文由所有联署机关的负责人会签。”故选 A。

57. C 【解析】本题考查公文的成文日期。根据《党政机关公文处理工作条例》的规定,成文日期署会议通过或者发文机关负责人签发的日期。联合行文时,署最后签发机关负责人签发的日期。故选 C。

58. A 【解析】本题考查公文的标题。根据《党政机关公文处理工作条例》的规定,公文标题由发文机关名称、事由和文种组成。令的标题可采用“发文机关 + 文种”的构成方式,A 项正确。决定的标题一般要写明发文机关、事由与文种,B 项错误。C 项中的“请示”“报告”属于重复使用,排除。D 项中的“申请”不属于法定公文文种,属于日常应用文,此处应该用报告,排除。故选 A。

59. A 【解析】本题考查行政法规。本题可以从文件的制定和颁布者入手解题。行政法规是国务院为领导和管理国家各项行政工作,根据宪法和法律,并且按照《行政法规制定程序条例》的规定而制定的政治、经济、教育、科技、文化、外事等各类法规的总称。B 属于部门规章,C 属于地方性法规,D 属于地方政府规章。故选 A。

60. C 【解析】本题考查法律关系。法律关系是指由法律规范调整而形成的社会关系,恋爱关系、同事关系、同学关系均不受法律规范的调整,ABC 项均不符合题意。借贷关系受民法调整,属于法律关系。故选 C。

61. D 【解析】本题考查法律责任。根据违法行为所违反的法律的性质,可以把法律责任分为民事责任、行政责任、刑事责任、违宪责任和国家赔偿责任等。党纪责任不属于法律责任,故选 D。

62. C 【解析】本题考查公民的政治权利和自由。公民的政治权利和自由是公民依法参与国家政治生活、管理国家事务和社会事务、表达意愿的权利和自由。选举权与被选举权,言论、出版、集会、结社、游行、示威的自由都属于公民的政治权利和自由。ABD 项不符合题意。劳动权是一种社会权利,不属于政治权利和自由,故选 C。

63. D 【解析】本题考查我国行政区域的建置和划分权限。我国《宪法》规定,国务院有权批准省、自治区、直辖市的区域划分,批准自治州、县、自治县、市的建置和区域划分。故选 D。

64. D 【解析】本题考查宪法的作用。宪法是国家的根本大法,是公民权利的保障书,是治国安邦的总章程,具有最高的法律效力,ABC 项表述正确。宪法是一切组织和个人的根本活动准则,但不能为司法活动提供明确而直接的依据,D 项表述错误。

65. D 【解析】本题考查平等权。"法律面前一律平等"是指任何公民都平等地享有权利、履行义务、适用法律。同等情况同等对待,不同情况差别对待。D 项强调"某省籍犯罪分子",体现了地域歧视,侵犯了宪法规定的平等权。故选 D。

66. A 【解析】本题考查刑罚种类。根据我国《刑法》规定,刑罚分为主刑和附加刑。主刑的种类如下:管制、拘役、有期徒刑、无期徒刑、死刑。附加刑的种类如下:罚金、剥夺政治权利、没收财产。故选 A。

67. B 【解析】本题考查故意犯罪停止形态。犯罪未遂是指犯罪分子已经着手实行犯罪,由于其意志以外的原因而未得逞。题目中徐某已经着手实行犯罪,其中止盗窃且未能得逞的原因是意志以外的原因,属于犯罪未遂。故选 B。

68. B 【解析】本题考查高空抛物罪。以危险方法危害公共安全罪,是指使用与放火、决水、爆炸、投放危险物质等危险性相当的其他危险方法,危害公共安全的行为。这显然不包括所有的高空抛物行为。而且,以危险方法危害公共安全罪的刑罚具有"起刑点高"的特点,在审理高空抛物案件中难免出现裁量轻重、判决不一的情况。同样情形的高空抛物行为,有的法院以以危险方法危害公共安全罪定罪,予以重判;有的地方则认定为寻衅滋事罪,判处轻刑。我国《刑法修正案(十一)》将高空抛物罪单独入刑,妥善解决了这一问题。我国《刑法》第二百九十一条之二规定:"从建筑物或者其他高空抛掷物品,情节严重的,处一年以下有期徒刑、拘役或者管制,并处或者单处罚金。有前款行为,同时构成其他犯罪的,依照处罚较重的规定定罪处罚。"故选 B。

69. D 【解析】本题考查犯罪的主观方面。过于自信的过失犯罪是指行为人应当预见自己的行为可能发生危害社会的后果,并且也确实预见到了这种结果,但是,由于轻信能够避免这种结果,并在这种心理状态的推动下,实施了危害社会的行为,产生了危害社会的结果。刘某开车撞死老太太是因为觉得距离远、撞不到,而不是故意或者疏忽大意,故选 D。

70. B 【解析】本题考查盗窃罪。诈骗罪是指以非法占有为目的,虚构事实、隐瞒真相骗取数额较大财物的行为。侵占罪指将代为保管的他人财物非法占为己有。信用卡诈骗罪,是指以非法占有为目的,利用信用卡,虚构事实、隐瞒真相,骗取公私财物数额较大的行为。ACD 项均不符合题意。盗窃罪是指盗窃公私财物,数额较大或者多次盗窃、入户盗窃、携带凶器盗窃、扒窃的行为。本题中,林某用公交车上扒窃来的手机在超市消费近 7000 元的行为构成盗窃罪,故选 B。

71. C 【解析】本题考查法律责任。根据我国《刑法》第一百三十三条之二的规定,对行驶中的公共交通工具的驾驶人员使用暴力或者抢控驾驶操纵装置,干扰公共交通工具正常行驶,危及公共安全的,处一年以下有期徒刑、拘役或者管制,并处或者单处罚金。本题中,陈某的行为妨碍了公交车司机安全驾驶,危害公共安全,因此应承担的责任是刑事责任,故选 C。

72. C 【解析】本题考查死刑。我国法律严格控制和慎重适用死刑，适用死刑必须严格遵守法定程序，确保死刑只适用于罪行极其严重的犯罪分子。犯罪的时候不满18周岁的人和审判的时候怀孕的妇女，不适用死刑。ABD项不符合题意。死缓不是独立的刑种，而是死刑的一种执行制度。故选C。

73. B 【解析】本题考查继承。继承开始后，按照法定继承办理；有遗嘱的，按照遗嘱继承或者遗赠办理；有遗赠扶养协议的，按照协议办理。本题中没有遗嘱，则按照法定继承办理。遗产继承第一顺序为配偶、子女、父母，第二顺序为兄弟姐妹、祖父母、外祖父母。继承开始后，由第一顺序继承人继承，第二顺序继承人不继承。故选B。

74. D 【解析】本题考查代理。依照法律规定、当事人约定或者民事法律行为的性质，应当由本人亲自实施的民事法律行为，不得代理。订立遗嘱属于意思表示，是具有严格的人身性质的行为，不得代理。故选D。

75. A 【解析】本题考查埋藏物的所有权归属。根据我国《民法典》规定，拾得遗失物，应当返还权利人。遗失物自发布招领公告之日起一年内无人认领的，归国家所有。拾得漂流物、发现埋藏物或者隐藏物的，参照适用拾得遗失物的有关规定。本题中，虽然埋藏物位于张某祖屋，但未说明张某能证明埋藏物是其祖辈所有的，所以属于权利人不明，应归国家所有，故选A。

76. D 【解析】本题考查民法的原则。根据我国《民法典》规定，民事主体从事民事活动，不得违反法律，不得违背公序良俗。公序良俗原则强调行为不能损害公共利益以及良好风俗。ABC项的约定均违背公序良俗。刘某拒绝同学赠与其电脑的行为没有违背公序良俗，D项符合题意。

77. D 【解析】本题考查自然人的民事行为能力。我国《民法典》第十九条规定："八周岁以上的未成年人为限制民事行为能力人，实施民事法律行为由其法定代理人代理或者经其法定代理人同意、追认；但是，可以独立实施纯获利益的民事法律行为或者与其年龄、智力相适应的民事法律行为。"小天属于限制民事行为能力人，A项错误。获赠小提琴属于纯获利益的民事法律行为，小天可以独立实施，不需要父母追认，BC项错误，D项正确。故选D。

78. D 【解析】本题考查离婚。根据我国《民法典》规定，夫妻一方要求离婚的，可以由有关组织进行调解或者直接向人民法院提起离婚诉讼。人民法院审理离婚案件，应当进行调解；如果感情确已破裂，调解无效的，应当准予离婚。据此规定可知，调解原则是我国离婚诉讼的基本原则。有关部门对离婚纠纷的调解又称诉讼外调解或诉讼前调解。有关部门的诉讼前调解不是诉讼离婚制度的必经程序，应由当事人选择，人民法院不得以未经诉讼前调解为由拒绝受理有关离婚案件。D项错误，符合题意，故选D。

79. D 【解析】本题考查不当得利。甲误将话费充至陌生人乙的手机里，且乙拒绝返还，则甲的利益受损，乙的获利没有法律依据，构成不当得利，D项正确。ABC项中，乙的行为并未使他人利益遭受损失，均不符合题意。故选D。

80. C 【解析】本题考查行政处罚。许某因违法占用公交车道被交警处罚200元，是因为他违反了《道路交通安全法》的相关规定，交警开出的罚款属于行政处罚，因此属于行政制裁，故选C。

81. A 【解析】本题考查行政许可。行政许可，是指行政机关根据公民、法人或者其他组织的申请，经依法审查准许其从事特定活动的行为。公安机关交通管理部门为驾驶人颁发机动车驾驶证的行为属于行政许可，A项正确。行政指导是指国家行政机关在职权范围内，为实现所期待的行政状态，以建议、劝告等非强制措施要求有关当事人作为或不作为的活动。行政确认是指行政主体依法对行政相对人的法律地位、法律关系和法律事实进行甄别，使之获得法律效果的行政行为。行政裁决是指行政主体依法对平等主体之间的民事争议活动作出裁决的具体行政行为。故选A。

82. A 【解析】本题考查行政复议。根据我国《行政复议法》第十二条的规定，对县级以上地方各级人民政府工作部门的具体行政行为不服的，由申请人选择，可以向该部门的本级人民政府申请行政复议，也可以向上一级主管部门申请行政复议。本题中，孙某可以向县公安局的本级人民政府——县政府或上一级主管部门——市公安局申请行政复议。故选A。

83. D 【解析】本题考查劳动法的适用主体。根据我国《劳动法》第二条的规定，在中华人民共和国境内的企业、个体经济组织（以下统称用人单位）和与之形成劳动关系的劳动者，适用本法。根据劳动部关于印发《关于贯彻执行〈中华人民共和国劳动法〉若干问题的意见》的通知可知,公务员和比照实行公务员制度的事业组织和社会团体的工作人员,以及农村劳动者(乡镇企业职工和进城务工、经商的农民除外)、现役军人和家庭保姆等不适用劳动法。因此,国家机关公务员、部队现役军人和家庭雇佣的保姆都不属于适用劳动法的劳动者主体,ABC 三项不符合题意,排除。故本题选 D。

84. A 【解析】本题考查公司的类型。公司以其全部财产为限对公司的债务承担责任。有限责任公司的股东以其认缴的出资额为限对公司承担责任。股份有限公司的股东以其认购的股份为限对公司承担责任。有限合伙企业由普通合伙人和有限合伙人组成,普通合伙人对合伙企业债务承担无限连带责任,有限合伙人以其认缴的出资额为限对合伙企业债务承担责任。两合公司是由无限责任股东和有限责任股东联合组成的公司。其中,无限责任股东对公司债务负连带无限清偿责任,而有限责任股东则以其出资额为限对公司债务负有限清偿责任。故选 A。

85. B 【解析】本题考查不动产纠纷的管辖权。因不动产纠纷提起的诉讼,由不动产所在地人民法院管辖,故选 B。

86. C 【解析】本题考查知识产权。张某绘制的图案属于受著作权法保护的美术作品,嘉阳公司未经许可使用张某作品,侵犯了张某的著作权,C 正确。题干未体现张某将该图案注册为商标、申请成专利,AB 不符合题意。嘉阳公司并未侵犯张某的使用权,D 错误。

87. A 【解析】本题考查消费者权益保护法。根据我国《消费者权益保护法》的规定,为保护消费者的合法权益,维护社会经济秩序,促进社会主义市场经济健康发展,制定本法。BCD 项中的主体都是消费者。A 项中的主体是经营者,不适用消费者权益保护法,故选 A。

88. C 【解析】本题考查刑事诉讼法。我国《刑事诉讼法》第十二条规定:“未经人民法院依法判决,对任何人都不得确定有罪。”因此,我国的刑事诉讼按照案件所处的阶段严格区分了对涉嫌犯罪的公民的称呼,在侦查和审查起诉阶段称其为“犯罪嫌疑人”,进入审判阶段则称其为“被告人”。故选 C。

89. B 【解析】本题考查中国古代园林。避暑山庄一般指承德避暑山庄。中国现存最大的古代皇家园林是承德避暑山庄。承德避暑山庄是世界文化遗产,全国重点文物保护单位,中国四大名园之一。故选 B。

90. B 【解析】本题考查唐宋八大家。韩愈是唐代杰出的文学家、思想家、哲学家,是古文运动的倡导者,被称为“唐宋八大家之首”。故选 B。

91. A 【解析】本题考查四大名著。大观园是一座再现中国古典文学名著《红楼梦》中“大观园”景观的仿古园林。故选 A。

92. B 【解析】本题考查文化常识。“曲尺”“直线”都是木匠的常用之物。“曲尺”,即古人所说的矩。“直线”,即墨斗、墨线。题干这句话前半句意指人要有出息就必须遵循严格的规范,后半句意指造就人才就必须走正道,用正确的方法。故选 B。

93. A 【解析】本题考查二十四节气。惊蛰,又名“启蛰”,是二十四节气中的第三个节气,标志着仲春时节的开始。每年 3 月 5 日或 6 日太阳到达黄经 345°时为惊蛰。从惊蛰起,春耕正式开始。广大农民以农谚为依据,从事各种农事活动。故选 A。

94. B 【解析】本题考查关于真理标准问题的大讨论。1978 年 5 月 11 日,《光明日报》发表特约评论员文章《实践是检验真理的唯一标准》,由此引发了一场关于真理标准问题的大讨论。文章指出,检验真理的标准只能是社会实践,任何理论都要不断接受实践的检验。故选 B。

95. C 【解析】本题考查河北省省情。1948 年 9 月在石家庄成立的华北人民政府,在河北省历史上占有极为重要的地位。它的成立,将晋冀鲁豫、晋察冀两大解放区连成一体,有力地支援了解放战争。华北人民政府是 1949 年 10 月成立的新中国中央人民政府的雏形,在中国革命政权和民主政治制度史上具有划时代的历史地位,奠定了新中国政权体制的基础。故选 C。

96. A 【解析】本题考查重要战役。百团大战是在中国人民抗日战争的相持阶段,八路军与日军在中国华北地区发生的一次规模最大、持续时间最长的战役。淞沪会战,是中日双方在中国人民抗日战争中的第一场大型会战,也是整个中国人民抗日战争中进行的规模最大、战斗最惨烈的一场战役。平津战役是解放战争中的三大战役之一。武汉会战是在中国人民抗日战争战略防御阶段发生的规模最大、时间最长、歼敌最多的一次战役。故选 A。

97. C 【解析】本题考查新冠病毒疫苗的接种。接种新冠病毒疫苗后,需留观 30 分钟,没有异常情况才可以离开。要注意保持接种部位局部皮肤的清洁,避免用手搔抓接种部位。如出现发烧不退或持续不舒服等疑似不良反应,应立即报告接种单位,必要时及时就医。故选 C。

98. C 【解析】本题考查诗句中的修辞手法。A 项中,“暖风”使用了双关的修辞手法,在诗歌中,既指自然界的春风,又指社会上的淫靡之风。在诗人看来,正是这股“暖风”把“游人”的头脑吹得如醉如痴,忘记了自己的国家正处于危难之中。B 项,这两句使用了比喻的修辞手法,表明只有依靠一场急风惊雷,才能打破在清朝统治下,到处呈现着的一片死气沉沉的局面。“风雷”,比喻革命风暴。“万马齐喑”,比喻在清朝统治下,人们不敢讲话,到处是一种令人窒息的沉闷气氛。D 项,这两句自问自答,运用了比喻、设问的修辞手法。ABD 项均对应错误。C 项,最后一句“露似真珠月似弓”的意思是:露水像珍珠一样晶莹光亮,弯弯的月亮像弓一样,连用两个新颖贴切的比喻,描绘出深秋月夜的迷人景象。故选 C。

99. B 【解析】本题考查中国传统节日。①表现的是中秋节(农历八月十五)望月怀人的习俗;②表现的是重阳节(农历九月初九)登高的习俗;③表现的是端午节(农历五月初五)时对屈原的纪念;④表现的是春节(农历正月初一)放爆竹的习俗。所以正确的排序是④③①②,故选 B。

100. C 【解析】本题考查我国的棉花。中国是世界上最大的棉花消费国、纺织品出口国,第二大棉花生产国,AB 项错误。目前,新疆是我国最大、世界重要的棉花产区,C 项正确。得益于独特的光热条件,新疆是我国唯一的长绒棉产区,D 项错误。

二、判断题

101. A 【解析】本题考查时政热点。2021 年政府工作报告指出,回顾 2020 年,在以习近平同志为核心的党中央坚强领导下,全国各族人民顽强拼搏,疫情防控取得重大战略成果,在全球主要经济体中唯一实现经济正增长,脱贫攻坚战取得全面胜利,决胜全面建成小康社会取得决定性成就,交出一份人民满意、世界瞩目、可以载入史册的答卷。

102. B 【解析】本题考查石家庄市政府工作报告。2021 年石家庄市政府工作报告指出,“十三五”末“4 +4”现代产业增加值达到 2275.3 亿元,占 GDP 比重达到 41.3%。

103. A 【解析】本题考查科技常识。2021 年 4 月 29 日 11 时 23 分,我国在文昌航天发射场用长征五号 B 遥二运载火箭成功发射中国空间站首舱“天和核心舱”。

104. A 【解析】本题考查货币的本质。数字货币的本质仍是一般等价物,没有改变货币的本质。发行数字货币不仅可以降低纸币的发行成本,还能降低商业银行使用和管理现金的一系列成本。

105. A 【解析】本题考查商品价格的决定因素。市场上各种商品的价格不等,首先是因为它们所包含的价值量不同。带烘干功能的洗衣机往往要比普通洗衣机的售价高出许多,是因为带烘干功能的洗衣机的价值量更大。

106. A 【解析】本题考查经济全球化。美国政府的行为,违背了最基本的公正原则,违背了贸易全球化的潮流。

107. B 【解析】本题考查民主决策。决策科学化是指在科学的决策思想指导下按照科学的决策规律,遵循科学的决策程序,运用科学的决策方法进行决策。民意是正确决策的重要信息资源。拓宽民意反映渠道,是决策机关科学决策的重要前提,但只有对社情民意的广泛了解并不能完全做到决策的科学化。因此,题干说法太绝对。

108. A 【解析】本题考查世界多极化。世界多极化是指世界上形成若干个政治经济力量中心的过程和趋势。世界多极化建立在各种力量相互依存又相互制约的基础上,推动建立公正合理的国际政治经济新秩序。霸权主义越来越不得人心,表明世界多极化发展趋势不可逆转。

109. A 【解析】本题考查社会主义制度的优势。疫情防控阻击战彰显了万众一心抗击疫情的中国力量,彰显了中国集中力量办大事的制度优势。

110. B 【解析】本题考查文化对人的影响。优秀的文化能丰富人的精神世界,塑造美好人生。网络文化不一定是优秀的文化。

111. A 【解析】本题考查社会主义核心价值观。价值观具有导向作用。社会主义核心价值观能够引领社会思潮、凝聚社会共识,有利于提高国家文化软实力,因此必须把对社会主义核心价值观的培育融入国民教育、精神文明创建活动的全过程。

112. B 【解析】本题考查文化建设与经济建设。我们应注重文化在综合国力竞争中的地位和作用,但必须紧紧围绕经济建设这一中心。

113. A 【解析】本题考查质量互变规律。“千里之堤,溃于蚁穴”的意思是说,千里长的大堤,可能会因蚂蚁洞穴而崩塌,体现了量变达到一定程度必然引起质变,质变是量变的必然结果。

114. B 【解析】本题考查哲学与具体科学的关系。哲学与具体科学是普遍和特殊、一般和个别的关系,二者既有区别,又有联系。哲学以整个世界的普遍本质为研究对象,具体科学研究的是物质世界某一方面、某一领域的特殊规律。哲学以具体科学为基础,是具体科学的概括和总结,哲学对具体科学的研究有指导作用。思想政治课不单单包含哲学知识。

115. A 【解析】本题考查真理。真理是人们对客观事物及其规律的正确反映。真理最基本的属性是客观性。真理的客观性决定了真理的一元性。在确定的对象和范围内,真理与谬误的对立是绝对的,谎言是成不了真理的。

116. B 【解析】本题考查请示的主送机关。向上级请示问题,其主送机关只能有一个,防止由于多头主送而导致相互推诿。

117. B 【解析】本题考查公文的效力。经批准公开发布的公文,同发文机关正式印发的公文具有同等效力。

118. B 【解析】本题考查公文的翻印。上级机关的公文,除绝密级和注明不准翻印的以外,下级机关经负责人或者办公厅(室)、秘书科负责人批准,可以翻印。翻印时,应当注明翻印的机关、日期、份数和印发范围。

119. A 【解析】本题考查公文格式。发文单位标识又称公文的身份名称,是发文单位用来制发正式公文时使用的一种固定版式,由发文单位全称或规范化简称后加“文件”组成。其作用主要是突出表明文件的身份,是公文权威性、郑重性的一种标志。印章是公文的生效标志,是鉴定公文真伪的最重要的标志。《党政机关公文处理工作条例》规定,公文中有发文机关署名的,应当加盖发文机关印章,并与署名机关相符。有特定发文机关标志的普发性公文和电报可以不加盖印章。因此,发文单位标识与发文单位印章要一致。

120. A 【解析】本题考查公民的政治自由。公民的政治自由权利是指公民依法享有的自主参与政治活动的权利,主要包括言论自由,集会自由,结社自由,游行、示威自由以及选举自由等。我国《宪法》第五十一条规定:“中华人民共和国公民在行使自由和权利的时候,不得损害国家的、社会的、集体的利益和其他公民的合法的自由和权利。”因此,散布网络谣言者被公安机关依法查处,表明公民的政治自由是相对的,公民在行使自由和权利的时候,不得损害国家的、社会的、集体的利益和其他公民的合法的自由和权利。

121. A 【解析】本题考查国务院的地位。根据我国《宪法》规定,中华人民共和国国务院,即中央人民政府,是最高国家权力机关的执行机关,是最高国家行政机关。

122. A 【解析】本题考查国家监察体制。国家监察体制改革后,在监察职能上,全面覆盖所有行使公权力的公职人员;在监察内容上,不仅对公职人员的职务违法违纪问题进行监督检查,也对职务犯罪行为进行调查。

123. A 【解析】本题考查监护。根据我国《民法典》第三十五条的规定,监护人应当按照最有利于被监护人的原则履行监护职责。监护人除为维护被监护人利益外,不得处分被监护人的财产。

124. B 【解析】本题考查解决纠纷的合法途径。解决纠纷的合法途径有和解、调解、仲裁、诉讼等方式。在法治社会,诉讼不是解决纠纷的唯一合法途径。

125. A 【解析】本题考查诉讼制度。根据我国《刑事诉讼法》规定,人民法院审判案件,实行两审终审制。

126. A 【解析】本题考查正当防卫。正当防卫是指为了使国家、公共利益、本人或者他人的人身、财产和其他权利免受正在进行的不法侵害,而对不法侵害者所实施的没有明显超过必要限度并且未造成重大损害的防卫行为。张三为了使本人或者他人的人身、财产或其他权利免受侵害,努力制止歹徒正在实施的抢劫行为,构成正当防卫。

127. B 【解析】本题考查龙门石窟。龙门石窟位于河南省洛阳市,与甘肃敦煌莫高窟、山西大同云冈石窟并称为中国古代佛教石窟艺术的三大宝库。

128. B 【解析】本题考查生活常识。119 是火灾报警电话,122 是交通事故报警电话,12315 是消费者投诉举报电话。

129. A 【解析】本题考查文学常识。《少年中国说》是梁启超先生写的,诉说了中国人殷切盼望祖国繁荣富强的愿望,表达了百年前梁启超先生的强国梦想。

130. B 【解析】本题考查消费心理。买东西“货比三家”是为了寻求物美价廉的产品,是求实心理主导下进行的消费。

三、多项选择题

131. ABCD 【解析】本题考查时政热点。习近平总书记在党史学习教育动员大会上指出,全党同志要做到学史明理、学史增信、学史崇德、学史力行,学党史、悟思想、办实事、开新局,以昂扬姿态奋力开启全面建设社会主义现代化国家新征程,以优异成绩迎接建党一百周年。故选 ABCD。

132. ACD 【解析】本题考查时政热点。2021 年 2 月 3 日,农业农村部发布《农村土地经营权流转管理办法》。新《办法》自 2021 年 3 月 1 日起施行。新的内容主要体现在三个方面,其中包括落实“三权”分置制度。“三权”分置制度,即集体所有权、农户承包权、土地经营权“三权”分置。故选 ACD。

133. ABD 【解析】本题考查石家庄市政府工作报告。2021 年石家庄市政府工作报告指出,五年来,我们建管并重、突出品位,城市形象明显提升。国家森林城市、全国文明城市、国家卫生城市“三城同创”如期完成。故选 ABD。

134. ABC 【解析】本题考查时政热点。中国共产党成立 100 周年庆祝活动标识由党徽、数字“100”“1921”“2021”和光芒线组成,生动展现了中国共产党团结带领中国人民不忘初心、牢记使命、艰苦奋斗的百年光辉历程。故选 ABC。

135. AD 【解析】本题考查党的一大。上海的李达、李汉俊,北京的张国焘、刘仁静,武汉的董必武、陈潭秋,长沙的毛泽东、何叔衡,广州的陈公博,济南的王尽美、邓恩铭,旅日的周佛海,以及由陈独秀指定的代表包惠僧出席了党的一大。共产国际代表马林和尼克尔斯基也出席了大会。陈独秀、李大钊没有参加党的一大,BC 两项排除。故选 AD。

136. BC 【解析】本题考查民族精神与文化创造。在斗争中凝聚升华的伟大抗疫精神,是我们不畏艰险战“疫”到底的强大动力,更是我们无惧风浪、砥砺前行的坚实支撑。精神力量可以在实践中转化为物质力量,但精神力量本身对抗疫斗争的胜利不起决定作用,A 项错误。伟大抗疫精神,不是凭空产生的,而是中国人民在弘扬中华民族精神的基础上,在中国共产党领导下,用打赢疫情防控的人民战、总体战、阻击战的艰苦拼搏谱写出来的。这说明优秀文化源自社会实践,中华民族精神火炬越烧越旺,BC 项正确。人民群众是文化创造的主体,D 项错误。故选 BC。

137. ACD 【解析】本题考查通知。通知适用于发布、传达要求下级机关执行和有关单位周知或者执行的事项,批转、转发公文。上级机关对下级机关可以用通知;平行机关之间有时也可以用通知。AD 两项属于知照性公文,C 项属于颁发性公文,都可用通知行文。B 项,交管局拟对固定路段实施交通管制,属于在一定范围内公布应当遵守或者周知的事项,应用通告,而不是通知,排除。故选 ACD。

138. AB 【解析】本题考查时事政治。2020 年中央经济工作会议对严峻挑战下做好经济工作的规律性认识作了高度概括,这就是:党中央权威是危难时刻全党全国各族人民迎难而上的根本依靠,人民至上是作出正确抉择的根本前提,制度优势是形成共克时艰磅礴力量的根本保障,科学决策和创造性应对是化危为机的根本方法,科技自立自强是促进发展大局的根本支撑。AB 项正确,CD 项错误。故选 AB。

139. BC 【解析】本题考查企业的经营与发展。题干体现了国家通过科学的宏观调控弥补市场调节缺陷,严格规范市场秩序,营造公平竞争的市场环境,其目的是确保民生得到有效保障和改善,BC 项正确。“消除市场调节的弱点和缺陷”说法太过绝对,D 项错误。题干强调国家规范市场秩序,A 项与题意无关。故选 BC。

140. AB 【解析】本题考查中国的经济发展。中国市场和资源“两头在外”的“世界工厂”发展模式已经改变,外贸依存度下降,内需已经成为经济增长的稳定器。这表明中国经济内生潜力巨大,传统国际循环明显弱化,AB 项正确。宏大顺畅的国内经济循环还没有形成,C 项错误。

中国全方位对外开放步伐并没有放缓，D 项错误。故选 AB。

141. ABC 【解析】本题考查规律。人工影响天气表明，用人为手段可以使天气现象朝着人们预定的方向转化，也说明科学认识气象条件可以减少灾害的发生，AB 项正确。规律具有客观性，人们在认识气象规律的基础上可以很好地利用规律，但不可以改变规律，C 项正确，D 项错误。

142. BD 【解析】本题考查宏观调控。由材料可知，出口退税快审快退只是速度的变化，不会减少政府的财政收入，A 项错误。出口退税快审快退大幅压缩了审核时限，有利于提高出口企业资金周转速度，B 项正确。材料中未体现出口退税快审快退会加剧区域内企业的竞争，C 不符合题意。材料中体现了政府通过出口退税快审快退政策来加速企业资金周转，为企业的生产经营提供支持，D 项正确。故选 BD。

143. CD 【解析】本题考查公民的基本权利。根据我国《宪法》规定，公民的合法的私有财产不受侵犯。A 项错误。中华人民共和国公民对于任何国家机关和国家工作人员，有提出批评和建议的权利，B 项错误。CD 项均正确。

144. BCD 【解析】本题考查刑事责任年龄和刑事责任能力的认定。根据我国《刑法》规定，完全刑事责任年龄为 16 周岁，甲需要负刑事责任，A 项错误。已满十二周岁不满十四周岁的人，犯故意杀人、故意伤害罪，致人死亡或者以特别残忍手段致人重伤造成严重残疾，情节恶劣，经最高人民检察院核准追诉的，应当负刑事责任。因此，乙应当负刑事责任，B 项正确。间歇性的精神病人在精神正常的时候犯罪，应当负刑事责任。因此，丙在精神正常的时候故意杀人，应当负刑事责任，C 项正确。醉酒的人犯罪，应当负刑事责任，D 项正确。故选 BCD。

145. ACD 【解析】本题考查不动产物权。根据我国《民法典》规定，不动产物权的设立、变更、转让和消灭，经依法登记，发生效力；未经登记，不发生效力，但是法律另有规定的除外。万某签订合同后办理了房屋产权证，说明已经进行了登记，不动产权属证书是权利人享有该不动产物权的证明，则万某取得该房屋的所有权，A 项正确。根据我国《民法典》规定，当事人之间订立有关设立、变更、转让和消灭不动产物权的合同，除法律另有规定或者当事人另有约定外，自合同成立时生效；未办理物权登记的，不影响合同效力。可见，开发商与郭某的房屋买卖合同有效，B 项错误。根据我国《民法典》规定，当事人一方不履行合同义务或者履行合同义务不符合约定，造成对方损失的，损失赔偿额应当相当于因违约所造成的损失，包括合同履行后可以获得的利益；但是，不得超过违约一方订立合同时预见到或者应当预见到的因违约可能造成的损失。房地产开发商不履行与郭某签订的合同，郭某已经向开发商支付的房款及利息就属于因违约所造成的损失。郭某有权要求开发商赔偿损失，可以要求开发商返还其已经支付的房款及利息，CD 项正确。

2020 年河南省信阳市直事业单位招聘考试公共基础知识真题试卷(五)

一、单项选择题

1. B 【解析】本题考查时政热点。国务院第七次全国人口普查领导小组组长韩正表示，做好第七次全国人口普查，对于贯彻落实新发展理念、推动高质量发展具有重大意义。要以习近平新时代中国特色社会主义思想为指导，认真贯彻落实党中央、国务院决策部署，进一步提高政治站位，切实增强责任感和使命感，扎扎实实做好各项工作，确保高质量完成全国人口普查任务。

2. A 【解析】本题考查时政热点。中国—阿拉伯国家合作论坛第九届部长级会议发表了《中国和阿拉伯国家团结抗击新冠肺炎疫情联合声明》《安曼宣言》和《论坛 2020 年至 2022 年行动执行计划》三份成果文件。

3. B 【解析】本题考查时政热点。习近平总书记在中央全面深化改革委员会第十四次会议上强调，胜利完成“十三五”规划主要目标任务、决胜脱贫攻坚、全面建成小康社会，乘势而上开启全面建设社会主义现代化国家新征程，必须发挥好改革的突破和先导作用，依靠改革应对变局、开拓新局，坚持目标引领和问题导向，既善于积势蓄势谋势，又善于识变求变应变，紧紧扭住关键，积极鼓励探索，突出改革实效，推动改革更好服务经济社会发展大局。

4. C 【解析】本题考查哲学知识。在农业生产中，配合季节气候，每种作物都有一定的耕作时间，称为农时。不误农时，就是遵循规律，体现了尊重客观规律是发挥主观能动性的前提。C 项最符合题意，当选。

5. B 【解析】本题考查唯物辩证法。整体城市景观风貌跟建筑外观形象之间是整体与部分的关系，"统筹城市建筑布局，协调城市景观风貌""防止片面追求建筑外观形象"启示我们要正确认识和处理整体与部分的辩证关系，树立全局观念，立足整体，统筹全局，选择最佳方案，实现整体的最优目标，从而达到整体功能大于部分功能之和的理想效果。

6. B 【解析】本题考查科学思维能力。底线思维能力，就是客观地设定最低目标，立足最低点，争取最大期望值的能力。面对严峻的国际疫情和世界经济形势，做好较长时间应对外部环境变化的思想准备和工作准备，需要树立底线思维，客观地设定最低目标，立足最低点，争取最大期望值，B 项正确。创新思维能力，就是破除迷信、超越陈规，善于因时制宜、知难而进、开拓创新的能力。历史思维能力，就是以史为鉴、知古鉴今，善于运用历史的眼光认识发展规律、把握前进方向、指导现实工作的能力。AC 两项不符合题意。面对十分复杂的国内外环境，习近平总书记强调要提高战略思维、历史思维、辩证思维、创新思维、法治思维、底线思维等思维能力，不断战胜前进中的风险和困难，并没有"长期思维能力"一说，D 项说法错误。故选 B。

7. C 【解析】本题考查哲学知识。"成功的背后永远是艰辛努力"体现了物质和意识的辩证关系，说明意识具有能动作用；"大事全是由小事积累起来的""滴水可以穿石"体现了质量互变规律；"只要坚韧不拔、百折不挠，就一定能够成功"体现了因果联系，即原因和结果这一对唯物辩证法的基本范畴。题干未体现个性和共性，故选 C。

8. C 【解析】本题考查质量互变规律。题干中这句话的意思是：千仓万箱的粮食不是耕种一次就能得到的，高耸冲天的树木不是十天就能长成的，反映了质量互变规律。"寄言持重者，微物莫全轻"告诫人们对微小的事物要提高警惕，切不可等闲视之，从反面反映了质量互变规律。故选 C。

9. A 【解析】本题考查马克思主义。习近平总书记在纪念马克思诞辰 200 周年大会上的重要讲话中指出，马克思主义是人民的理论，第一次创立了人民实现自身解放的思想体系。马克思主义博大精深，归根到底就是一句话，为人类求解放。因此，马克思主义的根本价值追求就是人类解放，这就是马克思主义的大"道"。故选 A

10. B 【解析】本题考查历史唯物主义。人民群众是推动事业发展的力量源泉，是推动社会变革的决定性力量。人民群众在创造历史过程中起决定作用。人民是决定党和国家前途命运的根本力量。本题为选非题，B 项说法错误，当选。

11. D 【解析】本题考查辩证唯物论。包括自然界和人类社会在内的整个世界，其真正的统一性在于它的物质性，句(1)说法正确。人存在于自然系统之中并给予其重大影响，句(3)说法正确。自然生态与人类发展的矛盾并非不可协调，句(2)说法错误。故选 D。

12. C 【解析】本题考查意识。漫画表明，不同的人对腐败案例有不同的认识，说明了意识的形式是主观的，意识受主体状态的影响，C 项说法正确。意识的内容是客观的，物质决定意识，ABD 项说法错误。故选 C。

13. B 【解析】本题考查十九大知识。要动员全党全国全社会力量，坚持精准扶贫、精准脱贫，坚持中央统筹省负总责市县抓落实的工作机制，强化党政一把手负总责的责任制，坚持大扶贫格局，注重扶贫同扶志、扶智相结合，深入实施东西部扶贫协作，重点攻克深度贫困地区脱贫任务，确保到二〇二〇年我国现行标准下农村贫困人口实现脱贫，贫困县全部摘帽，解决区域性整体贫困，做到脱真贫、真脱贫。

14. B 【解析】本题考查政治常识。强调"生命重于泰山"体现了坚持以人民为中心的发展思想。以人民为中心的发展思想回答了"发展是为了谁"的问题，体现了我们党全心全意为人民服务的根本宗旨，彰显了发展的根本目的。

15. A 【解析】本题考查政治常识。"人不率则不从，身不先则不信"出自《宋史·宋祁传》，"率"就是表率、楷模的意思，"先"可解释为身先士卒、以身作则。这句话的意思是：如果自身不能作出表率，就无法让别人听从；如果不能以身作则，就不会使别人信服。简而言之，树立威信的关键，在于从自身做起。习近平总书记引用这句话是为了强调领导机关和领导干部必须带头冲在前、干在先，要以上率下，示范带动。

16. C 【解析】本题考查政治常识。人生的扣子从一开始就要扣好，说明青少年正处在价值观形成和确立的时期,抓好这一时期的价值观养成十分重要。

17. A 【解析】本题考查诉前财产保全。根据我国《民事诉讼法》第一百零一条规定,利害关系人因情况紧急,不立即申请保全将会使其合法权益受到难以弥补的损害的,可以在提起诉讼或者申请仲裁前向被保全财产所在地、被申请人住所地或者对案件有管辖权的人民法院申请采取保全措施。诉前财产保全属于应急性的保全措施,目的是保护利害关系人不致遭受无法弥补的损失。本题中,由于从债权人起诉到法院受理需要一段时间,需方可以选择的最佳途径是申请诉前财产保全。故选 A。

18. C 【解析】本题考查刑法知识。对于强奸犯出于报复、灭口等动机,在实施强奸的过程中,杀死或者伤害被害妇女的,应分别定为强奸罪、故意杀人罪,按数罪并罚惩处。故选 C。

19. B 【解析】本题考查保险法知识。最大诚信原则,是民法中的诚信原则在保险法中的体现,要求保险活动当事人要向对方充分而准确地告知和保险相关的重要事实。

20. C 【解析】本题考查民事诉讼法知识。我国《民事诉讼法》第一百三十四条规定:"人民法院审理民事案件,除涉及国家秘密、个人隐私或者法律另有规定的以外,应当公开进行。离婚案件,涉及商业秘密的案件,当事人申请不公开审理的,可以不公开审理。"C 项的案件涉及个人隐私,不得公开审理,故选 C。

21. D 【解析】本题考查行政诉讼的管辖。根据我国《行政诉讼法》第十八条规定,行政案件由最初作出行政行为的行政机关所在地人民法院管辖。最初作出行政行为的行政机关是 D 地公安局,张某应向 D 地人民法院提起行政诉讼。故选 D。

22. B 【解析】本题考查刑事证据。根据证据的表现形式不同,可以将证据分为言词证据和实物证据。凡是表现为人的陈述,即以言词作为表现形式的证据,是言词证据,它包括被害人陈述,犯罪嫌疑人、被告人供述和辩解,证人证言等。证人证言是指证人就其所了解的案件情况向公安司法机关所作的陈述。证人证言一般是以笔录加以固定的口头陈述,但是经办案人员同意,由证人亲笔书写的书面证词也是证人证言。本题中,目击者刘某向公安机关提供了亲笔书写的书面证言,属于言词证据,B 项正确。书证是指以其内容来证明待证事实的有关情况的文字材料,A 项错误。根据证据是否能够证明犯罪事实的存在或者犯罪行为系犯罪嫌疑人、被告人所为,可以将证据分为有罪证据和无罪证据。凡是能够证明犯罪事实存在和犯罪行为系犯罪嫌疑人、被告人所为的证据,是有罪证据。凡是能够否定犯罪事实存在,或者能够证明犯罪嫌疑人、被告人未实施犯罪行为的证据,是无罪证据。本题中,目击者刘某的书面证言可能是有罪证据,也可能是无罪证据,C 项错误。直接证据是指能够单独证明主要案件事实的证据,间接证据是指只有与其他证据相结合并经过推理才能证明主要案件事实的证据。本题中,目击者刘某的书面证言可能是直接证据,也可能是间接证据,D 项错误。故选 B。

23. A 【解析】本题考查民商法知识。依据废弃物品回收的相关规定,拾得人对拾得的废弃物品可依据先占取得所有权。因此,乙享有电风扇的所有权。A 项正确,BCD 项错误,故选 A。

24. B 【解析】本题考查民法知识。旁系血亲指和己身同源于祖父母、外祖父母的各代旁系血亲。我国现行法律关于亲属关系远近的区分采用传统的世代计算法,即以己身为一代,从己身往上数,父母为二代,祖父母、外祖父母为三代,依此类推。据此,可将三代以内旁系血亲的范围列举如下:(1)同源于父母的兄弟姐妹,包括同父同母的全血缘的兄弟姐妹,同父异母或同母异父的半血缘的兄弟姐妹;(2)同源于祖父母、外祖父母的上下辈旁系亲属;(3)同源于祖父母、外祖父母的平辈旁系亲属。故选 B。

25. C 【解析】本题考查公民的基本权利。监督权是指公民有监督一切国家机关及国家工作人员的公务活动的权利,包括批评权、建议权、申诉权、控告权、检举权。在互联网时代,公民可以随手拍下公权力不作为的现象,体现了公民行使监督权,C 项正确。申诉权指公民对本人及其亲属所受到的有关处罚或者处分不服,或者受到不公正的待遇,向有关国家机关陈述理由、提出要求的权利。控告权指公民向有关国家机关指控或者告发某些国家机关及其工作人员各种违法失职行为的权利。获得赔偿权指由于国家机关和国家工作人员侵犯公民权利而受到损失的人,有依照法律规定取得赔偿的权利。ABD 项不符合题意。故选 C。

26. B 【解析】本题考查行政处罚法知识。行政处罚基本原则包括:处罚法定原则,公正公开原则,处罚与教育相结合原则,保障当事人程序权利原则。保障当事人程序权利原则的基本要求是正确处理惩罚与保护的相互关系,使无辜的人不受行政处罚,使实施违法行为的人受到公正处理,使遭受违法处罚的人得到及时补救。故选 B。

27. B 【解析】本题考查消费者权益保护法知识。我国《消费者权益保护法》第二十六条规定:“经营者在经营活动中使用格式条款的,应当以显著方式提请消费者注意商品或者服务的数量和质量、价款或者费用、履行期限和方式、安全注意事项和风险警示、售后服务、民事责任等与消费者有重大利害关系的内容,并按照消费者的要求予以说明。经营者不得以格式条款、通知、声明、店堂告示等方式,作出排除或者限制消费者权利、减轻或者免除经营者责任、加重消费者责任等对消费者不公平、不合理的规定,不得利用格式条款并借助技术手段强制交易。格式条款、通知、声明、店堂告示等含有前款所列内容的,其内容无效。”大型超市对顾客的财产安全作出告示,符合法律规定,B 项正确。A 项的“不予退换”,C 项的“拒绝退货”,D 项的“否则浴场不负责”均不符合法律规定。故选 B。

28. B 【解析】本题考查公文文种。请示适用于向上级机关请求指示、批准。意见适用于对重要问题提出见解和处理办法。批复适用于答复下级机关请示事项。议案适用于各级人民政府按照法律程序向同级人民代表大会或者人民代表大会常务委员会提请审议事项。由“现就政府工作报告确定的重点工作提出部门分工如下……”可知,该公文是布置重点工作分工的公文,故选 B。

29. D 【解析】本题考查意见。意见的特点包括:使用对象的广泛性;内容的参考性;主体内容的均衡性;行文方向的灵活性。本题为选非题,D 项说法错误,故选 D。

30. B 【解析】本题考查公文基础知识。主送机关是指公文的主要受理机关,发文机关是指制发文件的机关。本篇公文的发文机关可能为国务院办公厅,B 项符合题意。

31. A 【解析】本题考查公文行文规则。一般行文均应采取逐级行文的方式,只有在特殊情况下才可以越级行文。这种方式只能在下列特殊情况下采用:(1)由于发生特殊紧急情况,如严重自然灾害等,逐级上报会延误时机,造成更大损失的问题;(2)向具有隶属关系的上一级机关请示多次,长期未能得到解决的问题;(3)属下级机关与上级机关之间有争议而无法解决的问题;(4)上级机关交办的,并指定越级上报的事项;(5)对上一级机关进行检举、揭发的问题;(6)询问与请示极个别的、必要的具体问题等。BCD 项均可采用越级行文。处于同等地位的两个或两个以上机关共同发布公文指的是联合行文,A 项符合题意。

32. C 【解析】本题考查公文处理。工作人员离岗离职时,所在机关应当督促其将暂存、借用的公文按照有关规定移交、清退。

33. A 【解析】本题考查纪要。纪要的特点主要是内容的纪实性、表达的提要性和称谓的特殊性。A 项不属于纪要的特点,符合题意。

34. C 【解析】本题考查公文的语言。题干中的公文语序不当。正确语序为:要逐项编制、完善办事指南,明确受理单位、办理渠道、申请条件、申请材料、办理程序、办理时限、收费依据及标准、评价渠道等要素,推进同一事项无差别受理、同标准办理。

35. B 【解析】本题考查公文发文办理。公文发文办理的主要程序是:复核、登记、印制和核发。核发指的是公文印制完毕,应当对公文的文字、格式和印刷质量进行检查后分发。核发是公文发文办理的最后一个环节,也是杜绝差错、规范印制格式、确保公文质量的重要环节。

36. C 【解析】本题考查报告。题干中需要“向上级反映本机关的某项工作,让上级对此项工作有所了解”,即需要向上级汇报某一专项工作,而非汇报例行工作或者提供调查研究结果,排除 AD 项。综合报告是向上级机关汇报某一时期全面工作情况的公文。专题报告是向上级机关报告某一专项工作、某一工作侧面或某一具体问题、具体事件情况的陈述性公文。由此可见,宜采用专题报告,故选 C。

37. D 【解析】本题考查事业单位管理制度。事业单位管理制度一经公示并实施,就成为单位职工开展工作必须依据的准则,全体职工必须无条件遵守,这体现了事业单位管理制度的权威性。

38. C 【解析】本题考查事业单位工作人员的处分规定。《事业单位工作人员处分暂行规定》规定,有下列行为之一的,给予警告或者记过处分;情节较重的,给予降低岗位等级或者撤职处分;情节严重的,给予开除处分:(1)违反国家财政收入上缴有关规定的;(2)违反规定使用、骗取财政资金或者社会保险基金的;(3)擅自设定收费项目或者擅自改变收费项目的范围、标准和对象的;(4)挥霍、浪费国家资财或者造成国有资产流失的;(5)违反国有资产管理规定,擅自占有、使用、处置国有资产的;(6)在招标投标和物资采购工作中违反有关规定,造成不良影响或者损失的;(7)其他违反财经纪律的行为。本题中,该工作人员的行为属于“在招标投标和物资采购工作中违反有关规定,造成不良影响或者损失”且情节严重,应给予开除处分,故选 C。

39. C 【解析】本题考查事业单位的奖励制度。根据《事业单位人事管理条例》第二十五条规定,事业单位工作人员或者集体有下列情形之一的,给予奖励:(1)长期服务基层,爱岗敬业,表现突出的;(2)在执行国家重要任务、应对重大突发事件中表现突出的;(3)在工作中有重大发明创造、技术革新的;(4)在培养人才、传播先进文化中作出突出贡献的;(5)有其他突出贡献的。A 项对应情形(2),B 项对应情形(1),D 项对应情形(3),C 项无对应。本题为选非题,故选 C。

40. A 【解析】本题考查行政协调。行政协调的最终目的是促成各方主体达成共识,异中求同。

41. C 【解析】本题考查行政管理。A 项,了解舆论指的是政府公关部门要了解舆论产生的全过程,把群众的意见、愿望和呼声集中,从中发现问题,作为决策的依据。B 项,引导舆论指的是对某些舆论成分加以疏导,分析产生的背景,消除成为隐患的原因,使舆论朝正确方向发展。C 项,回应舆论是说政府形象受到损害时,应迅速查清原因,或针对公众的误解、人为的破坏给予及时准确的解释,以澄清事实真相;或针对内部不善因素,诚恳地向公众道歉,求得谅解,并尽快将改进措施公之于众,设法将消极影响减少到最低限度。D 项,完善舆论是指政府有了好形象和声誉后,注意完善自身行为,创立更高美誉度。故选 C。

42. A 【解析】本题考查公共危机管理。公共危机管理的特征包括:主体的整合性,处置的时效性,过程的阶段性,手段的强制性和技术的专业性。本题为选非题,故选 A。

43. B 【解析】本题考查管理知识。专家调查法也被称为德尔菲法,它是指采用匿名发表意见的方式,针对所要预测的问题,调查人员分别对各位专家进行多轮调查,经过反复征询、归纳、修改,最后汇总成基本一致的看法,作为预测的结果的一种定性预测方法。该方法有助于消除参与决策成员间的相互影响,并汇总得出一个能比较反映群体意志的预测分析结果。故选 B。

44. C 【解析】本题考查行政监督。事前监督的特点是监督实施于相对方某一行为完成之前。从行政监督的实施时间来看,题干强调的是在行政活动中要做好事前监督。

45. C 【解析】本题考查管理知识。根据指示内容的明晰程度与范围大小,可以将授权分为刚性授权、柔性授权、模糊授权和惰性授权。刚性授权,是指管理者在授权时,试图非常精确地划定授权的范围,授权者对被授权者的职务、责任及权力均有十分明确的规定,下属必须严格遵守,不得渎职,这种授权方式限制了下属的主动性、创造性和个人发展。柔性授权,是指管理者对被授权者不做具体工作的指派,仅指示一个大纲或者轮廓,被授权者有很大的余地做因时因地因人的随机处理。模糊授权指具有明确的工作事项与职权范围,管理者在必须达到的使命和目标方向上有明确的要求,但对怎样实现目标并未做出要求,被授权者在实现目标的手段方面有很大自由发挥和创造的余地。惰性授权是指管理者由于不愿意多管琐碎纷繁的事务,且自己也不知道该如何处理,于是就交给部下处理。故选 C。

46. B 【解析】本题考查行政组织的特征。行政组织法制性的实质是依法行政。推进机构法定化,体现了行政组织的法制性与权威性。

47. B 【解析】本题考查行政领导。激励式领导方式是一种最直接服务于提高领导效能的领导方式。它是行政领导者使用物质或精神的手段激发下属的工作积极性,以达到决策目标的推进型领导方式。“破釜沉舟”来源于《史记·项羽本纪》,讲的是项羽在全军渡河之后,带领全军采取了一系列果断的行动:把所有的船只凿沉,击破烧饭用的锅子,烧掉宿营的屋子,只携带三天干粮,以此表示决心死战。它体现了激励式领导方式,故选 B。

48. C 【解析】本题考查行政管理。信息公开、透明正逐渐成为现代政府的行为准则和目标。公开、透明的基本要求是:行政权力运作的主体、依据、程序是公开的;行政权力运作的过程是开放的,公众可以依法参与。通过不断完善行政权力运行的监督机制,给权力装上"GPS"监控,增强行政权力运行的公开性和透明度,提升执法形象,赢得老百姓的信任和支持,保证人民赋予的权力真正用来为人民谋利益。

49. D 【解析】本题考查公共政策。公共政策实施偏差是指政策实施者在实施政策的过程中,受主客观因素的影响,其行为效果偏离预定的政策目标导致不良的后果。A 项,替代式实施偏差又称政策替换,即政策在实施过程中,表面上与原政策一致,事实上背离了原政策精神的内容,常用"挂羊头,卖狗肉""上有政策,下有对策"来形容这种情况。B 项,黏附式实施偏差即附加式实施偏差,又称政策扩大化,即政策在实施中附加了不恰当的内容,使政策的调控对象、范围、力度和目标超越了既定的要求,从而影响了原有政策目标的实现。C 项,选择式实施偏差即一个完整的公共政策在实施时只有部分被贯彻落实。D 项,象征式实施偏差又称政策表面化,即政策在实施过程中只宣传不实施,政策未得到具体落实,常用"阳奉阴违""一纸空文"来形容这种情况。故选 D。

50. B 【解析】本题考查资源配置。在社会化大生产条件下,资源配置有两种方式:(1)计划配置方式,即政府部门根据社会需要和可能,以计划配额、行政命令来统管资源和分配资源。在一定条件下,这种方式可以从整体利益上协调经济发展,集中力量完成重点工程项目。(2)市场配置方式,即依靠市场运行机制进行资源配置的方式。疫情期间,国家征用口罩体现了计划配置方式,故选 B。

51. C 【解析】本题考查经济学词汇。沉没成本是指由于过去的决策已经发生了的,而不能通过其他方式弥补收回的成本。"打翻的牛奶"属于一种沉没成本,故选 C。

52. C 【解析】本题考查地理常识。长白山从山麓到山顶的植物带分布体现了垂直地域分异规律。垂直地域分异规律又叫从山麓到山顶的地域分异规律,形成原因主要是水热状况的变化。

53. B 【解析】本题考查物理常识。晕是由于悬浮在大气中的冰晶把太阳光或月光折射或反射而形成的光学现象。

54. B 【解析】本题考查物理常识。增大摩擦力的办法有:增大压力,增大接触面的粗糙程度等。AD 项能够通过增加汽车轮胎与地面之间接触面的粗糙程度来增大摩擦力,C 项能够通过增大压力来增大摩擦力。本题为选非题,故选 B。

55. D 【解析】本题考查物理常识。海拔越高的地方,气压越低。在气压低于标准大气压时烧水,水的沸点会降低。故选 D。

56. B 【解析】本题考查科技知识。AR(增强现实技术)是一种将虚拟信息与真实世界巧妙融合的技术,广泛运用了多媒体、三维建模、实时跟踪及注册、智能交互、传感等多种技术手段,将计算机生成的文字、图像、三维模型、音乐、视频等虚拟信息模拟仿真后,应用到真实世界中,两种信息互为补充,从而实现对真实世界的"增强"。VR(虚拟现实技术)的基本实现方式是计算机模拟虚拟环境从而给人以环境沉浸感。B 项所述是 VR 技术,而非 AR 技术。本题为选非题,故选 B。

57. A 【解析】本题考查科技知识。4D 打印技术是指由 3D 技术打印出来的结构能够在外界刺激下发生形状或者结构的改变,直接将材料与结构的变形设计内置到物料当中,简化了从设计理念到实物的造物过程,让物体能自动组装构型,实现了产品设计、制造和装配的一体化融合。4D 打印的第四维是指物体在制造出来以后,其形状或性能可以自我变换,也就是多了时间维度。

58. A 【解析】本题考查世界历史。第一次工业革命是指 18 世纪 60 年代从英国发起的技术革命,是技术发展史上的一次巨大革命,它开创了以机器代替手工劳动的时代。

59. D 【解析】本题考查中国近代史。遵义会议是中国共产党第一次独立自主地运用马克思列宁主义基本原理解决自己的路线、方针、政策问题的会议,在极端危险的时刻,挽救了党和红军。这次会议确立了实际以毛泽东为核心的马克思主义的正确路线在中共中央的领导地位,是中国共产党历史上一个生死攸关的转折点,标志着中国共产党从幼稚走向成熟。

60. C 【解析】本题考查文学素养。A 项,《狂人日记》是鲁迅创作的第一个短篇白话日记体小说,小说通过被迫害者"狂人"的形象以及"狂人"的自述式描写,揭示了封建礼教的"吃人"本质,表现了作者对以封建礼教为主体内涵的中国封建文化的反抗。B 项,《阿 Q 正传》是鲁迅创作的中篇小说,后收入小说集《呐喊》。该小说批判了当时中国社会的封建、保守、庸俗、腐败等特点，有力地彰显出旧中国人民处在水深火热之中的病态。C 项，《朝花夕拾》原名《旧事重提》，是鲁迅的散文集，多侧面地反映了作者鲁迅童年和青少年时期的生活，收录了《从百草园到三味书屋》《藤野先生》等散文。D 项，《野草》是鲁迅创作的一部散文诗集，真实地表达出作者在新文化统一战线分化以后，继续战斗，却又感到孤独、寂寞，在彷徨中探索前进的思想感情。故选 C。

61. B 【解析】本题考查人文素养。梅、兰、竹、菊被称为"四君子"，其品质分别是傲、幽、坚、淡。梅：探波傲雪，剪雪裁冰，一身傲骨，是为高洁志士。兰：空谷幽放，孤芳自赏，香雅怡情，是为世上贤达。竹：筛风弄月，潇洒一生，清雅淡泊，是为谦谦君子。菊：凌霜飘逸，特立独行，不趋炎势，是为世外隐士。

62. B 【解析】本题考查艺术素养。《富春山居图》以浙江富春江为背景，画面用墨淡雅，山和水的布置疏密得当，墨色浓淡干湿并用，极富于变化。前半卷现藏于浙江省博物馆，后半卷现藏于台北故宫博物院。

63. C 【解析】本题考查人文素养。二十四节气始于立春，终于大寒。

64. B 【解析】本题考查人文素养。醍醐是指酥酪上凝聚的酥油。佛家以"醍醐灌顶"比喻灌输智慧，使人得到启发，彻底醒悟，现常用来比喻听了高明的意见使人受到很大启发。

65. C 【解析】本题考查价值评价。无数共产党人通过艰苦奋斗成就了实现中华民族伟大复兴之梦的征途上光辉的历史伟绩，这说明自我价值与社会价值是统一的，C 项正确。ABD 项说法均错误。故选 C。

二、多项选择题

66. ABD 【解析】本题考查实践。虚拟实践的主体是人，对象是虚拟客体，活动领域是赛伯空间（基于全球计算机网络化的由人、机器、信息源之间相互联结而造就的一种新型的社会生活和社会交往的虚拟空间），AD 项正确。人们通过技术手段有意识有目的地创造了一个与现实世界相对应、并且与现实世界相互渗透、相互转化的虚拟世界。从功能上看，虚拟实践活动突出地表明了人类实践活动的创造性，B 项正确。虚拟实践是在虚拟世界里所形成的一种前所未有的新的人类实践活动形式之一，它是社会物质实践的派生形式，具有相对独立性，不具有直接现实性，C 项错误。

67. BD 【解析】本题考查我国外交理念。我国秉持亲诚惠容的周边外交理念，A 项错误。人类命运共同体思想展现出中国领导人面向未来的长远眼光、博大胸襟和历史担当，B 项正确。我国秉持正确义利观和真实亲诚理念加强同发展中国家团结合作，包括义利相兼、以义为先的正确义利观以及结伴而不结盟的国家间伙伴关系，C 项错误，D 项正确。故选 BD。

68. BD 【解析】本题考查习近平新时代中国特色社会主义思想。坚持和发展中国特色社会主义总任务是实现社会主义现代化和中华民族伟大复兴，在全面建成小康社会的基础上，分两步走，在本世纪中叶建成富强民主文明和谐美丽的社会主义现代化强国。

69. AC 【解析】本题考查刑法知识。故意杀人罪是指故意非法剥夺他人生命的行为。过失致人死亡罪是指行为人因疏忽大意没有预见到或者已经预见到而轻信能够避免造成的他人死亡，剥夺他人生命权的行为。甲误将丙当作乙杀死，甲有非法剥夺他人生命的故意，虽然对象错误，但仍实施了杀人的行为，并造成丙死亡，甲构成对丙的故意杀人罪既遂，C 项正确，D 项错误。对象不能犯的未遂是指由于行为人的认识错误，使得犯罪行为所指向的犯罪对象在行为时不在犯罪行为的有效作用范围内，或者具有某种属性而使得犯罪不能既遂，只能未遂。由于认识错误，甲误将丙当作乙，使得对乙的故意杀人不能实现，故成立甲的故意杀人罪对象不能犯的未遂，A 项正确，B 项错误。故选 AC。

70. ABD 【解析】本题考查公文传阅。公文在传阅过程中需要注意的事项主要有：(1)注意随时掌握公文传阅去向和进度；(2)控制公文传阅周期；(3)严格控制公文传阅范围；(4)分轻重缓急及时处理。

71. ABC 【解析】本题考查事业单位人事管理。竞聘上岗与公开招聘一样，需要坚持公开、公平、公正原则。

72. ABCD 【解析】本题考查行政责任。行政主体承担行政责任的具体方式主要有：(1)通报批评；(2)赔礼道歉，承认错误；(3)恢复名誉，消除影响；(4)返还权益；(5)恢复原状；(6)停止违法行为；(7)继续履行职责；(8)撤销违法的行政行为;(9)纠正不适当的行政行为;(10)行政赔偿等。

73. AC 【解析】本题考查管理知识。链式沟通模式又称为直线型沟通,是指若干沟通参与者,从最初的发信者到最终的受信者,环环衔接,形成信息沟通的链条。它的特点是机制比较简单、速度较快、有明确领导人、适合等级结构、满意度低、失真度高。AC 项正确,当选。

74. CD 【解析】本题考查经济学原理。“三个和尚没水喝”体现了经济学中的“搭便车”,即不承担任何成本而消费或使用公共物品的行为;“不入虎穴,焉得虎子”体现了经济学中的风险成本,即由于风险的存在和风险事故发生后人们所必须支出的费用和减少的预期经济利益;“棋错一着,满盘皆输”“鱼与熊掌不可兼得”均体现了经济学中的机会成本。故选 CD。

75. ABC 【解析】本题考查安全急救常识。泡沫灭火器的灭火原理是灭火时能喷射出大量二氧化碳及泡沫,它们能粘附在可燃物上,使可燃物与空气隔绝,达到灭火的目的。泡沫灭火器可用于扑救 A 类火灾,如木材、棉花、织物、纸张等引起的火灾,也可用于扑救 B 类火灾,如汽油、煤油、植物油等引起的火灾,但不能扑救 B 类火灾中的水溶性可燃、易燃液体的火灾,如醇、酯、醚、酮等物质的火灾。E 类火灾即带电物体和精密仪器等物质的火灾,一般使用不导电的干粉灭火器或者二氧化碳灭火器。故选 ABC。

三、判断题

76. A 【解析】本题考查时政热点。2020 年 6 月 5 日是世界环境日,2020 年我国环境日的主题是“美丽中国,我是行动者”,旨在推动社会各界和公众共同参与生态文明建设。

77. A 【解析】本题考查时政热点。经国务院批准,从 2020 年起,我国每两年将举办一届中华人民共和国职业技能大赛。2020 年 7 月,人社部印发《关于举办中华人民共和国第一届职业技能大赛的通知》。职业技能大赛的举办有利于促进技能人才的培养、推动职业技能培训和弘扬工匠精神。

78. B 【解析】本题考查哲学知识。形而上学认为世界上的一切事物和现象都是孤立存在、互无关联的,世界上的一切事物和现象都是静止不动的,否认质变,否认矛盾。题干这句话的意思是:耸入云霄的树木一定有它的根基,环绕山陵的水流一定有它的源头,体现了联系的观点和发展的观点。

79. A 【解析】本题考查马克思主义。马克思主义强调的人民,不是抽象的、超阶级的“人”,是以工人阶级为主的包括广大人民群众的具体的人。马克思主义以前的各种理论流派,只是在人的概念上大做文章,抽象地谈论人性,空谈所谓“人的解放”,鼓吹超阶级的人性,而对以工人阶级为主的包括广大人民群众的具体的人民视而不见。人民性是马克思主义的鲜明特色。

80. A 【解析】本题考查科技常识。核能是安全、洁净、廉价的能源,属于不可再生能源和清洁能源。这一技术能够造福人类,但是如果处理不当也会产生严重的污染,一旦发生核泄漏会对周边的人和其他生物造成伤害,这说明科技革命是一把“双刃剑”。

81. B 【解析】本题考查历史唯物主义。在 5G 还未全面普及的时代,6G 已进入开发阶段,说明科学技术是先进生产力的集中体现和主要标志。

82. A 【解析】本题考查历史唯物主义。社会存在决定社会意识,社会意识是社会存在的反映,并反作用于社会存在。文化作为一种精神现象,从根本上说,源于社会生活,尤其源于一定社会的物质生产活动,文化是社会生活、社会存在的反映。

83. B 【解析】本题考查十九届四中全会知识。党的十九届四中全会提出,鼓励勤劳致富,保护合法收入,增加低收入者收入,扩大中等收入群体,调节过高收入,清理规范隐性收入,取缔非法收入。题干中的“缩小中等收入群体”说法错误。

84. B 【解析】本题考查“四个全面”。在“四个全面”中,全面依法治国具有基础性、保障性作用。全面从严治党则是各项工作顺利推进、各项目标顺利实现的根本保证。

85. B 【解析】本题考查政治常识。我国高度重视制造业发展,坚持创新驱动发展战略,把推动制造业高质量发展作为构建现代化经济体系的重要一环。题干中的“高效率发展”说法错误。

86. B 【解析】本题考查行政强制。行政强制包括行政强制措施和行政强制执行。行政强制措施,是指行政机关在行政管理过程中,为制止违法行为、防止证据损毁、避免危害发生、控制危险扩大等情形,依法对公民的人身自由实施暂时性限制,或者对公民、法人或者其他组织的财物实施暂时性控制的行为。行政强制执行,是指行政机关或者行政机关申请人民法院,对不履行行政决定的公民、法人或者其他组织,依法强制履行义务的行为。题干所述为行政强制措施。

87. A 【解析】本题考查刑法知识。假冒注册商标罪的法定构成条件包括:(1)该罪的犯罪主体为一般主体,即任何企业事业单位或者个人假冒他人注册商标,情节达到犯罪标准的即构成本罪。(2)该罪侵犯的客体为他人合法的注册商标专用权,以及国家商标管理秩序。(3)该罪主观方面为故意,且以营利为目的。过失不构成本罪。(4)该罪的客观方面为行为人实施了刑法所禁止的假冒商标行为,且情节严重。

88. A 【解析】本题考查刑法知识。我国《刑法》第十三条规定:"一切危害国家主权、领土完整和安全,分裂国家、颠覆人民民主专政的政权和推翻社会主义制度,破坏社会秩序和经济秩序,侵犯国有财产或者劳动群众集体所有的财产,侵犯公民私人所有的财产,侵犯公民的人身权利、民主权利和其他权利,以及其他危害社会的行为,依照法律应当受刑罚处罚的,都是犯罪,但是情节显著轻微危害不大的,不认为是犯罪。"

89. B 【解析】本题考查政治常识。衡量任何一种思想观点、活动以及制度、事业是否合乎正义的最终标准,就是看它们是否促进社会进步,是否符合最大多数人的最大利益。题干中的"所有人的最大利益"说法错误。

90. A 【解析】本题考查宪法知识。根据我国《宪法》第三十二条的规定,中华人民共和国对于因为政治原因要求避难的外国人,可以给予受庇护的权利。

91. B 【解析】本题考查公文格式。不是每份公文都有附件。

92. A 【解析】本题考查函。公函的内容比较重要,行文郑重,有完整的公文格式。便函大多适用于一般性的事务性工作,没有完整的公文格式。事实上,公函与便函只是内容重要程度以及公文格式上的区别,写法实质上几乎没有差异。

93. B 【解析】本题考查公文的修辞。公文的修辞手法以消极修辞手法为主,以积极修辞手法为辅。所谓消极修辞,是以内容上明确、通顺,形式上平匀、稳密为标准。但有些文件,例如调查报告、专用书信、工作总结、工作研究等,特别是一些讲话稿,为了表达的需要,也要积极、恰当地利用各种语言手段来增强所要表达内容的具体性、生动性和形象性,因而其所运用的各种修辞方式都是积极修辞。

94. A 【解析】本题考查请示。请示一般不直接送交领导个人,而是由单位的秘书相关部门等统一办理,送交办公厅(室),除非是领导直接交办的事项。

95. A 【解析】本题考查政府职能。实现政府职能的主要手段包括:行政手段、经济手段、法律手段等。法律手段具有严肃性、权威性、规范性的特点,使行政管理统一化和稳定化,但其只能在有限范围内发生作用,很多经济关系、社会关系需结合其他手段才能发挥作用。行政手段具有强制性、垂直性、无偿性、稳定性和具体性的特点,其优点是统一集中、迅速有效。但它易产生与"人治"相联系的一些弊病,影响横向联系及下级的积极性、创造性。经济手段具有间接性、有偿性、平等性和关联性的特点,最适于管理经济活动,但因其只能调节经济利益关系,不能靠它解决所有问题。

96. B 【解析】本题考查管理知识。管理幅度与管理层次是相互制约的,其中管理幅度起主导作用。管理幅度决定管理层次,管理层次的多少取决于管理幅度的大小。同时,管理层次对管理幅度也存在一定的制约作用。

97. A 【解析】本题考查行政管理。实行电子政务,能简化行政环节和程序,提高行政效率,降低行政成本;有利于提高行政透明度,方便公众监督,有利于廉政、勤政建设;有利于政府管理模式从集权管理型向集散管理型转变;有利于整合政务信息资源,推动政府信息资源对社会开放,发挥其巨大的社会效益和经济效益。

98. B 【解析】本题考查行政管理。文化环境由意识形态、道德伦理、价值观念、社会心理、教育、科学、文学艺术等要素的总和构成。文化环境为公共行政提供智力支持和精神动力,提供行政价值观和行为规范。

99. B 【解析】本题考查管理知识。内激励是指工作任务本身给工作者带来的激励,如对任务的好奇心、对任务的喜爱和全身心投入等。外激励是与工作任务无关的、由任务下达者提供的激励,如提高工资、增加奖金、提升职务等。题干中的"获得工作满足感"属于内激励。

100. B 【解析】本题考查宏观经济。虚拟经济是市场经济高度发达的产物,以服务于实体经济为最终目的。与实体经济相比,虚拟经济具有明显不同的特征。概括起来,主要表现为高度流动性、不稳定性、高风险性和高投机性四个方面。

101. A 【解析】本题考查宏观经济。泡沫经济指资产价值超越实体经济,极易丧失持续发展能力的宏观经济状态。泡沫经济发展到一定的程度,通常会由于支撑投机活动的市场预期或者神话的破灭,而导致资产价值迅速下跌,这在经济学上被称为泡沫破裂。

102. A 【解析】本题考查计算机知识。局域网是一种在小范围内实现的计算机网络,是一种私有网络,一般在一个建筑物内或建筑物附近,比如家庭、办公室或工厂。

103. B 【解析】本题考查科技常识。蝙蝠是雷达的仿生学原型。蝙蝠会释放出一种超声波,这种声波遇见物体时就会反弹回来,而人类听不见。雷达就是根据蝙蝠的这种特性发明出来的。

104. A 【解析】本题考查中国历史。抗美援朝是新中国成立后中国人民同世界上最强大的敌人进行军事较量并取得胜利的一次保家卫国战争,大大提高了新中国的国际地位。

105. B 【解析】本题考查中国历史。在中国历史上,康有为首次倡导了政治体制上的中西结合,最早在中国提出了立宪政体。

106. A 【解析】本题考查世界历史。太平洋上的珍珠港是交通的主要枢纽,具有重要的战略地位。偷袭珍珠港是指二战时期由日本政府策划的一起偷袭美国太平洋海军舰队基地——珍珠港的军事事件,它成为第二次世界大战中太平洋战争爆发的导火索。

107. B 【解析】本题考查文学素养。《双城记》是英国作家查尔斯・狄更斯所著的一部以法国大革命为背景的长篇历史小说。

108. B 【解析】本题考查文学素养。"咬定青山不放松,立根原在破岩中"出自清代郑燮的《竹石》,赞颂了竹子的刚毅。

109. A 【解析】本题考查人文知识。蒙古包看起来虽小,但包内使用面积却很大,而且室内空气流通,采光条件好,冬暖夏凉,不怕风吹雨打,是经常转场放牧的牧民和游客居住的理想场所。

110. B 【解析】本题考查礼仪知识。拨打电话应选择对方方便的时间,休息和用餐时间、节假日一般不宜打电话,更不宜打谈公务的电话。

2020年山东省济南市联考教师招聘考试公共基础知识真题试卷(六)

一、单项选择题

1. B 【解析】本题考查时事政治。2020年6月30日,全国人大常委会表决通过《中华人民共和国香港特别行政区维护国家安全法》,这是香港回归以来中央处理香港事务的重大举措。

2. B 【解析】本题考查历史常识。清朝两江总督府位于南京市玄武区总统府内,现为中国近代史遗址博物馆。

3. D 【解析】本题考查文学常识。太常引是词牌名,又名"太清引""腊前梅"等。

4. D 【解析】本题考查公司法知识。股东不能申请或宣告破产,但可以申请解散公司,然后再清算。公司破产由人民法院宣告。

5. D 【解析】本题考查文学常识。"小康"一词最早出自《诗经・大雅・民劳》中的"民亦劳止,汔可小康。惠此中国,以绥四方"。这句话的意思是说百姓很辛苦了,让他们休息一下吧,只有这样才能保护国家,安定四方,表达了奴隶制时代先民们的一种理想。

6. C 【解析】本题考查科技常识。导致吸烟成瘾的主要物质是尼古丁,它会以极快的速度随血液进入大脑,引起大脑额叶皮质的先兴奋后抑制,使吸烟者开始感到很舒适、愉快。但是尼古丁在人体内代谢很快,一旦血液中的尼古丁含量下降,就会感觉心烦、疲乏、思维迟钝、注意力不能集中等,产生强烈的再次吸烟的欲望,所以吸烟者必须持续吸烟。同时,随着吸烟的增加,大脑中与尼古丁结合的乙酰胆碱受体对尼古丁的敏感性下降,体内代偿性产生更多受体,为获得与以前同样的感觉,就需要更多的尼古丁与之结合,因此形成恶性循环,导致吸烟者的烟量越来越大。此外,尼古丁会刺激多巴胺系统神经元,促使多巴胺释放,多巴胺具有影响情绪的作用,使吸烟者感到舒适、兴奋,从而对烟产生心理渴求,终致成瘾。

7. C 【解析】本题考查国情。毛南族是我国人口较少的山地民族之一,广西壮族自治区环江县是国家扶贫开发工作重点县,也是全国唯一的毛南族自治县。

8. D 【解析】本题考查人文常识。“博物馆”一词源于希腊文“museion”，原意为“祭祀缪斯的地方”。

9. C 【解析】本题考查中国古代科技成就。中国旅游日(5月19日)源自《徐霞客游记》的首篇《游天台山记》开篇之日(公元1613年5月19日)。《徐霞客游记》是明代地理学家徐霞客创作的一部散文游记。

10. A 【解析】本题考查社会热点。2020年珠峰高程测量是人类首次在珠峰峰顶开展的重力测量，这有利于大地水准面优化，提高珠峰高程测量的精度，并获取宝贵的科学数据。

11. D 【解析】本题考查政治常识。“修昔底德陷阱”是指一个新崛起的大国必然要挑战现存大国，而现存大国也必然会回应这种威胁，这样战争变得不可避免。此说法源自古希腊著名历史学家修昔底德，他认为，当一个崛起的大国与既有的统治霸主竞争时，双方面临的危险多数以战争告终。D项正确。A项，“塔西佗陷阱”得名于古罗马时代的历史学家塔西佗。这一概念之后被学者引申成为一种社会现象，指当政府部门或某一组织失去公信力时，无论说真话还是假话，做好事还是坏事，都会被认为是说假话、做坏事。B项，“灰犀牛事件”是指太过于常见以至于人们习以为常的风险，比喻大概率且影响巨大的潜在危机。C项，“黑天鹅事件”则是指极其罕见的、出乎人们意料的风险。故选D。

12. C 【解析】本题考查历史常识。习近平总书记在纪念五四运动100周年大会上的讲话中明确指出：“五四运动以全民族的力量高举起爱国主义的伟大旗帜。五四运动，孕育了以爱国、进步、民主、科学为主要内容的伟大五四精神，其核心是爱国主义精神。”

13. D 【解析】本题考查所有权。矿藏、水流、海域均属于国家所有。根据我国《宪法》第十条规定，农村和城市郊区的土地，除由法律规定属于国家所有的以外，属于集体所有；宅基地和自留地、自留山，也属于集体所有。集体所有的不动产和动产包括：(1)法律规定属于集体所有的土地和森林、山岭、草原、荒地、滩涂；(2)集体所有的建筑物、生产设施、农田水利设施；(3)集体所有的教育、科学、文化、卫生、体育等设施；(4)集体所有的其他不动产和动产。

14. C 【解析】本题考查艺术素养。《百鸟朝凤》是一首被称为“鼓吹乐”或“鼓乐”的民间吹打乐合奏曲，主要流行于河南、山东、河北、安徽等地。本题为选非题，答案为C。

15. D 【解析】本题考查人文常识。题干中的诗句出自王士祯的《初春济南作》，描写了济南的春晴、泉清和秀美的湖光山色。诗句中的“山郡”点明描写的是一座群山环绕的城市；“逢春”和“乍晴”交待了诗中的具体形象所赖以产生的节候；“郭边万户皆临水，雪后千峰半入城”则表现了号称“泉城”、三面环山的济南最典型的景色。

方法技巧：在做有关诗句描绘地点的题目时，考生应首先通读诗句，把握诗句的中心思想。再逐步圈出诗句中描写时间、地点、人物的词语，判断诗人所描绘的人物、季节、地理环境以及显著景观，再结合之前所积累的人文素养和地理常识定位诗中所描绘的城市或地点。

16. B 【解析】本题考查艺术素养。花旦，多为年轻活泼的小家碧玉或丫鬟；正旦，又叫青衣，多为端庄稳重的中青年妇女；彩旦是戏曲中扮演女性的丑角；刀马旦，多为女将或女元帅。

17. D 【解析】本题考查中国古代年龄称谓。“期颐”用来代指一百岁。七十岁用“古稀”来代指，六十岁用“耳顺”或“花甲”来代指，九十岁用“耄耋”来代指。

18. D 【解析】本题考查历史常识。曾侯乙编钟一般指战国曾侯乙编钟。战国曾侯乙编钟是战国早期曾国国君的一套大型礼乐重器，国家一级文物，1978年在湖北随县(今随州)擂鼓墩曾侯乙墓出土，现藏于湖北省博物馆，为该馆“镇馆之宝”。

19. B 【解析】本题考查我国科技成就。2020年6月23日，北斗系统第五十五颗导航卫星，也是北斗三号最后一颗全球组网卫星在西昌卫星发射中心点火升空。

20. D 【解析】本题考查历史常识。洛克是英国思想家，洛克的思想是启蒙思想的重要思想来源。狄德罗、伏尔泰、卢梭均为法国启蒙思想家。

二、多项选择题

21. ABCD 【解析】本题考查时事政治。《海南自由贸易港建设总体方案》提出：紧紧围绕国家赋予海南建设全面深化改革开放试验区、国家生态文明试验区、国际旅游消费中心和国家重大战略服务保障区的战略定位，充分发挥海南自然资源丰富、地理区位独特以及背靠超大规模国内市场和腹地经济等优势，抢抓全球新一轮科技革命和产业变革重要机遇,聚焦发展旅游业、现代服务业和高新技术产业,加快培育具有海南特色的合作竞争新优势。

22. AD 【解析】本题考查时事政治。中非团结抗疫特别峰会由中国和非洲联盟轮值主席国南非、中非合作论坛共同主席国塞内加尔共同发起,以视频方式举行。

23. ABCD 【解析】本题考查中国古代文化常识。端午节,又称端阳节、龙舟节、重午节、龙节、正阳节、天中节等,源自天象崇拜,由上古时代祭龙演变而来。

24. BCD 【解析】本题考查十九届四中全会知识。十九届四中全会指出,必须加强和创新社会治理,完善党委领导、政府负责、民主协商、社会协同、公众参与、法治保障、科技支撑的社会治理体系,建设人人有责、人人尽责、人人享有的社会治理共同体,确保人民安居乐业、社会安定有序,建设更高水平的平安中国。

25. AD 【解析】本题考查 2020 年政府工作报告。“两新一重”建设即加强新型基础设施建设,加强新型城镇化建设,加强交通、水利等重大工程建设。

26. AB 【解析】本题考查文学素养。李贺的诗作想象极为丰富,常引用神话传说,托古寓今,后人誉为“诗鬼”。贺知章的诗作豪放旷达,人称“诗狂”。CD 项对应错误,AB 项对应正确。

27. ABD 【解析】本题考查十九届四中全会知识。党的十九届四中全会强调,突出坚持和完善支撑中国特色社会主义制度的根本制度、基本制度、重要制度。可以说,根本制度是中国特色社会主义制度存在的依据,起着顶层决定性、全域覆盖性、全局指导性作用。基本制度是体现党关于经济社会发展基本原则和基本理念的制度,是各领域建设赖以运转的主要依据和基本规范。重要制度是从根本制度和基本制度派生而来的、国家治理各领域各方面各环节的具体的主体性制度,包括经济体制、政治体制、文化体制、社会体制、生态文明体制、法治体系、党的建设制度等,是推动国家治理各方面政策落实落细的制度。

28. BCD 【解析】本题考查经济常识。从企业发展的历史来看,具有代表性的企业制度有以下三种:业主制,合伙制,公司制。

29. BC 【解析】本题考查哲学知识。“堤溃蚁孔,气泄针芒”比喻不注意细微的漏洞就会铸成大错,说明量变达到一定程度会引发质变,A 项对应有误。“和实生物,同则不继”,意为实现了和谐,则万物即可生长发育,如果完全相同,则无法发展,反映了矛盾的同一性和斗争性是辩证统一的,D 项对应有误。BC 项均对应正确,当选。

30. ABCD 【解析】本题考查科技常识。可再生能源是指在自然界中可以不断再生、永续利用、取之不尽、用之不竭的资源,它对环境无害或危害极小,而且分布广泛,适宜就地开发利用。太阳能、地热能、风能、生物质能、海洋能、潮汐能等都属于可再生能源。

2020 年山西省大同市直教师招聘考试综合知识真题试卷(七)

一、单项选择题

1. A 【解析】本题考查十九大内容。十九大报告指出:共产主义远大理想和中国特色社会主义共同理想,是中国共产党人的精神支柱和政治灵魂,也是保持党的团结统一的思想基础。

2. D 【解析】本题考查政治常识。实现中华民族伟大复兴的中国梦,必须弘扬中国精神。这就是以爱国主义为核心的民族精神,以改革创新为核心的时代精神。

3. B 【解析】本题考查时事政治。习近平总书记在解决“两不愁三保障”突出问题座谈会上的讲话中指出:党的十八大以来,党中央把脱贫攻坚作为全面建成小康社会的底线任务和标志性指标,作出一系列重大部署。党的十九大后,党中央把打好精准脱贫攻坚战作为全面建成小康社会的三大攻坚战之一。这些年,脱贫攻坚力度之大、规模之广、影响之深前所未有,进展符合预期。

4. D 【解析】本题考查时事政治。习近平总书记在中央政治局第二十一次集体学习时指出:要抓好党的组织体系建设。严密的组织体系,是马克思主义政党的优势所在、力量所在。

5. A 【解析】本题考查时事政治。2020 年 5 月,习近平主席在山西考察时强调:今年是决战决胜脱贫攻坚和全面建成小康社会的收官之年,要千方百计巩固好脱贫攻坚成果,接下来要把乡村振兴这篇文章做好,让乡亲们生活越来越美好。

6. C 【解析】本题考查文学常识。诗歌按题材可分为:怀古诗,田园诗,山水诗,送别诗,咏物诗,战争诗等。“海内存知己，天涯若比邻”的意思是四海之内有知心朋友，即使远在天边也如近在比邻。这首送别诗表现了诗人乐观宽广的胸襟和对友人的真挚情谊，也道出了诚挚的友谊可以超越时空界限的哲理，给人以莫大的安慰和鼓舞。故选 C。

7. B 【解析】本题考查科技常识。《天工开物》是世界上第一部关于农业和手工业生产的综合性著作，是中国古代一部综合性的科学技术著作，作者是明朝的宋应星。外国学者称它为“中国 17 世纪的工艺百科全书”。故选 B。

8. C 【解析】本题考查地理常识。三江源是长江、黄河、澜沧江三条大河的发源地。三江源自然保护区是我国海拔最高，面积最大的自然保护区。故选 C。

9. C 【解析】本题考查公文知识。《党政机关公文处理工作条例》第八条规定：“……（五）公告。适用于向国内外宣布重要事项或者法定事项。（六）通告。适用于在一定范围内公布应当遵守或者周知的事项……（八）通知。适用于发布、传达要求下级机关执行和有关单位周知或者执行的事项，批转、转发公文……”布告不是我国法定的公文文种。故选 C。

10. D 【解析】本题考查法理学知识。1950 年 5 月 1 日，新中国制定的第一部法律《中华人民共和国婚姻法》正式开始实施。

11. B 【解析】本题考查民商法知识。我国《民法典》第三百九十五条规定：“债务人或者第三人有权处分的下列财产可以抵押：（一）建筑物和其他土地附着物；（二）建设用地使用权；（三）海域使用权；（四）生产设备、原材料、半成品、产品；（五）正在建造的建筑物、船舶、航空器；（六）交通运输工具；（七）法律、行政法规未禁止抵押的其他财产。抵押人可以将前款所列财产一并抵押。”该法典第三百九十九条规定：“下列财产不得抵押：（一）土地所有权；（二）宅基地、自留地、自留山等集体所有土地的使用权，但是法律规定可以抵押的除外；（三）学校、幼儿园、医疗机构等为公益目的成立的非营利法人的教育设施、医疗卫生设施和其他公益设施；（四）所有权、使用权不明或者有争议的财产；（五）依法被查封、扣押、监管的财产；（六）法律、行政法规规定不得抵押的其他财产。”故选 B。

12. A 【解析】本题考查时事政治。2020 年 6 月 30 日，《中华人民共和国香港特别行政区维护国家安全法》在香港特区刊宪公布，即日晚 11 时生效。故选 A。

二、多项选择题

1. ABCD 【解析】本题考查政治常识。广大人民在城乡居民群众自治组织依法直接行使民主选举、民主决策、民主管理、民主监督的权利，对所在基层组织的公共事务和公益事业实行民主自治，已经成为当代中国最直接，最广泛的民主实践。故选 ABCD。

2. ABD 【解析】本题考查时事政治。习近平总书记在企业家座谈会上指出：这些市场主体是我国经济活动的主要参与者、就业机会的主要提供者、技术进步的主要推动者，在国家发展中发挥着十分重要的作用。市场主体是经济的力量载体，保市场主体就是保社会生产力。要千方百计把市场主体保护好，为经济发展积蓄基本力量。故选 ABD。

3. ABCD 【解析】本题考查时事政治。习近平总书记在中央政治局第二十一次集体学习时指出：各级党组织要提高政治领导力、思想引领力、群众组织力、社会号召力，把广大人民群众紧紧团结在党的周围。故选 ABCD。

4. BCD 【解析】本题考查文学知识。“宁可枝头抱香死，何曾吹落北风中”出自宋代郑思肖的《寒菊》，A 项错误。“忽然一夜清香发，散作乾坤万里春”出自元代王冕的《白梅》，B 项正确。“雪满山中高士卧，月明林下美人来”出自高启的《咏梅九首》，C 项正确。“疏影横斜水清浅，暗香浮动月黄昏”出自宋代林逋的《山园小梅二首》，D 项正确。故选 BCD。

5. ABCD 【解析】本题考查时事政治。2020 年 7 月 31 日，北斗三号开通。当天，中共中央贺电指出，要大力弘扬“自主创新、开放融合、万众一心、追求卓越”的新时代北斗精神。故选 ABCD。

6. ACD 【解析】本题考查国际经济学。国际货币基金组织会员国的国际储备，一般可分为四种类型：货币性黄金、外汇储备、在国际货币基金组织的储备头寸和特别提款权。故选 ACD。

7. ACD 【解析】本题考查公文知识。公文必备的基本组成部分有：发文机关、发文字号、标题、正文和成文日期等。故选 ACD。

8. ABD 【解析】本题考查公文的行文规则。可以越级行文的情形有：（1）遇有特殊重大紧急情况，如战争、自然灾害等，如逐级上报，可能会延误时机，造成重大损失时；（2）经多次请示直接上级，长期未得到解决的重大问题;(3)上级领导或领导机关交办,并指定越级直接上报的事项;(4)对直接上级机关或领导进行检举、控告;(5)直接上下级机关有争议,而无法解决的重大问题;(6)询问、联系无需经过直接上级机关的一些工作问题等。ABD项符合越级行文的情况,故本题选ABD。

9. BC 【解析】本题考查行政法知识。我国《行政强制法》第九条规定:"行政强制措施的种类:(一)限制公民人身自由;(二)查封场所、设施或者财物;(三)扣押财物;(四)冻结存款、汇款;(五)其他行政强制措施。"故选BC。

10. AD 【解析】本题考查社会法知识。我国《劳动合同法》第二十五条规定:"除本法第二十二条和第二十三条规定的情形外,用人单位不得与劳动者约定由劳动者承担违约金。"根据该法第二十二条的规定,用人单位为劳动者提供专项培训费用,对其进行专业技术培训的,可以与该劳动者订立协议,约定服务期。劳动者违反服务期约定的,应当按照约定向用人单位支付违约金。该法第二十三条规定:"用人单位与劳动者可以在劳动合同中约定保守用人单位的商业秘密和与知识产权相关的保密事项。对负有保密义务的劳动者,用人单位可以在劳动合同或者保密协议中与劳动者约定竞业限制条款,并约定在解除或者终止劳动合同后,在竞业限制期限内按月给予劳动者经济补偿。劳动者违反竞业限制约定的,应当按照约定向用人单位支付违约金。"故本题选AD。

三、判断题

1. A 【解析】本题考查政治常识。习近平新时代中国特色社会主义思想是新时代中国共产党的思想旗帜,是国家政治生活和社会生活的根本指针,是当代中国的马克思主义、21世纪的马克思主义。

2. B 【解析】本题考查十九大内容。十九大报告指出:中国特色社会主义最本质的特征是中国共产党领导,中国特色社会主义制度的最大优势是中国共产党领导。

3. B 【解析】本题考查政治常识。1956年,对农业、手工业和资本主义工商业"三大改造"的基本完成,标志着我国社会主义制度的基本建立。社会主义制度的建立是中国历史上最深刻最伟大的社会变革。

4. A 【解析】本题考查十九大内容。党的十九大报告第一次把党的政治建设纳入党的建设总体布局,强调以党的政治建设为统领。

5. B 【解析】本题考查社会主义市场经济常识。我国的公有制经济不仅包括国有经济和集体经济,还包括混合所有制经济中的国有成分和集体成分。

6. A 【解析】本题考查微观经济。影响消费者需求的因素有:商品本身的价格,消费者的偏好,替代商品的价格和数量,互补品的数量和价格,消费者的收入,消费者对未来价格的预期等。其中,对消费者需求量影响最大的是价格因素。

7. B 【解析】本题考查宏观经济。拉动经济增长的"三驾马车"是投资、消费、出口。

8. A 【解析】本题考查历史常识。1920年8月,《共产党宣言》第一个中文全译本在上海出版,为中国共产党的成立做了思想上的准备。它的首译者是陈望道。

9. B 【解析】本题考查文学常识。"清明时节雨纷纷,路上行人欲断魂"出自唐代杜牧的《清明》。

10. A 【解析】本题考查文化常识。甲骨文主要是指殷墟甲骨文,又称为"殷墟文字"和"殷契",是殷商时代刻在龟甲兽骨上的文字。

11. B 【解析】本题考查地理常识。秦岭—淮河一线是我国南北地理分界线。

12. A 【解析】本题考查地理常识。全球气候变暖最明显的后果是海平面上升。海平面上升是因冰川融化和海水热膨胀引起的海水上涨现象,它是长期缓慢进行的。海平面的上升会改变海岸线,给沿海地区带来巨大影响,海拔较低的沿海地区将面临被淹没的危险。

13. A 【解析】本题考查科技常识。人工智能是对人的意识、思维的信息过程的模拟。人工智能不是人的智能,但能像人那样思考。

14. A 【解析】本题考查科技知识。现代物理学的两大基本支柱为相对论和量子力学。

15. B 【解析】本题考查公文知识。不是所有的公文都要标注份号,涉密公文应当标注份号。

16. A 【解析】本题考查公文知识。任免干部的通知,用于向干部和群众传达任免事项,以履行规定的任免程序,并利于取得干部群众的监督与支持以及方便工作联系。撰写这种通知,要求以简要的文字分条列项写明:任免干部的机关(会议)名称、日期与被任免人员的姓名与职务。这种通知的落款处由任免机关的领导人亲笔签署(或代以签名章)。

17. B 【解析】本题考查公文知识。通报适用于表彰先进、批评错误、传达重要精神和告知重要情况。财政部作为国务院的组成部门,向国务院建议在全国范围内开展一次税收财务大检查,可以采用报告、请示或者意见行文,不能用通报行文。

18. A 【解析】本题考查宪法知识。我国《宪法》第八十四条规定:“中华人民共和国主席缺位的时候,由副主席继任主席的职位。中华人民共和国副主席缺位的时候,由全国人民代表大会补选。中华人民共和国主席、副主席都缺位的时候,由全国人民代表大会补选;在补选以前,由全国人民代表大会常务委员会委员长暂时代理主席职位。”

19. B 【解析】本题考查行政诉讼知识。行政诉讼是指公民、法人或其他组织认为国家行政机关及工作人员的具体行政行为侵犯其合法权益时,依法向人民法院提起诉讼,并由人民法院对具体行政行为是否合法进行审查并做出裁判的活动和制度。执法车撞伤王某并不属于具体行政行为,而属于执行公务时,侵犯了王某的人身权。作为王某的法定代理人,其父母可以代他申请国家赔偿,而不是提起行政诉讼。

20. B 【解析】本题考查民法知识。我国《民法典》第四十三条规定:“财产代管人应当妥善管理失踪人的财产,维护其财产权益。失踪人所欠税款、债务和应付的其他费用,由财产代管人从失踪人的财产中支付。”题干中的说法错误,失踪人被宣告死亡,才能发生继承。

四、简答题(参考答案)

1. 如何理解“人民是我们党执政的最大底气,是我们共和国的坚实根基,是我们强党兴国的根本所在”。

第一,人民是大山。中国拥有近 14 亿勤劳勇敢的人民,占世界人口六分之一之多,是世界第一人口大国。近 14 亿人民的力量是最磅礴的力量、最雄浑的力量、最无穷的力量,如同绵延不绝的巍巍高山,矗立在世界东方。人民是历史的见证者、历史的记录者、历史的创造者,是推动国家发展进步的力量源泉。

第二,人民是靠山。靠山,简言之,就是可依靠的强大力量。中国革命、建设、改革、发展的伟大实践有力证明了,人民是党和国家的最强大靠山。党和国家背靠这座大山,必将无往而不胜,直抵中华民族伟大复兴的理想彼岸。

第三,人民是泰山。泰山自古都是稳固、安定的代名词,泰山稳就是社稷稳定、政权稳固、国家昌盛、民族团结的象征。近 14 亿中国人民是共和国的宝贵财富、无穷财富、最大财富,是共和国 960 万平方公里广袤大地的压舱石、寿山石、泰山石。有了这样的人民,国家必定稳如泰山、坚如磐石,有了这样的人民,国家必定基业长青、事业兴旺、政权稳固、繁荣昌盛、民族复兴。

2. 简述颁布实施民法典的重大意义。

民法典,是我国第一部以法典命名的法律。这部法律的颁布,是坚持和完善中国特色社会主义制度的现实需要,是推进全面依法治国、推进国家治理体系和治理能力现代化的一个重大举措,是坚持和完善社会主义基本经济制度、推动经济高质量发展的客观要求,是增进人民福祉、维护最广大人民民事权利的一个必然要求,具有重大的现实意义和深远的历史意义。

第一,民法典的颁布是新时代中国立法进程的重大工程。民法典的编纂与出台是新时代中国特色社会主义法治进程中科学立法、民主立法、依法立法的重要里程碑,对坚持以人民为中心的发展思想、依法维护人民权益、推动我国人权事业发展,推进国家治理体系和治理能力现代化,具有重大意义。

第二,民法典的颁布是新时代全面依法治国的必然要求。民法典是全面依法治国的重要制度载体,很多规定同有关国家机关直接相关,直接涉及公民和法人的权利义务关系。国家机关履行职责、行使职权必须清楚自身行为和活动的范围和界限。各级党和国家机关开展工作要考虑民法典的规定,不能侵犯人民群众享有的合法民事权利,包括人身权利和财产权利。同时,有关政府机关、监察机关、司法机关要依法履行职能、行使职权,保护民事权利不受侵犯、促进民事关系和谐有序。民法典实施水平和效果,是衡量各级党和国家机关履行为人民服务宗旨的重要尺度。

第三,民法典的颁布是坚持以人民为中心的必由之路。民法是权利法。以人民为中心,就要实现好、维护好、发展好人民的权利。人民的核心利益和重大关切主要体现在形形色色、内容各异的权利当中,人民的权利得到了实现、维护和发展,其根本利益也就得到了保障。民法典的立法宗旨和目的就是充分反映人民群众的意愿,保障私权,维护广大人民群众的利益。

五、连线题

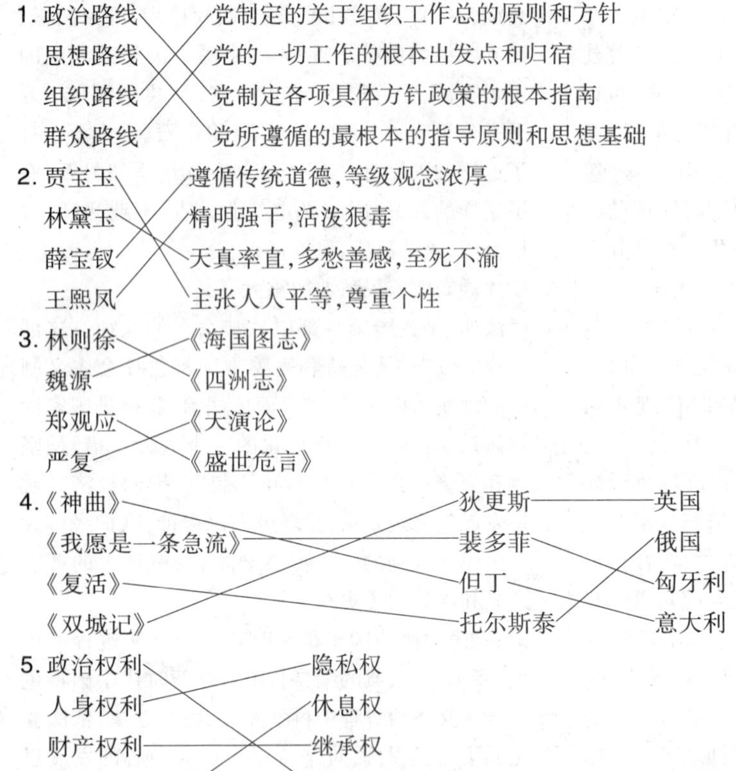

2019 年贵州省直事业单位教师岗公共基础知识真题试卷(精编)(八)

一、单项选择题

1. C 【解析】本题考查宪法知识。澳门特别行政区享有高度的自治权，除外交和国防事务属中央人民政府管理外，澳门特别行政区享有行政管理权、立法权、独立的司法权和终审权。

2. A 【解析】“莫听穿林打叶声，何妨吟啸且徐行”意思是不必去听那穿林打叶的雨声，不妨一边吟咏长啸着，一边悠然徐行，体现了一种乐观旷达的态度。“一花独放不是春，百花齐放春满园”比喻缺少各种不同形式和风格的艺术作品就不算繁荣，也常比喻一个人、一个地区的先进不是理想的效果。“不畏浮云遮望眼，自缘身在最高层”比喻掌握了正确的观点和方法，认识达到了一定的高度，就能透过现象看到本质，就不会被事物的假象所迷惑。“纵使思忖千百度，不如亲手下地锄”寓意注重实践。故选 A。

3. D 【解析】本题考查实践观。社会实践是文化创新的源泉和动力。离开了社会实践，文化创新就成了无源之水、无本之木，人们就不能进行有价值的文化创造。歌手用作品真切地、深刻地反映了他在西藏的所见所闻，说明了艺术作品的源泉是现实的生活实践。

4. B 【解析】15 世纪末，哥伦布发现美洲之后把辣椒带回欧洲，并由此传播到世界其他地方。

5. C 【解析】键盘、鼠标和触摸屏都属于输入设备。

6. A 【解析】《西厢记》叙写了书生张生与相国小姐崔莺莺在侍女红娘的帮助下，冲破孙飞虎、崔母、郑恒等人的重重阻挠，终成眷属的故事。

7. B 【解析】千户苗寨、镇远古镇、梵净山由南到北排列且相邻的两处相距不远，三处与茂兰相距较远，因此前三处的游玩顺序应当由南到北或由北到南，只有 B 项符合。

8. C 【解析】“它的肚子有一、二、三、四、五，五个环节”与“愈往后愈细”之间应该用逗号。

9. C 【解析】屠呦呦翻阅了大量历代文献资料，并向许多中医请教，不断探索，在此基础上筛选了几百种药物，在反复实验后，提取出了青蒿素。这个发现并非源于意外，而是在科学方法指引下刻苦钻研的结果。

10. A 【解析】石墨烯是一种由碳原子构成的单层

片状结构的新材料，电导率高，可用于制作新型电池，A 正确。光纤内芯比外套折射率大，在内芯与外套的界面上发生全反射，B 错误。中国是世界上最大的稀土生产及出口国，有相当一部分稀土出售给了美国，C 错误。风是相对于地表面的空气运动。形成风的直接原因是气压在水平方向分布的不均匀。另外，风还受地球自转、地形、水域等不同因素的综合影响。因此，形成风的原因不包括地表摩擦力；D 项错误。

11. A 【解析】“水到渠成”的意思是水流到之处便有渠道，比喻有条件之后，事情自然会成功，即功到自然成。网络学习是人才培养的条件，故选 A。

12. C 【解析】题干说的是人们在愚人节玩要嬉笑的行动，AB 明显不符合题意。“大展身手”一般是指个人充分地施展才能和能力。“各显神通”多用来比喻在集体生活中各人有各人的办法，或者各自拿出本领来完成共同的事业。设备商们并没有把智能养殖当作共同的事业，排除 D。

13. C 【解析】从第二空后面的“一物降一物”可以看出，生物之间具有相互制约的关系，故第二空应是制约。

14. D 【解析】先从第二空入手，与“满足”“释放”都可以搭配的只有“母性”。同时，因为《旅游青蛙》是一款游戏，所以第三空用“玩点”更为妥当。故选 D。

15. D 【解析】第二空应与“单一”意思相近，且从“取代”一词可以看出，第三空应与“单一”意思相反，所以排除 AC。“种质资源在不断流失”是说生物的种类在减少，因而第三空用“多样性”更合适。

16. C 【解析】第三空，D 项“总结”与“文化”搭配不当，排除。第二空，要与前面的“保护”“传承”形成递进关系，排除 B 项。第一空，“制订”重在“订”，订即拟写条文的过程，用于一般的具体事项，如“制订计划”。“制定”重在“定”，定即确定不变，用于有关全局的重大问题，如制定法律、方针、政策、路线等，C 符合题意。

17. B 【解析】从“变成了”可以看出，第二空的词语与“规律”意思相反。规律具有普遍性、一般性，所以用“个例”或“特例”更为恰当，排除 AD。“调试”意为调节试验，一般与设备、机器搭配，与“语言文字规范”搭配不当，排除 C。

18. A 【解析】“音乐”“版权”两个关键词在文段中反复出现，标题中应当包含，排除 CD。音乐平台筑起的版权壁垒悄然消失并不意味着音乐版权之争的终结，排除 B。

19. D 【解析】从“有些观点认为”“其实不然”可知，文段的意思是反对“搞水利设施没有必要”的观点，也就是在强调完善水利设施的必要性，D 符合题意。

20. B 【解析】题干描述的是卫星测控系统与卫星之间的关系，即卫星的在轨、异常、故障、寿命末期等都离不开卫星测控系统，故 B 项最为合适。

21. D 【解析】“当非酒精性脂肪肝病发展到严重的炎症阶段，肝脏内巨噬细胞就会异常活跃起来，它们会从血液中募集更多兄弟炎症细胞，例如白细胞就会进到肝脏里面，出现炎症细胞浸润”对应 A 项；“不要以为炎症细胞是去解救肝脏细胞的，很可能炎症细胞已经认为它是不正常细胞，想把它干掉”对应 B 项；“而这个机制与肝炎病毒入侵后，免疫系统对带毒肝脏细胞的‘绞杀’很相似”对应 C 项。该段文字没有提到炎症发展规律，故选 D。

22. D 【解析】这个文段的逻辑思路是先从 DNA 说起，逐渐引出对 DNA 材料的说明。③④⑤是对 DNA 的说明，应该排在前面，且⑤是用来引出 DNA 的，应该排在第一位。⑥是用来引出“DNA 材料”这个概念的，应该排在第四位。故选 D。

23. D 【解析】转折词“但”之后说的是文段的主要内容，即网络直播的负面情况和存在的问题。提出问题之后接下来就要解决问题，所以最可能讲的是网络直播的正面价值以及如何摆脱网络直播“低俗化”，D 符合题意。

24. C 【解析】从文段最后一句“当混日子的人越来越多，长远来看，企业终会失去活力和生机”可以看出，段落的主旨是说“形式主义加班”对企业发展不利，C 符合题意。

25. D 【解析】假设增长率为 X，则可以列出方程式：$2000(1+X)^3=5488$。解得 $X=0.4$。则第三年比第二年增产的量为：$2000\times0.4=800$（斤）。故 D 正确。

26. C 【解析】“至少有一件”的对立面是“一件也没有”。至少有一件来自乙的概率 = 1 − 两件都不来自乙企业的概率 $=1-(1-0.32)^2=0.5376$，故选 C。

27. C 【解析】由题干可知，现在甲乙共生产的产品为 $192+144=336$ 件；丙丁共生产的产品为 132

$+108=240$ 件。已知甲、乙、丙、丁四人工作效率都是 12 件/小时,假设 n 小时前,甲、乙生产的产品数是丙、丁生产产品数的 2 倍。则可得公式 $336-2n\times12=2\times(240-2n\times12)$,解得 $n=6$。故答案选 C。

28. C 【解析】根据题干可先运用勾股定理等几何知识求得 DA = 25 米,已知 AB = CD = 13 米,BC = 15 米,则一圈的总长度为 66 米 = 6600 厘米。依据题干中所给条件可求得蚂蚁爬行 AB 用时 65 分钟,爬行 BC 用时 50 分钟,爬行 CD 用时 50 分钟,爬行 DA 用时 50 分钟。故蚂蚁爬行一周总用时为:$65+50+50+50=215$ 分钟,故平均速度为 $6600\div215\approx30.7$ 厘米/分钟。

29. B 【解析】三种商品都购买的有 3 位,购买两种的一共 $(12-3)+(13-3)+(8-3)=24$ 位,因为“每人都进行了购买”,所以仅购买 1 种商品的顾客为 $48-(24+3)=21$ 位。

30. D 【解析】参赛的 6 个人总分是 21 分,则获胜队的总分应该小于或等于 10。在 1 ~ 6 这 6 个数字中任选 3 个,且 3 个数的和应该小于等于 10,因此共有 10 种组合。故选 D。

31. D 【解析】12 人获得一等奖,则获奖总人数为 $12\times10=120$ 人,企业员工总数为 $120\div20\%=600$(人)。故选 D。

32. C 【解析】铁属于金属,可以导电;太阳属于恒星,可以发光。

33. D 【解析】馥郁芬芳和香气怡人是近义词,兢兢业业和勤勤恳恳是近义词。

34. A 【解析】排练是为了演出能获得掌声。操练是为了战争能获得胜利。A 项与题干逻辑关系一致,其他选项均不一致。

35. D 【解析】琢、磨和它们的合成词琢磨都是动词,煎、熬和煎熬都是动词。

36. D 【解析】虎踞龙盘是指像老虎一样蹲着,像龙一样盘着。莺歌燕舞是指像黄莺一样歌唱,像燕子一样飞舞。

37. A 【解析】老鹰和蛇都是动物,海豚和蝙蝠都是哺乳动物,故选 A。

38. C 【解析】琴弦是琵琶的主要组成部分,灯管是台灯的主要组成部分。

39. D 【解析】唱歌需要用音响和耳麦这两种工具,且二者的功能有区别。化妆需要用到口红和眉笔这两种工具,且二者的功能有区别。D 项与题干逻辑关系一致。锯子和斧头是制造家具的工具,不符合题干逻辑关系,A 项错误。交流需要用到手机和电话,但二者是包含关系,不符合题干逻辑关系,B 项错误。玉米与饲料是对应关系,不符合题干逻辑关系,C 项错误。

40. D 【解析】教练从众多运动员中选拔冲刺技术好的运动员作为田径接力最后一棒选手,并不是关注一个人的高峰状态或者结尾状态,因而不符合峰终定律。故答案选 D。

41. B 【解析】B 项,“马克思主义基本原理教研室全体老师”符合“一组人员”;“针对教材新修订的内容集体备课”符合“对某一特定问题”“与会成员之间互相交流、互相启迪、互相激励、互相修正、互相补充、集思广益”“达到产生大量新设想的集体性发散技法”,符合对智力激励法的定义,当选。

42. C 【解析】A 项,精神病患者逃离精神病院,不是在正常思维状态下的行为;B 项,一意孤行的老总把公司交给不思进取的小儿子,没有冷静面对现状,其方案也不是最佳;D 项,和一个并不喜欢的人闪婚并不能证明自己,小兰在失恋后的行为并不冷静。故选 C。

43. D 【解析】A 项是随机选取调查对象,不符合“有意识地选取”,排除;B 项是对全班所有学生的调查,不符合“具有典型意义或代表性的单位”,排除;C 项是对某一个企业进行调查,而非“若干”,排除。故选 D。

44. C 【解析】任董事多次创业均获得成功,新公司会突然倒闭的情况不属于任董事熟悉的信息,因而 C 项不属于可获得性偏见。

45. B 【解析】②中的购买数量并没有起始值,因而不属于锚定效应,排除②,故选 B。

46. B 【解析】作为售货员,应该多介绍商品优点,促成交易;作为有良心的人,要告知顾客商品的缺点,从而在角色之间出现冲突,故选 B。

47. B 【解析】质疑实验步骤并不是认知上的冲突,故选 B。

48. D 【解析】人类对大脑活动的味觉分辨率和视觉分辨率的探索仍然不够,说明视觉对味觉的影响并不一定像科学家认为的那样重要,属于无关项,因而 D 项不能支持结论。

49. A 【解析】题干的结论是“农村居民已变成全球肥胖的主力军”,A 项数据说明:从 1985 年到 2017 年,全球平均 BMI 增长的人口中,农村居民占比超过一半,支持了题干的结论。B 项论述了农村男性和女性居民之间的肥胖增长关系，无法支持题干结论。CD项为无关项，排除。

50. D 【解析】根据题意，如果小远没有参加婚礼，那么小凡就没有参加，小青可能参加也可能不参加，小青和小凡不会都参加。故选D。

51. D 【解析】题干结论为人体限制糖质对保持人体健康有一定效果。ABC三项都表明限糖对小白鼠的危害，是对结论的质疑。D项则说明短期限糖有利于治疗糖尿病，是对题干结论的支持。

52. D 【解析】题干结论重在说明，水坝和水库正在减少自由流动的河流给全人类提供的多种利益，D项说明了自由流动的河流给全人类提供的多种好处，可以支持结论。

53. C 【解析】根据题干中所给的数据，《时尚Q趣》的读者数量是按照时政杂志的比例计算出来的，即5000订户，每户订一份，每份有2到3个读者，总数约为10000到15000。故选C。

54. C 【解析】钱三入选，题干中并未说明赵三和孙三来自什么专业和什么协会，因此赵三和孙三有一人入选，但不能确定谁必定入选，故排除A、B。因为李一和郑一都来自法律系，最多有一个入选。而王一来自哲学系，和钱三同一专业，所以王一必定不能入选。因此，剩下的两人周一和吴一必定都入选。故选C。

55. C 【解析】C项，网络用语给古老的汉语带来活力，推动了诗句和修辞手法的广泛使用，从而有力地削弱了题干中的结论。

二、多项选择题

1. AC 【解析】本题考查哲学知识。"量变必然引起质变"的说法错误，B排除。题意不涉及意识对生理活动的调控作用，D不符合题意。

2. BCD 【解析】十九大报告指出，要坚决打好防范化解重大风险、精准脱贫、污染防治的攻坚战，使全面建成小康社会得到人民认可、经得起历史检验。

3. ACD 【解析】本题考查农村土地承包法知识。根据我国《农村土地承包法》第四十七条的规定，受让方通过流转取得的土地经营权，经承包方书面同意并向发包方备案，可以向金融机构融资担保。故B项说法错误，答案为ACD。

4. ABC 【解析】科学技术是先进生产力的集中体现和主要标志，故D项说法错误。

5. ABC 【解析】5G的峰值传输速率达到10Gbit/s，比现在的4G网络要快100倍。D项错误，故选ABC。

6. ABCD 【解析】王阳明是明代著名的思想家、文学家、哲学家，陆王心学之集大成者，A错误。"令爱"多用于称呼对方的女儿，B错误。"机关算尽太聪明，反误了卿卿性命"暗示了王熙凤的命运，C错误。"闻一言以贯万物，谓之知道"的意思是，听到一句话就可以用来贯通万物的，叫作懂得道。这里的"道"与现代企业经营管理中的"道"意思不一样，D错误。

7. ACD 【解析】抗生素类药物应属于处方药，B项说法错误。

8. ACD 【解析】八七会议在中国共产党历史上是一个转折点。它给正处在思想混乱和组织涣散中的中国共产党指明了新的出路，为挽救党和革命作出了巨大贡献。这是由大革命失败到土地革命战争兴起的历史性转变，A项正确。中共十一届三中全会做出了把全党的工作中心转移到社会主义现代化建设上来的决策，是建国以来党的历史转折点，C正确。遵义会议是中国共产党开始独立自主地解决中国革命和革命战争的重大问题的会议，实际确立了毛泽东在中共中央和红军的领导地位，在极端危急的关头挽救了党，挽救了红军，挽救了中国革命，是党的历史上一个生死攸关的转折点，D正确。

9. ABD 【解析】成书于七、八世纪的唐代道教作品《真元妙道要略》中记载着"以硫磺、雄黄合硝石，并密烧之""焰起，烧手面及屋宇"，这里的"密"应是"蜜"的误写，因为蜂蜜在加热状态下会发生碳化反应。根据以上记载，我们可以看到火药的配方是硫磺、硝石和雄黄。在历史上，蜂蜜也曾经被用作制作火药的原料。A项正确。BD两项说法均正确。火药在唐朝末年开始运用于军事，到宋代才出现突火枪、火箭、火炮等军事武器，C项说法错误。故选ABD。

10. ABD 【解析】所谓防火墙，指的是一个由软件和硬件设备组合而成、在内部网和外部网之间、专用网与公共网之间的界面上构造的保护屏障。C项说法错误。

三、综合分析题

1. B 【解析】2017年，全国人均装机规模比上年增长0.09÷(1.28－0.09)≈7.6%，故选B。

2. D 【解析】A项，全国非化石能源发电装机容量占全国总装机容量的38.8%。B项，60万千瓦及以上火电机组容量所占比重达到44.7%。C项，新增非化石能源发电装机容量占全国新增发电装机容量的68.9%。D项,东、中部地区新增新能源发电装机容量占全国新增新能源发电装机的76.0%。可见D项中的占比最大,答案选D。

3. A 【解析】根据资料中的数据,新增发电装机容量中,太阳能新增5341万千瓦,新增水电1287万千瓦,新增并网风电1819万千瓦,新增核电218万千瓦。可见,太阳能新增最多,故选A。

4. B 【解析】2017年,新增太阳能发电装机容量占全国基建新增发电生产能力的比重为5341÷13118≈40.7%。2016年,新增太阳能发电装机容量占全国基建新增发电生产能力的比重为(5341－2170)÷(13118－975)≈26.1%。40.7%－26.1%≈15%,故选B。

5. C 【解析】2017年,新增煤电占新增火电的比重为3504÷4453≈78.7%,故C项说法错误。

2019年辽宁省大连市瓦房店市教师招聘考试公共基础知识真题试卷(九)

一、单项选择题

1. B 【解析】《中共中央 国务院关于深化教育教学改革全面提高义务教育质量的意见》指出,坚持立德树人,着力培养担当民族复兴大任的时代新人。故选B。

2. A 【解析】《中共中央 国务院关于深化教育教学改革全面提高义务教育质量的意见》提出,建立以发展素质教育为导向的科学评价体系,国家制定县域义务教育质量、学校办学质量和学生发展质量评价标准。本题为选非题,答案为A。

3. B 【解析】美国无视中美经济结构、发展阶段特点和国际产业分工现实,坚持认为中国采取不公平、不对等的贸易政策,导致美国出现对华贸易逆差,在双边经贸交往中"吃了亏",并对华采取单边加征关税措施。因此,贸易战是美国为了遏制中国发展采取的经济霸凌行径。

4. A 【解析】2019年8月,华为在开发者大会上正式发布了鸿蒙系统——第一款基于微内核的全场景分布式OS,是华为自主研发的操作系统。

5. A 【解析】在第二届"一带一路"峰会取得的众多成果中,最重要的是它体现了中国外交软实力的增强,展现了充足的中华魅力和文化自信。

6. D 【解析】本题考查物质与意识的辩证关系。物质决定意识,意识对物质具有能动的反作用。正确的意识对事物的发展起积极的促进作用,错误的意识则对事物的发展起阻碍作用。D项概括得最为全面。

7. B 【解析】本题考查真理和谬误的对立统一关系。真理和谬误的对立统一包含两方面:第一,真理和谬误相互对立,二者存在着原则界限。第二,真理和谬误的对立是相对的,它们在一定条件下相互转化。二者的对立只是在非常有限的范围内才具有绝对的意义,超出这个范围,二者的对立就是相对的。真理和谬误的对立统一关系表明,真理总是同谬误相比较而存在、相斗争而发展的。

8. D 【解析】本题考查哲学基本派别的历史形态。题干这句话的意思是:大自然的运行有其自身规律,这个规律不会因为君主的圣明或者暴虐而改变。这是一种朴素唯物论观点。

易错警示:机械唯物论虽然也承认物质第一性,精神第二性,但是它把一切运动都归结为机械运动,企图用纯粹力学的原因来解释一切现象。在对社会历史的看法上,它把人的意识看作社会历史发展的决定力量,因而它的社会历史观点是唯心的。朴素唯物论,又称朴素唯物主义,它产生发展于古代的奴隶社会和封建社会,是唯物论哲学的最初形态。它把自然现象看作具有无限多样性的统一,而且把这种有形体或特殊的事物看作万物的本原。

9. B 【解析】题干中儿童关于太阳的看法属于感性认识,有待于上升为理性认识。

10. B 【解析】辛亥革命结束了两千多年的封建君主专制制度,但由于资产阶级在政治上的软弱性,辛亥革命没有完成反帝反封建的任务,未能改变中国半殖民地半封建社会的性质。

11. D 【解析】古田会议决议创造性地提出了思想建党、政治建军的一系列方针原则,回答解决了建党建军的根本性、方向性的重大问题。古田会议决议是马克思主义建党建军基本理论与中国革命具体实践相结合的科学产物。故选D。

12. A 【解析】爱国主义体现了每一个中华儿女对祖国的责任,这种责任是社会发展的客观要求,也是每个人自身发展的客观需要。一个人能够成为什么人,应该成为什么人,在很大程度上要依赖于社会,依赖于生于斯、长于斯的祖国。祖国给个人的成长发展创造条件,对个人的奋斗成果做出评价,为个人实现人生价值的征程指明方向。因此,爱国主义是个人实现人生价值的力量源泉。故选 A。

13. B 【解析】本题考查历史唯物主义。生产力和生产关系的相互作用构成了二者的矛盾运动。这种矛盾运动中的内在的、本质的、必然的联系，就是生产关系一定要适合生产力状况的规律，这是推动人类社会发展的普遍规律。

14. B 【解析】影响商品经济运动的规律有价值规律、竞争规律、供求规律、货币流通规律等。其中，影响商品经济运动最直接的规律是供求规律，价值规律是商品经济的基本规律。

15. C 【解析】经济全球化是指资本、信息、技术、劳动力等生产要素在全球范围内的广泛流动，实现资源的优化配置的动态过程。经济全球化的本质是资源配置的国际化，故选 C。

16. C 【解析】商品是使用价值和价值的矛盾统一体。一方面，商品的使用价值是价值的物质承担者，没有使用价值的物品就没有价值。另一方面，使用价值和价值又是相互排斥的，表现在商品的生产者和购买者不能同时拥有商品的使用价值和价值。这种矛盾只有通过商品交换才能解决。因此，商品内在的使用价值和价值的矛盾，其完备的外在表现形式是商品与货币之间的对立。

17. A 【解析】管理经济学是应用经济学的一个分支，是一门研究如何把经济学的理论和方法应用于企业管理决策实践的学科。故选 A。

18. B 【解析】党的二大正确地分析了中国的社会性质，中国革命的性质、对象、动力和前途，指出了中国革命要分两步走，在中国近代史上第一次明确地提出了彻底的反帝反封建的民主革命纲领，为中国各民族人民的革命斗争指明了方向。可见，正是因为我党正确认识和分析了国情，才能够提出彻底反帝反封建的民主革命纲领。故选 B。

19. A 【解析】党的八大指出，我们国内的主要矛盾，已经是人民对于建立先进的工业国的要求同落后的农业国的现实之间的矛盾，已经是人民对于经济文化迅速发展的需要同当前经济文化不能满足人民需要的状况之间的矛盾。党和全国人民当前的主要任务，就是要集中力量来解决这个矛盾，把我国尽快地从落后的农业国变为先进的工业国。这些论述，是社会主义基本制度在我国建立起来以后制定党的总路线、总政策的基本依据，是党的八大的主要贡献。

20. B 【解析】本题考查法理学。法律事件是指不以当事人的意志为转移而引起法律关系形成、变更或消灭的客观事件。故选 B。

21. B 【解析】本题考查治安管理处罚的种类。我国《治安管理处罚法》第十条规定："治安管理处罚的种类分为：（一）警告；（二）罚款；（三）行政拘留；（四）吊销公安机关发放的许可证。对违反治安管理的外国人，可以附加适用限期出境或者驱逐出境。"故选 B。

22. C 【解析】本题考查宪法知识。我国《宪法》第三十一条规定："国家在必要时得设立特别行政区。在特别行政区内实行的制度按照具体情况由全国人民代表大会以法律规定。"故选 C。

23. A 【解析】道德是以善恶为评价标准，依靠社会舆论、传统习惯和内心信念的力量来调整人与人、人与自然之间相互关系的原则和规范，是社会意识形态之一。故选 A。

24. C 【解析】舒心、幸福的生活，不仅需要充裕的物质条件，也离不开健康和谐的精神家园。跟人际关系或竞争相比，精神滋养和文化浸润对幸福感的提升更加重要。故选 C。

25. B 【解析】弘扬以改革创新为核心的时代精神，必须大力推进理论创新、制度创新、科技创新、文化创新以及其他各方面的创新。实践基础上的理论创新是社会发展和变革的先导；制度创新是其他一切创新的重要保障；科技创新是国家竞争力的核心；大力推进文化创新是繁荣发展社会主义先进文化的需要。故选 B。

26. D 【解析】报告属于上行文，函、议案属于平行文，排除 ABC。下行文主要有：命令、决议、决定、通报、批复、通知等，故选 D。

27. D 【解析】公文的法定作者，指依法成立并能以自己的名义行使职权和承担义务的国家机构或其他社会组织。公文必须以这些机关的名义或其法定代表人的名义制发。

28. C 【解析】"初唐四杰"是中国唐代初期四位文学家王勃、杨炯、卢照邻、骆宾王的合称，简称"王杨卢骆"。

29. D 【解析】"元曲四大家"指关汉卿、白朴、郑光祖、马致远四位元代杂剧作家。汤显祖是明代剧作家，代表作有《牡丹亭》《紫钗记》《南柯记》《邯郸记》等。

30. B 【解析】汉武帝采纳董仲舒的意见，不再奉行黄老政治，而以儒家的纲常名教来维护统治，也就是"罢黜百家，独尊儒术"。故选 B。

31. D 【解析】太空处于真空状态,因而没有阻力,所以宇航员能够与航天飞机同速前进而不被甩掉。

32. A 【解析】温室气体主要有二氧化碳、甲烷、臭氧、一氧化二氮、氟利昂以及水汽等。在产生温室效应的原因分析中,二氧化碳是造成温室效应的最重要的气体。

33. B 【解析】我国很多河流的上游流经地势第一、二级阶梯,支流众多,水量丰富,落差很大,多峡谷急流,蕴藏有丰富的水能资源。其中,水能资源最丰富的两条河流是长江、雅鲁藏布江。

34. A 【解析】"一带一路"是"丝绸之路经济带"和"21 世纪海上丝绸之路"的简称。"一带一路"旨在借用古代丝绸之路的历史符号,高举和平发展的旗帜,积极发展与沿线国家的经济合作伙伴关系,共同打造政治互信、经济融合、文化包容的利益共同体、命运共同体和责任共同体。因此,"一带一路"不只适用于周边内陆国家。本题为选非题,答案为 A。

35. B 【解析】《教师教育振兴行动计划(2018—2022 年)》提出,将学习贯彻习近平总书记对教师的殷切希望和要求作为教师师德教育的首要任务和重要内容。

二、多项选择题

36. BCD 【解析】蒲松龄在创作《聊斋志异》时,通过听群众讲故事来搜集素材,这与社会物质财富无关,可排除 A。这个创作过程,说明人民群众是社会精神财富的创造者和传播者,人民群众的生活和实践是一切精神财富形成和发展的源泉,人民群众的实践为精神财富的创造提供了必要的物质条件。故选 BCD。

37. ABC 【解析】现代系统论的基本思想蕴含于唯物辩证法之中,同时又在一定程度上丰富和深化了唯物辩证法思想。

38. ABC 【解析】《公民道德建设实施纲要》指出,从我国历史和现实的国情出发,社会主义道德建设要坚持以为人民服务为核心,以集体主义为原则,以爱祖国、爱人民、爱劳动、爱科学、爱社会主义为基本要求,以社会公德、职业道德、家庭美德为着力点。2019 年 10 月,中共中央、国务院印发《新时代公民道德建设实施纲要》。《新时代公民道德建设实施纲要》提出,要把社会公德、职业道德、家庭美德、个人品德建设作为着力点。

39. AB 【解析】通报适用于表彰先进、批评错误、传达重要精神和告知重要情况。撰写通报要求:内容具有典型性,事例具有代表性;通报材料必须深入调查和反复核实;使用说明与叙述的表达方式。故选 AB。

40. ABCD 【解析】习近平在北师大教师节座谈会上提出:做好老师,要有理想信念、要有道德情操、要有扎实学识、要有仁爱之心。

押题试卷

教师招聘考试公共基础知识押题试卷(十)

一、单项选择题

1. B 【解析】本题考查时政热点。2021 年 6 月 15 日,教育部召开校外教育培训监管司成立启动会,一直乱象频出的校外教育培训将有专职部门管理。校外教育培训监管司承担面向中小学生(含幼儿园儿童)的校外教育培训管理工作,指导校外教育培训机构党的建设,拟订校外教育培训规范管理政策。

2. D 【解析】习近平主席指出,中国共产党领导是中国特色社会主义最本质的特征,中国共产党是国家最高政治领导力量,是实现中华民族伟大复兴的根本保证。

3. C 【解析】本题考查十九届五中全会。十九届五中全会公报提出的战略布局面向未来,"全面建成小康社会"成为了"全面建设社会主义现代化国家"。

4. A 【解析】本题考查我国 2035 年远景目标。《中华人民共和国国民经济和社会发展第十四个五年规划和 2035 年远景目标纲要》指出,展望 2035 年,我国将基本实现社会主义现代化。人均国内生产总值达到中等发达国家水平,中等收入群体显著扩大,基本公共服务实现均等化,城乡区域发展差距和居民生活水平差距显著缩小。

5. B 【解析】本题考查习近平新时代中国特色社会主义思想。习近平总书记强调,要坚持把实施乡村振兴战略作为新时代"三农"工作总抓手。

6. D 【解析】本题考查唯物辩证法的联系观和发展观。事物是普遍联系的,但不等于任何事物之间都是有联系的，事物联系是有条件的，①错误；大数据技术深刻影响着教育全过程，说明人们可以根据事物固有联系建立新联系，②符合题意；人为事物的联系是客观的，③错误；大数据技术促进教学质量改进，体现了事物之间相互联系构成了事物变化发展，④符合题意。故选D。

7. B 【解析】本题考查社会存在和社会意识的辩证关系。设立纪念日和国家公祭日，是为了让全国人民牢记历史、以史为鉴、珍爱和平、开创未来。这种对待历史的态度，是基于社会的存在和发展具有客观物质性，历史蕴含着现实社会的一般规律，①④正确。②说法错误。③中的说法材料未体现。故答案选B。

8. A 【解析】本题考查辩证唯物论。“天行有常，不为尧存，不为桀亡”的意思是大自然的运行有其自身规律，这个规律不会因为尧的圣明或者桀的暴虐而改变，体现了规律具有客观性。“天不言而四时行，地不语而百物生”体现了规律是客观的，不以人的意志为转移，A项符合题意。“黑发不知勤学早，白首方悔读书迟”劝勉青少年要珍惜少壮年华，勤奋学习，有所作为，B项不符合题意。“卧看满天云不动，不知云与我俱东”体现了运动与静止的辩证关系，C项不符合题意。“不识庐山真面目，只缘身在此山中”体现了观察事物应客观全面，D项不符合题意。故选A。

9. A 【解析】本题考查真理的特性。真理具有条件性，任何真理都有自己适用的条件和范围，如果超出了这个条件和范围，真理就会变成谬误。

10. D 【解析】洛可可风格的基本特点是纤弱娇媚、华丽精巧、纷繁琐细。

11. D 【解析】《新时代公民道德建设实施纲要》提出，推动践行以爱岗敬业、诚实守信、办事公道、热情服务、奉献社会为主要内容的职业道德，鼓励人们在工作中做一个好建设者。

12. D 【解析】中国航天事业发展史有三个里程碑：人造地球卫星上天，载人航天飞行，月球探测工程。这三个里程碑分别以“东方红一号”卫星发射成功、神舟五号载人飞船发射成功、“嫦娥一号”月球探测器发射为重要标志。故本题选D。

13. C 【解析】①延安精神：其精神内涵形成和发展时期为1935～1948年。②西柏坡精神：1949年3月，由毛泽东在西柏坡召开的中共七届二中全会上提出。③井冈山精神：诞生于1927年土地革命时期的井冈山根据地。④古田会议精神：古田会议是1929年12月在福建古田召开的中国共产党红军第四军第九次代表大会。按照时间先后顺序为③④①②，答案为C。

14. C 【解析】本题考查公文格式。《党政机关公文格式》规定，上行文的发文字号居左空一字编排，与最后一个签发人姓名处在同一行。因此，应该是在发文字号的右侧标注签发人，而非左侧，C项说法错误，当选。

15. D 【解析】公文标题一般由发文机关名称、事由和文种组成。

16. C 【解析】本题考查我国的民族区域自治制度。根据我国《宪法》的规定，自治区、自治州和自治县都是民族自治地方。故选C。

17. C 【解析】本题考查我国的基本政治制度及国家结构形式。我国是单一制国家，我国的国家结构形式是由我国的历史传统和民族状况决定的，国家根据各少数民族的特点和需要，帮助各少数民族地区加速经济和文化的发展。各少数民族聚居的地方实行区域自治，设立自治机关，行使自治权。因此我国实行的是区域自治，不是民族自治。

18. B 【解析】在新民主主义革命、社会主义革命、社会主义建设、社会主义改革的过程中，对于中国共产党人来说，始终应保持实事求是的理论精髓、世界观和方法论基础，这不仅十分重要而且很有必要。故本题选B。

19. B 【解析】秦始皇实行中央集权制，在中央设丞相、御史大夫、太尉等官职。其中，丞相帮助皇帝处理全国政事，御史大夫负责监察百官，太尉管理军事。

20. C 【解析】联合行文是以两个或两个以上机关的名义行文，在标注发文机关时，应把主办的机关标在前面。

21. A 【解析】本题考查商品的定义。商品是用来交换的劳动产品，劳动产品不一定是商品，但商品一定是劳动产品。A项属于劳动产品，但没有用于交换，不属于商品，当选。

22. D 【解析】本题考查世界银行。世界银行依靠高收入国家提供资金支持，基于这笔基金，向发展中国家提供低息贷款、无息信贷和赠款。

23. C 【解析】A项，命令的制发机关多为行政机关，大学无权发布命令，排除；B项，通报多用于传达重要事项和重要精神，却不需要执行，而B项的事由明显需要执行，排除；D项当中出现“印发”

二字,类似于转发的功能,应使用通知。故选 C。

24. D 【解析】我国《宪法》第三十四条规定:“中华人民共和国年满十八周岁的公民,不分民族、种族、性别、职业、家庭出身、宗教信仰、教育程度、财产状况、居住期限,都有选举权和被选举权;但是依照法律被剥夺政治权利的人除外。”故选 D。

25. A 【解析】牧野之战又称“武王伐纣”,发生在商纣王时期;长平之战发生在战国末期;赤壁之战发生在东汉末年;淝水之战发生在东晋时期,A 项正确。黄巾起义发生在东汉时期,陈胜吴广起义发生在秦朝,太平天国运动发生在清朝,李自成起义发生在明朝,B 项错误。诸葛亮七擒孟获发生在三国时期,陈汤平定匈奴发生在汉朝,郑成功收复台湾发生在明末清初,郑和下西洋发生在明朝,C 项错误。安史之乱发生在唐朝中后期,八王之乱发生在西晋时期,玄武门之变发生在唐朝初期,土木堡之变发生在明朝,D 项错误。故选 A。

26. C 【解析】秦始皇推行的“书同文”具有积极意义。文字的统一,是华夏文化的重大发展。它对文化的传播具有积极意义,对我国文化艺术的发展也具有深远的影响。

27. B 【解析】本题考查自然人的个人信息权。我国《民法典》第一百一十一条规定:“自然人的个人信息受法律保护。任何组织或者个人需要获取他人个人信息的,应当依法取得并确保信息安全,不得非法收集、使用、加工、传输他人个人信息,不得非法买卖、提供或者公开他人个人信息。”B 项的物业公司将苏某的电话告知某装修公司,非法提供苏某信息,使苏某信息被泄露,B 项符合题意。A、C、D 三项中,物业公司将苏某电话告知他人,是维护业主利益的行为,不是违法行为。

28. A 【解析】本题考查诉讼管辖。同级人民法院的级别与职权是一样的,所以它们受理第一审案件的分工和权限是由地域来决定的。

29. A 【解析】本题考查刑事责任能力。我国《刑法》第十七条第一款规定:“已满十六周岁的人犯罪,应当负刑事责任。”某甲已满十七周岁,犯罪后需要负刑事责任,A 错误。该法第十七条第二款规定:“已满十四周岁不满十六周岁的人,犯故意杀人、故意伤害致人重伤或者死亡、强奸、抢劫、贩卖毒品、放火、爆炸、投放危险物质罪的,应当负刑事责任。”十五周岁的某乙故意杀害张某,应负刑事责任,B 正确。该法第十八条第二款规定:“间歇性的精神病人在精神正常的时候犯罪,应当负刑事责任。”某丙在精神正常时犯罪,应负刑事责任,C 正确。该法第十八条第四款规定:“醉酒的人犯罪,应当负刑事责任。”某丁醉酒状态下犯罪,应负刑事责任,D 正确。本题为选非题,故选 A。

30. A 【解析】本题考查法律关系和事实关系的区别。A 项,程某和简某一年前领取结婚证形成了婚姻关系,受到法律的调整,具备法律关系。

31. A 【解析】本题考查遗嘱继承。我国《民法典》对遗嘱的形式进行了具体规定,乙的口头声明不具备法律规定的要件,无效。放弃继承的意思表示,必须在继承开始后、遗产分割前做出。继承开始前做出的放弃继承的意思表示,因继承尚未开始而不具有法律效力。故选 A。

32. A 【解析】“覆水难收”比喻事情已成定局,难以挽回,对应的是沉没成本。沉没成本是指由于过去的决策已经发生了的,而不能由现在或将来的任何决策改变的成本,即已经付出且不可收回的成本。机会成本是指为了得到某种东西而所要放弃另一些东西的最大价值。A 项对应错误,当选。“一山不容二虎”比喻在一个地方两个强者不能相容。完全垄断是指整个行业的市场由一家企业完全控制的状态。B 项对应正确。“入芝兰之室,久而不闻其香”指进入摆满香草的房间,久而久之闻不到香草的香味。边际效用递减指的是,在一定时间内,在其他商品的消费数量保持不变的条件下,随着消费者对某种商品消费量的增加,消费者从该商品连续增加的每一消费单位中所得到的效用增量即边际效用是递减的。C 项对应正确。“城门失火,殃及池鱼”比喻无辜被连累而遭受灾祸。负外部效应是指某个经济主体的活动使他人或社会受损,但他自己却并不为此而支付补偿这种损害的社会成本,包括生产的外部不经济和消费的外部不经济。D 项对应正确。

33. A 【解析】政府管理运行职能是指按照管理运行程序划分的政府职能。政府管理运行职能包括计划职能、组织职能、领导职能和控制职能。计划职能是指政府为完成某一时期内的任务或某一项任务,制定战略目标并确定实施步骤的管理行为。组织职能是指政府机构和工作人员把制订的计划方案付诸实施的活动过程。领导职能是指在政府部门担任领导职务的人员,为有效完成组织目标,对下属人员所采取的各种影响和激励过程。控制职能是指政府为使组织目标按计划完成而对执行过程进行检查、督促和纠偏的管理活动。A 项正确。

34. B 【解析】基尼系数是国际上用来综合考察居民内部收入分配差异状况的一个重要分析指标。经济学家们通常用基尼系数来表现一个国家或地区的财富分配状况。恩格尔系数是食品支出总额占个人消费支出总额的比重,一般用来衡量一个国家或地区居民的生活水平状况。道·琼斯指数是世界上具有影响的股价指数。纳斯达克指数是反映纳斯达克证券市场行情变化的股票价格平均指数。

35. B 【解析】《兰亭集序》是"书圣"王羲之在浙江绍兴兰渚山下以文会友,写出的"天下第一行书",也称《兰亭序》《临河序》等。

36. C 【解析】《长恨歌》是唐代诗人白居易的一首长篇叙事诗。《石壕吏》是唐代诗人杜甫的一首现实主义叙事诗,为"三吏三别"之一。《长生殿》是清初剧作家洪昇戏曲创作的代表作,取白居易《长恨歌》中的诗句"七月七日长生殿"作为剧本题目。综上,选项中与《马嵬》中提到的作品无关的作家是关汉卿,故选 C。

37. B 【解析】辛弃疾是南宋著名词人,是豪放派代表人物,而非婉约派。故选 B。

38. D 【解析】蔡伦是东汉的;火箭出现于唐末,突火枪最早出现在南宋;北宋的毕昇发明了泥活字,标志着活字印刷术的诞生。据此 A、B、C 表述错误。北宋末年,中国的海船上开始使用指南针。故 D 项正确。

39. A 【解析】光电效应是由德国物理学家赫兹于 1887 年发现的。

40. D 【解析】废行省,设三司的目的是分解地方权力,防止地方割据,处理的是中央与地方的关系,故其直接影响是 D 项。

41. D 【解析】青铜是金属冶铸史上最早的合金,是在纯铜(红铜)中加入锡或铅的合金,因此青铜是混合物而非纯净物。D 项说法错误,符合题意。合金硬度要比纯金属的大,A 项说法正确。合金属于金属材料,金属包括纯金属和合金,C 项说法正确。青铜具有熔点低、硬度大、可塑性强、耐磨、耐腐蚀、色泽光亮等特点,B 项说法正确。故选 D。

42. D 【解析】南仁东是"中国天眼"工程的发起者、奠基人、首席科学家兼总工程师,人称"中国天眼之父"。

43. B 【解析】我国《事业单位人事管理条例》第十五条规定:"事业单位工作人员连续旷工超过 15 个工作日,或者 1 年内累计旷工超过 30 个工作日的,事业单位可以解除聘用合同。"故本题选 B。

44. B 【解析】作为低纬度滨海发射基地,文昌航天发射场不仅可满足中国航天发展的新需要,还能借助接近赤道的较大线速度以及惯性带来的离心现象,使火箭燃料消耗大大减少,亦可通过海运的方式解决巨型火箭运输难题并提升残骸坠落的安全性。

45. C 【解析】塔里木盆地、准噶尔盆地、四川盆地位于我国第二阶梯,柴达木盆地位于我国第一阶梯。

46. D 【解析】本题考查物理变化与化学变化的区分。酒精挥发、矿石粉碎和冰雪融化都属于物理变化。白磷自燃生成新的磷化物,属于化学变化。故选 D。

47. C 【解析】执行云计算的服务器不全是虚拟网络系统。故选 C。

48. B 【解析】核酸和蛋白质是生命活动中最重要的物质,是生命中最主要的物质基础。故选 B。

49. B 【解析】1934 年 10 月,中央红军 8 万余人分别自瑞金、于都等地出发,开始长征。

50. A 【解析】Windows 是单用户多任务的操作系统,是系统软件而不是应用软件,B 错误。程序是为实现特定目标或解决特定问题,用计算机语言编写的命令序列的集合,只是软件的一个组成部分,不等同于软件,C 错误。软件作为知识、智慧、经验和创造性劳动的结晶,具有知识产权。对于免费软件可以直接使用,不需购买。对于非免费软件,应该尊重软件的知识产权,遵守信息道德,通过合法手段获取,D 错误。

51. C 【解析】粤绣题材广泛,其中以龙、凤、牡丹、百鸟朝凤、南国佳果(如荔枝)、孔雀、鹦鹉等传统题材为主。

52. C 【解析】围棋起源于中国,古时称"弈",传为帝尧所作,春秋战国时期即有记载。

53. C 【解析】泼水节是傣族、阿昌族、布朗族、佤族、德昂族以及泰语民族和东南亚地区的传统节日。泼水节是傣族的新年,A 正确。火把节是彝族、白族、纳西族、基诺族、拉祜族等民族的古老传统节日，有着深厚的民俗文化内涵，被称为“东方的狂欢节”，B正确。古尔邦节是我国回族、维吾尔族、哈萨克族等少数民族共同的节日。苗族的代表节日是苗年，C错误。回族是中国穆斯林的主体民族。回族的开斋节，在回族群众心目中是一个最尊贵的吉庆之月、和平之月，回族将开斋节视为最大的节日，D正确。本题为选非题。故选C。

54. B 【解析】“道法自然”出自《老子》，为老子的哲学思想，而不是孔子的主张，A错误。“兼相爱，交相利”是墨家的核心思想，意思是爱是相互的，利也是相互的，B正确，当选。“夫子之道，忠恕而已矣”出自《论语》，忠恕之道是儒家的重要思想，C错误。“阴阳者，天地之道也”出自《黄帝内经》，而韩非是法家学派的代表人物，D错误。

55. A 【解析】三皇五帝时期，华夏族生活于黄河流域。当时黄河泛滥，大禹受命治理黄河。

56. D 【解析】D项出自岑参《白雪歌送武判官归京》。这两句写的是北方的雪景，将雪花比喻成梨花。

57. A 【解析】汽车后视镜是凸面镜，可以帮助驾驶员利用光的反射原理观察车后情况，同时利用凸面镜对光有发散作用的原理来扩大视野，从而更好地注意到后方车辆的情况。

58. A 【解析】低钠盐以碘盐为原料，添加了一定量的氯化钾和硫酸镁，有助于改善体内钠、钾、镁的平衡状态，预防高血压。低钠盐的咸味与普通精盐差不多。氰化钾有剧毒，接触皮肤的伤口或吸入微量粉末即可中毒死亡，不可能加入食盐中。故选A。

59. D 【解析】医务人员在用针管抽取药水时会抽入少量的空气，因此在给患者注射前，必须把这部分空气彻底从针管里排出去，否则空气就会混合着药水一起进入患者的体内。如果过量空气注入血管里，空气会随着血流一路向前运动，经过较为细小的血管时，空气无法通过，会堵塞在血管通道内，造成血流运行不畅，阻碍血液输送人体所必需的氧气和养料，导致人体组织缺氧和功能异常，甚至危及生命。所以，医务人员给病人打针前会先将针管中的空气排除干净。故选D。

60. B 【解析】一氧化碳能降低红细胞将氧输送到全身的能力，造成组织和器官缺氧，进而使大脑、心脏等多种器官产生损伤。

二、多项选择题

1. ACD 【解析】“三个代表”重要思想指出，中国共产党要始终代表中国先进生产力的发展要求，就是党的理论、路线、纲领、方针、政策和各项工作，必须努力符合生产力发展的规律，体现不断推动社会生产力的解放和发展的要求，尤其要体现推动先进生产力发展的要求，通过发展生产力不断提高人民群众的生活水平。故选ACD。

2. CD 【解析】本题考查人生价值的实现。题干中引用的诗句表明，登山虽然辛苦，但其中有征服艰险的快乐，不要慨叹山高难登，前面的雄伟高峰正在迎接我们的到来。这首诗启示我们要有顽强拼搏、自强不息的精神，人生价值的实现离不开坚定的理想信念和正确价值观的指引，C、D项正确。个人素质的高低会影响人生价值的实现，但不是决定作用，A项错误。B项材料中没有体现，排除。故选CD。

3. ABC 【解析】本题考查客观唯心主义。D项主张物质世界是主观精神的产物，属于主观唯心主义的观点。ABC项均是客观唯心主义观点。

4. AB 【解析】本题考查我国基层群众自治制度。我国《宪法》将基层群众性自治组织确定为村民委员会和居民委员会。

5. ABCD 【解析】本题考查我国基层群众自治制度。我国《村民委员会组织法》第二条规定：“村民委员会是村民进行自我管理、自我教育、自我服务的基层群众性自治组织，实行民主选举、民主决策、民主管理、民主监督。”

6. ABCD 【解析】本题考查公民的基本权利。公民的社会、经济和文化方面的权利包括：财产权，劳动的权利，劳动者的休息权，退休人员的生活保障权，物质帮助权，受教育的权利，文化权利和自由。

7. BC 【解析】本题考查公民的政治参与。有序的政治参与是在宪法和法律范围内进行政治参与，B、C两项观点正确且符合题意。A项侵犯了公民隐私权，D项偏离了法制轨道，均应排除。

8. AD 【解析】禁止在主送的同时抄送给下级机关的文件包括：主送给上级机关的请求批准的请示、主送给上级机关的请求指示的请示。

9. AB 【解析】荣获党内最高荣誉“七一勋章”的“全国脱贫攻坚楷模”是张桂梅和黄文秀。

10. AD 【解析】本题考查民事诉讼的管辖。我国《民事诉讼法》第二十三条规定：“因合同纠纷提起的诉讼,由被告住所地或者合同履行地人民法院管辖。”《最高人民法院关于适用〈中华人民共和国民事诉讼法〉的解释》第十八条规定:“合同约定履行地点的,以约定的履行地点为合同履行地。合同对履行地点没有约定或者约定不明确,争议标的为给付货币的,接收货币一方所在地为合同履行地;交付不动产的,不动产所在地为合同履行地;其他标的,履行义务一方所在地为合同履行地。即时结清的合同,交易行为地为合同履行地。”本题是交付货物质量问题的纠纷,A 公司作为履行义务的一方,A 公司所在地甲地为合同履行地。故甲地和丁地人民法院都有权管辖。

三、判断题

1. × 【解析】本题考查十九届五中全会。“十三五”规划的时间范围是 2016 年至 2020 年。十九届五中全会提出了到二〇三五年基本实现社会主义现代化远景目标,这就是:我国经济实力、科技实力、综合国力将大幅跃升,经济总量和城乡居民人均收入将再迈上新的大台阶,关键核心技术实现重大突破,进入创新型国家前列;基本实现新型工业化、信息化、城镇化、农业现代化,建成现代化经济体系;基本实现国家治理体系和治理能力现代化,人民平等参与、平等发展权利得到充分保障,基本建成法治国家、法治政府、法治社会等等。因此,截至第十三个五年计划结束,我国还未基本上实现新型工业化、信息化、城镇化和农业现代化,未基本建成现代化经济发展体系。

2. √ 【解析】本题考查“十四五”规划。《中华人民共和国国民经济和社会发展第十四个五年规划和 2035 年远景目标纲要》将 GDP 作为主要指标予以保留,同时将指标值设定为“年均增长保持在合理区间、各年度视情提出”。在五年规划史上,这样表述 GDP 尚属首次,即以定性表述为主,隐含定量表述。这是从推进现代化建设的全局和整体出发,充分把握“十四五”发展趋势和内外部环境,经过慎重论证、反复比选、深入研究作出的一次调整。

3. × 【解析】本题考查中国特色社会主义理论体系。中国特色社会主义理论体系是包括邓小平理论、“三个代表”重要思想、科学发展观、习近平新时代中国特色社会主义思想在内的科学理论体系。

4. × 【解析】本题考查民事行为能力。我国《民法典》规定,十八周岁以上的自然人为成年人。不满十八周岁的自然人为未成年人。成年人为完全民事行为能力人,可以独立实施民事法律行为。十六周岁以上的未成年人,以自己的劳动收入为主要生活来源的,视为完全民事行为能力人。

5. × 【解析】本题考查行政处罚的设定。我国《行政处罚法》规定,行政法规可以设定除限制人身自由以外的行政处罚。

6. × 【解析】本题考查违法行为的构成要件。违法行为是指违反法律的行为,包括犯罪行为和一般违法行为。通常情况下,违法行为由以下要素构成:(1)违法客体。违法行为必须是在不同程度上侵犯了法律所保护的社会关系。(2)违法的客观方面。违法行为必须是违反法律规定的行为,既可以是积极的作为,也可以是消极的不作为。(3)违法的主体。违法者必须是具有法定责任能力或法定行为能力的主体。(4)违法的主观方面。违法行为必须是行为者出于故意或过失,即行为者要在主观方面有过错。例如,6 周岁的无民事行为能力人小王将压岁钱 10000 元借给他的叔叔用于股票投资。小王借钱给其叔叔的行为属于无效行为,但并不违法。

7. × 【解析】本题考查宪法宣誓制度。各级人民代表大会及县级以上各级人民代表大会常务委员会选举或者决定任命的国家工作人员,以及各级人民政府、监察委员会、人民法院、人民检察院任命的国家工作人员,在就职时应当公开进行宪法宣誓。

8. √ 【解析】本题考查中国共产党领导的多党合作和政治协商制度。中国共产党是执政党,各民主党派是参政党,二者是通力合作的亲密友党,互相监督。二者在政治上是领导与被领导的关系,在组织上是相互独立的关系,在法律上是平等的关系。

9. × 【解析】本题考查宪法的修改。我国《宪法》第六十四条第一款规定:“宪法的修改,由全国人民代表大会常务委员会或者五分之一以上的全国人民代表大会代表提议,并由全国人民代表大会以全体代表的三分之二以上的多数通过。”由此可见,题干中的“出席会议代表”说法错误。

10. × 【解析】本题考查合同的订立。合同是民事主体之间设立、变更、终止民事法律关系的协议。当事人订立合同,可以采用书面形式、口头形式或者其他形式。

11. √ 【解析】本题考查刑罚的特殊规定。我国

《刑法》第十九条规定:“又聋又哑的人或者盲人犯罪,可以从轻、减轻或者免除处罚。”

12. × 【解析】本题考查刑事诉讼案件的管辖。我国《刑事诉讼法》第二十一条规定:“中级人民法院管辖下列第一审刑事案件:(一)危害国家安全、恐怖活动案件……”

13. × 【解析】社会保障水平不是越高越好,只有当社会保障水平与经济发展水平相适应时才能发挥其应有的作用,不然容易造成对经济的拖累,影响经济的发展。此外,如果社会保障水平过高,容易造成“懒人社会”的问题,不利于社会的健康发展。

14. × 【解析】宏观调控的手段包括经济手段、法律手段和行政手段,经济手段是我国宏观调控的主要手段。

15. × 【解析】事后控制是在管理活动中出现最早、历史最久的控制类型。

16. √ 【解析】井冈山革命根据地是土地革命战争时期,中国共产党在湖南、江西两省边界罗霄山脉中段创建的第一个农村革命根据地。

17. × 【解析】《我的叔叔于勒》是法国作家莫泊桑创作的短篇小说。

18. × 【解析】古代所说的“三更”是指子时,即当天的二十三点到次日凌晨一点。二十一点到二十三点指的是亥时。

19. √ 【解析】病菌和病毒的发现者是巴斯德。

20. √ 【解析】《党政机关公文格式》规定,公文首页必须显示正文。

教师招聘考试公共基础知识押题试卷(十一)

一、单项选择题

1. B 【解析】本题考查时政热点。2021 年 7 月 1 日,习近平在庆祝中国共产党成立 100 周年大会上发表重要讲话指出,中国共产党一经诞生,就把为中国人民谋幸福、为中华民族谋复兴确立为自己的初心使命。一百年来,中国共产党团结带领中国人民进行的一切奋斗、一切牺牲、一切创造,归结起来就是一个主题:实现中华民族伟大复兴。

2. A 【解析】本题考查时政热点。2021 年 7 月,中共中央办公厅、国务院办公厅印发了《关于进一步减轻义务教育阶段学生作业负担和校外培训负担的意见》,并发出通知,要求各地区各部门结合实际认真贯彻落实。“双减”是指有效减轻义务教育阶段学生过重作业负担和校外培训负担。

3. B 【解析】本题考查时政热点。2021 年 7 月 25 日,在福州举行的第 44 届世界遗产大会上,“泉州:宋元中国的世界海洋商贸中心”顺利通过审议,成功列入《世界遗产名录》,成为我国第 56 个世界遗产。

4. D 【解析】本题考查唯物辩证法的对立统一规律。“和实生物,同则不继”的意思是:不同的东西彼此和谐才能衍生世间万物,所有东西都一致的话,世界也就不再发展了。“兵强则灭,木强则折”的意思是:打仗逞强就不能获胜,木材质地坚硬容易脆裂折断。两者都蕴含了矛盾双方之间的对立与统一的关系,故选 D。

5. B 【解析】本题考查唯物辩证法知识。A 项对应错误,谚语比喻做事情要抓住关键,处理问题要抓住主要矛盾。B 项以燕子从王、谢两大家族飞入寻常百姓家说明沧海桑田的历史变化,蕴含了事物是变化发展的哲学原理。C 项对应错误,萧萧而下的树叶和滚滚而来的江水,蕴含了发展的实质是新事物代替旧事物,事物是不断发展的原理。D 项对应错误,广泛地听取多方面的意见,就能明白事情的真相,作出正确的判断,只听信一方面的意见就会不了解真相,得出错误的结论。说明我们要用全面的观点看问题。

6. D 【解析】本题考查价值判断。人们对于同一件事情作出的不同价值判断,说明价值判断具有相对性。麦哲伦的航行,从环球航海这一方面看,是壮举;而从另一方面看,是一种侵略活动。

7. C 【解析】本题考查内因与外因。“树不修不直,人不教不才”“遇良医得生,遇庸医致死”说明外因在一定条件下能够改变事物发展的过程,故本题答案选 C。外因必须通过内因起作用,A 项本身说法错误;内因是事物变化的根据,规定着事物发展的方向,是事物发展的根本原因,B、D 项本身说法错误。

8. A 【解析】本题考查自然人的民事行为能力。民事法律行为有效要件包括:(1)行为人具有相应的民事行为能力;(2)意思表示真实;(3)不违反法律、行政法规的强制性规定,不违背公序良俗。八周岁以上的未成年人为限制民事行为能力人,实施民事法律行为由其法定代理人代理或者经其法定代理人同意、追认,但是可以独立实施纯获利益的民事法律行为或者与其年龄、智力相适应的民事法律行为。四个选项中的主体均是限制民事行为能力人。A 项,接受压岁钱属于限制民事行为能力人可以独立实施的纯获利益的民事法律行为。BCD 项的行为不是与限制民事行为能力人年龄、智力相适应的民事活动。故选 A。

9. C 【解析】本题考查法的特征。法的基本特征有:规范性和普遍性;统一性和权威性;权利和义务的一致性;国家强制性和程序性。其中,由国家强制力保证实施(即国家强制性)是法律最主要的特征,也是区别于其他行为规则的重要特点。

10. A 【解析】本题考查公民的基本义务。题干所述体现出该公民履行了维护国家安全的义务。

11. D 【解析】本题考查故意犯罪形态。我国《刑法》第二十三条规定:"已经着手实行犯罪,由于犯罪分子意志以外的原因而未得逞的是犯罪未遂。对于未遂犯,可以比照既遂犯从轻或者减轻处罚。"题干中秦某因为"围墙过高,难以攀爬,且周围密布电子监控设备"等自己意志以外的原因放弃盗窃,符合法条对犯罪未遂规定的情形,故本题选 D。

12. D 【解析】本题考查贪污贿赂罪。单位受贿罪是国家机关、国有公司、企业、事业单位、人民团体,索取、非法收受他人财物,为他人谋取利益,情节严重,或者上述单位在经济往来中,在帐外暗中收受各种名义的回扣、手续费的行为。故选 D。

13. D 【解析】本题考查自然人的宣告失踪与宣告死亡。我国《民法典》第四十条规定:"自然人下落不明满二年的,利害关系人可以向人民法院申请宣告该自然人为失踪人。"第四十六条规定:"自然人有下列情形之一的,利害关系人可以向人民法院申请宣告该自然人死亡:(一)下落不明满四年;(二)因意外事件,下落不明满二年。因意外事件下落不明,经有关机关证明该自然人不可能生存的,申请宣告死亡不受二年时间的限制。"本题中,甲下落不明已满五年,因此,其配偶乙既可以申请宣告失踪,也可以申请宣告死亡。故选 D。

14. C 【解析】本题考查可撤销婚姻。根据我国《民法典》的规定,可撤销的婚姻有 2 种情形。第一种是因胁迫结婚的,受胁迫的一方可以向人民法院请求撤销婚姻。请求撤销婚姻的,应当自胁迫行为终止之日起一年内提出。第二种是一方患有重大疾病的,应当在结婚登记前如实告知另一方;不如实告知的,另一方可以向人民法院请求撤销婚姻。请求撤销婚姻的,应当自知道或者应当知道撤销事由之日起一年内提出。C 项正确。重婚,有禁止结婚的亲属关系,未到法定婚龄均属于婚姻无效的情形,ABD 项错误。

15. B 【解析】本题考查行政强制措施。我国《行政强制法》第二条规定:"本法所称行政强制,包括行政强制措施和行政强制执行。行政强制措施,是指行政机关在行政管理过程中,为制止违法行为、防止证据损毁、避免危害发生、控制危险扩大等情形,依法对公民的人身自由实施暂时性限制,或者对公民、法人或者其他组织的财物实施暂时性控制的行为。行政强制执行,是指行政机关或者行政机关申请人民法院,对不履行行政决定的公民、法人或者其他组织,依法强制履行义务的行为。"该法第九条规定:"行政强制措施的种类:(一)限制公民人身自由;(二)查封场所、设施或者财物;(三)扣押财物;(四)冻结存款、汇款;(五)其他行政强制措施。"本题中,某市市场监督管理部门扣押商品及厂房设备,查封厂房的行为均属于行政强制措施,A 项错误,B 项正确。该法第十二条规定:"行政强制执行的方式:(一)加处罚款或者滞纳金;(二)划拨存款、汇款;(三)拍卖或者依法处理查封、扣押的场所、设施或者财物;(四)排除妨碍、恢复原状;(五)代履行;(六)其他强制执行方式。"本题中,因孙某拒不缴纳罚款,市场监督管理部门将扣押的商品进行拍卖的行为属于行政强制执行,CD 两项错误。故选 B。

16. B 【解析】A 项错误,根据我国《公司法》第五十七条规定,本法所称一人有限责任公司,是指只有一个自然人股东或者一个法人股东的有限责任公司。由此可知,国有企业可以设立一人公司。C 项错误,我国现行《公司法》已取消对一人有限公司最低注册资本限制,取消一次性缴纳出资限制。D 项错误,一个自然人只能投资设立一个一人有限责任公司。该一人有限责任公司不能投资设立新的一人有限责任公司。由此可见,一个自然人只能投资设立一个一人有限责任公司,但是没有限制一个法人也只能投资设立一个一人有限责任公司。B 项正确,一人有限责任公司的股东不能证明公司财产独立于股东自己的财产的,应当对公司债务承担连带责任。故选 B。

17. A 【解析】《中华人民共和国人民币管理条例》第二十六条规定:“禁止下列损害人民币的行为:(一)故意毁损人民币;(二)制作、仿制、买卖人民币图样;(三)未经中国人民银行批准,在宣传品、出版物或者其他商品上使用人民币图样;(四)中国人民银行规定的其他损害人民币的行为。前款人民币图样包括放大、缩小和同样大小的人民币图样。”根据上述第三项规定,A 项说法正确。人民币的单位为元,人民币辅币单位为角、分,B 项错误。本币汇率上升,有利于扩大进口,抑制出口,C 项错误。D 项中四者出现的先后顺序应当是贝币—五铢钱—开元通宝—交子,D 项错误。故选 A。

18. B 【解析】机会成本是指企业为从事某项经营活动而放弃另一项经营活动的机会,或利用一定资源获得某种收入时所放弃的另一种收入,其中另一项经营活动应取得的收益或收入即为正在从事的经营活动的机会成本。而郑人买履主要说的是此人因过于相信“尺度”,导致买不到鞋子的故事,与机会成本对应不恰当。交易成本又称交易费用,是为了获得准确的市场信息所需要付出的成本,以及谈判和经常性契约的成本。单从郑人买履的结果来看,他在集市与家之间往返,浪费了大量时间和精力,最终还是没有买到鞋子。用经济学的话来说,他的交易费用很高。故选 B。

19. B 【解析】财政政策是指根据稳定经济的需要,通过财政支出与税收政策来调节总需求。货币政策通过中央银行调节货币供应量,影响利息率及经济中的信贷供应程度来间接影响总需求。故选 B。

20. C 【解析】在人民币汇率升值的情况下,我国出口产品就会因价格优势的丧失而失去其竞争力,这样国外对我国出口产品的需求就会减少,将会造成出口企业大量减产,外汇收入减少。在巨大的生存压力下,各出口企业很可能会考虑裁员,可能会使整个国内的就业形势恶化。A 项说法错误。人民币升值意味我国商品相对变贵了,B 项说法错误。从进口来看,人民币升值意味着单位人民币能够买到更多的国外商品,即相对而言进口商品价格降低了。因此,人民币升值可以起到抑制物价总水平、降低进口能源和原材料的成本负担的作用,C 项说法正确。当存在本币对外升值的趋势时,本国投资者和外国投资者就力求持有以本币计值的各种金融资产,从而引发资本内流。但是境外直接投资需要换成人民币时,人民币升值,外汇换成人民币的数量就减少,所以不利于引进境外直接投资。D 项说法错误。故选 C。

21. A 【解析】1956 年 4 月,毛泽东所作的《论十大关系》的报告,是中国共产党人开始探索中国自己的社会主义建设道路的标志。

22. D 【解析】社会主义初级阶段不是泛指任何国家进入社会主义都要经历的起始阶段,而是特指我国在生产力落后、商品经济不发达条件下建设社会主义所要经历的特定阶段。

23. B 【解析】本题考查我国外交政策。作为负责任的大国,中国坚守和平、发展、公平、正义、民主、自由的全人类共同价值,坚持共商共建共享的全球治理观,坚定不移走和平发展、开放发展、合作发展、共同发展道路。

24. D 【解析】五四运动的直接导火线是巴黎和会上中国外交的失败,A 项错误。五四运动作为新民主主义革命的开端,是在新的历史条件下发生的,它具有旧民主主义革命不具备的特点,B 项错误。青年学生在五四运动中起到了革命运动先锋队的作用。在五四运动中起决定性作用的是工人阶级,C 项错误。五四运动促进了马克思主义理论在中国的广泛传播,为中国共产党的成立在思想上和干部上作了准备,D 项正确,当选。

25. B 【解析】楚汉之争发生在公元前 206 年至公元前 202 年,是西楚霸王项羽、汉王刘邦两大集团为争夺政权而进行的一场大规模战争。最终,楚汉之争以项羽败亡,刘邦建立西汉王朝而告终。B 项,成语“破釜沉舟”意思是把饭锅打破,把渡船凿沉,比喻不留退路,非打胜仗不可,下决心不顾一切地干到底。该成语源自项羽带领的楚军与秦军之间的巨鹿之战,与楚汉之争无关。

26. A 【解析】1566 年,尼德兰爆发了反对西班牙统治的人民起义,历史上称作尼德兰革命。尼德兰革命是历史上第一次成功的资产阶级革命。A 项说法正确。阿拉伯数字最初由古印度人发明,后由阿拉伯人传向欧洲,之后再经欧洲人将其现代化,人们以为是阿拉伯人发明的,所以称其为“阿拉伯数字”。阿拉伯数字从欧洲传向世界。B 项说法错误。印度是亚洲耕地面积最大的国家。阿拉伯河是伊拉克东南部的河流,由底格里斯和幼发拉底两河汇流而成,流向东南,注入波斯湾。C 项说法错误。文艺复兴是指发生在 14 世纪到 16 世纪的一场反映新兴资产阶级要求的欧洲思想文化运动。文艺复兴最先在意大利各城市兴起,之后扩展到西欧各国,于 16 世纪达到顶峰,揭开了近代欧洲历史的序幕。文艺复兴、宗教改革、启蒙运动是西欧近代三大思想解放运动。D 项说法错误。

27. A 【解析】本题考查楷书四大家。楷书四大家,是对书法史上以楷书著称的四位书法家的合称。他们分别是:欧阳询、颜真卿、柳公权、赵孟頫。

28. B 【解析】本题考查京剧的旦行。花旦,多为年轻活泼的小家碧玉或丫鬟;正旦,又叫青衣,多为端庄稳重的中青年妇女;彩旦是戏曲中扮演女性的丑角;刀马旦,多为女将或女元帅。故选 B。

29. A 【解析】本题考查我国古代年龄称谓。古时儿童不束发,头发下垂,故以"垂髫"指三四岁到八九岁的儿童;八九岁到十三四岁的少年称为"总角";男子十五岁称为"束发";少女十三四岁称为"豆蔻"。故选 A。

30. C 【解析】A 项,诗句描写的放风筝,选项说法错误。B 项,诗句描写的是射箭,选项说法错误,C 项,诗句描写的是弹琵琶,选项说法正确。D 项,诗句描写的是中国戏曲表演,选项说法错误。故选 C。

31. A 【解析】驽,指劣马,走不快的马。驽马十驾,功在不舍比喻愚钝的人只要不断努力,也能有成就。A 选项错误。驷,古代同驾一辆车的四匹马,或套着四匹马的车。一言既出,驷马难追比喻话说出后无法再收回,说话要算数。B 选项正确。驹指小马,少壮的马。白驹过隙的意思是,像小白马在细小的缝隙前跑过一样,形容时间过得极快。C 选项正确。骥指好马,千里马。骐骥一跃,不能十步的意思是,即使是千里马的一跃,也不到十步。D 选项正确。

32. A 【解析】新能源又称非常规能源,指刚开始开发利用或正在积极研究、有待推广的能源,如太阳能、地热能、风能、海洋能、生物质能和核聚变能等。天然气不属于新能源。

33. B 【解析】水煮沸以后,水里所含的碳酸氢钙或碳酸氢镁就会分解成不溶于水的碳酸钙和难溶于水的氢氧化镁沉淀。这些沉淀物析出,水的硬度就可以降低,从而使硬度较高的水得到软化。B 选项正确。

34. B 【解析】本题考查我国古代医学成就。张仲景是东汉末年著名医学家,不是唐朝人。

35. B 【解析】A 项诗句描写的是山东泰山;B 项诗句描写的是杭州西湖;C 项诗句描写的是扬州的瘦西湖;D 项诗句描写的是江西庐山。故选 B。

36. C 【解析】在 Excel 中,在单元格中同时按下 Alt + Enter,可以使文字在单元格内实现换行。

37. B 【解析】地球公转指地球按一定轨道围绕太阳转动。地球公转的地理意义包括:根据太阳高度的差异,划分出五带;根据获得热量多少的时间差异,划分出四季;昼夜长短的变化现象等。昼夜交替是地球自转导致的。本题为选非题,故选 B。

38. C 【解析】邓小平指出,在改革中我们必须始终坚持的根本原则是坚持公有制经济的主体地位,坚持共同富裕。这就确保了改革的性质不会改变。通过这种改革,社会主义制度会得到进一步完善和发展,C 项正确,B 项错误。A 项是我国经济体制改革的目标。D 项是社会主义的根本任务。故选 C。

39. D 【解析】本题考查意识的能动作用。自然界不会完全打上人的烙印,A 错误。人的主观能动性不是无所不能的,尊重客观规律是发挥主观能动性的前提,人可以尊重和利用规律充分发挥人的主观能动性。BC 错误。故选 D。

40. D 【解析】"化危为机、转危为安"说明矛盾双方在一定条件下相互转化;"紧扣重要战略机遇新内涵"坚持了"两点论"和"重点论"相结合。故选 D。

41. C 【解析】本题考查意识的能动作用。意识的能动作用有两层含义:一是意识能够指导人们能动地认识世界,二是意识能够指导人们能动地改造世界,包括通过实践把意识中的东西变成现实的东西,调节和控制人体生理活动。A 项,意识决定物质,说法错误。B、D 项说法不符合哲学角度要求。故选 C。

42. D 【解析】在没有物业管理的楼道里,灯泡坏了没有人换,这是人们对于公共用品"搭便车"的体现。

43. B 【解析】①中的古诗是王安石的《梅花》,描述的是冬。②中的古诗是王维的《九月九日忆山东兄弟》,描述的是秋。③中的古诗是杨万里的《夏夜追凉》,描述的是夏。④中的古诗是王禹偁的《清明》,描述的是春。故选 B。

44. B 【解析】产品质量提高、价格下降的最根本的原因是社会劳动生产率的提高。

45. A 【解析】在 Windows 中,文件名最长可以使用 255 个字符,A 错误。在 Windows 操作系统中,文件命名可以使用扩展名,也可以使用多个分隔符的扩展名,但其文件类型由最后的扩展名决定,B 正确。在 Windows 操作系统中,文件命名不允许使用英文输入法状态下的大于号、小于号、问号、冒号等符号,C 正确。在 Windows 操作系统中,文件名除了开头之外任何地方都可以使用空格,D 正确。

46. D 【解析】本题考查浮力知识。曹冲称象利用了漂浮在水面上的物体的重力等于水对物体的浮力这一物理原理,即浮力原理。

47. C 【解析】本题考查全国人民代表大会常务委员会的职权。根据我国《宪法》第六十七条的规定,全国人民代表大会常务委员会行使的职权包括决定全国或者个别省、自治区、直辖市进入紧急状态。

48. C 【解析】本题考查急救常识。扭伤的现场紧急处理办法为立即冷敷患处。让受伤的人正面坐下或仰卧着,同时用背包等物品将足部垫高,以利于静脉血回流。同时,尽快用冰袋或冷毛巾在受伤部位冷敷,以使毛细血管收缩,减少出血及渗出,从而减轻肿胀和疼痛。故选 C。

49. A 【解析】黄河流经的省区有青海、四川、甘肃、宁夏、内蒙古、陕西、山西、河南、山东,流经的地形区有青藏高原、内蒙古高原、黄土高原、华北平原;长江流经的省区有青海、西藏自治区、四川、云南、重庆、湖北、湖南、江西、安徽、江苏、上海,流经的地形区有青藏高原、云贵高原、四川盆地、长江中下游平原。可见,二者都流经的省级行政区有青海和四川,都流经的地形区是青藏高原。故选 A。

50. C 【解析】本题考查公文的成文日期。成文日期是公文的生效时间,署会议通过或者发文机关负责人签发的日期。成文日期用阿拉伯数字将年、月、日标全,A 项正确;会议通过的文件,以会议通过之日为准,B 项正确;常规行文以单位负责人签发之日为准,D 项正确;联合行文,以最后签发机关负责人的签发日期为准,C 项错误,符合题意。

二、多项选择题

1. ABCD 【解析】本题考查伟大建党精神。习近平总书记在庆祝中国共产党成立 100 周年大会上提出,一百年前,中国共产党的先驱们创建了中国共产党,形成了坚持真理、坚守理想,践行初心、担当使命,不怕牺牲、英勇斗争,对党忠诚、不负人民的伟大建党精神,这是中国共产党的精神之源。

2. BCD 【解析】本题考查原因和结果。题干的观点否认了因果关系的客观性,认为因果关系只存在于思维中,这违背了唯物辩证法的观点,C 项正确。决定论是一种认为自然界和人类社会普遍存在客观规律和因果联系的理论和学说。题干否定了因果关系的客观存在,是一种非决定论,且认为因果存在于思维之中,是一种唯心主义,B 项正确。由于题干否认了因果关系的客观性,使科学认识丧失了客观依据,D 项正确。

3. AB 【解析】本题考查矛盾普遍性和特殊性的辩证关系。"先试点后推广"体现了矛盾普遍性和特殊性的辩证统一,A、B 两项正确。共性与个性并无优劣之分,C 项错误。主要矛盾在事物的发展中起决定作用,D 项错误。

4. AC 【解析】本题考查唯物辩证法。题干强调了外因对事物变化的作用。外因是事物变化发展的条件,起加速或延缓的作用。外因必须通过内因才能起作用。AC 项正确。外因不是事物发展变化的根本原因,排除 B 项。矛盾的主要方面和次要方面在一定条件下可以相互转化与题干内容没有直接关系,排除 D 项。故选 AC。

5. AC 【解析】通货膨胀的再分配效应:(1)通货膨胀有利于债务人,不利于债权人;(2)通货膨胀有利于利润收入者和浮动收入者,不利于固定收入者,即不利于储蓄者;(3)通货膨胀有利于实物财富所有者,不利于货币财富持有者。故选 AC。

6. ABD 【解析】骆驼刺生长在荒漠地区的沙地、河岸、农田边,它耐旱、耐盐碱、抗涝、适应力很强,是重要的防风固沙植物。在我国,骆驼刺主要分布于内蒙古、甘肃、青海和新疆。

7. ACD 【解析】管理幅度与管理层次之间应为反比例关系,A 选项错误。时间性原则是公共危机管理的首要原则,C 选项错误。行政协调是指调整行政系统内各机构之间、人员之间、行政运行各环节之间的关系,以及行政系统与行政环境之间的关系,以提高行政效能、实现行政目标的行为,D 选项错误。

8. ABCD 【解析】本题考查公民的基本权利。我国《宪法》第三十五条规定:"中华人民共和国公民有言论、出版、集会、结社、游行、示威的自由。"A

项正确。第三十三条规定:“凡具有中华人民共和国国籍的人都是中华人民共和国公民。中华人民共和国公民在法律面前一律平等。国家尊重和保障人权。任何公民享有宪法和法律规定的权利,同时必须履行宪法和法律规定的义务。”B 项正确。第四十六条规定:“中华人民共和国公民有受教育的权利和义务。”C 项正确。《宪法》第四十三条规定:“中华人民共和国劳动者有休息的权利。国家发展劳动者休息和休养的设施,规定职工的工作时间和休假制度。”D 项正确。

9. AC 【解析】本题考查公民的基本权利。我国《宪法》第三十四条规定:“中华人民共和国年满十八周岁的公民,不分民族、种族、性别、职业、家庭出身、宗教信仰、教育程度、财产状况、居住期限,都有选举权和被选举权;但是依照法律被剥夺政治权利的人除外。”故选 AC。

10. BD 【解析】本题考查合同的效力。2021 年 1 月时,小飞尚未满十八周岁,属于限制民事行为能力人。小飞用压岁钱自行购买手机的行为属于超越其年龄、智力的民事法律行为,需由其法定代理人代理或者经其法定代理人同意、追认,因此该买卖合同属于效力待定合同,B 项正确,AC 项错误。小飞父母若不追认小飞用压岁钱自行购买手机的行为,可以要求退还手机,但出于公平原则,他们应给予手机店适当补偿,D 项正确。故选 BD。

11. ABCD 【解析】本题考查行政处罚的种类。行政处罚的种类包括:(1)警告、通报批评;(2)罚款、没收违法所得、没收非法财物;(3)暂扣许可证件、降低资质等级、吊销许可证件;(4)限制开展生产经营活动、责令停产停业、责令关闭、限制从业;(5)行政拘留;(6)法律、行政法规规定的其他行政处罚。

12. AB 【解析】本题考查刑罚的具体运用。我国《刑法》第四十九条规定:“犯罪的时候不满十八周岁的人和审判的时候怀孕的妇女,不适用死刑。审判的时候已满七十五周岁的人,不适用死刑,但以特别残忍手段致人死亡的除外。”A 项错误。第七十八条规定:“减刑以后实际执行的刑期不能少于下列期限:(一)判处管制、拘役、有期徒刑的,不能少于原判刑期的二分之一;(二)判处无期徒刑的,不能少于十三年;(三)人民法院依照本法第五十条第二款规定限制减刑的死刑缓期执行的犯罪分子,缓期执行期满后依法减为无期徒刑的,不能少于二十五年,缓期执行期满后依法减为二十五年有期徒刑的,不能少于二十年。”B 项错误。第十七条之一规定:“已满七十五周岁的人故意犯罪的,可以从轻或者减轻处罚;过失犯罪的,应当从轻或者减轻处罚。”C 项正确。第十八条规定:“尚未完全丧失辨认或者控制自己行为能力的精神病人犯罪的,应当负刑事责任,但是可以从轻或者减轻处罚。”D 项正确。故选 AB。

13. ACD 【解析】本题考查正当防卫。正当防卫的成立条件为:(1)具有防卫意图,即为了使国家、公共利益、本人或者他人的人身、财产和其他权利免受不法侵害。(2)正当防卫的起因条件是不法侵害的发生和存在。(3)正当防卫的对象只能是不法侵害人。(4)正当防卫的时间条件,即不法侵害正处于已经开始并且尚未结束的进行阶段。法律基于正当防卫的立法目的是制止不法侵害、防止刑法所保护的利益受到损害,故对防卫时间加以严格限定。(5)正当防卫的限度条件是指正当防卫不能明显超过必要限度且对不法侵害人造成重大损害。根据正当防卫的条件,ACD 项都是正确的,只有 B 项是错误的。

14. ABD 【解析】电源关闭后,ROM 的数据不会丢失,丢失的是 RAM 中的数据,C 项错误。ABD 项说法正确。故选 ABD。

15. BC 【解析】酒精在人体内的分解代谢主要靠两种酶:一种是乙醇脱氢酶,另一种是乙醛脱氢酶。

16. BC 【解析】根据《党政机关公文处理工作条例》第九条规定:“公文一般由份号、密级和保密期限、紧急程度、发文机关标志、发文字号、签发人、标题、主送机关、正文、附件说明、发文机关署名、成文日期、印章、附注、附件、抄送机关、印发机关和印发日期、页码等组成。”A 项错误,B 项正确。公文除“会议纪要”和以电报形式发出的以外,应当加盖印章。联合上报的公文,由主办机关加盖印章;联合下发的公文,发文机关都应当加盖印章。C 项正确。同级党政机关、党政机关与其他同级机关必要时可以联合行文。属于党委、政府各自职权范围内的工作,不得联合行文。D 项错误。故选 BC。

17. AC 【解析】《事业单位人事管理条例》第十六条规定:“事业单位工作人员年度考核不合格且不同意调整工作岗位,或者连续两年年度考核不合格的,事业单位提前 30 日书面通知,可以解除聘用合同。”故选 AC。

18. ABD 【解析】“山重水复疑无路，柳暗花明又一村”出自陆游《游山西村》，C 项说法错误，ABD 表述正确。

19. ACD 【解析】可遗传变异是由遗传物质引起的变异，可传给下一代。B 项是由于环境引起的变异，属于不遗传的变异，排除。ACD 均属于可遗传变异。

20. ABCD 【解析】本题考查“四史”教育。“四史”教育的“四史”包括：党史，国史，改革开放史，社会主义发展史。

教师招聘考试公共基础知识押题试卷(十二)

一、单项选择题

1. B 【解析】2021 年 6 月 29 日，庆祝中国共产党成立 100 周年“七一勋章”颁授仪式在北京人民大会堂金色大厅隆重举行。中共中央总书记、国家主席、中央军委主席习近平向“七一勋章”获得者颁授勋章并发表重要讲话。

2. C 【解析】《纲要》的核心要义体现在三个“新”上——立足新发展阶段、贯彻新发展理念、构建新发展格局。新发展阶段是指开启全面建设社会主义现代化国家新征程，A 项正确。新发展理念是指创新、协调、绿色、开放、共享的新发展理念，B 项正确。新发展格局是指以国内大循环为主体、国内国际双循环相互促进的格局，C 项错误。三者的关系包括：(1)把握新发展阶段是贯彻新发展理念、构建新发展格局的现实依据。(2)贯彻新发展理念为把握新发展阶段、构建新发展格局提供了行动指南。(3)构建新发展格局则是应对新发展阶段机遇和挑战、贯彻新发展理念的战略选择。

3. A 【解析】全党同志一定要永远与人民同呼吸、共命运、心连心，永远把人民对美好生活的向往作为奋斗目标，以永不懈怠的精神状态和一往无前的奋斗姿态，继续朝着实现中华民族伟大复兴的宏伟目标奋勇前进。

4. D 【解析】本题考查物质的唯一特性。客观实在是辩证唯物主义的物质概念，概括了宇宙间一切客观存在着的事物和现象的共同本质。

5. B 【解析】实现“中国梦”要凝聚中国力量，因为人民群众是社会历史的主体，①正确。实现“中国梦”要弘扬中国精神，因为中华民族精神是民族复兴的精神动力，④正确。社会意识对社会发展的作用具有双重性，②错误。当今世界各种思想文化相互激荡，③不准确，且不符合题意。

6. D 【解析】本题考查哲学基本派别的历史形态。马克思在论及观念的产生及其本质时说：“观念的东西不外是移入人脑并在人脑中改造过了的物质的东西而已。”这是辩证唯物主义观点。

7. C 【解析】本题考查意识的能动作用。要想正确发挥意识的能动作用，首先就要正确认识客观规律。

8. C 【解析】本题考查辩证法和形而上学。“穷则变，变则通，通则久”的意思是事物处于穷尽局面则必须变革，变革后才会通达，通达就能长久。这句话强调事物的发展变化，主张积极的变革，体现了辩证法的思想。“道之大原出于天，天不变，道亦不变”出自《汉书 · 董仲舒传》。“天”主要是指自然界的最高主宰或天意。董仲舒认为，封建社会的最高原则是由天决定的，天是永恒不变的，因而按天意建立的封建社会之“道”，也是永恒不变的，这是用静止的观点看问题，属于形而上学的观点。故选 C。

9. B 【解析】人们参与数据的积累，形成了重要资源，丰富了认识工具，②正确；人们的每一次消费都与数据资源的生成存在联系，③正确。质变是事物根本性质的变化，但在方向上不一定是发展，①本身说法错误。④说法太绝对。故选 B。

10. B 【解析】利率政策是我国货币政策的重要组成部分，A 正确。货币政策由央行制定，B 错误。经济过热指经济的发展速度与资源供给不成比例，此时应采取紧缩性的财政政策和货币政策，C 正确。国债是中央政府为筹集财政资金而发行的一种政府债券，其行为主体是政府，属于财政政策，D 正确。故选 B。

11. B 【解析】通过题干可知，在干部选拔任用中，运用各种考核办法，充分吸收群众意见，是为了更好地让群众参与民主监督。A、C、D 项均与材料不符，故选 B。

12. D 【解析】中国特色社会主义理论体系由基本理论、基本路线、基本纲领三个层次构成。本题为选非题，故选 D。

13. D 【解析】本题考查行政处罚。根据我国《行政处罚法》第十八条的规定，限制人身自由的行政处罚权只能由公安机关和法律规定的其他机关行使。工商行政管理机关不能实施行政拘留处罚,故选D。

14. D 【解析】本题考查行政许可。我国《行政许可法》第四十二条规定:“除可以当场作出行政许可决定的外,行政机关应当自受理行政许可申请之日起二十日内作出行政许可决定。二十日内不能作出决定的,经本行政机关负责人批准,可以延长十日,并应当将延长期限的理由告知申请人。但是,法律、法规另有规定的,依照其规定。”

15. C 【解析】本题考查宪法的发展。《中华人民共和国宪法》是中华人民共和国的根本大法。现行宪法为1982年宪法,历经了1988年、1993年、1999年、2004年、2018年共五次修订。

16. B 【解析】根据我国《宪法》的规定,依照法律规定决定省、自治区、直辖市的范围内部分地区进入紧急状态是国务院的职权之一,B项符合题意。

17. B 【解析】本题考查行政诉讼的举证责任。根据我国《行政诉讼法》第三十四条的规定,被告对作出的行政行为负有举证责任,应当提供作出该行政行为的证据和所依据的规范性文件。故选B。

18. B 【解析】本题考查法律常识。根据我国《民法典》第一千零八十二条的规定,女方在怀孕期间、分娩后一年内或者终止妊娠后六个月内,男方不得提出离婚。③错误,①②④均是公民正确行使法定权利的体现。

19. A 【解析】法定存款准备金率和再贴现率都属于货币政策的工具,提高法定存款准备金率和提高再贴现率都属于紧缩性货币政策,排除B、C。D项属于财政政策的内容。故选A。

20. C 【解析】外汇储备,又称为外汇存底,指一国政府所持有的国际储备资产中的外汇部分,即一国政府保有的以外币表示的债权,是一个国家货币当局持有并可以随时兑换外国货币的资产。外汇储备是一个国家国际清偿力的重要组成部分。B项错误,C项正确。外汇储备被用来购买本国货币以干预外汇市场,从而维持本国货币的汇率,D项错误。一国持有的外汇储备并非越多越好,A项错误。

21. C 【解析】本题考查法理学知识。从法理上来说,法律表现为调整法律关系,法律关系有主体、内容、客体三要素,权利与义务是法的主要内容。故选C。

22. C 【解析】贪污罪和职务侵占罪在犯罪构成上都要求将财物据为己有,题干中未体现,排除B、D两项。挪用特定款物罪,是指违反特定款物专用的财经管理制度,挪用国家用于救灾、抢险、防汛、优抚、扶贫、移民、救济款物,情节严重,致使国家和人民群众利益遭受重大损害的行为,即专款不专用的行为,但本质上并没有改变款物的“公用”性质,A项不符合题意。国家工作人员利用职务上的便利,挪用公款归个人使用,进行非法活动的,或者挪用公款数额较大、进行营利活动的,或者挪用公款数额较大、超过三个月未还的,是挪用公款罪。题干中提到“以个人名义给下属的某国有投资公司使用”,这本质上属于公款私用,构成挪用公款罪。故选C。

23. A 【解析】本题考查犯罪预备。犯罪预备,是指做实施犯罪前的准备工作,如预备犯罪工具、创造犯罪条件等。犯罪中止,是指在犯罪过程中,行为人自动放弃犯罪或者自动有效地防止犯罪结果的发生,因而未完成犯罪的一种犯罪停止形态。犯罪未遂,是指已经着手实行犯罪,由于行为人意志以外的原因而没有得逞所呈现的犯罪停止形态。由题干可知,甲的行为应属犯罪预备,A项正确。

24. B 【解析】本题考查立法的审查。根据我国《立法法》第九十七条的规定,全国人民代表大会常务委员会有权撤销同宪法和法律相抵触的行政法规,有权撤销同宪法、法律和行政法规相抵触的地方性法规,有权撤销省、自治区、直辖市的人民代表大会常务委员会批准的违背宪法和本法第七十五条第二款规定的自治条例和单行条例。故选B。

25. C 【解析】疑点利益归于被告原则,是指在刑事诉讼中遇到事实无法查清或查清事实所需成本过高的情况,依有利于被告的原则判决。而罪刑法定原则指的是犯罪行为的界定、种类、构成条件和刑罚处罚的种类、幅度,均事先由法律加以规定。两者对应错误,C项当选。

26. A 【解析】根据公文的来源,可以分为收文和发文两类,答案选A。B项是制发公文的机关根据行文方向对公文所作的分类;C项是根据形成和作用的公务活动领域对公文的分类;D项是对发文所作的分类。

27. C 【解析】报告适用于向上级机关汇报工作、反映情况,回复上级机关的询问。请示适用于向上级机关请求指示、批准。故选C。

28. A 【解析】八七会议是1927年中国共产党在汉口召开的紧急会议,确定了开展土地革命和武装推翻国民党反动统治的总方针。“工农武装割据”思想的基本内容是:在中国共产党的领导下,以武装斗争为主要形式,以土地革命为中心内容,以革命根据地为战略阵地的三者的密切结合。由此可见,“工农武装割据”思想在根据地建设方面具有创新性。故选A。

29. B 【解析】党的十九大报告指出,坚持总体国家安全观。必须坚持国家利益至上,以人民安全为宗旨,以政治安全为根本,统筹外部安全和内部安全、国土安全和国民安全、传统安全和非传统安全、自身安全和共同安全,完善国家安全制度体系,加强国家安全能力建设,坚决维护国家主权、安全、发展利益。

30. D 【解析】维护和建设城市公共交通属于政府的社会公共服务职能,故选D。

31. C 【解析】本题考查著作权。我国《著作权法》第三十六条规定:“图书出版者经作者许可,可以对作品修改、删节。报社、期刊社可以对作品作文字性修改、删节。对内容的修改,应当经作者许可。”乙杂志社委托丙对甲的作品的修改、将丙署名到作品上并发表,均未得到甲的许可,因此乙和丙均侵犯了甲的著作权。故选C。

32. A 【解析】《骆驼祥子》是长篇小说,《寒夜》的作者是巴金,B项错误。《平凡的世界》的作者是路遥,C项错误。《子夜》《林家铺子》《农村三部曲》的作者是茅盾,D项错误。A项正确,当选。

33. C 【解析】控制器的基本功能是从内存中取出指令和执行指令,然后根据该指令功能向有关部件发出控制命令,执行该指令。

34. A 【解析】处理劳动争议的全过程应该是:先进行劳动争议调解,调解无果的情况下进行劳动争议仲裁,仲裁不能解决的话可以进行劳动争议诉讼。

35. B 【解析】国民生产总值是指一个国家(地区)所有常住机构单位在一定时期内(年或季)收入初次分配的最终成果。它的计算采用“国民原则”。国民生产总值与国内生产总值之间的关系为:国民生产总值 = 国内生产总值 + 本国公民在国外生产的最终产品的价值总和 − 外国公民在本国生产的最终产品的价值总和。据此,B项不计入国民生产总值。

36. A 【解析】因为曹操通过官渡之战(公元200年)击败了袁绍,统一了北方,此时应志在挥师南下、统一全国。

37. C 【解析】《理想国》的作者是柏拉图,A项错误。公元395年,罗马帝国分为东罗马帝国和西罗马帝国,B项错误。四大文明古国是古埃及、古印度、古巴比伦和古代中国,D项错误。胡夫金字塔是埃及金字塔中最大的金字塔,是世界上现存规模最大的金字塔,C项正确,当选。

38. C 【解析】在三国时代,有位名医叫董奉,他医道高明,技术精湛,据传有起死回生之术。他看病有一个特点,就是从不收取病人的报酬,但是他对找他看病的人有个要求:凡是重病被治好了,要在他的园子里栽5棵杏树;轻病被治好的则栽种1棵,然后他用卖杏的钱救济灾民。后来,人们也往往用“杏林春暖”“誉满杏林”“杏林高手”来形容医生有高尚医德和精湛医术。

39. A 【解析】秦岭—淮河一线是中国南北方的地理分界线,也是重要的气候分界线。秦岭—淮河一线以北1月平均气温在0℃以下,以南1月平均气温在0℃以上;以北年降水量在800毫米以下,以南年降水量在800毫米以上;以北属暖温带,以南属亚热带;以北属半湿润地区,以南属湿润地区。A正确。贺兰山、横断山脉都是南北走向的山脉,B错误。四川被称为“千河之省”,C错误。长江和黄河发源于青海省三江源地区,D错误。故选A。

40. A 【解析】需求收入弹性可以作为划分高档品和必需品的标准。凡是需求收入弹性大于1的商品,都可以称为高档品或奢侈品;小于1的则称为必需品;需求收入弹性为负的商品被称为低档品。

41. A 【解析】我国《事业单位人事管理条例》第九条规定:“事业单位公开招聘工作人员按照下列程序进行:(一)制定公开招聘方案;(二)公布招聘岗位、资格条件等招聘信息;(三)审查应聘人员资格条件;(四)考试、考察;(五)体检;(六)公示拟聘人员名单;(七)订立聘用合同,办理聘用手续。”A项属于事业单位内部产生岗位人选,需要竞聘上岗的程序之一,当选。

42. C 【解析】酵母菌是一种分布极其广泛的菌类,尤其在一些含糖分较高的水果中,酵母菌更容易繁衍滋长。酵母菌在无氧呼吸的过程中分解水果中的糖类，产生乙醇，从而使之散发出酒味。

43. B 【解析】组成蛋白质的基本结构是氨基酸，蛋白质的盐析是可逆的，A 项和 D 项正确。蛋白质水解的活性产物为氨基酸；脱氧核糖核酸为染色体的主要组成成分，B 项错误。蛋白质的变性凝固是不可逆的，C 项正确。

44. B 【解析】彩虹简称虹，是气象中的一种光学现象，当太阳光照射到半空中的水滴时，光线被折射及反射，在天空上形成拱形的七彩光谱，由外圈至内圈呈红、橙、黄、绿、蓝、靛、紫七种颜色。

45. B 【解析】在服务构建方面，云存储是通过分布式、虚拟化、智能配置等技术，实现海量、可弹性扩展、低成本、低能耗的共享存储资源。

46. D 【解析】紫外线能够使荧光物质发光，具有杀菌作用；红外线具有热效应等特点。验钞机发出的是紫外线，电视遥控器发出的是红外线。

47. C 【解析】黄道面是指地球绕太阳公转的轨道平面，与地球赤道面交角为 23°26′。

48. D 【解析】巴颜喀拉山位于我国地形的第一阶梯。

49. C 【解析】莫里哀是法国人，代表作有《无病呻吟》《伪君子》《悭吝人》等。《李尔王》的作者是莎士比亚。

50. A 【解析】本诗出自唐代李商隐的《嫦娥》，全诗为：云母屏风烛影深，长河渐落晓星沉。嫦娥应悔偷灵药，碧海青天夜夜心。第二句中“晓星”指的是启明星，清晨时分出现在东方。因此，黎明符合这一诗句描绘的时段，故选 A。

二、多项选择题

1. BD 【解析】本题考查认识观与发展观。从“法律体系”向“法治体系”的转变，是一种认识，体现发展的普遍性，所以，B、D 项符合题意；社会发展和变革的先导是在实践基础上的理论创新，A 项说法错误。C 项不符合题意。

2. BCD 【解析】本题考查唯物史观和唯心史观。“时势造英雄”体现了唯物史观；“英雄造时势”体现了唯心史观。两者的主要分歧在于谁是历史创造者，A 项说法正确。本题为选非题，答案选 BCD。

3. ABC 【解析】本题考查原因和结果。“无风不起浪”是指没有风就不会起波浪，比喻事情发生了，总有个原因。体现了事物发展过程中原因与结果之间的联系，A 正确。“根深叶茂”是指树根扎得深，枝叶就繁茂旺盛。比喻事物只要根基厚实，就会有广阔的发展前景。体现了原因与结果之间的联系，B 正确。“善恶有报”是指做好事终究有好的回报，做坏事终究有坏的回报。体现了原因与结果之间的联系，C 正确。“喜鹊叫喜，乌鸦报丧”是人们臆造的一种联系。联系是事物本身所固有的，不以人的意志为转移。而喜鹊和乌鸦并不知道人类会有喜事和丧事，这种说法违背了联系的客观性，D 错误。故选 ABC。

4. ABD 【解析】本题考查缓刑。我国的主刑包括管制、拘役、有期徒刑、无期徒刑和死刑五种。附加刑包括罚金、剥夺政治权利和没收财产。缓刑既不是主刑也不是附加刑，AB 项错误。累犯不适用缓刑，C 项正确。对于被判处拘役、三年以下有期徒刑的犯罪分子，同时符合下列条件的，可以宣告缓刑，对其中不满十八周岁的人、怀孕的妇女和已满七十五周岁的人，应当宣告缓刑：(1)犯罪情节较轻；(2)有悔罪表现；(3)没有再犯罪的危险；(4)宣告缓刑对所居住社区没有重大不良影响。D 项错误。本题为选非题，故选 ABD。

5. AC 【解析】四书五经泛指儒家经典著作，其中四书是指《论语》《孟子》《大学》《中庸》，五经指《诗经》《尚书》《礼记》《周易》《春秋》。故选 AC。

6. ABC 【解析】班固是东汉史学家，其代表作《汉书》开创纪传体断代史先河。《史记》的作者是西汉史学家司马迁。A 错误。《归去来兮辞》是田园诗人陶渊明的代表作，B 错误。杜甫，自号少陵野老，唐代现实主义诗人，人称“诗圣”。“诗仙”是唐代浪漫主义诗人李白，C 错误。韩愈，字退之，人称“昌黎先生”，“古文运动”的倡导者，唐宋八大家之首，D 正确。本题为选非题，故选 ABC。

7. BD 【解析】“初唐四杰”是指我国唐朝初期四位文学家王勃、杨炯、卢照邻、骆宾王的合称，简称“王杨卢骆”。

8. BC 【解析】在中国古代的历法中，子、丑、寅、卯、辰、巳、午、未、申、酉、戌、亥叫作“十二地支”；鼠、牛、虎、兔、龙、蛇、马、羊、猴、鸡、狗、猪叫作“十二生肖”。两者按固定的顺序互相配合，组成子鼠、丑牛、寅虎、卯兔、辰龙、巳蛇、午马、未羊、申猴、酉鸡、戌狗、亥猪。本题为选非题，故选 BC。

9. AB 【解析】1895 年 4 月，李鸿章等与伊藤博文等在日本马关谈判，签订了《马关条约》，掀起了帝国主义瓜分中国的狂潮，A 项正确。1901 年 9 月，李鸿章代表清政府与英、法、德、美、日、俄、意、奥、荷、比、西等 11 国签订丧权辱国的《辛丑条约》，从此中国完全陷入半殖民地半封建社会的深渊，B项正确。《南京条约》是中国近代史上第一个不平等条约，由耆英、伊里布等人代表清政府与英国签订，C项错误。《黄埔条约》是在鸦片战争后，由耆英与法国代表签订的，D项错误。故选AB。

10. ABC 【解析】《中华人民共和国国民经济和社会发展第十四个五年规划和2035年远景目标纲要》明确指出，深入实施扩大内需战略，增强消费对经济发展的基础性作用和投资对优化供给结构的关键性作用，建设消费和投资需求旺盛的强大国内市场。顺应居民消费升级趋势，把扩大消费同改善人民生活品质结合起来，促进消费向绿色、健康、安全发展，稳步提高居民消费水平。提升传统消费，加快推动汽车等消费品由购买管理向使用管理转变，健全强制报废制度和废旧家电、消费电子等耐用消费品回收处理体系，促进住房消费健康发展。培育新型消费，发展信息消费、数字消费、绿色消费，鼓励定制、体验、智能、时尚消费等新模式新业态发展。发展服务消费，放宽服务消费领域市场准入，推动教育培训、医疗健康、养老托育、文旅体育等消费提质扩容，加快线上线下融合发展。适当增加公共消费，提高公共服务支出效率。扩大节假日消费，完善节假日制度，全面落实带薪休假制度。培育建设国际消费中心城市，打造一批区域消费中心。完善城乡融合消费网络，扩大电子商务进农村覆盖面，改善县域消费环境，推动农村消费梯次升级。

11. ACD 【解析】公民的合法的私有财产不受侵犯，我国法律保护的是公民的合法财产，A项和D项说法错误；国家为了公共利益的需要，可以依照法律规定对公民的私有财产实行征收或者征用并给予补偿，C项说法错误。

12. ABD 【解析】本题考查刑法的基本原则。我国《刑法》总则明确规定的原则只有三个，即罪刑法定原则、适用刑法人人平等原则和罪责刑相适应原则。

13. ABC 【解析】社会主义的本质，是解放和发展生产力，消灭剥削，消除两极分化，最终达到共同富裕。

14. ABC 【解析】公文拟制的程序包括公文的起草、审核和签发。故选ABC。

15. ACD 【解析】利润率是剩余价值与预付总资本的比率，它是剩余价值率的转化形式，表示资本增殖及资本家盈利的程度。剩余价值率能够反映资本家对工人的剥削程度，B项错误。故选ACD。

16. BC 【解析】本题考查正当防卫。正当防卫必须针对不法侵害人实施，而不能针对第三者，所以于某砸伤第三者的行为不属于正当防卫，而是过失行为。于某的行为致人重伤，构成过失犯罪。故选BC。

17. BC 【解析】A项，用湿抹布擦拭正在使用的电器时，可能会因为湿抹布导电而造成触电事故。D项，湿衣物是导体，一旦电线漏电，人接触衣服就会发生触电事故。BC两项均符合安全用电原则，故选BC。

18. BC 【解析】父母均为A型血，则子女的血型有可能是A型和O型，不会是B型和AB型。

19. BC 【解析】题干观点说明思想道德修养有制约科学文化知识的作用，思想道德修养与科学文化修养相互影响。

20. ABCD 【解析】本题考查行政诉讼法知识。我国《行政诉讼法》第四十九条规定："提起诉讼应当符合下列条件：(一)原告是符合本法第二十五条规定的公民、法人或者其他组织；(二)有明确的被告；(三)有具体的诉讼请求和事实根据；(四)属于人民法院受案范围和受诉人民法院管辖。"第二十五条规定："行政行为的相对人以及其他与行政行为有利害关系的公民、法人或者其他组织，有权提起诉讼。"故选ABCD。

教师招聘考试公共基础知识押题试卷(十三)

一、单项选择题

1. D 【解析】本题考查十九届五中全会。党的十九届五中全会强调，坚持创新在我国现代化建设全局中的核心地位，把科技自立自强作为国家发展的战略支撑。这既指明了科技自立自强的极端重要性，也抓住了加快构建以国内大循环为主体、国内国际双循环相互促进的新发展格局的关键。也就是说，无论是推动国内大循环，还是畅通国内国际双循环，都离不开科技自立自强。

2. C 【解析】本题考查政治常识。全面建成小康社会后，我国将开启全面建设社会主义现代化国家新征程。

3. B 【解析】《中国共产党章程》第七条规定："预备党员的预备期，从支部大会通过他为预备党员之日算起。党员的党龄,从预备期满转为正式党员之日算起。”

4. C 【解析】本题考查质量互变规律。度是保持事物质的稳定性的数量界限,即事物的限度、幅度和范围。度的极限叫关节点或临界点,超出度的范围,一物就转化为他物。“治大国如烹小鲜”这句话启示我们,做事情要注意火候,在认识和处理问题时要坚持适度的原则。

5. D 【解析】本题考查实践和认识的辩证关系原理。该句的意思是说在坚持、占有真理的同时,更要使真理性的认识和科学理论随实践的发展不断丰富。人们应在实践基础上,不断地深化认识、扩展认识,把认识向前推移。

6. B 【解析】本题考查意识的起源和本质。题干句子的意思是:轻风吹过,稀疏的竹林会发出沙沙的声音,可是当风吹过去之后,竹林并不会留下声音而仍旧归于寂静;大雁飞过寒潭固然会倒映出雁影,然而雁飞过后,清澈的水面依旧是一片晶莹并没有留下雁影。由此可见,一个有品德的君子,当事情来临时他的本性才会显现出来。事后,他的本性也就恢复了原来的空虚平静。这段话说明了意识是客观存在的反映,故选 B。

7. A 【解析】本题考查对立统一规律。题干中的两重天的境地说明矛盾双方既对立又统一推动事物发展,A 项正确;B 项材料未体现;C 项说法错误,不管是正确的还是落后的社会意识都对社会发展起作用,但有着促进或阻碍作用的区别;D 项中“消除”的说法错误。

8. C 【解析】本题考查唯物辩证法的矛盾观。比较四个选项,只有 C 项是错误的,对待传统思维和传统思想要坚持批判继承的态度,批判继承是有取有舍,而不是一味舍去,故选 C。

9. A 【解析】1992 年初,邓小平在南方谈话中提出:“社会主义的本质,是解放生产力,发展生产力,消灭剥削,消除两极分化,最终达到共同富裕。”故题干所述的是关于社会主义本质的理论。A 正确。

10. C 【解析】价值尺度是指货币表现其他一切商品是否具有价值和衡量其价值量大小的职能。电脑标价 5000 元是该电脑价值量的表现。

11. D 【解析】题干强调的是管理工作不仅要重视“关键的事情”,还要善于处理“一般的事情”,由此推断,最应重视的是不同事情之间的协调计划和组织工作。

12. A 【解析】本题考查社会存在和社会意识的关系。“幸福”“活力”“生态”等宣传语属于社会意识的范畴。随着中国经济社会发展的转型,这些城市形象理念发生变化,说明了社会存在决定社会意识,社会意识是社会存在的反映。故选 A。

13. D 【解析】城乡社区协商民主,是以城乡社区这一社会基本单元为基础,围绕基层群众共同关心的涉及群众切身利益的重大事项,以及存在显著分歧和冲突的公共决策问题,借助制度化、规范化、程序化的形式,通过广泛的参与、利益表达、对话沟通,最终达成共识的民主治理形式,其发展拓宽了人民表达利益诉求的渠道,A、B、C 项说法有误。故选 D。

14. D 【解析】本题考查公文格式。《党政机关公文格式》规定,紧急程度如需标注紧急程度,一般用 3 号黑体字,顶格编排在版心左上角。A 项说法错误。《党政机关公文格式》规定,将版心内的公文格式各要素划分为版头、主体、版记三部分。B 项说法错误。公文的行距没有具体要求,个别要素也可根据特定情况作出调整,C 项说法错误。公文格式是公文的表现形式,公文格式的规范性是公文的权威性、严肃性和约束力在公文形式上的具体体现。D 项说法正确。

15. B 【解析】根据我国《民法典》第五百八十七条的规定,收受定金的一方不履行债务或者履行债务不符合约定,致使不能实现合同目的的,应当双倍返还定金。由此可见,给付定金的甲依法有权要求收受定金的乙给付 6 万元。

16. A 【解析】本题考查以危险方法危害公共安全罪的客体。根据《最高人民法院关于醉酒驾车犯罪法律适用问题的意见》的规定,行为人明知酒后驾车违法、醉酒驾车会危害公共安全,却无视法律醉酒驾车,特别是在肇事后继续驾车冲撞,造成重大伤亡,说明行为人主观上对持续发生的危害结果持放任态度,具有危害公共安全的故意。对此类醉酒驾车造成重大伤亡的,应依法以以危险方法危害公共安全罪定罪。故选 A。

17. A 【解析】根据《党政机关公文处理工作条例》规定,发文字号由发文机关代字、年份、发文顺序号组成。联合行文时,使用主办机关的发文字号。

18. C 【解析】本题考查公民的人格权。隐私权是指自然人享有的私人生活安宁与私人信息秘密依法受到保护,不被他人非法侵扰、知悉、收集、利用和公开的一种人格权。侵犯隐私权范畴包括未经公民许可,公开其姓名、肖像、住址和电话号码等。题干中某地将居民个人生活的主要信息纳入大众信用征集系统并向社会公布,侵犯了公民的隐私权。C 项为最优答案。

19. D 【解析】作为流通手段的货币充当商品交换的媒介,而作为资本的货币在运行中能够带来剩余价值。

20. C 【解析】我国的收入分配制度是按劳分配为主体、多种分配方式并存,D 项错误。提高居民收入,通过保护合法收入、调节过高收入,取缔非法收入,逐步扭转收入分配差距扩大趋势,B 项错误。初次分配和再次分配都要兼顾效率与公平,再分配要更加注重公平,A 项错误。故选 C。

21. B 【解析】博鳌亚洲论坛是第一个总部设在中国的非官方、非营利性、定期、定址的国际组织。

22. C 【解析】本题考查行政主体应具备的条件。行政主体是指享有行政职权,以自己的名义行使行政职权并独立承担责任的组织。因此,被委托的个人和事业单位工作人员不能作为行政主体。B、D 项错误。行政授权是指法律、法规将某项或某一方面的行政职权的一部分或全部,通过法定方式授予某个组织的法律行为。法律、法规授权的组织具有行政主体资格,能以自己名义行使被授予的职权,并独立承担由此产生的法律责任,C 项正确。行政委托是指行政主体将其职权的一部分,依法委托给其他组织或个人来行使的法律行为。接受行政委托的组织不具有行政主体资格,不能以自己的名义,而只能以委托机关的名义行使被委托的职权,由此产生的后果也由委托机关承担,所以被委托组织不能作为行政主体。A 项错误。故选 C。

23. D 【解析】职业道德是所有从业人员在职业活动中应该遵循的行为准则,涵盖了从业人员与服务对象、职业与职工、职业与职业之间的关系。要大力倡导以爱岗敬业、诚实守信、办事公道、热情服务、奉献社会为主要内容的职业道德。故选 D。

24. A 【解析】签发人是指审阅核准并签发公文的机关负责人。按规定,上报的公文都必须在眉首注明签发人、会签人姓名。故选 A。

25. D 【解析】公正司法的主体是指我国司法机关,①错误。公民没有民主决策权,②错误。要达到该同学提出的条件,实现"婴儿车指标",政府必须履行好经济职能、文化职能和社会公共服务职能,故选 D。

26. D 【解析】本题考查遗嘱。立有数份遗嘱,内容相抵触的,以最后的遗嘱为准。

27. A 【解析】本题考查法律面前人人平等的内涵。法律面前人人平等指的就是公民在法律面前无特权,不论性别、民族、职业、地位等都平等享有法律规定的权利并承担相应的义务,这充分体现了权利的平等性。

28. A 【解析】本题考查社会保险的项目及缴纳主体。"五险一金"中的"五险"包括养老保险、医疗保险、失业保险、工伤保险和生育保险;"一金"指的是住房公积金。其中,养老保险、医疗保险和失业保险由企业和个人共同缴纳保费。工伤保险和生育保险完全由企业承担,个人不需要缴纳。

29. D 【解析】本题考查公民的基本权利。我国《宪法》第四十五条规定:"中华人民共和国公民在年老、疾病或者丧失劳动能力的情况下,有从国家和社会获得物质帮助的权利。国家发展为公民享受这些权利所需要的社会保险、社会救济和医疗卫生事业。"故选 D。

30. C 【解析】1924 年,中国国民党在广州举行第一次全国代表大会,标志着国共两党革命统一战线正式建立。从此,中国革命进入第一次国内革命战争即大革命时期。

31. C 【解析】楹联,泛指对联。对联是汉语特有的一种艺术形式,起源于古代悬挂"桃符"的习俗。故选 C。

32. D 【解析】"五脏"是指肝、心、脾、肺、肾。

33. D 【解析】税收作为特定的财政收入形式,具有强制性、无偿性与固定性的特征。

34. B 【解析】本题考查民事诉讼的管辖。我国《民事诉讼法》第十八条规定:"中级人民法院管辖下列第一审民事案件:(一)重大涉外案件;(二)在本辖区有重大影响的案件;(三)最高人民法院确定由中级人民法院管辖的案件。"故选 B。

35. B 【解析】遵纪守法是社会公德的最基本要求。对一个公民来说,是否自觉维护公共场所的秩序,纪律观念强不强,法律意识强不强,体现着他的精神道德风貌。遵纪守法同时也是保证社会健康、有序发展的基础。故选 B。

36. C 【解析】《事业单位岗位设置管理试行办法》第八条规定:"事业单位岗位分为管理岗位、专业技术岗位和工勤技能岗位三种类别。"故选 C。

37. D 【解析】短期合同是指3年(含3年)以下的合同,中期合同是指3年(不含3年)以上的合同,长期合同是指至职工退休的合同,项目合同是指以完成一定工作为期限的合同。故选D。

38. C 【解析】"战国七雄"指东周后期七个强势诸侯国的统称,分别是齐、楚、燕、韩、赵、魏、秦,A项错误。西夏政权是由党项人在中国西部建立的一个封建政权,党项族是我国古代北方少数民族之一,属于西羌族的一支,B项错误。汉阳兵工厂是晚清时期洋务运动的代表人物张之洞到湖北后主持创办的军工制造企业,C项正确。陈毅曾经强调,五百万支前民工,遍地都是运粮食、运弹药、抬伤员的群众,是淮海战役中人民解放军的真正优势,淮海战役的胜利是人民群众用小车推出来的,D项错误。

39. D 【解析】牧野之战,发生于商朝末年;卧薪尝胆发生于春秋时期;安史之乱发生在唐代;崇祯自缢发生于明朝末年。A项正确。禅让制被代替发生于夏朝;井田制施行在西周;赤壁之战发生于东汉末年;虎门销烟是第一次鸦片战争的导火线,发生于清朝。B项正确。屈原投江发生于战国时期;焚书坑儒发生于秦朝;杯酒释兵权发生于北宋初年;朱棣迁都(又称永乐迁都)发生于明朝永乐年间。C项正确。项羽破釜沉舟发生于秦朝末年;郑和下西洋是明代永乐、宣德年间的海上远航活动;吴三桂投降发生在清朝建立之后,1644年,李自成率领的大顺军攻陷北京,崇祯帝在煤山自缢,驻守山海关的明将吴三桂降清;皇太极即位发生于清朝成立之前,1626年努尔哈赤病逝,第八子皇太极即位,1636年,皇太极称帝且改国号"金"为"大清",正式建立清朝。D项错误。本题为选非题,故选D。

40. D 【解析】元朝时设置宣政院,管理宗教事务和西藏军事民政。

41. A 【解析】1956年,毛泽东发表《论十大关系》,这一著作总结了我国社会主义建设的经验,提出了调动一切积极因素为社会主义建设事业服务的基本方针,对适合中国国情的社会主义建设道路进行了初步的探索。

42. D 【解析】煤油易挥发、易燃,挥发后与空气混合会形成爆炸性的混合气。A项正确。生物柴油具有"老化"倾向,加热不宜超过80℃,宜避光,避免与空气接触保存。B项正确。柴油能量密度高,燃油消耗率低,但废气中含有害成分(NO、颗粒物等)较多。C项正确。汽油在贮运过程中会采用密封的大容器,且会加入适量的抗氧剂和金属钝化剂,故不易出现早期氧化变质。D项错误。故选D。

43. C 【解析】目前人类利用的主要淡水资源是河流水、淡水湖泊水、浅层地下水,故选C。

44. D 【解析】"恸哭六军俱缟素,冲冠一怒为红颜"出自清代吴伟业的《圆圆曲》,是以吴三桂、陈圆圆的离合故事为主要内容的长诗。

45. D 【解析】五禽戏是中国传统导引养生的一个重要功法,其创编者为华佗。五禽戏是通过模仿虎、鹿、熊、猿、鸟五种动物的动作,以保健强身的一种气功功法。2011年,五禽戏被纳入第三批国家非物质文化遗产名录。因此D项说法错误,当选。

46. B 【解析】自来水生产中通常使用少量氯气进行杀菌消毒。故选B。

47. B 【解析】优质的汽车隔热膜的隔热效果与颜色深浅没有直接的关系,B项错误。

48. A 【解析】本题考查"绿色化学"。"绿色化学"倡导用化学的技术和方法减少或停止那些对人类健康、社区安全、生态环境有害的原料、催化剂、溶剂和试剂、产物、副产物等的使用与产生。就地焚烧秸秆会产生大气污染物,不符合"绿色化学"的理念,故选A。

49. C 【解析】按照通信距离分类,可以将网络分为:局域网、城域网和广域网。因特网和万维网均属于广域网范畴。

50. B 【解析】计算机病毒是一种特殊的具有破坏性的计算机程序,它具有自我复制能力,可通过非授权入侵而隐藏在可执行程序或数据文件中。

二、多项选择题

1. ABD 【解析】抗疫精神,是在抗击新冠肺炎疫情中形成的众志成城、抗击疫情的精神。它来源于中国人民的抗疫实践,是一种积极的社会意识,是一种强大的精神力量,所以A、B、D三项正确。精神可以在实践中转化为物质力量,而非"直接转化",C项错误。故选ABD。

2. ABCD 【解析】物质资料生产过程由生产、分配、交换、消费等四个环节构成,或者说,生产、分配、交换、消费是人类最基本的社会经济活动。这四个环节之间是辩证统一的关系,其中生产居于主导地位,起着决定作用;而其他三者对生产有反作用。在一个生产过程中,四个环节之间,存在前后的顺序关系。

3. ABC 【解析】本题考查公民的基本政治权利。我国《宪法》第三十四条规定:"中华人民共和国年满十八周岁的公民,不分民族、种族、性别、职业、家庭出身、宗教信仰、教育程度、财产状况、居住期限,都有选举权和被选举权;但是依照法律被剥夺政治权利的人除外。"选项 A 被剥夺了政治权利,选项 B 未满 18 周岁,选项 C 不是中国公民。选项 D 中蒋某被隔离戒毒但未被剥夺政治权利,仍有选举权和被选举权。故本题选 ABC。

4. ABC 【解析】党的二大实际上制定了中国共产党的最低纲领和最高纲领。党的最低纲领,即党在民主革命阶段的主要纲领是:消除内乱,打倒军阀,建设国内和平;推翻国际帝国主义的压迫,达到中华民族完全独立;统一中国为真正的民主共和国。故选 ABC。

5. ABC 【解析】井冈山根据地的创建,从实践上为中国革命开辟了一条适合国情的正确道路。为总结井冈山斗争的经验,1928 年至 1930 年,毛泽东先后写了《中国的红色政权为什么能够存在?》《井冈山的斗争》《星星之火,可以燎原》等一系列著作,系统地提出了农村包围城市,武装夺取政权的革命新道路理论。ABC 项正确。《中国革命战争的战略问题》是毛泽东 1936 年 12 月在陕北的红军大学所作的演讲。演讲全面总结了土地革命战争时期中国共产党领导武装斗争的经验,批判了"左"倾冒险主义者在军事上的错误,也系统地阐明了有关中国革命战争战略方面的诸问题。D 项不符合题意,排除。

6. AB 【解析】遵义会议集中纠正了博古等人在军事和组织上的"左"倾错误;肯定了毛泽东的正确军事主张;选举毛泽东为中央政治局常委;取消博古、李德的军事最高指挥权。由此可见,这次会议解决的主要问题是组织问题和军事问题,而非政治路线、思想路线问题。

7. BC 【解析】公文词语方面的特点包括:(1)公文词语大部分为规范化的书面词语,杜绝使用一般的口语词、方言词和土俗俚语;(2)词语需有确切的含义,一般不得使用含义不准确的词语;(3)在音节方面,公文词语以双音节词为主,单音节词、多音节词的使用频率比其他文章稍高;(4)有一部分词形确定、含义精确特定的公文专用词语;(5)介宾词组、联合词组、"的"字词组的使用频率较高;(6)多用全称,慎用简称,可以使用规范化简称。故 AD 项错误,BC 项正确。

8. AB 【解析】14 世纪开始于意大利的文艺复兴,是新兴的资产阶级在文学、艺术、哲学与科学领域掀起的对封建主义、中世纪神学和哲学的一场革命,其实质是资产阶级文化的兴起。在这一时期,被誉为"文学三杰"的分别是薄伽丘、但丁和彼特拉克;被誉为"美术三杰"的分别是达·芬奇、拉斐尔和米开朗琪罗,AB 项说法正确。马丁·路德是 16 世纪欧洲宗教改革倡导者,C 项错误。高斯是 18 世纪的数学家,D 项错误。

9. AD 【解析】岩溶地貌也称为喀斯特地貌,四川黄龙是岩溶地貌,A 项正确。位于新疆的魔鬼城是雅丹地貌,属于风力侵蚀地貌。流水侵蚀地貌是指由于流水侵蚀作用塑造形成的景观,如千沟万壑的黄土高原,B 项错误。云南石林是喀斯特地貌,C 项错误。我国的丹霞地貌广泛分布在热带、亚热带湿润区,温带湿润—半湿润区、半干旱—干旱区和青藏高原高寒区。武夷山是丹霞地貌,D 项正确。故选 AD。

10. BCD 【解析】用吸管吸饮料的原理是先把吸管内的空气吸走,在外界大气压的作用下,饮料被压进吸管里,利用了大气压强,B 项正确。钢笔吸墨水,要先把笔管内的空气挤出,在外界大气压的作用下,墨水就被压进皮管里,C 项正确。活塞式抽水机抽水时,使其内部气压小于外界大气压,在外界大气压的作用下将水压入抽水机内,进而实现把水从低处送到高处的目的,D 项正确。轮胎有凹凸不平的花纹是为了增加汽车轮胎的粗糙程度,从而增大轮胎与地面之间的摩擦。故选 BCD。

教师招聘考试公共基础知识押题试卷(十四)

一、单项选择题

1. A 【解析】本题考查时政热点。《关于进一步减轻义务教育阶段学生作业负担和校外培训负担的意见》指出,坚持从严审批机构。各地不再审批新的面向义务教育阶段学生的学科类校外培训机构,现有学科类培训机构统一登记为非营利性机构,对原备案的线上学科类培训机构,改为审批制。对非学科类培训机构,《意见》要求各地区分体育、文化艺术、科技等类别,明确相应主管部门,分类制定标准、严格审批。

2. A 【解析】本题考查时政热点。中央财经委员会第九次会议强调，我国力争2030年前实现碳达峰，2060年前实现碳中和，是党中央经过深思熟虑作出的重大战略决策，事关中华民族永续发展和构建人类命运共同体。要坚定不移贯彻新发展理念，坚持系统观念，处理好发展和减排、整体和局部、短期和中长期的关系，以经济社会发展全面绿色转型为引领，以能源绿色低碳发展为关键，加快形成节约资源和保护环境的产业结构、生产方式、生活方式、空间格局，坚定不移走生态优先、绿色低碳的高质量发展道路。

3. C 【解析】本题考查时政热点。中央全面依法治国工作会议上，习近平指出，要坚持建设中国特色社会主义法治体系。中国特色社会主义法治体系是推进全面依法治国的总抓手。

4. A 【解析】俄罗斯是世界上面积最大的国家，但它并不是内陆国家。世界上面积最大的内陆国家是哈萨克斯坦。

5. B 【解析】本题考查唯物辩证法。习近平主席的观点是要求我们用全面的、发展的、对立统一的观点看待中国的发展，不要用片面、静止的观点，①④符合题意。②不符合题意，③中"事必躬亲"的表述是错误的。故选B。

6. C 【解析】本题考查刑法知识。根据我国《刑法》第二十条规定："为了使国家、公共利益、本人或者他人的人身、财产和其他权利免受正在进行的不法侵害，而采取的制止不法侵害的行为，对不法侵害人造成损害的，属于正当防卫，不负刑事责任。正当防卫明显超过必要限度造成重大损害的，应当负刑事责任，但是应当减轻或者免除处罚。对正在进行行凶、杀人、抢劫、强奸、绑架以及其他严重危及人身安全的暴力犯罪，采取防卫行为，造成不法侵害人伤亡的，不属于防卫过当，不负刑事责任。"可见，本题中王某的行为构成正当防卫，不负刑事责任。故选C。

7. A 【解析】本题考查专利权的取得。我国《专利法》第六条第一款规定："执行本单位的任务或者主要是利用本单位的物质技术条件所完成的发明创造为职务发明创造。职务发明创造申请专利的权利属于该单位，申请被批准后，该单位为专利权人。该单位可以依法处置其职务发明创造申请专利的权利和专利权，促进相关发明创造的实施和运用。"故选A。

8. A 【解析】中国共产党和各民主党派合作的首要前提和根本保证是坚持中国共产党的领导。

9. A 【解析】本题考查新时代党的建设总要求。新时代党的建设总要求是：坚持和加强党的全面领导，坚持党要管党、全面从严治党，以加强党的长期执政能力建设、先进性和纯洁性建设为主线，以党的政治建设为统领，以坚定理想信念宗旨为根基，以调动全党积极性、主动性、创造性为着力点，全面推进党的政治建设、思想建设、组织建设、作风建设、纪律建设，把制度建设贯穿其中，深入推进反腐败斗争，不断提高党的建设质量，把党建设成为始终走在时代前列、人民衷心拥护、勇于自我革命、经得起各种风浪考验、朝气蓬勃的马克思主义执政党。

10. D 【解析】在煤价上涨的情况下，一些企业忽视安全，突击生产，盲目超产，说明了市场调节的缺点。市场调节的弊端具体表现为盲目性、自发性和滞后性。题干所述体现了市场调节的自发性的弱点。故选D。

11. A 【解析】宏观调控的基本目标在于保持社会总供给和总需求的平衡。

12. C 【解析】本题考查公民的基本权利。我国《劳动法》第四十五条规定："劳动者连续工作一年以上的，享受带薪年休假。"

13. D 【解析】本题考查我国的基本政治制度。我国民族自治区与特别行政区的共同点是：(1)都享有自治权。(2)都是中央人民政府管辖下的地方行政区域。不同点是：(1)设立的地区不同。目前，我国的特别行政区设立在香港和澳门地区，而民族自治区是在少数民族聚居区设立的。(2)自治程度不同。特别行政区享有"高度的自治权"，而民族自治区有"一定的自治权"。(3)社会制度不同。特别行政区实行资本主义制度，而民族自治区则坚持社会主义制度。(4)解决问题不同。特别行政区是为了解决历史遗留问题，实现祖国和平统一而设立的，民族自治区则是为了解决民族问题，实现少数民族人民当家作主，管理本民族地区事务的愿望而设立的。故本题选D。

14. B 【解析】本题考查全国人民代表大会的组成。我国《宪法》第五十九条规定："全国人民代表大会由省、自治区、直辖市、特别行政区和军队选出的代表组成。"

15. C 【解析】本题考查机动车侵权责任。我国《民法典》第一千二百一十条规定："当事人之间已经以买卖或者其他方式转让并交付机动车但是未办理登记,发生交通事故造成损害,属于该机动车一方责任的,由受让人承担赔偿责任。"第一千二百一十三条规定："机动车发生交通事故造成损害,属于该机动车一方责任的,先由承保机动车强制保险的保险人在强制保险责任限额范围内予以赔偿;不足部分,由承保机动车商业保险的保险人按照保险合同的约定予以赔偿;仍然不足或者没有投保机动车商业保险的,由侵权人赔偿。"本题中,责任属于机动车一方,乙作为机动车受让人应当承担不足部分的赔偿责任。故选C。

16. C 【解析】本题考查不动产物权变动的生效时间。不动产物权的设立、变更、转让和消灭,经依法登记,发生效力。故选C。

17. B 【解析】根据我国《刑法》第五十八条的规定,附加剥夺政治权利的刑期,从徒刑、拘役执行完毕之日或者从假释之日起计算。故选B。

18. D 【解析】本题考查法定继承人的范围及继承顺序。我国《民法典》第一千一百二十七条规定："遗产按照下列顺序继承:(一)第一顺序:配偶、子女、父母;(二)第二顺序:兄弟姐妹、祖父母、外祖父母。继承开始后,由第一顺序继承人继承,第二顺序继承人不继承;没有第一顺序继承人继承的,由第二顺序继承人继承。"该法第一千一百二十九条规定："丧偶儿媳对公婆,丧偶女婿对岳父母,尽了主要赡养义务的,作为第一顺序继承人。"本题中,乙和丁是第一顺序继承人,可以继承甲的遗产。由于存在第一顺序继承人,甲的哥哥丙作为第二顺序继承人不能继承甲的遗产。故选D。

19. B 【解析】题干强调循序渐进、积少成多。"勿以善小而不为,勿以恶小而为之"强调道德的养成,要注重在实践中积累和贯彻,从一点一滴中不断养成,和题干表达的含义相似。故选B。

20. D 【解析】《论联合政府》总结了抗日战争的历史经验和抗日解放区建设经验,全面阐述了新民主主义革命理论和国家学说。《目前形势和我们的任务》明确提出"新民主主义的三大经济纲领"。《关于正确处理人民内部矛盾的问题》首次提出正确处理人民内部矛盾的命题。《论人民民主专政》则是毛泽东人民民主专政理论形成的标志。故选D。

21. C 【解析】古时称百岁为期颐之年。八九十岁的年纪称为耄耋。故选C。

22. D 【解析】日本于1879年派出队伍镇压琉球"藩王",将王室强行迁移到了东京,并废除藩政改为由日本政府直辖的冲绳县,琉球王国至此正式覆亡。而宣统皇帝于1909年即位,此时已经不存在琉球国,因此宣统帝不可能接见琉球使臣。故选D。

23. B 【解析】五行相生的顺序是木生火,火生土,土生金,金生水,水生木。故选B。

24. A 【解析】"独在异乡为异客,每逢佳节倍思亲"这句诗出自王维的《九月九日忆山东兄弟》,因此,A选项中的"佳节"指的是重阳节而不是中秋节。

25. C 【解析】张居正变法推行的是一条鞭法。而青苗法属于王安石变法的内容,故C项错误。

26. B 【解析】我国《党政机关公文处理工作条例》第八条规定："函,适用于不相隶属机关之间商洽工作、询问和答复问题、请求批准和答复审批事项。"B项中,国务院和乙省人民政府之间存在隶属关系,故不宜使用"函",应使用"请示"。故选B。

27. A 【解析】公告、通告都属于法定公文。事务文书是机关、团体、企事业单位处理日常事务所使用的非正式文件的统称,如计划、总结、简报、报表、记录、调查报告等。故选A。

28. D 【解析】冰柜玻璃外有水珠,是因为冰柜外空气中的水蒸气接触冰柜玻璃遇冷液化。故选D。

29. A 【解析】黄赤交角(地球自转的赤道和地球公转的黄道的夹角)的存在使得地球表面根据太阳直射情况分为三大类,有太阳直射的为热带,有极昼极夜现象的是寒带,处于两者之间不会终年高温也不会终年寒冷、一年四季变化明显的即为温带。故选A。

30. C 【解析】撤销可以取消用户的失误操作,恢复原来的内容。

二、多项选择题

1. AC 【解析】本题考查意识的作用。B项否定了物质对意识的决定作用。只有通过实践,人们才能将观念的东西变为现实,D项错误。

2. CD 【解析】本题考查唯物辩证法。"对传统文化进行科学分析"既肯定又否定,既克服又保留,坚持了辩证的否定观,C项正确;对有益的东西和负面东西的态度不一样,做到了具体问题具体分析,D项正确;材料未涉及联系的观点和发展的观点,A、B项不选。

3. ABC 【解析】煮食物并不是火越旺就熟得越快。因为水沸腾后温度不变,即使再加大火力,也不能提高水温,结果只能加快水的汽化,使锅内的水蒸发变干,浪费燃料。正确方法是用大火把锅内水烧开后,用小火保持水沸腾。D 项错误,ABC 项正确。

4. CD 【解析】《瑷珲条约》,又称《瑷珲城和约》,是由俄国和清朝黑龙江将军奕山于 1858 年在瑷珲(今黑龙江省黑河)签订的条约。《天津条约》是第二次鸦片战争中英国、法国、俄国、美国强迫清政府在天津分别签订的不平等条约。《辛丑条约》是中国清朝政府与英国、美国、日本、俄国、法国、德国、意大利、奥匈帝国、比利时、西班牙和荷兰在义和团运动失败、八国联军攻入北京后签订的条约。《马关条约》是中国清政府和日本于 1895 年签署的条约。

5. BCD 【解析】"有朋自远方来,不亦乐乎"出自《论语》,现在常用于对远道而来的朋友表示欢迎,与社会公信无关。其余选项均说明了社会公信的重要性,故选 BCD。

6. ABD 【解析】Ctrl + P,P 代表 Print,Ctrl + P 一般都是软件中打印的快捷键,C 项错误。其他三项均正确。

7. BCD 【解析】"东风夜放花千树,更吹落、星如雨"出自辛弃疾的《青玉案·元夕》,元夕指的是元宵节,而非春节,A 项对应错误,BCD 项对应正确。

8. BCD 【解析】信用制度加速了生产力的物质上的发展和世界市场的形成,由此推动了商品经济的发展并且为社会主义生产方式的建立奠定了物质基础,同时信用制度加速了经济危机的爆发,加速了旧生产方式解体的各种因素的形式,但信用制度不是资本主义经济危机爆发的深层原因。故选 BCD。

9. ABC 【解析】"弦外之音"原指音乐的余音,比喻言外之意,即在话里间接透露,而不是明说出来的意思。用物理常识来解释就是指人的听觉频率范围之外的(如超声、次声)确实存在但我们听不到的声音。声衍射是指声波传播过程中遇到障碍物时,部分声波会绕至障碍物背后并继续向前传播的一种现象,又称声绕射。衍射和听不到之间没有因果关系,D 项错误,ABC 项正确。

10. ABC 【解析】我国长江中下游地区在每年 6 月、7 月会出现梅雨天气。

11. ABC 【解析】本题考查民事诉讼中的缺席审判。我国《民事诉讼法》第一百四十四条规定:"被告经传票传唤,无正当理由拒不到庭的,或者未经法庭许可中途退庭的,可以缺席判决。"故本题选 ABC。

12. ABC 【解析】本题考查行政诉讼的受案范围。根据我国行政诉讼法的相关规定,抽象行政行为、内部行政行为和复议终局的行政行为不属于行政诉讼受案范围。ABC 选项都属于内部的行政行为,而 D 选项是行政处罚行为,属于具体行政行为,属于行政诉讼的受案范围。

13. ACD 【解析】本题考查事业单位的考核。根据《事业单位工作人员处分暂行规定》第七条规定,事业单位工作人员受到降低岗位等级处分的,自处分决定生效之日起降低一个以上岗位等级聘用,按照事业单位收入分配有关规定确定其工资待遇;在受处分期间,不得聘用到高于受处分后所聘岗位等级的岗位,年度考核不得确定为基本合格及以上等次。事业单位的年度考核结果分为优秀、合格、基本合格和不合格等档次,因此甲只能评定为不合格。

14. AD 【解析】本题考查过错责任承担。根据过错责任原则,乙砍伤甲应由乙承担责任;在乙无力承担的情况下,根据民法的公平原则,由丙给予适当补偿。

15. AB 【解析】本题考查行政复议的范围。根据我国《行政复议法》第六条的规定,对行政机关作出的警告、罚款、没收违法所得、没收非法财物、责令停产停业、暂扣或者吊销许可证、暂扣或者吊销执照、行政拘留等行政处罚决定不服的,公民、法人或者其他组织可以申请行政复议。CD 项均不属于《行政复议法》规定的可以申请行政复议的情形。故本题选 AB。

16. BCD 【解析】本题考查具体人格权及侵权责任的承担。甲未经允许将前女友乙的照片、姓名、电话等传到互联网上,侵犯了乙的隐私权,B 项正确。甲捏造事实对乙进行恶意诽谤,侵犯了乙的名誉权,C 项正确。我国《民法典》第一千一百九十七条规定:"网络服务提供者知道或者应当知道网络用户利用其网络服务侵害他人民事权益,未采取必要措施的,与该网络用户承担连带责任。"本题中,网络服务提供者拒绝了乙的删除要求,在已经知道甲的行为涉嫌侵权的情况下仍不采取措施,应当承担连带责任,A 项错误,D 项正确。

17. ACD 【解析】B 项错误,我国多数城市的住宅间距标准以冬至日的日照为依据。ACD 项正确。

18. AD 【解析】《史记》记载了上自中国上古传说中的黄帝时代,下至汉武帝,共3000多年的历史。作者司马迁以其“究天人之际,通古今之变,成一家之言”的史识,使《史记》成为中国历史上第一部纪传体通史。B项错误。《史记》与后来的《汉书》《后汉书》《三国志》合称“前四史”。C项错误。

19. BD 【解析】健康码能够灵活地进行颜色变换,需要多方面的技术支持:(1)大数据技术。数据的采集、储存、分析以及整合,都离不开大数据技术的支持。(2)定位技术。一方面是卫星定位,GPS、北斗卫星导航系统等定位系统,都会对我们的手机进行定位;另一方面,正常情况下手机会被多个无线基站的信号覆盖,并对这些来自不同基站的信号进行收集,从而计算出基站与手机之间的距离,定位手机所在位置。(3)二维码技术。健康码是基于给定的数据通过信息技术的处理而生成的二维码。故选BD。

20. ACD 【解析】《德国,一个冬天的童话》是德国诗人、政论家海涅的代表作,B项错误。其他三项均正确。

三、判断题

1. √ 【解析】矛盾的特殊性,是指矛盾着的事物及其每一个侧面各有其特点。在方法论上就要求我们,想问题、办事情必须坚持具体问题具体分析,不能搞“一刀切”。

2. × 【解析】《就业、利息和货币通论》的作者是英国经济学家凯恩斯。

3. × 【解析】《事业单位人事管理条例》第二十六条规定:“奖励坚持精神奖励与物质奖励相结合、以精神奖励为主的原则。”

4. √ 【解析】本题考查继承权的丧失。继承权丧失是指本来具有继承资格的人因犯有某些严重违反人伦道德的罪行,或有严重的不道德行为,而丧失作为继承人的资格,不再享有继承遗产的权利。我国《民法典》第一千一百二十五条规定:“继承人有下列行为之一的,丧失继承权:(一)故意杀害被继承人;(二)为争夺遗产而杀害其他继承人;(三)遗弃被继承人,或者虐待被继承人情节严重;(四)伪造、篡改、隐匿或者销毁遗嘱,情节严重;(五)以欺诈、胁迫手段迫使或者妨碍被继承人设立、变更或者撤回遗嘱,情节严重。”其中,故意杀害被继承人是种严重的犯罪行为,不论是既遂还是未遂,都丧失继承权。

5. √ 【解析】本题考查刑事诉讼过程中的财产保全。我国《刑事诉讼法》第一百零二条规定:“人民法院在必要的时候,可以采取保全措施,查封、扣押或者冻结被告人的财产。附带民事诉讼原告人或者人民检察院可以申请人民法院采取保全措施。人民法院采取保全措施,适用民事诉讼法的有关规定。”

6. × 【解析】本题考查唯物辩证法和形而上学。辩证法认为,世界是互相联系、变化发展的,事物的内部矛盾是事物发展的根本动力。形而上学则把世界看作是彼此孤立、静止不变的,把变化看作是某种外力作用而产生的量变。其斗争的焦点在于是否承认事物的内部矛盾。

7. × 【解析】热导率又称导热系数,反映物质的热传导能力。一般情况下,金属的热导率最大,液体较小,气体最小。

8. × 【解析】湖笔是产自浙江湖州的毛笔。湖笔之乡在湖州市善琏镇。

9. × 【解析】会试录取者被称为贡士。殿试,又称“御试”,是我国古代科举制度中最高一级的考试,由皇帝主持。参加殿试的是贡士,录取后称为进士。

10. √ 【解析】经国务院批准,将新型冠状病毒感染的肺炎纳入《中华人民共和国传染病防治法》规定的乙类传染病,并采取甲类传染病的预防、控制措施。

四、公文改错题

错误之处有:

1. 发文字号格式错误。发文字号的年份应该用六角括号。

2. 标题的公文种类错误。请示和报告是两种不同的公文种类,根据公文内容,本公文应当使用的文种是请示。

3. 不符合一文一事的要求。应当删除“另我市因建立中小学多媒体教育示范点项目尚欠设备款20万元,现申请追加20万元”。

4. 结尾的用语错误。结尾语气过于强硬,应改为“特此请示,请批复”。

5. 成文日期书写错误。成文日期中的数字应用阿拉伯数字,月、日不编虚位,应改为“2021年7月5日”。

五、案例分析题

1. (1)D 【解析】政府购买公共服务是指政府通过公开招标、定向委托、邀标等形式将原本由自身承担的公共服务转交给社会组织、企事业单位履行,以提高公共服务供给的质量和财政资金的使用效率,改善社会治理结构,满足公众的多元化、个性化需求。政府购买公共服务并不能拓展政府职责,D 选项说法错误。

(2)B 【解析】公共服务包括加强城乡公共设施建设,发展教育、科技、文化、卫生、体育等公共事业,为社会公众参与社会经济、政治、文化活动等提供保障。公共服务以合作为基础,强调政府的服务性,强调公民的权利。而行政执法强调政府的管理性,故选 B。

(3)A 【解析】从"政府配餐"到"群众点菜"主要反映的是政府服务理念、服务模式的转变,从主动的管理型发展到以人为本,从群众角度出发,更好地满足群众的需求。A 选项符合题意。

(4)C 【解析】公共服务满足公民生活、生存与发展的某种直接需求,能使公民受益。因此,制定政府购买公共服务目录,首先要做的基础工作是准确把握公众需求。

(5)A 【解析】"只买对的,不买贵的",关键在于建立健全相应的管理监督制度,使政府购买主体的权力在阳光下运行,接受政府和公众的监督。故选 A。

2. (1)ABCD 【解析】本题考查行政许可的调整对象。行政许可,是指在法律一般禁止的情况下,行政主体根据行政相对方的申请,经依法审查,通过颁发许可证、执照等形式,赋予或确认行政相对方从事某种活动的法律资格或法律权利的一种具体行政行为。本题中,网吧经营许可证、个体工商户营业执照、收费许可证、消防许可证都属于《行政许可法》的调整对象。故选 ABCD。

(2)ABC 【解析】本题考查行政处罚的履行程序。我国《行政处罚法》第二条规定:"行政处罚是指行政机关依法对违反行政管理秩序的公民、法人或者其他组织,以减损权益或者增加义务的方式予以惩戒的行为。"行政处罚的程序分为简易程序和普通程序。该法第五十一条规定:"违法事实确凿并有法定依据,对公民处以二百元以下、对法人或者其他组织处以三千元以下罚款或者警告的行政处罚的,可以当场作出行政处罚决定。法律另有规定的,从其规定。"本题中的罚款为 2 万元,所以本题应遵循普通程序。普通程序的具体内容有:①调查取证;②告知处罚事实、理由、依据和有关权利;③听取陈述、申辩或者举行听证会;④作出行政处罚决定;⑤作出行政处罚决定书。该法第四十四条规定:"行政机关在作出行政处罚决定之前,应当告知当事人拟作出的行政处罚内容及事实、理由、依据,并告知当事人依法享有的陈述、申辩、要求听证等权利。"该法第四十五条规定:"当事人有权进行陈述和申辩。行政机关必须充分听取当事人的意见,对当事人提出的事实、理由和证据,应当进行复核;当事人提出的事实、理由或者证据成立的,行政机关应当采纳。行政机关不得因当事人陈述、申辩而给予更重的处罚。"所以 A、B、C 三项正确。根据该法第七十三条的规定,当事人对行政处罚决定不服,申请行政复议或者提起行政诉讼的,行政处罚不停止执行,法律另有规定的除外。由此可见,告知诉讼权利是在行政处罚决定做出之后,D 项错误。故选 ABC。

(3)AB 【解析】本题考查行政处罚的听证程序。我国《行政处罚法》第六十四条规定:"听证应当依照以下程序组织:(一)当事人要求听证的,应当在行政机关告知后五日内提出;(二)行政机关应当在举行听证的七日前,通知当事人及有关人员听证的时间、地点;(三)除涉及国家秘密、商业秘密或者个人隐私依法予以保密外,听证公开举行;(四)听证由行政机关指定的非本案调查人员主持;当事人认为主持人与本案有直接利害关系的,有权申请回避;(五)当事人可以亲自参加听证,也可以委托一至二人代理;(六)当事人及其代理人无正当理由拒不出席听证或者未经许可中途退出听证的,视为放弃听证权利,行政机关终止听证;(七)举行听证时,调查人员提出当事人违法的事实、证据和行政处罚建议,当事人进行申辩和质证;(八)听证应当制作笔录。笔录应当交当事人或者其代理人核对无误后签字或者盖章。当事人或者其代理人拒绝签字或者盖章的,由听证主持人在笔录中注明。"AB 两项说法正确。市文化局应当在举行听证的七日前,通知孔某及有关人员听证的时间、地点,C 项说法错误。如果孔某要求听证,应当在市文化局告知后五日内提出,D 项说法错误。故选 AB。

易错警示:《中华人民共和国行政处罚法》由中华人民共和国第十三届全国人民代表大会常务委员会第二十五次会议于 2021 年 1 月 22 日修订通过,自 2021 年 7 月 15 日起施行。"当事人要求听证的,应当在行政机关告知后五日内提出"属于 2021 年《行政处罚法》的修订内容之一,修订前为三日。考生备考需要关注最新法律法规的修订细节。

(4)D 【解析】本题考查行政许可。我国《行政许可法》第六十九条规定:"被许可人以欺骗、贿赂等不正当手段取得行政许可的,应当予以撤销。"故选 D。

(5)BCD 【解析】本题考查公务员法规定的惩戒制度。我国《公务员法》第六十四条规定:“公务员在受处分期间不得晋升职务、职级和级别,其中受记过、记大过、降级、撤职处分的,不得晋升工资档次。受撤职处分的,按照规定降低级别。”第六十五条规定:“解除处分后,晋升工资档次、级别和职务、职级不再受原处分的影响。但是,解除降级、撤销处分的,不视为恢复原级别、原职务、原职级。”故选 BCD。

六、论述题(参考答案)

实践活动具有创造客体价值和改造主体的两大功能。

(1)实践具有创造客体价值的功能。客体价值不是纯粹的自然物本身,而是体现并凝聚在对象中的社会关系。事实说明,自然界不会自动地满足人的需要,人们只有以实践活动去改造自然界才能满足自身的需求。饮用天然的矿泉水、到大森林呼吸新鲜空气,这些在商品生产高度发展的今天,也需要被加工为产品才能显示出价值来。一些事物本身对人有益,但不会自动显露出来,只有通过活动才能发现和确定事物对于人类生活有益还是有害,也才能使其价值由潜在转化为现实。

(2)实践具有优化主体的功能。人的实践活动,既改造客体,也改造主体;既创造客体,也提高主体素质,促进人的发展。实践活动是主体和客体的相互作用,是一个双向互动的过程。通过饮用矿泉水、呼吸森林的新鲜空气,人的身体会得到改善,人与自然的关系得到协调。

教师招聘考试公共基础知识押题试卷(十五)

一、单项选择题

1. A 【解析】在党的十九大报告中,关于“加快生态文明体制改革,建设美丽中国”,习近平总书记强调,必须坚持节约优先、保护优先、自然恢复为主的方针。

2. C 【解析】本题考查时政热点。《国家综合立体交通网规划纲要》指出,建设综合交通枢纽集群、枢纽城市及枢纽港站“三位一体”的国家综合交通枢纽系统。建设面向世界的京津冀、长三角、粤港澳大湾区、成渝地区双城经济圈 4 大国际性综合交通枢纽集群。

3. C 【解析】本题考查法律常识。我国《全国人民代表大会和地方各级人民代表大会选举法》第三条规定:“全国人民代表大会的代表,省、自治区、直辖市、设区的市、自治州的人民代表大会的代表,由下一级人民代表大会选举。不设区的市、市辖区、县、自治县、乡、民族乡、镇的人民代表大会的代表,由选民直接选举。”故选 C。

4. A 【解析】本题考查哲学常识。③体现的是矛盾具有特殊性,要具体问题具体分析;④体现的是事物是普遍联系的,要用联系的观点看问题。故选 A。

5. C 【解析】本题考查价值判断与价值选择。②错误,价值选择是建立在价值判断基础上的。③错误,正确的价值判断和价值选择要尊重事物发展的规律,要自觉站在最广大人民群众的立场上。

6. C 【解析】本题考查哲学的基本问题。朱熹认为,理是事物存在的根据,这属于客观唯心主义,而陆九渊强调“吾心”,也就是人的主观意识是世界的本原,属于主观唯心主义,C 项正确。

7. C 【解析】本题考查矛盾的特殊性。“白梅懒赋赋红梅,逞艳先迎醉眼开”的意思是:我懒于为白梅赋诗,而要赋咏红梅;春天未到,红梅逞艳,先迎着醉眼开放。“挥毫落纸墨痕新,几点梅花最可人”的意思是:挥毫纵横,水墨淋漓,那纸上便绽放出几朵动人的梅花。“有梅无雪不精神,有雪无诗俗了人”的意思是:只有梅花没有雪花的话,看起来没有什么精神气质,如果下雪了却没有诗文相合,也会非常俗气。“不知花气清相逼,但觉山深春尚寒”的意思是:身临其境,只觉得山深境幽,春寒料峭,却不曾想到这正是梅花冷香逼人的缘故。矛盾的特殊性是指具体事物在其运动中的矛盾及每一矛盾的各个方面都有其特点。C 项中,梅、雪、诗各有其特点,缺一不可,体现了矛盾的特殊性。

8. B 【解析】本题考查哲学常识。社会基本矛盾运动是社会发展的根本动力,③说法错误。故选 B。

9. B 【解析】降低利率能增加企业投资,能带动生产规模扩大,而扩大生产规模带来的是增加商品供给,而非减少商品供给,A 项错误。增发国债可以增加财政收入,扩大政府投资,最终增加国内需求,而非减少国内需求,C 项错误。降低关税可以增加进出口,但是增加出口无法扩大国内需求,D 项错误。故选 B。

10. D 【解析】本题考查党的建设。①是 1945 年 4 月毛泽东在《论联合政府》中提出的党的三大优良作风;②是2013年1月22日,习近平总书记在中纪委全会上的讲话中提到的关于工作作风问题的论述;③是1949年3月在七届二中全会上,毛泽东提出的“两个务必”思想;④是1986年1月邓小平在中共中央政治局常委会上关于精神文明建设的一个重要思想。所以本题中事件先后顺序是①③④②。

11. B 【解析】领域发展不平衡主要是指经济建设、政治建设、文化建设、社会建设、生态文明建设五大领域发展不平衡。经济发展一马当先、奇迹频现,政治、社会、文化建设虽稳步推进,但与经济发展还存在较大差距。故选B。

12. D 【解析】本题考查行政诉讼参加人。行政诉讼的原告和被告是恒定的。行政诉讼主体具有恒定性,被告只能是国家行政机关、法律法规授权的组织,原告恒定为行政管理相对方的公民、法人和其他组织。故选D。

13. B 【解析】本题考查债的担保方式。定金是指在合同订立或在履行之前支付一定数额的金钱作为担保的担保方式。题干是电脑(物)而非金钱本身,A项错误。质押、抵押和留置都属于担保物权。动产质押是指债务人或者第三人将其动产移交债权人占有,将该动产作为债权的担保。债务人不履行债务时,债权人有权依照我国《民法典》的规定以该动产折价或者以拍卖、变卖该动产的价款优先受偿。抵押,是指债务人或者第三人不转移某些财产的占有,将该财产作为债权的担保。债务人不履行债务时,债权人有权依法以该财产折价或者以拍卖、变卖该财产的价款优先受偿。留置权是指债权人按照合同的约定占有债务人的动产,债务人不按照合同约定的期限履行债务的,债权人有权依照法律规定留置财产,以该财产折价或者以拍卖、变卖该财产的价款优先受偿。故选B。

14. A 【解析】孔子晚年攻读《周易》的时候,曾翻来覆去地读,竟使编连《周易》的带子断了好几次。根据孔子苦读《周易》的故事,后人引申出“韦编三绝”这一成语。

15. D 【解析】D项,该句出自唐代诗人王维《江上赠李龟年》,为怀念友人之作,当选。

16. A 【解析】芦笙为西南地区苗族、瑶族、侗族等民族的簧管乐器,并非朝鲜族的代表乐器。故选A。

17. A 【解析】本题考查治安管理处罚的种类和适用。我国《治安管理处罚法》第十六条规定:“有两种以上违反治安管理行为的,分别决定,合并执行。行政拘留处罚合并执行的,最长不超过二十日。”故选A。

18. D 【解析】本题考查行政诉讼的程序。我国《行政诉讼法》第八十二条规定:“人民法院审理下列第一审行政案件,认为事实清楚、权利义务关系明确、争议不大的,可以适用简易程序:(一)被诉行政行为是依法当场作出的;(二)案件涉及款额二千元以下的;(三)属于政府信息公开案件的。除前款规定以外的第一审行政案件,当事人各方同意适用简易程序的,可以适用简易程序。”D项正确。根据该法第三条的规定,被诉行政机关负责人应当出庭应诉。不能出庭的,应当委托行政机关相应的工作人员出庭。A项错误。该法第三十五条规定:“在诉讼过程中,被告及其诉讼代理人不得自行向原告、第三人和证人收集证据。”B项错误。该法第三十二条规定:“代理诉讼的律师,有权按照规定查阅、复制本案有关材料,有权向有关组织和公民调查,收集与本案有关的证据。对涉及国家秘密、商业秘密和个人隐私的材料,应当依照法律规定保密。当事人和其他诉讼代理人有权按照规定查阅、复制本案庭审材料,但涉及国家秘密、商业秘密和个人隐私的内容除外。”因此,该律师查阅、复制该案庭审材料不需要经过人民法院许可,C项错误。故选D。

19. C 【解析】本题考查附加刑。依据我国《刑法》规定,对于被判处死刑、无期徒刑的犯罪分子,其政治权利必然会被剥夺。

20. D 【解析】财产税是对法人或自然人在某一时点占有或可支配财产课征的一类税收的统称。契税是指不动产(土地、房屋)产权发生转移变动时,就当事人所订契约按产价的一定比例向新业主(产权承受人)征收的一次性税收。因此,契税属于财产税。

21. B 【解析】力是物体间的相互作用,①正确。力的作用不一定相互接触,如空中的物体要受到重力作用,这个力是地球施加的,但物体并未与地球直接接触,②错误。力是改变物体运动状态的原因,③正确。平抛运动只受重力作用,轨迹是曲线,④错误。故选B。

22. A 【解析】公文效用的生成条件:(1)公文作者必须依法成立并具有法定职权;(2)公文内容不得与宪法、法律和上级机关制定的公文相抵触;(3)公文必须注明作者并加盖印章或由主要负责人签署,必须注明生效年月日;(4)公文的制发必须履行法定程序与审批手续。

23. D 【解析】市场利率是资本市场上由借贷资金的供求关系直接决定并由借贷双方自由议定的利息率。名义利率指银行挂牌的利率。储户到银行取款,银行按公布的利率标准付给储户利息。这时,利息与本金的比率就是名义利息率。浮动利率是一种在借贷期内可定期调整的利率。基准利率是在整个利率体系中起核心作用并能制约其他利率的基本利率。故选 D。

24. B 【解析】非程序性决策通常要处理的是一些偶然发生的、无先例可循的、非常规性的问题。在这种情况下,决策者难以照章行事,需要有创造性思维。

25. B 【解析】本题考查公民的基本权利。人身自由是指公民个人的身体不受非法侵害和限制的自由,是公民具体参加各种社会活动和实际享受其他权利的前提,也是保持和发展公民个性的必要条件。人如果受到奴役,失去人身自由,其权利和自由也就无从谈起。因此人身自由是公民最起码、最基础的权利。

26. C 【解析】本题考查政治协商会议的职能。中国人民政治协商会议的主要职能是政治协商、民主监督、参政议政。政治协商是对国家和地方的大政方针以及政治、经济、文化和社会生活中的重要问题在决策之前进行协商和就决策执行过程中的重要问题进行协商。民主监督是对国家宪法、法律和法规的实施,重大方针政策的贯彻执行,国家机关及其工作人员的工作,通过建议和批评的方式进行监督。参政议政是对政治、经济、文化和社会生活中的重要问题以及人民群众普遍关心的问题,开展调查研究,反映社情民意,进行协商讨论。通过调研报告、提案、建议案或其他形式,向中国共产党和国家机关提出意见和建议。根据题干材料可知,全国政协行使的职能是参政议政。

27. C 【解析】意大利队对应的是"蓝衣军团",意大利队穿的主场球衣以蓝色调为主,故称为"蓝衣军团"。法国队对应的是"高卢雄鸡",高卢是法国的古称。"高卢雄鸡"是法国第一共和国时代国旗上的标志,是当时法国人民革命意识的象征。从二十世纪八十年代起,"高卢雄鸡"被当作法国足球队的标志。

28. D 【解析】1941 年 9 月 30 日,德军进攻莫斯科,莫斯科保卫战爆发,莫斯科战役中德军的失败,为苏联赢得斯大林格勒战役的胜利、扭转"二战"局势奠定了基础。1941 年 12 月 7 日,日本偷袭珍珠港,太平洋战争爆发。次日下午,美国对日宣战,第二次世界大战全面爆发。中途岛战役于 1942 年 6 月 4 日展开,美国海军不仅在此战役中成功地击退了日本海军对中途岛环礁的攻击,还得到了太平洋战区的主动权,因此成为"二战"太平洋战区的转折点。诺曼底登陆是第二次世界大战中盟军在欧洲西线战场发起的一场大规模攻势,战役发生在 1944 年 6 月 6 日。故正确的顺序是②③①④。

29. C 【解析】海市蜃楼,是一种因为光的折射和全反射而形成的自然现象,是地球上物体反射的光经大气折射而形成的虚像,而非 C 项中所说的由强烈反射造成。故选 C。

30. A 【解析】在帮助低温症患者时,可以使用热水袋装些温水,升高患者的体温。但只能用热水袋对头颈、胸部、腹部加热,不能对四肢加热。对四肢加热会使低温的血液回流到心脏、大脑,使身体核心温度下降,甚至致命。A 错误,当选。

二、多项选择题

1. AC 【解析】本题考查对价值判断和价值选择的理解。审读题干材料,抓住题干主旨,强调有些党员干部没有真正站在人民群众的利益立场上,没有做到全心全意为人民服务,这里涉及的是价值判断、价值选择、原则立场的问题,而不是能力、水平和方法的问题,A、C 项符合题意,B、D 项与题意不符。

2. ABD 【解析】真理应通过实践来追求和发展,C 项错误。ABD 表述正确。

3. AB 【解析】本题考查整体与部分的辩证关系。整体与部分的关系包括:首先,一方面,整体是由部分组成的,离开部分就不存在整体;另一方面,部分离不开整体,离开整体的部分也就失去其原来的意义。其次,整体不是各个部分的简单相加,优化的系统整体大于部分的总和。最后,二者相互作用。D 项在题干中未表现出来,C 项说法不准确。故选 AB。

4. BD 【解析】充分就业并不是人人都有就业岗位。在充分就业状态下,仍然存在一定数量的结构性失业、摩擦性失业和自愿失业。因此,充分就业下的失业率并不为零。BD 两项正确。

5. AC 【解析】尊老爱幼、赡养老人是中华民族的传统美德。家庭美德的内容主要包括尊老爱幼、男女平等、夫妻和睦、勤俭持家、邻里互助等。杨某的行为违背了传统美德和家庭美德。

6. ABCD 【解析】公文区别于图书、情报、资料等事物的特点主要有:(1)由法定作者制发;(2)具有法定的现实执行效用;(3)具有规范的体式;(4)履行法定的程序。故选 ABCD。

7. ACD 【解析】本题考查宪法知识。我国《宪法》规定,土地的使用权可以根据法律的规定转让。但是土地的所有权不可以转让,B 项错误。故选 ACD。

8. ABD 【解析】本题考查单位犯罪的处罚。我国《刑法》第三十一条规定:"单位犯罪的,对单位判处罚金,并对其直接负责的主管人员和其他直接责任人员判处刑罚。"C 项"只能追究甲公司的刑事责任"的说法错误,ABD 说法正确。

9. ACD 【解析】传说春秋时,公子重耳政治逃亡,介子推为重耳随行贤士。多年后,饱经艰难险阻的重耳返回晋国,为晋文公,介子推辞官隐居。后来,晋文公入绵山寻访,命纵火寻人,终只见介子推母子遗骸。文公为哀悼介子推,令介子推被焚的三月五日为火禁日,仅食寒食。故选 ACD。

10. AD 【解析】"中国革命斗争的胜利要靠中国同志了解中国情况",此论断出自毛泽东《反对本本主义》。这一论断强调中国革命必须从中国的实际出发,反对教条主义。故选 AD。

11. ABC 【解析】本题考查共同犯罪。我国《刑法》第二十五条第一款规定,犯罪是指二人以上共同故意犯罪。因此,共同犯罪的主观条件必须是故意犯罪,主体条件是两人以上。A 项正确。共同犯罪行为是指各个共同犯罪人在参加共同犯罪时,不论其分工如何,参与程度如何,所有共同犯罪人的行为总是有联系的,在整个犯罪的链条中,这些行为都是必不可少的环节。各个共同犯罪人的行为和所发生的犯罪结果之间,都具有因果关系。这些共同犯罪行为是犯罪结果发生的共同原因,是共同犯罪的客观条件。B 项正确。我国《刑法》第二十七条规定:"在共同犯罪中起次要或者辅助作用的,是从犯。对于从犯,应当从轻、减轻处罚或者免除处罚。"C 项正确。我国《刑法》第二十八条规定:"对于被胁迫参加犯罪的,应当按照他的犯罪情节减轻处罚或者免除处罚。"D 项错误。故选 ABC。

12. BD 【解析】根据我国《社会保险法》第十条,职工应当参加基本养老保险,由用人单位和职工共同缴纳基本养老保险费。根据该法第二十三条,职工应当参加职工基本医疗保险,由用人单位和职工按照国家规定共同缴纳基本医疗保险费。根据该法第三十三条,职工应当参加工伤保险,由用人单位缴纳工伤保险费,职工不缴纳工伤保险费。根据该法第四十四条,职工应当参加失业保险,由用人单位和职工按照国家规定共同缴纳失业保险费。根据该法第五十三条,职工应当参加生育保险,由用人单位按照国家规定缴纳生育保险费,职工不缴纳生育保险费。

13. BD 【解析】大兴安岭是我国一条重要地理界线,它是我国第二、三级阶梯的分界线,又是东北平原和内蒙古高原的分界线。我国中温带、暖温带的分界线是长城—天山一线。AC 项错误。

14. ABD 【解析】四川盆地空气潮湿,天空多云,四周群山环绕,中间平原的水汽不易散开,因此有"蜀犬吠日"之说,C 项错误。ABD 描述正确。

15. BCD 【解析】汉武帝时,在长安设立太学,从中选拔官吏。A 项错误,BCD 表述正确。

16. ABC 【解析】泰戈尔,印度诗人、哲学家和印度民族主义者,1913 年获得诺贝尔文学奖,是第一位获得该奖的亚洲人,A 项正确。白居易,字乐天,号香山居士,又号醉吟先生,唐代伟大的现实主义诗人,有《白氏长庆集》传世,代表诗作有《长恨歌》《卖炭翁》《琵琶行》等,B 项正确。朱自清,字佩弦,现代散文家、诗人、作家、学者、民主战士,散文有《春》《绿》《背影》《荷塘月色》《匆匆》等,C 项正确。塞万提斯,西班牙小说家,戏剧家,诗人,因撰写讽刺人类荒唐之举的《堂吉诃德》而闻名于世。《鲁滨孙漂流记》由英国作家丹尼尔·笛福所著,它是一部家喻户晓的现实主义回忆录式冒险小说,D 项错误。故选 ABC。

17. ABC 【解析】题干强调的是认识对实践的反作用,D 项排除。ABC 表述正确。

18. ABD 【解析】本题考查灭火器的使用。灭火器一经开启后即使喷出不多,也必须按规定要求再次充装,充装后应作密封试验并牢固铅封。C 项说法错误,ABD 说法正确。

19. ACD 【解析】沙尘天气分为浮尘、扬沙、沙尘暴和强沙尘暴四类,A 项错误。在气象图上,台风的等压线和等温线近似为一组同心圆,其中台风中心为低压中心,以气流的垂直运动为主,B 项正确。暴雨预警信号分四级,分别以蓝色、黄色、橙色、红色表示。在中国大陆,红色暴雨预警信号为最高级;在中国香港,有三级,黑色暴雨预警信号为最高级。C 项错误。寒潮一般发生在秋末、冬季、初春季节,D 项错误。本题为选非题,故选 ACD。

20. ABC 【解析】高压锅煮食物快是因为水的沸点与压强有关,压强增大,沸点升高,煮饭菜时高压锅的气压比普通锅内的气压高,所以水沸腾时高压锅内的温度高于普通锅内的温度,温度越高,饭菜熟的越快。D 项错误,ABC 说法正确。

三、判断题

1. √ 【解析】本题考查实践和认识的辩证关系。实践是认识的基础,对认识起着决定作用。主体对客体的反映即认识,是由实践决定的。

2. √ 【解析】培育和践行社会主义核心价值观,要以培养担当民族复兴大任的时代新人为着眼点这一重要思想聚焦中华民族伟大复兴的历史使命,把"培育什么样的价值观"同"培养什么样的人"更加紧密地结合起来,进一步明确了社会主义核心价值观建设的出发点和落脚点,抓住了核心价值观建设的根本,体现了我们党对核心价值观建设认识的深化和拓展。

3. √ 【解析】党的文件指出,在社会主义市场经济条件下,国有经济在国民经济中的主导作用主要体现在控制力上。

4. × 【解析】本题考查共同犯罪。我国《刑法》第二十五条规定:"二人以上共同过失犯罪,不以共同犯罪论处;应当负刑事责任的,按照他们所犯的罪分别处罚。"

5. × 【解析】本题考查否定之否定规律。否定之否定是普遍存在的事物周期性发展过程。否定之否定的整个进程,是一个无限前进和发展的过程,而不是一个"循环往复""原地踏步"的过程。

6. × 【解析】1943 年 7 月,王稼祥在为纪念党的 22 周年而作的《中国共产党与中国民族解放的道路》一文中,第一次提出"毛泽东思想"这一科学概念。

7. √ 【解析】甲骨文是中国的一种古代文字,是汉字的早期形式,是中国已发现的古代文字中年代最早、体系较为完整的文字。甲骨文的发现是中华文明乃至人类文明发展史上的一件大事。甲骨文是汉字的源头,是千年中华文明的标志,对中华民族的影响意义深远。

8. √ 【解析】碳酸氢钠,化学式 $NaHCO_3$,俗称小苏打。它是白色细小晶体,在水中的溶解度小于碳酸钠。

9. × 【解析】首先,由诗句中对"南下""北行"的不同描述,可知诗句所描写的山脉将南北分隔,初步推断此山脉为东西走向。其次,由"蜀客秦人各断肠"可知诗句中描写的山脉分隔蜀国和秦国,由此定位到秦岭。秦岭是东西走向,是关中通往西南地区的咽喉,自古为兵家必争之地。秦岭—淮河一线,是我国南北方的地理分界线。

10. × 【解析】附注是指公文印发传达范围等需要说明的事项。而附件是指公文正文的说明、补充或者参考资料。

四、公文实务题

1. C 【解析】"开展"应当和"工作"搭配, A、B 项表述错误。材料指出"继续深入开展打击非法行医工作",D 项排除,故选 C。

2. B 【解析】如果只去掉句中的括号,句意变为:药房坐堂行医现象和无证老村医、退休医生非法行医现象时有发生。根据文意可知,要打击的是药房无证行医的行为,合法范围内的药房坐堂行医不在"非法行医"范围之内。因此不能只去掉句中的括号,故选 B。

3. C 【解析】"确实"和"切实"的区别在于:(1)词意不同,"确实"表示确切、实在,"切实"指切合实际,实实在在;(2)用法不同,"确实"用在动词前,一般强调做过些什么,"切实"用在动词前,表示将要做什么;(3)程度不同,"确实"在某种程度上带有不确定性,而"切实"肯定的强度更大,因而在公文写作中,很少使用"确实"一词。由此可见,②中"确实"用法不当,应当改为"切实"。本题选 C。

4. A 【解析】"有鉴于此"有建议、劝诫之意,前面多有论据式的阐述,继而引出结论性语句。③句主要是为了引出下文工作的安排,而不是得出结论;且文中也不含建议、劝诫之意,因此 A 项的写法不恰当,本题选 A。

5. D 【解析】只要是违法发布医疗广告都应受到严厉查处,不仅仅局限于在媒体上。故 D 项错误。

五、论述题(参考答案)

第一,学思并重。通过学习和思考,辨别善恶,涵养良好的德行。

第二,省察克治。通过反省检验以发现和找出自己思想与行为中的不良倾向、不良念头,并及时抑制和克服。

第三,慎独自律。在无人知晓、没有外在监督的情况下,坚守自己的道德信念,自觉按道德要求行事,不因无人监督而肆意妄为。

第四,积善成德。通过积累善行或美德,使之巩固强化,以逐渐凝结成优良品德。

第五,知行统一。把提高道德认识与躬行道德实践统一起来,以促进道德要求内化为个人的道德品质,外化成实际的道德行为。